近代司法判决丛编
李贵连 主编

民刑事裁判大全

谢森 陈士杰 殷吉墀 编
卢静仪 点校

图书在版编目(CIP)数据

民刑事裁判大全/谢森,陈士杰,殷吉墀编;卢静仪点校.
—北京:北京大学出版社,2007.5
(近代司法判决丛编)
ISBN 978－7－301－12077－4

Ⅰ.民… Ⅱ.①谢…②陈…③殷…④卢… Ⅲ.①民事诉讼－判决－中国－近代②刑事诉讼－判决－中国－近代 Ⅳ.D925.118.2 D925.218.2

中国版本图书馆 CIP 数据核字(2007)第 057153 号

书　　　名：民刑事裁判大全
著作责任者：谢　森　陈士杰　殷吉墀　编　卢静仪　点校
责 任 编 辑：李　晨　郭瑞洁
标 准 书 号：ISBN 978－7－301－12077－4/D·1743
出 版 发 行：北京大学出版社
地　　　址：北京市海淀区成府路 205 号　100871
网　　　址：http://www.pup.cn　电子邮箱：pkuwsz@yahoo.com.cn
电　　　话：邮购部 62752015　发行部 62750672　出版部 62754962
　　　　　　编辑部 62752027
印 刷 者：三河市新世纪印务有限公司
经 销 者：新华书店
　　　　　　730mm×980mm　16 开本　31.75 印张　585 千字
　　　　　　2007 年 5 月第 1 版　2007 年 5 月第 1 次印刷
定　　　价：48.00 元

未经许可,不得以任何方式复制或抄袭本书之部分或全部内容。
版权所有,侵权必究
举报电话：010-62752024；电子邮箱：fd@pup.pku.edu.cn

《近代司法判决丛编》总序

为适应20世纪90年代以来学术界对近代法研究的需要,近十年来,学界与出版机构合作,发掘出版近代法资料,虽然尚不能说已成风气,但亦已出现喜人的成果。其中,自1997年以来《二十世纪中华法学文丛》、《汉语法学文丛》中的相关著作,都是研究中国近代法不可多得的经典之作。这些旧作的重新出版,对推动中国近代法的研究,功不可没。现在我们与北京大学出版社合作,推出这套《近代司法判决丛编》,以期能对近代法研究走向深入有所帮助。

近代中国处于一个天翻地覆的时代,经历了中国社会的第二次大转型。在由帝制专制转为民主宪政的过程中,社会和法律都经历着几千年所没有的大变革。在这样的大变革中,司法判决,特别是地方的司法判决,是观察社会法制变迁最直观的材料。职是之故,多年来,我们一直致力于搜集和研究这方面的材料,以期对近代中国社会法制的变迁有比较真实的认识。

第一批推出的是《各省审判厅判牍》、《塔景亭案牍》和《民刑事裁判大全》三部地方司法判决汇编。清末推行司法独立后成立了各级审判厅和检察厅,《各省审判厅判牍》是由他们制作的批词和判决汇集。其中所搜集的,当然不可能是当时的全部判决和批词,但是我们从中已能看出中国最早地方法院运作的面貌。《塔景亭案牍》的作者许文濬,初为清朝江苏句容县知县，后为民国句容县知事。他的案牍反映了一个县在近代中国由帝制向共和的变迁过程中，社会和法制所发生的变化。《民刑事裁判大全》以审判程序为纲目，辑录国民政府早期江苏省各法院的司法判决和裁决三百五十多则，于研究此一时期法制的实际运作甚有助益，更是我们今天了解早期国民政府司法审判程序的重要资料。

尤其值得一提的是，我于1995年在日本东京东洋文化研究所发现《各省审判厅判牍》藏本；国内图书馆虽有藏本，但数量极少，利用不便。因其史料价值较高，两年后，台湾政治大学黄源盛教授将复印本携归台湾，并将复印本相赠，嘱相机出版，以惠研究同道。今日出版，亦以告慰老友！

最后，我希望能见到更多的近代中国司法判决资料的整理和出版，促进近代法研究走向深入。

李贵连

2006年12月

于北京大学近代法研究所

目　录

《民刑事裁判大全》导读……………………………………………………（1）
序……………………………………………………………………………（1）

民事　第一审

限期令原告补缴审判费裁决……………………………………………（1）
声请伸长缴纳审判费期限裁决…………………………………………（1）
更行起诉令原告补缴审判费裁决………………………………………（2）
声请诉讼救助有理由裁决………………………………………………（3）
声请诉讼救助无理由裁决………………………………………………（3）
声请公示送达裁决………………………………………………………（4）
命当事人本人到庭裁决…………………………………………………（4）
声请中止诉讼程序有理由裁决…………………………………………（4）
职权中止诉讼程序裁决…………………………………………………（5）
撤销中止诉讼程序裁决…………………………………………………（6）
声请延展言词辩论日期无理由裁决……………………………………（6）
职权变更言词辩论日期裁决……………………………………………（7）
证人罚锾裁决……………………………………………………………（7）
证人声请撤销罚锾有理由裁决…………………………………………（8）
声请保全证据有理由裁决………………………………………………（8）
再开言词辩论日期裁决…………………………………………………（9）
中间判决…………………………………………………………………（9）
原告之诉不合法判决（即开始本案诉讼之要件未备）………………（11）
　　甲　因行本案辩论及裁判所不可缺之事件未备……………………（11）
　　乙　因有为诉讼障碍之事项…………………………………………（21）
原告之诉无理由判决（即欠缺诉权存在要件）………………………（22）

甲　法律关系存在或不存在判决 ……………………… (22)
　　乙　法律关系不受保护 …………………………………… (28)
　　丙　原告起诉不备法律上利益之要件 …………………… (28)
　　丁　当事人不适格 ………………………………………… (29)
原告之诉有理由判决 ………………………………………… (30)
原告之诉一部有理由、一部不合法判决 …………………… (48)
原告之诉一部有理由、一部无理由判决 …………………… (49)
原告之诉无理由、被告反诉有理由判决 …………………… (54)
原告之诉有理由、被告反诉无理由判决 …………………… (56)
原告之诉、被告反诉均无理由判决 ………………………… (58)
原告之诉一部有理由、一部无理由,被告反诉无理由判决 … (59)
原告之诉无理由,被告反诉一部有理由、一部无理由判决 … (65)
声请回复原状无理由判决 …………………………………… (68)
声请回复原状有理由,变更原判判决 ……………………… (69)
声请回复原状有理由,维持原判判决 ……………………… (72)
声请补充判决不合法裁决 …………………………………… (74)
声请补充判决有理由判决 …………………………………… (74)

民事　第二审

声请宣示假执行有理由裁决 ………………………………… (76)
命上诉人缴纳审判费并补正书状程式裁决 ………………… (76)
命上诉人补正书状程式裁决 ………………………………… (77)
命上诉人补缴审判费裁决 …………………………………… (78)
声请回复原状不合法判决 …………………………………… (78)
声请回复原状无理由判决 …………………………………… (79)
声请回复原状有理由判决 …………………………………… (80)
声请回复原状有理由、上诉无理由判决 …………………… (81)
声请回复原状及上诉均有理由判决 ………………………… (82)
声请延期缴纳审判费裁决 …………………………………… (83)
声请诉讼救助无理由裁决 …………………………………… (84)
裁决诉讼费用裁决 …………………………………………… (86)
再开言词辩论裁决 …………………………………………… (87)
声请变更言词辩论日期裁决 ………………………………… (87)

声请书记官回避,并声明拒却鉴定人裁决 ……………………………… (88)
上诉不合法判决 ……………………………………………………………… (89)
  甲　法院无第二审管辖权 …………………………………………… (89)
  乙　上诉不合程式 …………………………………………………… (94)
  丙　上诉逾期 ………………………………………………………… (95)
  丁　法律上不应准许 ………………………………………………… (96)
上诉有理由、发回原审更为判决 …………………………………………… (103)
  甲　对于无关本案之判决上诉有理由判决 ………………………… (103)
  乙　第一审言词辩论日期未到场之当事人以并无迟误
    为理由对于所受判决上诉有理由判决 ………………………… (104)
  丙　声请回复原状之当事人对于驳斥声请之判决
    上诉有理由判决 ………………………………………………… (105)
  丁　对于以原因为不当之判决上诉有理由判决 …………………… (106)
  戊　第一审诉讼程序有重要之疵累 ………………………………… (108)
上诉无理由判决 ……………………………………………………………… (109)
上诉无理由,在第二审追加之诉有理由判决 ……………………………… (118)
上诉一部有理由、一部不合法判决 ………………………………………… (120)
上诉有理由判决 ……………………………………………………………… (122)
上诉一部有理由、一部无理由判决 ………………………………………… (131)
上诉一部有理由、一部无理由,附带上诉无理由判决 …………………… (148)
上诉有理由,附带上诉无理由判决 ………………………………………… (151)
上诉及附带上诉均无理由判决 ……………………………………………… (156)
上诉及反诉有理由,附带上诉一部有理由、
  一部无理由判决 ……………………………………………………… (158)
上诉及附带上诉均一部有理由、一部无理由判决 ………………………… (161)
上诉及第二审提起之反诉均无理由判决 …………………………………… (164)
上诉及第二审提起之反诉均有理由判决 …………………………………… (167)
一造上诉一部有理由、一部无理由,一造上诉无理由判决 ……………… (170)
向原第二审法院提起上诉已逾上诉期限裁决 ……………………………… (172)
更正判决裁决 ………………………………………………………………… (172)

民事　第三审

上诉不合法判决 ……………………………………………………………… (174)

上诉无理由判决·····································(177)
上诉有理由判决·····································(178)
上诉有理由发回原审更审判决·····················(179)
两造上诉一造有理由、一造无理由判决············(181)

民 事 抗 告

抗告不合法裁决·····································(186)
  一 抗告法院无管辖权·······················(186)
  二 抗告逾期·····································(186)
  三 抗告不合程式·······························(187)
  四 抗告不应准许·······························(188)
  五 对于命令补交审判费提起抗告············(188)
  六 不服强制执行方法抗告····················(189)
抗告无理由裁决·····································(189)
抗告有理由裁决·····································(191)
抗告一部有理由、一部无理由裁决·················(195)
迟误抗告期限，声请回复原状无理由裁决··········(196)
再抗告不合法裁决··································(196)

民 事 再 审

再审之诉不合法判决································(198)
  甲 不备再审合法要件··························(198)
  乙 不备一般诉讼要件··························(202)
不备再审理由判决···································(202)
具备再审理由与原判决内容相同判决··············(206)
具备再审理由与原判决内容不同判决··············(208)

民事 特别诉讼

证书诉讼程序

原告之诉有理由判决································(210)

督促程序

支付命令…………………………………………………………（212）
宣示支付命令得为强制执行裁决…………………………（212）
债务人逾期提出异议裁决…………………………………（213）
声请宣示支付命令得为强制执行不合法裁决……………（213）

保全程序

假扣押之声请不合法裁决…………………………………（214）
假扣押之声请无理由裁决…………………………………（215）
假扣押之声请有理由裁决…………………………………（215）
命债权人起诉裁决…………………………………………（218）
声请撤销假扣押无理由裁决………………………………（219）
假处分之声请不合法裁决…………………………………（219）
假处分之声请无理由裁决…………………………………（221）
假处分之声请有理由裁决…………………………………（222）
撤销假处分之声请无理由裁决……………………………（224）
撤销假处分之声请有理由裁决……………………………（225）

公示催告程序

声请公示催告有理由裁决…………………………………（226）
禁止发行人支付命令………………………………………（226）
声请除权判决有理由判决…………………………………（227）
不服除权判决不合法判决…………………………………（227）

人事诉讼程序

一 婚姻事件…………………………………………………（228）
离婚之诉不合法判决………………………………………（228）
离婚之诉无理由判决………………………………………（229）
离婚之诉有理由判决………………………………………（232）
同居之诉有理由判决………………………………………（235）
二 嗣续事件…………………………………………………（236）
确认立嗣成立之诉不合法判决……………………………（236）
确认立嗣成立之诉有理由判决……………………………（237）

确认立嗣成立之诉无理由判决……………………………………（238）
废继之诉无理由判决……………………………………………（241）
三 亲子关系事件……………………………………………（243）
宣示失权之诉有理由判决………………………………………（243）
四 禁治产事件………………………………………………（244）
声请宣告禁治产有理由裁决……………………………………（244）
不服禁治产宣告之诉无理由判决………………………………（245）
声请撤销禁治产有理由裁决……………………………………（246）
五 宣告亡故事件……………………………………………（246）
声请公示催告失踪人呈报其生存有理由裁决…………………（246）
声请宣告亡故有理由裁决………………………………………（247）

其 他

声请推事回避无理由裁决………………………………………（248）
声请移转管辖不合法裁决………………………………………（249）
声请宣告破产有理由裁决………………………………………（250）

刑事 第一审

关于公诉

被告声请停止羁押无理由驳回裁定……………………………（251）
被告声请停止羁押照准裁定……………………………………（251）
推事声请延长被告羁押期间裁定………………………………（252）
推事声请再延长被告羁押期间裁定……………………………（253）
再开言词辩论裁定………………………………………………（253）
被告心神丧失停止审判裁定……………………………………（254）
被告所在不明停止审判裁定……………………………………（254）
谕知科刑判决……………………………………………………（255）
    一 死刑及褫夺公权判决……………………………………（255）
    二 无期徒刑判决……………………………………………（259）
    三 有期徒刑及羁押日期准予折抵暨没收判决……………（261）
    四 拘役及谕知缓刑判决……………………………………（265）
    五 罚金及谕知罚金易科监禁判决…………………………（265）

  六　有期徒刑并科罚金判决 …………………………………（268）
  七　并合论罪判决 ………………………………………………（269）
  八　从一重处断判决 ……………………………………………（272）
  九　连续数行为犯同一之罪判决 ………………………………（275）
  十　加重本刑判决 ………………………………………………（277）
  十一　减轻本刑判决 ……………………………………………（279）
  十二　未遂罪及其同犯判决 ……………………………………（284）
  十三　教唆犯判决 ………………………………………………（285）
  十四　帮助犯判决 ………………………………………………（287）
  十五　犯罪在刑法施行以前新旧刑比较轻重判决 ……………（288）
谕知无罪判决 ………………………………………………………（289）
专科没收判决 ………………………………………………………（291）
累犯由检察官声请更定刑期裁定 …………………………………（292）
拘役以下案件被告经传不到,不待其陈述迳行判决 ……………（294）
变更起诉法条判决 …………………………………………………（295）
起诉权消灭,谕知免诉判决 ………………………………………（298）
告诉乃论之罪撤回告诉,谕知不受理判决 ………………………（300）
告诉乃论之罪未经告诉,谕知不受理判决 ………………………（301）
对于共犯之一人撤回告诉,对于他犯谕知不受理判决 …………（302）
被告死亡谕知不受理判决 …………………………………………（303）
对于被告无审判权,谕知不受理判决 ……………………………（304）

关于自诉

自诉不合法驳回裁定 ………………………………………………（306）
撤回自诉谕知不受理判决 …………………………………………（309）
自诉人经传不到以撤回论,谕知不受理判决 ……………………（309）
自诉谕知科刑判决 …………………………………………………（310）
自诉谕知无罪判决 …………………………………………………（312）

刑事　第二审

谕知管辖错误判决 …………………………………………………（314）
原审认上诉不合法驳回裁定 ………………………………………（316）
上诉不合法驳回判决 ………………………………………………（317）

被告上诉无理由驳回判决…………………………………………（320）
被告上诉无理由,驳回谕知缓刑判决 ………………………………（322）
被告上诉无理由而原判确有不当改判判决 …………………………（323）
被告上诉有理由,谕知无罪判决 ……………………………………（326）
被告上诉一部有理由、一部无理由,分别改判驳回判决……………（328）
检察官提起上诉判决…………………………………………………（329）
原告诉人不服呈由检察官提起上诉判决……………………………（332）
自诉案件上诉判决……………………………………………………（333）
原告诉人呈诉不服,被告亦提起上诉判决…………………………（337）
被告经传不到,不待其陈述迳行判决………………………………（338）
被告犯罪之起诉权消灭,谕知免诉判决……………………………（340）
被告死亡谕知不受理判决……………………………………………（341）
原审无管辖权判决……………………………………………………（344）
原审未为管辖错误之谕知,第二审自为第一审判决 ………………（344）

刑事　第三审

原审认上诉不合法驳回裁定…………………………………………（347）
上诉无理由驳回判决…………………………………………………（349）
上诉发回更审判决……………………………………………………（350）

刑事　抗　告

抗告之程序违背规定驳回裁定………………………………………（352）
抗告无理由驳回裁定…………………………………………………（352）
抗告有理由裁定………………………………………………………（355）
再抗告裁定……………………………………………………………（356）

刑事　再　审

再审不合法驳回裁定…………………………………………………（358）
再审无理由驳回裁定…………………………………………………（358）
再审有理由开始再审裁定……………………………………………（359）
具备再审理由,撤销原确定判决,谕知无罪判决……………………（360）

刑事　简易程序

处刑命令 …………………………………………………………… (363)

刑事　附带民事诉讼

附带民事诉讼移送民庭审判裁定 ………………………………… (365)
附带民诉有理由判决 ……………………………………………… (367)
附带民诉一部有理由、一部无理由,分别准驳判决 …………… (367)
附带民诉无理由驳回判决 ………………………………………… (369)
附带民诉上诉发回更审判决 ……………………………………… (370)
附带民诉上诉无理由驳回判决 …………………………………… (371)

刑事　其　他

检察官声请延长被告羁押期间裁定 ……………………………… (374)
声请推事回避裁定 ………………………………………………… (374)
声请移转管辖无理由驳回裁定 …………………………………… (375)
声请移转管辖有理由照准裁定 …………………………………… (377)

刑事　复　判

核准判决 …………………………………………………………… (379)
更正判决 …………………………………………………………… (381)
发回复审裁定 ……………………………………………………… (382)
提审裁定 …………………………………………………………… (385)
提审判决 …………………………………………………………… (386)

刑事　特别法

适用惩治土豪劣绅条例判决 ……………………………………… (389)
适用暂行特种刑事诬告治罪法判决 ……………………………… (396)
适用惩治盗匪暂行条例及特别刑事法令刑等计算标准条例判决 … (398)

甲　被告孔祥发之供词……………………………………（403）
　　乙　本院各种调查之所得…………………………………（404）
　适用惩治绑匪条例判决…………………………………………（411）
　适用禁烟法判决…………………………………………………（419）
　适用私盐治罪法判决……………………………………………（426）
　适用党员背誓罪条例判决………………………………………（428）
　适用军用枪炮取缔条例判决……………………………………（430）

附录一　民事裁判书用语注意事项………………………………（432）
附录二　强制执行公文程式………………………………………（437）

《民刑事裁判大全》导读

卢静仪

  中国的法制发展,从晚清以后展开了新的局面,光绪三十年(1904)成立编纂法典的专门机构"修订法律馆",两年后(1906)设立的"考察政治馆"则负责筹划官制改革事宜,开启中国法制近代化、西方化的契机。辛亥革命以后,中华民国成立,"南京临时政府"(1911—1912)、"北洋政府"(1912—1927)及"国民政府"(1925—1949)的数十年间,仍承袭晚清法制改革的脚步,以求建立符合中国国体民情的法律制度。袁世凯及北洋军阀主政时期,国内局势混乱动荡不安,法制建设的成效并不显著,直到国民政府时期,由于国民党厉行党治以巩固其统治地位,也因此在对日抗战爆发以前,国内情势相对较为平静,从而逐步完成基本六法体制及各项司法建设,总结了自清末以来法律改革的成果,初步完成了中国近代法律体系的建构工作。

  晚清到新中国建立以前的法制发展,在中国法制史上具有相当关键的地位,而以法制近代化作为研究课题的专著及论文,不论在数量及质量上均相当可观。法典的分析与法律文化思想的探索,是主要的研究取径,但司法档案的解读与分析,也是相当重要而且日益提倡的研究方法。台湾的法制史学者黄源盛教授,曾经感叹民国时期的法制研究,过去由于史料的散逸阙漏,有关民初兼具理论与实务双重价值的司法档案残缺不全,致使乏人探讨。① 不过,数年前他从南京"中国第二历史档案馆"获得的大理院民、刑事判决例文及平政院行政争讼裁决文,已可稍稍弥补北洋政

---

① 参考黄源盛:《民初法律变迁与裁判(1912—1928)》,台北:政治大学,2000年版。详见该书的《序》。

府时期的苍白法制历史。① 而本文所要介绍的《民刑事裁判大全》一书，其所收录的司法文献，将使研究的视野延伸到国民政府的早期（1926—1931），对于民国时期法制的了解又可以推进一大步。

一、《民刑事裁判大全》的内容

《民刑事裁判大全》共收录三百五十二件裁决及判决书，由上海法学编译社出版。② 本书为1938年发行的第四版，不过，序言写于1932年，而所有裁判记载的日期最迟为1931年，因此本书最早应在1932年即已编妥刊行。

本书分成民事裁判、刑事裁判及附录三大部分，民事裁判共有二百一十三件，分为第一审、第二审、第三审、抗告、再审及特别诉讼等六部门，刑事裁判则有一百三十九件，亦分为第一审、第二审、第三审、抗告、再审，尚有简易程序、刑事附带民事诉讼、其他、复判及特别法案件，共十部门。附录则包括了"民事裁判书用语注意事项"及"强制执行公文程序"两类。

编者在序言中谈到，"曩尝于公余之暇搜辑各种程序上可以通用之裁判，都为一帙用备检阅，见者亟称便利，嗣复详加整理，芟其重复而增益其所未备，日积月累，规模犋具"。另外，在《法令周刊》内刊登的广告，亦提到"兹编系由曾任法官者将其经验所得，全盘托出，巨细无遗，各类各级案件程序可谓极其完备"③。可知编者也任职于司法界，从事审判的工作，最初只是为了自己工作的参考方便，后来在私人搜集利用的基础上，逐渐发展累积成这部三百余件的裁判集。本书预设的读者对象主要是法官，以求熟悉法令章则与书状程序，旁及律师与一般大众，"爰付剞劂，公诸当

---

① 关于大理院司法档案之内容、整理与纂辑情况，参考黄源盛：《大理院司法档案的典藏整理与研究》，载前引《民初法律变迁与裁判（1912—1928）》，第89—100页。自1999年后已有多篇取材于大理院或平政院审判裁判的论文完成，台湾地区，包括政大法律系梁弘孟：《论清末民初以迄当代我国刑法上奸淫罪的立法与司法演变》(1999)、李玉玺：《从孝道思想论杀尊亲属罪概念的衍变》(2000)、张焰辉：《民初建立法治国的实践——以平政院裁决为中心》(2001)及笔者于台大历史学系的《民初立嗣问题的法律与裁判——以大理院民事判决为中心(1912—1927)》(2002)，北京大学出版社2004年出版。

② 该书著作人并列上海法学编译社及谢森、陈士杰、殷吉墀等三人，唯笔者查询多本近现代及民国时期的人名辞典，均未找到此三人的任何数据。

③ 参见上海法学编译社编：《法令周刊》132期(1933.1)，夹页广告，第107页。

世,庶几于制作裁判时得所参考"①。

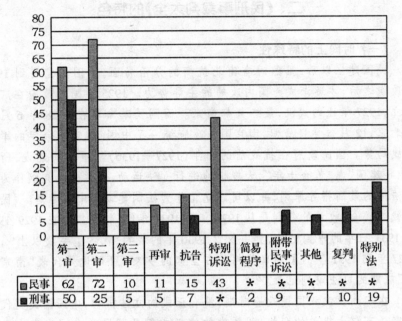

案件类型数量统计图

从裁判书的形式来看,已经完全脱离传统的批词或判词,而是格式、用语统一,且已现代化、西方化的司法文书。裁判书的最前面标示系属的法院及依年度、类型及系属次序所编排的卷宗号数,然后是当事人的姓名与住所。判决书的内容均包括"主文"、"事实"、"理由"三部分,"主文"有固定的章法,以简练的文字,对当事人的请求为准驳(民事)或有、无罪及处刑的宣判(刑事)。至于裁决书则较为简略,有时只有一段文字,或者省略"事实",只有"主文"及"理由"两部分,但仍遵守固定的书写格式。裁判末尾则是推事的姓名及裁判的日期,不过,《民刑事裁判大全》所收录的裁判书均未注明推事的姓名,仅存职称而已。

---

① 参见本书编者《序言》及上海法学编译社编:《法令周刊》132期(1933年1月),夹页广告,其文曰:"法官办案,虽均有法令章则,足资依据,但法令章则不过定其大体,在实施方面,每为法令章则所未详。而书状程序,及进行事例,尤非素有经验者,对之每属茫然。初任之法官固难着手,即老任职者,难免易于疏略。其于律师及当事人方面,亦当明其内容,不致隔阂。"

二、《民刑事裁判大全》的特色

(一) 时间上的特殊性

民国建立以后,虽然时有南北抗衡的分治局面,但国民党要到1924年改组之后,才逐渐成为国内政局的主导势力。1925年国民政府在广州成立,1927年迁到武汉,最终奠都南京。而国民革命军在1928年6月占领北京,12月张学良易帜,南京国民政府统一了中国,结束十余年的军阀混战局势。国民政府在抗战前的十年(1927—1936)从事各项建设,所谓"十年建国"或"黄金十年",大规模地进行立法运动,以党义与党纲作为制定法律的最高指导原则,并以司法党化作为法制建设的中心思想。《民刑事裁判大全》收录的裁判是从1926年到1931年间,特别集中在1929、1930及1931三年的审判记录,其中仅仅1930年的裁判,就占了半数以上[①],而1927年到1931年的民刑事裁判共占全部的97%,可以说是代表"南京十年"前期的司法审判记录。[②]

在广州及武汉国民政府时期,没有正式的立法机构,中国国民党代行国家最高权力机关的职权,国民党的党义党纲及国民党全国代表大会通过的政纲与决议,有最高的法律效力。完成北伐,结束军政之后,进入"以党统一、以党训政"的阶段,虽然开始采行五院制,但实际上仍由国民党操控国内政局,其认为是"受全国人民之信赖,而付与训政之大任",故需"以党建国,以党训政",以培植宪政的基础,弼成全民政治。[③] 因而,立法院的院长由国民党中央常务会议选任,立法委员由中央政治会议决定,而国民党的党义党纲则为重要的立法原则,立法院"有类于党之御用机关"[④]。

---

① 这是指裁判作成的日期,而非裁判字号的年份。《民刑事裁判大全》的审判记录,其中刑事裁判的集中性更明显,其他五年的裁判总合,都不及1930年的一半。
② 韩秀桃将国民政府的司法情形分为1925—1927年与1927—1936年两个阶段,前者为广州与武汉国民政府时期,后者则为南京国民政府的强权统治,称之为"南京十年"。参考韩秀桃:《司法独立与近代中国》,北京:清华大学出版社2003年版,第360—361页。根据谢振民更细致的分期,中华民国的立法史自1924年国民党在广州召开第一次全国代表大会后,到1928年完成北伐的军事行动,是所谓的"递嬗党治"时期。"实施训政"时期则是指1928年北伐完成到1931年"九一八事变"。该事变的爆发,促使国内呼吁早日实行宪政,因而迈入"宪政开始"时期。参考谢振民:《中华民国立法史》,北京:中国政法大学出版社,2000年版,第191—297页。
③ 参考前引谢振民,《中华民国立法史》,第215页。
④ 国民党1929年3月第三次全代表大会,《关于政治报告决议案》文,参考前引谢振民,《中华民国立法史》,第217—220页。

不过,"南京十年"确实是中华民国建国以来,立法最迅速也最密集的高峰期。

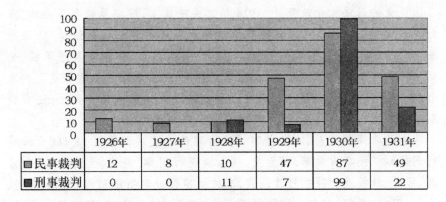

裁判作成年份统计图

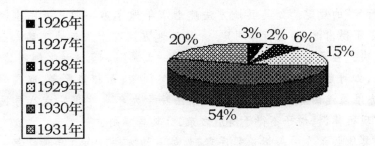

裁判作成年份的百分比图

在辛亥革命推翻满清之后,因为修纂新法典非仓猝间能够完成,故临时大总统袁世凯下令,"现在民国法律未经议定颁布,所有从前施行之法律及新刑律,除与民国国体抵触各条应失效力外,余均暂行援用,以资遵守"①。以因应新旧递嬗过渡之际的法律需求。国民政府初建时,亦由于重要法律一时未能议定,又未成立正式的立法机构,故国民党中央执行委员第120次会议决议,"一应法律,在未制定颁行以前,凡从前施行之各种实体法、诉讼法及其他一切法令,除与中国国民党党纲或主义,或与国民政府法令抵触各条外,一律暂准援用"。并于1927年8月由国民政府

---

① 参考《从前法律及新刑律均准援用令》,载司法例规编纂处编:《司法例规》(下),台北:司法公报发行所,1969年6月重印,第40页。

通令遵照。① 与前面袁世凯的命令比较,此决议明白宣示要以国民党的党义党纲,作为取舍北洋政府时期法律法令效力的标准,可以说具体体现了国民党的司法党化政策。② 1928年立法院成立,限期草拟各项法律,开始大规模的立法活动,国家重要法律渐次制定颁布。如民法总则、票据法、民法债编及物权编均在1930年施行;海商法、民法亲属及继承编、公司法等则在1931年施行。③《民刑事裁判大全》一书所收录的裁决及判决书,正好就处于新、旧法律交替的过渡阶段。反映在司法审判上,法官援引新旧不同的法律规范,这种情况在民事裁判更为明显。

在民法颁行以前,有关民事诉讼审理的成文法源依据,是以《大清现行刑律》的"民事有效部分"为主。《大清现行刑律》是将《大清律例》为修改、修并、续纂及删除的过渡法典,有关民事部分包括服制图、服制、名例、户役、田宅、婚姻、犯奸、斗殴、钱债及《户部则例》之户口、田赋等。在《民刑事裁判大全》中民事特别诉讼的"人事诉讼程序"之嗣续事件,都援引"现行律"的规定。如吴县地方法院十八年地字第一四八号民事判决有"独子不得出继,为现行律明定"。吴县地方法院十八年地字第六三号民事判决,"独子不得出继,为承继法上之一大原则。至兼祧之制则属例外。律载,如可继之人亦系独子,而情属同父周亲,两相情愿者,取具阖族甘结,亦准承继两房云云"。吴县地方法院十九年地字第一六八号民事判决,"现行律例,继子不得于所后之亲,听其告官别立"。

其他收录在一般诉讼程序者,如吴县地方法院十九年地字第一四四号民事判决,针对解除婚约纠纷,理由中有"现行律载,'未成婚男女有犯奸盗者,不用此律。'等语。注称,'男子有犯,听女别嫁。女子有犯,听男别娶。至所称盗之意义,当然包括窃盗而言'"。吴县地方法院十五年地字第三〇号民事判决,有关确认承继权及分析遗产诉讼,亦有"现行律载,其或择立贤能及所亲爱者,若于昭穆伦序不失,不许宗族指以次序告争等语"。这里提到的"现行律"或"现行律例"及其所征引的法律条文,均是出自于《大清现行刑律》"民事有效部分"中"立嫡子违法"及"男女婚姻"条的规定。

不过,同属人事诉讼程序的"亲子关系事件"及"宣告禁治产事件",在判决时则已援用"新"民法的规定。如吴县地方法院于1931年8月3日

---

① 参考前引谢振民,《中华民国立法史》,第211页。
② 参考前引韩秀桃,《司法独立与近代中国》,第345页。
③ 各项法律公布施行日期,参考前引谢振民,《中华民国立法史》,第231—234页。

（无裁判字号），针对被告父亲主张被告因有烟瘾好赌博，援引《民法》第1090条"父母滥用其对于子女之权利时，其最近尊亲属或亲属会议得纠正之。纠正无效时，得请求法院宣告停止其权利之全部或一部"的规定，判决被告应停止对被告儿子的财产管理权。又如吴县地方法院于1930年2月3日（无裁判字号）援引《民法》第14条规定，对于经医生鉴定之精神耗弱者，宣告其禁治产。

其他如吴县地方法院十九年上字第三八一号民事判决，针对赔偿损害讼争，因被告仅十二岁，乃援引《民法》第187条"无行为能力人与限制行为能力人，不法侵害他人之权利者，以行为时有识别能力为限，与其法定代理人连带负赔偿责任"的规定；吴县地方法院十九年地字第一八七号有关确认契约有效及请求撤销契约的案件，援引《民法》第449条的规定；吴县地方法院于1931年9月3日（无裁判字号）有关屋价诉讼，援引《民法》第254及259条的规定；吴县地方法院于1931年3月1日（无裁判字号）有关撤销赠与及契约诉讼，援引《民法》第244条规定；吴县地方法院十九年初字第三七八号民事判决，针对租赁期限的问题，援引《民法》第450及455条规定等。这些都是发生于1930年及1931年有关民法总则与债编的诉讼，审理推事均援引"新"民法的规定作为审判的依据。可供比对的，吴县地方法院十八年上字第二五三号民事判决，针对已过期之产业能否再行告赎的争执，法院则谓"现行律载，民间置产业，如系典契，多于契内注明回赎字样，如系卖契，亦于契内注明永不回赎字样"则仍旧援引"现行律"的规定。

1920年代中后期，中国从北洋政府的纷乱局势中结束，进入南京国民政府统治的前期，虽然不像辛亥革命是从帝制走向共和政体的翻天覆地的大变化，但新政权轮替也带来新的法律气象。《民刑事裁判大全》一书所收录的裁判，正好就处在"新旧"交替的过渡时期，上面只引述了其中几则，在本书中还可以找到很多可以反映新旧（传统与现代）法律转换之际，适用不同规定审理的裁判。藉由这些司法文献的研究，对于当时司法运作的状况，当能有新的发现。

（二）空间上的特殊性

《民刑事裁判大全》中裁判书的制作主体，包括吴县地方法院、江苏高等法院及上海地方法院。其中，民事裁判由吴县地方法院作成者共189件，江苏高等法院为24件；刑事裁判由吴县地方法院作成者有82件，上海地方法院有3件，江苏高等法院则有54件，都是江苏省境内的审判机构。

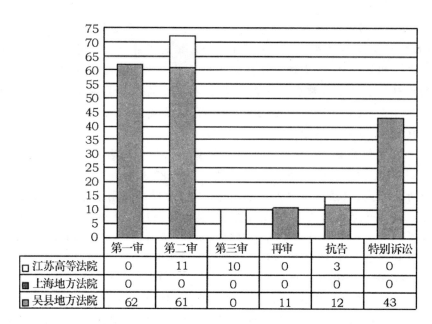

民事裁判作成主体数量统计图

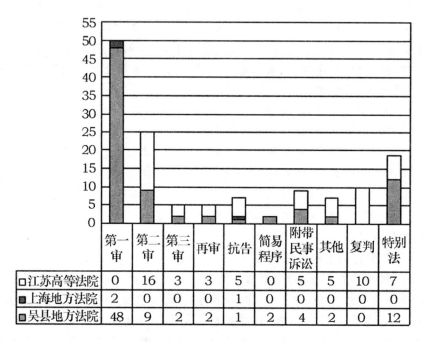

刑事裁判作成主体数量统计图

晚清关于诉讼制度的改革,确立民刑诉讼分立的原则,建立检察制度,制定《大理院审判编制法》、《法院编制法》及《各级审判厅试办章程》等,采取四级三审终审的审判制度,即初级审判厅、地方审判厅、高等审判厅及大理院。① 民国成立之初,仍暂行援用前清的《法院编制法》及《各级审判厅试办章程》、《民事诉讼律草案》及《刑事诉讼律草案》等等。不过,民国四年(1915)修正的《法院编制法》,废止了初级审判厅的设置,改在地方审判厅下设分庭,使司法制度成为三级三审制(虚四级制)。故原由初级法院管辖的案件,是以地方法院为第二审,高等法院为第三审。而由地方法院管辖的案件,则以高等法院为第二审,大理院为终审法院。对照上表的统计资料,吴县地方法院的裁判,不仅大量存在于第一审,收录于第二审的裁决及判决亦相当多,因诉讼标的的价格或标的性质,或者犯罪的类型,可能是受理第一审或第二审案件的管辖法院。江苏高等法院的裁判亦然,也分别收录在第二审及第三审部门。

此外,从收录的第二审及抗告的案件可以发现,除了由第一审的吴县地方法院及简易庭、上海地方法院上诉者外,还包括因为不服江宁地方审判厅②、镇江地方法院、武进县法院(县政府、县知事公署)③、常熟县政府、无锡县政府(县知事公署)、靖江县政府(县知事公署)、宜兴县政府(县知事公署、县公署)、吴江县政府、溧阳县政府、昆山县政府(县知事公署)、江

---

① 参考黄源盛:《民初近代刑事诉讼的生成与开展》,载前引《民初法律变迁与裁判》,页209。参考李启成:《晚清各级审判厅研究》,北京:北京大学出版社2004年版,第66—68页。

② 1927年国民政府迁到武汉后,召开司法会议,公布"新司法制度",其中一项即更改审判机关名称,废除大理院与审判厅名称,改称"法院"。本件为江苏高等法院十七年上字第四九八号,为受理前江宁地方审判厅于1926年4月23日所做的第二审裁判。

③ 《民刑事裁判大全》中,其他县级审判机构均以县政府、县公署或县知事公署称之,独武进县在吴县地方法院民事判决十九年上字第一八七号(1930.9.22)、十九年上字第二三一号(1930.9.15)、十九年上字第三九八号(1930.11.21)、十九年上字第三三五号(1930.12.30)为因不服武进县法院第一审判决而上诉者,其他因不服武进县知事公署及武进县政府的裁判,则为1926、1928及1929年的案件。根据《中华民国二十三年度司法统计》,当时江苏省已在武进县、松江县及南通县成立县法院。此外,笔者查阅1931年的《江苏省政府公报》,不乏在公文中提到江苏省的县法院者,如江苏省公报633期(1931.1.5)、《高法院公函司法预算难再核减》提到,民国19年度(1930)紧缩预算案无法核减的理由之一为:"武进、南通、江都、松江、无锡各县法院,省库仅止各月拨千余元,不敷尚多,无可再减。"推测武进县法院最迟在1930年已设立。又《江苏省公报》636期(1931.1.31)《无锡县法院成立》的陈文,是由无锡县长陈忠甲电陈江苏省政府主席叶钧鉴,有关无锡县法院成立一事:"属县县法院前奉高等法院令饬筹备完竣;兹奉委派杨院长克谦到县,所有县法院定于本日成立,县长裁至前一日止,除法令别有规定外,一应民刑诉讼,即行停止受理。谨将无锡县县法院成立,县长解除兼理司法事务日期,代电呈祈鉴核!"可见,至少在1931年江苏省已经有不少县级法院的建置。

阴县知事公署、高邮县政府、南汇县政府、青浦县政府、铜山县政府、金坛县政府、奉贤县政府、萧县政府、东台县政府、启东县政府、崇明县政府、松江县政府、海门县政府、南通县公署、如皋县政府的第一审判决或裁定，而向所属管辖第二审法院，即吴县地方法院或江苏高等法院，提起上诉或抗告者。

迄清朝覆灭为止，江苏省已在苏州府、江宁府、镇江府及上海县四地设立了地方审判厅。① 到了1929年，江苏省已有上海、吴县、江宁及镇江四所地方法院，及管辖江苏省全省的江苏高等法院（设于苏州），及分设在淮阴的第一分院、上海的第二、第三分院。② 而1934年的司法统计，江苏省又增加了第四所高等法院分院③，1935年出版的《各省司法概况报告汇编》，江苏高等分院已增为五处，地方法院则已增加为十处，分设于镇江、上海、江宁、吴县、江都、无锡、南通、松江、武进、铜山等处。④《民刑事裁判大全》一书收录的裁判以吴县地方法院数量最多，占了77%，江苏高等法院亦有22%，虽然我们无法看到前述其他第一审审判机构的裁判，但其所涉及的区域可以说盖括了江苏省全境。⑤ 此种地域上的高度集中性，实为了解江苏省当地的法制运作状态或当时民情风俗、社会情态，所不可或缺的珍贵素材。

（三）以程序法为依据的编排方式

《民刑事裁判大全》的司法审判档案，其整编是有系统与目的性的，编者首先将诉讼记录区分为民事、刑事两大类，再分别将民事细分为六部门，刑事分为十部门。然后每个部门再根据案件牵涉到程序上的何项特定规定，予以细致的区分，以民事第一审为例，就包含了有关"审判费"、"诉讼救助"、"中止诉讼程序"、"言词辩论期日"、"中间判决"、"原告之诉不合法"及"原告之诉无理由"等三十二项，每项之下均搜录了一或多则诉讼。编者在序言对此种编排方式有所说明，其谓因就实体法而言，"案情

---

① 参考前引李启成，《晚清各级审判厅研究》，附录"直省省城商埠各级审判厅一览表"，第222页。
② 参考耿文田：《中国之司法》（北京大学法学院图书馆藏，出版数据不详），根据司法院民国18年度（1929）司法统计资料作成的"地方法院及分院分庭一览表"、"高等法院及高等分院一览表"，第72页、77—78页。
③ 参考司法行政部统计室编：《中华民国二十三年度司法统计》（1936年11月）。
④ 又当时江苏省的高等法院第一分院设于淮阴，第二、第三分院均设于上海（即上海第一、第二两特区法院，其司法行政事务向直隶属司法行政部）。第四分院设于铜山，第五分院设于镇江。参考司法院秘书处编印：《各省司法概况报告汇编》（1935），《江苏省司法报告》，第1页。
⑤ 参考前引耿文田，《中国之司法》，第72、76页。

各异，裁判的内容几无一相同"，但从程序法来看，"则各裁判之程序，及引用法律之条文，或完全相符，或大同小异，自有其不变者在"。既有不变者在，就足以作为分类的依归，因此，不问案情内容，而专以程序法规作为裁判书的编排规则。

至于书末附录的"民事裁判书用语注意事项"及"强制执行公文程序"，内容则包涵了各式训令、命令、通知、送达证书、笔录、鉴定书、执行分配表、布告等等的空白格式及样本。前面提到，本书的出版目的是提供制作裁判的检阅参考，故不仅排序上符合使用检索的便利性，附录搜罗的各种范本，亦为相同的目的考量，从原书封面上印着"民刑案件程序包览无遗，制作裁判参考备极便利"，亦可明白本书之宗旨所在。

至于用以编目的程序规则，即当时的诉讼法规为何？按中国诉讼法规的制定，清末修订法律大臣沈家本、伍廷芳虽曾于光绪三十二年（1906）拟定《刑事民事诉讼法草案》，大致规定了刑事、民事诉讼的具体程序，但因大多数督抚的反对而被搁置。后来又编纂《民事诉讼律草案》，但仍未及颁行，清廷即已覆亡。民国成立后援用前清《刑事民事诉讼法草案》、《民事诉讼律草案》的部分规定，但正式的民事诉讼法典最早是由广州军政府在1921年公布施行的"民事诉讼律"，不过只限于西南各省。同年北洋政府的修订法律馆亦已完成《民事诉讼法草案》，后改为"民事诉讼条例"，于1922年正式于全国一律施行。因此，国民政府统一全国后，实际上有两种不同的诉讼法规在审判实务上运作（西南各省及北洋政府治下各省）。前面提到1927年决议暂行援用从前施行的各种法令，诉讼法也不例外，而本书收录的裁判书为1926年到1931年作成，都在1932年立法院制定的"民事诉讼法"公布施行以前，故其所援引的即均为"民事诉讼条例"。①

至于刑事诉讼方面，民国成立以后，以宣统二年（1910）完成的《刑事诉讼律草案》为本，司法院不断呈请援用其部分规定。与民事诉讼程序相同，广州军政府于1921年公布施行"刑事诉讼律"；同年北京政府亦公布施行了由修订法律馆编成的《刑事诉讼法条例》，最初仅适用于东三省特别区域，1922年通行于西南各省外之全国。不过，国民政府在刑事诉讼法的编纂较为迅速，于1928年9月即已公布施行，《民刑事裁判大全》的

---

① 参考前引谢振民，《中华民国立法史》，第994—996页。此外，从本书的编排来看，与《民事诉讼条例》的编章节目亦基本相符，尤其"民事特别诉讼"部门，更与《民事诉讼条例》第六编章节完全符合。

刑事裁判本来就没有收录 1926 年及 1927 年的裁判,都是作成于 1928 年底以后,因而可以看到裁判所援用的程序法,基本上皆为《刑事诉讼法》。①

(四)县知事兼理司法制度

自清末以来,即倡议在全国普设现代的司法审判机构,但终北洋政府时期,全国未设普通法院体系的县级地方仍然相当普遍,为解决此种困境,因此采取各种行政兼理司法的办法以为权宜之计。首先是 1913 年在未设普通法院的各地方设立审检所,但次年即废止改由县知事兼理司法事务,后于 1916 年又改设县司法公署,但并未实行,故仍由县知事兼理。② 县知事兼理司法的制度存在的期间相当长,1914 年颁布的《县知事兼理司法事务暂行条例》规定:"凡未设普通法院之各县司法事务,委任县知事处理之。"同时制颁的"县知事审理诉讼暂行章程",则具体规定县知事审理诉讼时应遵行的规范。

北伐完成后,国民政府司法行政部所拟定的训政时期工作计划,在"筹设全国各级法院"一项,规划于第一年、第二年在全国设立县法院共 1367 所,因"县政府兼理司法为一种不良制度,应于最短期间废止,唯全国之县一律成立地方法院,决非一、二年内所能举办,略设县法院,组织较简(不受理初级第二审上诉案件,人员经费均少)自易成立……使全国各县司法在此最短期中完全脱离行政而独立,以副五权分治之贵"。因此,地方法院的筹设,在第一、二年是在未设地方法院的各省旧商埠、旧府治、州治及商务繁盛或靠近铁道之县设立,而自第三年起,则是由第一、二年成立的县法院及原有县法院或地方分庭扩充改设,到第六年全部改设完毕。③ 江苏省依规划要在第一、二年分别成立 20 所县法院,地方法院则在 6 年内共设立 57 所。④

---

① 在一百三十九则刑事裁判中,只有作成于 1928 年 9 月 7 日的江苏吴县地方法院十七年自字第一号刑事判决仍援引《刑事诉讼条例》。但另一则作成于 1928 年 9 月 6 日的江苏吴县地方法院十七年地字第二八九号刑事判决,却已援引《刑事诉讼法》。或许是《刑事诉讼法》在 9 月 1 日才开始施行,不过数天,因此出现此种法律援用上的瑕疵。

② 参考杨鸿烈,《中国法律发达史》(下),上海:上海书局 1990 年版,页 1094。此外,南京国民政府在 1936 年以后,亦有县司法处的设置,已发生在本书所收录裁判以后。

③ 参考北京大学图书馆藏,《司法行政部训政时期工作分配年表附说明书及附表》,"筹设全国各级法院工作分配年表"及"说明书"。

④ 参考前引北京大学图书馆藏,《司法行政部训政时期工作分配年表附说明书及附表》,"江苏省训政时期筹设法院监所工作年表"。江苏省共有 61 县,原本已有江宁、镇江、上海及吴县四所地方法院。

法院	江苏省		全国	
	县法院(所)	地方法院(所)	县法院(所)	地方法院(所)
第一年	20	8	675	134
第二年	20	9	692	142
第三年	0	10	0	362
第四年	0	10	0	375
第五年	0	10	0	377
第六年	0	10	0	383
合计	40	57	1367	1773

虽然国民政府计划要在六年内建立完善的法院体系，以符合司法独立的精神，但实际上到了1933年，全国1700多个县中，"未设法院的地方比已设立法院的多至十一倍"①。而根据民国23年度（1934年7月到1935年6月）的司法统计资料，江苏省仍只有武进县、松江县及南通县三所县法院而已，而地方法院也仍只有四所及二所地方法院分院。②而前面引用1935年的《江苏省司法概况报告》也提到，除了镇江、上海、江宁、吴县、江都、无锡、南通、松江、武进、铜山等十处地方法院外，"其余各县俱系县长兼理司法"。最近一年度全省收结民刑案件中，法院年收八万四千余起，兼理司法各县则年收五万一千七百余起。③可见至少在江苏省，由县知事兼理司法的情况仍然是相当普遍。南京国民政府在1927年8月，也公布实施《修正县知事兼理司法事务暂行条例》，以作为规范的法律依据。

本书所收录的从江苏省各县政府上诉的第二审裁判，对于县级的审判机构，有直接称"县政府"，或称"县公署"，或者是"县知事公署"。遗憾的是并没有原始的县级诉讼档案，但仍可以从第二审的裁判中窥得一二。如对于"批"、"谕"形式的采用，"批"是用在县知事或承审员对于诉讼人呈请有所准驳时，"谕"则为对于诉讼进行中有所指挥者。对于"批"、"谕"不服者，诉讼人可以声明抗告，县知事或承审员对此抗告，应当更正或移送

---

① 参见阮毅成：《中国法治前途的几个问题》，载《东方杂志》30：13（1933），第78—85页。
② 此时全国未设地方法院之各县司法机关及职员总数共有5719人，其中江苏省有601人，包括句容县、溧水县、高淳县、江浦县、六合县、丹阳县、金坛县、溧阳县、扬中县、南汇县、青浦县、奉贤县、金山县、川沙县、太仓县、嘉定县、宝山县、崇明县、启东县、海门县、常熟县、昆山县、吴江县、宜兴县、江阴县、靖江县、如皋县、泰兴县、淮阴县、淮安县、泗阳县、涟水县等，仍由县政府兼理司法事务。参考司法行政部统计室编：《中华民国二十三年度司法统计》，"法院设置及废止"表及"未设地方法院之各县司法机关及职员"表。
③ 参考司法院秘书处编印：《各省司法概况报告汇编》（1935），第1页。

上级审裁决。① 在江苏高等法院十八年抗字第七六号裁决中,提到高邮县公署的"庭谕"、"批示";江苏吴县地方审判厅十五年上字第三九八号判决,也提到江阴县知事公署的"庭谕"(行政庭谕),均是以"批"、"谕"代替判决的形式。

又如在判决理由直接引用《县知事审理诉讼暂行章程》及《修正县知事审理诉讼暂行章程》等规定,如吴县地方法院十六年上字第十六号民事判决,因本案的诉讼标的金额已经超过千元以上,依照《修正县知事审理诉讼暂行章程》第30条的规定,"原审事件应属地方官辖者,以高等审判厅或分厅为管辖第二审",上诉人向吴县地方审判厅提起上诉并不合法,故迳行移送江苏省高等审判厅审理。亦有未明白征引条文,但牵涉到相关规定者,吴县地方法院十九年上字第五一九号民事判决即是。本案溧阳县政府的第一审判决本应由承审员亲自前往勘验调查,但却令册书会同区长前往勘验,并根据报告作成判决。理由中首先具体援引《民事诉讼条例》第433条,"因标的物之性质或有重大窒碍不能于受诉法院行勘验者,法院得使受命推事或受托推事行之"及第341条"使受命推事调查证据者,由审判长在庭员中指定"的规定,然后再说明"若兼理司法之县政府,仅有承审员一员者,则应由承审员亲自勘验,方为合法,不能假手他人行之。"这其实就是《县知事审理诉讼暂行章程》第20条的规定:"勘验由审理案件之县知事或承审员行之,但应由县知事勘验之事件,遇有必要时,得命承审员代行之。"同时配合第1条有关县知事与承审员审判工作及责任分配。② 由于本案在诉讼程序上有重要之疵累,因此被废弃发回原县重新审理。

另外,"刑事复判制度"也是因应兼理司法制度可能的缺失,避免发生滥用司法的情况,所创设出的一种配套措施。根据1928年《复判暂行条例》的规定,应提请复判的地方管辖机关为"兼理司法事务之县政府、县司法公署或由县长兼行检察职权之县法院",类型则为"未经声明上诉、撤回

---

① 《县知事审理诉讼暂行章程》第33条。
② 《县知事审理诉讼暂行章程》第1条:"凡未设法院或司法公署各县,应属初级或地方管辖第一审之民事刑事诉讼,由县知事审理。设有承审员各县,属于初级管辖案件概归承审员独自审判,以县公署名义行之,由承审员负其责任。地方管辖案件得由县知事交由承审员审理,但县知事应与承审员同负其责任。"

上诉或上诉不合法的案件未经第二审为实体上审判"者。①本书共收录了十则"复判"案件(尚不包括散在其他类目的复判案件,如江苏高等法院十九年诉字第一六四号刑事判决),其中江苏高等法院十九复字第一三六号及第九七一号刑事判决,在事实项下即有说明,"于经过上诉期间后,呈送复判到院";此外,江苏高等法院十九复字第一四四号、第一五二号刑事判决,则为多数被告共同犯罪,其中部分被告不服提起上诉,另案办理,而未上诉者,则由检查官函送复判者。

这几则裁判中,高等法院审究县政府的初判对于事实是否已经调查清楚?其适用法律是否正确?而分别作出核准判决、更正判决、发回复审裁定或提审裁定等。②江苏省高等法院十九年复字第一四八号、一四九号两刑事判决中,均因原审对于事实调查尚未明确,被发回原县复审;而江苏高等法院十九年复字第一四二号及九七一号刑事判决,则为认定事实虽已明晰,但因滥引《刑法》第77条减处有期徒刑的量刑规定,而被高等法院发回复审或迳自更正判决。

"复判"在理念上是源自于清朝为求慎重司法,而逐级审转复核的制度,民国以后为配合兼理司法制度,而延续其生命,不过,两者在内容上已有显著的差异。民国时期的县知事兼理司法制度,一般批评是行政与司法不分,背离司法独立精神的表现,而复判又是为了避免县知事司法审理的不当或错误,所衍生的制度设计。"复判"制度究竟发挥何种程度的把关效果?仅仅十则案件,当然难予以恰当的评价,不过,对于复判制度的运作情况,也能略有了解。

(五) 刑事特别法判决

民国成立以后即制定不少刑事特别法,国民政府成立后尤然。特别法是指立法者针对特定的人、事、时、地之特别需要而制定,仅适用于特定之人、事、时、地的法律或条例,除了明白申述其立法意旨之外,通常有一

---

① 参考1928年9月19日国民政府司法部公布《复判暂行条例》第一条规定,又同法第十五条规定:"未经设立法院、县司法公署或县政府地方,照法令允准兼理司法之局所人员审判,刑事案件准用本条例关于县政府之规定呈送复判。"

② 《复判暂行条例》第四条规定,高等法院或分院除发见初判有疑义事项,得令原审查复外,应属左列之裁判:"一、法律事实相符或仅引律错误,罪刑并无出入者,为核准之判决。二、引律错误致罪有出入,或仅从刑失出者,为更正之判决,其引律虽无错误,而量刑失当者,亦同。但原处无期徒刑以下之刑,而认为应处死刑者,不在此限。三、有前二款以外之情形者,为复判之裁定。前项第一款引律错误之点,应于核准判决之理由纠正之。"第七条规定:"复审之裁定,应择用左列办法之一,于主文中表示之:一、发回原审县政府、县司法公署或县法院复审。二、提审。三、推定推事莅审。"

定的施行时间,一段期间后即行废止。本书收录的"刑事特别法"的案件,包括涉及《惩治土豪劣绅条例》《暂行特种刑事诬告治罪法》《惩治盗匪暂行条例》《惩治绑匪条例》《禁烟法》《私盐治罪法》《党员背誓罪条例》《军用枪炮取缔条例》等特别刑法的案件。① 其中有国府成立后新加制定者,如《党员背誓罪条例》是为了确保革命纲领能被贯彻执行而不遭背弃,由中国国民党中央执行委员会于1926年制定,广州国民政府公布施行。本条例以法律的形式来严惩背叛革命誓言的行为,若国民党员有背誓而为不法行为者,分别情刑按刑律加一等以上处罚(第一条)。迁都南京之后,再经部分中央委员提案修正并通过,将所有并未入党但在军政机关服务人员,均以国民党员论。若有犯本条例之罪者,均依本条例处置,适用的对象扩大到不具备党员身份的军公人员。② 此外,也有配合当时需要,修正过去已经颁行的法律,而再公布施行的特别刑法。如《惩治绑匪条例》即因当时"绑票之风,各地均有,尤以上海为甚,遇案无法严惩",故于1927年制定《掳人勒赎治罪专条》后,又在1928年特别制定《惩治绑匪条例》。③ 国民党的权力在1920年代末期发展到高峰,法律成为贯彻其政党理念重要手段,论者有谓"特别法多于普通法"是此时期的立法特点之一,特别法不仅效力高,且可以纳入不便在普通法规定的事项。特别法的立法程序较简单,通过容易,这些法律的出台,体现执政者的利益与需求,也可反映当时代的特殊背景。④

而在司法审判机关方面,民国以来就一直存在与普通法院并行的特别法院,如专门审理行政诉讼的"平政院"、审理俄国侨民间或俄侨与华人间民刑诉讼的"东三省特别区域法院"、上海等租界地的"特别会审公廨"以及"军事审判机关"等特别法院。至于南京国民政府的特别法院,除陆海空军的军法会审、行政法院外,最具有排除异己,巩固一党专制目的的当属在"剿匪"期间于革命根据地设置的临时法庭及负责审理土豪劣绅及

---

① 其他如江苏省高等法院十九年复判字第一六○号刑事判决,则为适用《暂行反革命治罪法》的案件,也是属于特别刑法的案件。还有一些是散见在其他门类,如江苏高等法院刑事判决十九年诉字第一六七四号、江苏高等法院刑事判决十九复字第一三六号,亦为有关《惩治盗匪暂行条例》的案件;江苏高等法院刑事判决十九复字第一五二号,则为违反《私盐治罪法》的案件。

② 《党员背誓罪条例》于1931年12月17日废止。参考前引谢振民,《中华民国立法史》,第957—958页。并参见前引韩秀桃,《司法独立与近代中国》,第346—349页。

③ 《惩治绑匪条例》于1932年4月15日废止,参考前引谢振民,《中华民国立法史》,第965—969页。

④ 参考曾宪义:《中国法制史》,北京:北京大学出版社2000年版,第320页。

反革命案件的"特种刑事法庭"①。广州国民政府于1925年曾设立"特别刑事审判所"以管辖反革命与土豪劣绅案件,至1927年改设特种刑事临时法庭,由中央政治会议第118次会议通过的《特种刑事临时法庭组织条例》,采取两级两审制(特种刑事法院地方临时法庭与特种刑事中央临时法庭),次年并公布施行的《特种刑事临时法庭诉讼程序暂行条例》十二条。② 不过,1928年11月中央政治会议即决议将特种刑事临时法庭取消,将反革命案件改由各省高等法院或分院依通常程序受理,土豪劣绅案件则由地方法院或简易庭为第一审管辖,所有的特别刑事临时法庭均被裁撤。③ 本书归类为适用《惩治土豪劣绅条例》的判决共有四件,裁判字号均为"特字"。这些案件判决的时间均在1929年以后,因此部分判决在理由中说明,原由江苏特种刑事临时法庭受理,但未及审判,即已裁撤,故转送普通法院依普通诉讼程序审理。④

《惩治土豪劣绅条例》开宗明义即宣示"国民政府为发展党治精神,保障民众利益",故凡属土豪劣绅,均依本条例惩办(第一条)。该法第二条列举了如"武断乡曲欺压平民致伤害"、"欺人之孤弱以强暴胁迫之行为而成婚姻者"等十一项应被惩处之行为,但却未对"土豪劣绅"加以定义。在江苏高等法院十九年特定第二六三号刑事判决,上诉人因为重利盘剥被检察官起诉,法院即援引最高法院第一六五号解释,"若犯罪者平日并无凭借势力欺凌乡里,自不得以土豪劣绅论"。逸上诉人等均以小本营生,并无凭借势力欺凌乡里之能力,因此即使确实有重利盘剥之行为,也不应以第二条第四款的"重利盘剥"处罚,最后被宣告无罪。

其他三则案件,被告则分别为"窃盗民田"和"盗领官产"(吴县地方法院刑事判决十八年特字第一号);盘踞公共机关,盗卖侵占(吴县地方法院刑事判决十九年特字第二号);未按照实际售出积谷之担数价额呈报,并

---

① 参考前引韩秀桃,《司法独立与近代中国》,第374页。
② 参考前引谢振民,《中华民国立法史》,第1036—1037页。1948年又颁行《特种刑事法庭审判条例》和《特种刑事法庭组织条例》,又成立了特种刑事审判机构,以专门审理特种刑事案件。参考张培田、张华:《近现代中国审判检察制度的演变》,北京:中国政法大学出版社2004年版,第4页。
③ 参见国民政府第一三二号训令《关于取消特种临时法庭办法》第一、第二条,《国民政府现行法规补录》,上海:上海律师公会1929年版,第189页。
④ 吴县地方法院十八年特字第一号、十九年特字第二号刑事判决,参见国民政府第一三二号训令《关于取消特种临时法庭办法》第四条之规定。另外,吴县地方法院刑事判决十九年特字第六号判决则是由检察官向该法院提起公诉,江苏高等法院刑事判决十九年特定第二六三号判决,则是因为不服吴县地方法院第一审判决而提起之上诉。

伪造及使用售穀发票或将积穀交出时,未将购穀之款一并移交(吴县地方法院刑事判决十九年特字第六号判决)。这三案都牵涉惩治土豪劣绅条例第二条第十一款"盘踞公共机关,侵蚀公款或假借名义,敛财肥己"之规定。其中吴县地方法院十八年特字第一号刑事判决,在理由中解释"假借名义,敛财肥己,是指假借某种名义以为敛财之方法,非谓承领荒地即敛财也。盖国家放领官荒原为奖励垦植,振兴产业,则承领之者,正仰体国家意思,以谋产业之发展,自难与敛财肥己者同科"。被告的嫌疑不能证明或行为不构成犯罪,故被判无罪。其他二案则分别因时效已过及犯罪事实不能证明,也都被宣判无罪。

除了土豪劣绅案件外,适用《暂行特种刑事诬告治罪法》的吴县地方法院十九年特字第七号刑事判决,也是原本由特种刑事地方临时法庭受理,裁判字号亦为"特"字。本案告诉人诉称被告等陷害党员,但并未指诉特定的罪名,因此法院首先判断这是普通法上的诬告还是《暂行特种刑事诬告治罪法》之诬告。《暂行特种刑事诬告治罪法》将诬告规定为"意图他人受暂行反革命治罪法或惩治土豪劣绅条例之处罚,向党务军事行政或审判机关为虚伪之告诉、告发、报告者。"本案被告在1925年告发告诉人宣传赤化,当时并无《暂行反革命治罪法》,因此被告显然不是意图使他人受《暂行反革命治罪法》之处罚,应当依普通刑法来解决。法官调查事实后,认定被告之告发均非虚伪,与普通诬告罪的要件亦不相符,因此宣告无罪。

其余的十四件刑事特别法裁判,与反革命及土豪劣绅案件无关,由普通法院来审理,第一审裁判字号均为"地"字,上诉审则为"诉"字。其中,《适用惩治盗匪暂行条例》及《特别刑事法令刑等计算标准条例》的三个案件,均为结伙("结合大帮肆行抢劫")行劫,因而致伤人命者。《适用惩治绑匪条例》的为四个有关掳人勒赎的案件;适用《禁烟法》的则为贩卖或吸食鸦片的三则犯罪案件;适用《私盐治罪法》的则有二件因贩卖私盐而被缉获受审的案件;适用《党员背誓罪条例》则是公安局巡士因收受贿赂而违背职务,因为在警务机关服务,故依本条例予以处罚。至于适用《军用枪炮取缔条例》的案件,因被告未受允许持有军用子弹二枚,而依本条例处断。这些案件,法官在论罪时均一并考虑特别刑法与普通刑法,但优先适用特别法,而科刑时则配合《特别刑事法令刑等计算标准条例》,以计算其刑期。①

---

① 《特别刑事法令刑等计算标准条例》第一条规定,"现行各种特别刑事法令规定之刑及其加减等数,均依照本条例计算,本条例未规定者,依刑法第九条之规定"。

国民政府建构了符合自己学说和政治利益的"六法体系",并透过大量的刑事特别法①或特别法庭的设置,实现其排除异己,以遂行一党专制。② 同时为达到司法党化的目的,更打破了自1914年以来禁止司法官加入任何党派的命令,"非有社会名誉之党员,兼有三年以上法律经验者,不得为司法官",更强化了国民党对于司法权的控制。③ 在这种情况下,对于法院能否做出符合公平、正义的判决,不免使人怀疑。有学者从司法的独立性来考察,认为"国民党及国民政府的法律体现地主和官僚买办阶级的意识,其打击的锋芒是针对广大人民,因此即便是法院按照法律来进行判决,其结果也是维护其体现的阶级的利益"④。不过,前述适用《惩治土豪劣绅条例》及《暂行特种刑事诬告治罪法》的案件,虽然案情不一,但最终都被宣判无罪或免诉,并未任意出入人罪。对于这些法官在认定事实及适用法律时的谨慎,也应予以肯定。

三、结 语

南京国民政府时期的大规模立法活动,不仅总结自清末以来的改革成果,也吸纳了西方二十世纪初法律社会学思想及先进国家的最新立法成果。不可否认,在国民党主政时期,为实现其政治目的与利益,确实存有偏私的考量。但过去由于非学术因素的影响,对于此时期的法制发展,不免有些过于轻率,或者是想当然尔的认识或批评。因此,如何能够重新审视,并且给予更公正合理的评价,就有赖于第一手材料的出土。

《民刑事裁判大全》共收录了三百余件1926年到1931年江苏省的裁判文书,正好提供了研究国民政府早期司法审判实务的文献资料。同时,编者以程序法为依据,搜罗各种裁判,虽然有些部门的数量不多,但内容也可以称的上丰富。著名的法制史学者张伟仁先生曾经谈到对于判决的

---

① 对于民国以来特别刑法充斥的现象,学者即批评是重刑法律文化及执政者想透过特别刑法的吓阻效力所造成。参考林山田:《刑法通论》著者发行,1994年版,第13页。
② 论者认为特别法庭是"非常时期加强特别镇压的表现"或"国民党为了屠杀共产党员、革命人士以及爱国民主人士而专门设立的审判机构"。参考前引张培田、张华,《近现代中国审判检察制度的演变》,第40页及前引韩秀桃,《司法独立与近代中国》,第374页。在《中国之司法》一书中列举司法权被各种权力摧毁,其中"土劣蹂躏司法"即写到,"地方上有势力之土豪劣绅,有左右司法之能力,能使县长为或不为某种之判决,现在党治下,此种风气亦稍稍杀矣"。参考前引耿文田,《中国之司法》,第186页。
③ 武汉国民政府"新司法制度",参考前引韩秀桃,《司法独立与近代中国》,第351页。
④ 参考前引韩秀桃,《司法独立与近代中国》,第409页。

研究,必须要有很大的数量才能免除偏颇的缺陷,不过如果是研究程序法,"因为每个案例应该都适用过同一程序法的全部或一部分,假如它们每个在这方面都有详细的叙述,只要几十个,至多数百个,便应该可以看清楚这些程序法的某些部分或全部"①。因此,使用这些裁判记录来研究程序法,在数量上应当已经符合张先生的要求。何况《民刑事裁判大全》本即以程序法为分类的根据,故在着手研究时,就已先享受了相当程度的便利性。

南京临时政府、北洋政府,以至于国民政府时期,虽然短短数十年,但却是中国法制发展史上相当重要的阶段。法典是法制的静态架构,审判记录则是法制的运作轨迹,研究成文法典只是一种"应然观察"(law in book),但透过审视审判记录的具体个案事实、法官的推理论证及如何适用法律以形成裁判,则能够完成法制动静两态细节的"实然观察"(law in action)。② 同时,读者阅读本书不仅仅能够对于特定地区的司法过程能够有所理解,并能知悉当时社会所关注的问题,从而反映其时代特色,以逐渐重现中国在19世纪末到20世纪初期更完整的历史面貌!

---

① 参考张伟仁:《清代法制研究》,台北:台湾"'中央'研究院"历史语言研究所专刊之76,1983年版,第63页。

② 参考黄源盛:《大理院司法档案的典藏整理与研究》,载前引氏著《民初法律变迁与裁判(1912—1928)》,第87页。

序

　　民刑诉讼因案情各异。而裁判之内容亦几无一相同。然此系就实体法言之也。若依程序法观察,则各案裁判之程式,及引用法律之条文,或完全相符,或大同小异,自有其不变者在。曩尝于公余之暇搜辑各种程序上可以通用之裁判,都为一帙用备检阅,见者亟称便利,嗣复详加整理,芟其重复而增益其所未备,日积月累,规模粗具。盖虽民刑案情夙称复杂。而是编所收殆已包举无遗矣。爰付剞劂,公诸当世,庶几于制作裁判时得所参考。至编者学识谫陋,间有罣漏之处,尚祈海内明达有以教之。幸甚。

中华民国二十一年

编者识

民事 第一审

● 限期令原告补缴审判费裁决

江苏吴县地方法院民事裁决
裁决
原告　顾荣生　住苏州阊门外横马路
上原告与顾王氏为债务涉讼一案。查核状卷尚未购贴司法印纸，殊属不合。仰该原告于收受本裁决后十五日内，购贴审判费印纸九元。如逾限仍不补正，本件原告之诉，即依民事诉讼条例第二百九十条第一项第五款予以驳斥。慎毋自误，特此裁决。
　　　　　　　　　　　　　　　江苏吴县地方法院民事简易庭
　　　　　　　　　　　　　　　　　　　　推事
中华民国十九年四月二日

江苏吴县地方法院民事裁决
裁决
原告　顾荫培　住吴县山塘薛家湾二号
上原告与徐卓云等为债务纠葛声请发给支付命令一案。兹据债务人徐卓云于适当时期提出异议，原告前此支付命令之声请，自应视同起诉。仰原告于收受本裁决后十日内，购贴审判费司法印纸洋九角。如逾期仍不补正，即行依法予以驳斥。慎毋自误，特此裁决。
　　　　　　　　　　　　　　　江苏吴县地方法院民事简易庭
　　　　　　　　　　　　　　　　　　　　推事
中华民国十八年十一月九日

● 声请伸长缴纳审判费期限裁决

江苏吴县地方法院民事裁决

裁决

声请人　席子成　住常熟县九万圩

上声请人与胡仲英为债务涉讼上诉一案，未据声请人缴足审判费，经本院限期令其补正，兹仅据缴纳一部审判费，所有余额声请伸长期限到院。唯查当事人声请伸长期限，系以具有重大之理由为限，民事诉讼条例第百九十八条第一项已有明文规定。本件声请人家有粮田一百数十亩，对于本审应缴四十二元审判费并非无力缴纳，业经查明在案。自声请诉讼救助经本院驳斥迄今又逾数阅月，何至仍不能筹措齐备。其声请伸长期限显见饰词延宕，并无理由，应予驳斥，并著于本裁决送达后十日内如数补足。若再逾期，即认上诉为不合法予以驳斥。慎毋自误，特此裁决。

江苏吴县地方法院民事庭

审判长推事

推事

推事

中华民国二十年五月二十一日

● 更行起诉令原告补缴审判费裁决

江苏吴县地方法院民事裁决十九年地字第三九三号

裁决

原告　齐承顺　住苏州仓街小新桥二号

本院按，当事人起诉因未预缴审判费被判决驳斥者，其关于诉讼标的之事项根本上未受裁判，嗣后自可缴纳审判费更行起诉。至前判决之诉讼费用，应一并缴纳方予受理（参照二十年一月二十八日院字第四一九号解释）。本件原告与周姚氏为过失伤害附带民诉请求赔偿损害涉讼一案，经同院刑庭裁定移送民庭审判，因未据该原告购贴审判费印纸，裁决限期命其补正，嗣以该原告逾期并未遵行，经本院判决予以驳斥。兹复据该原告缴纳审判费更行起诉，查该原告对于前判决之诉讼费用并未一并缴纳，依照上开解释，显有不合。仰该原告于收受本裁决后十日内，补贴前判决之审判费印纸十五元。如逾期仍不补正，本件原告之诉即依法予以驳斥。慎毋自误，特此裁决。

江苏吴县地方法院民庭

推事

中华民国二十年四月八日

● 声请诉讼救助有理由裁决

江苏吴县地方法院民事裁决
裁决
声请人　王祝氏　住吴县光福孙家弄
上声请人与林荫茂为违约金涉讼一案，声请诉讼救助，本院裁决如下：

主文
本件声请照准。

江苏吴县地方法院民事庭
推事

中华民国十九年二月三日

● 声请诉讼救助无理由裁决

江苏吴县地方法院民事裁决
裁决
声请人　宋荫伯　住阊门外横马路天福巷七号
上声请人与丁良卿为保证金涉讼一案，声请诉讼救助，本院裁决如下：

主文
声请驳斥。
声请诉讼费用由声请人负担。

理由
查当事人声请诉讼救助，系以因支出诉讼费用，有致自己或其家族窘于生活者为限。本件声请人素以新剧为业，家中并不寒苦，对于十余元之审判费尚非无力缴纳，业经本院饬吏调查明确。依据上开条文，则其声请救助殊无理由，应予驳斥。仰该声请人于收受本裁决后七日内，依法缴纳审判费。如逾期仍不补正，即予驳斥。兹依民诉条例第百十八条、第九十七条裁决如主文。

江苏吴县地方法院民事简易庭
推事

中华民国十九年二月十八日

● 声请公示送达裁决

江苏吴县地方法院民事裁决年　字　第　号
　裁决
　　声　请　人　席揆一　住横泾镇丰泰裕木行
　上诉讼代理人　王昭律师
　　上声请人与莫寿生等为货款涉讼一案,前经本院定期审理。因被告邹福卿所在不明,诉状缮本及传票无从送达。兹据声请人声请公示送达到院,查与民事诉讼条例第一百八十二条规定相符,应予照准。并依同条例第一百八十一条第一项选任叶宽律师为该被告特别代理人,特此裁决。

　　　　　　　　　　　　　　江苏吴县地方法院民事简易庭
　　　　　　　　　　　　　　　　　　　　　　推事

中华民国二十年九月二十二日

● 命当事人本人到庭裁决

江苏吴县地方法院民事裁决
　裁决
　　被告　林浩如　住吴县唯亭镇林天成衣庄
　　上被告与朱安兰等为债务涉讼一案,本院为阐明事实起见,有命该被告本人到场之必要。仰该被告于此次言词辩论日期亲自到庭答辩,慎毋自误,兹依民事诉讼条例第二百四十六条第一款,裁决如上。

　　　　　　　　　　　　　　江苏吴县地方法院民事庭
　　　　　　　　　　　　　　　　　　　　　　推事

中华民国二十年一月二十三日

● 声请中止诉讼程序有理由裁决

江苏吴县地方法院民事裁决
　裁决
　　声请人　倪星山　住金墅乡陆巷浜
　　上声请人与倪王氏等为基地涉讼一案,声请中止诉讼程序,本院裁决如下:

主文

本件声请照准。

理由

查诉讼全部或一部之裁判，以他诉讼之法律关系是否成立为据者，法院得依声请或依职权命于该诉讼终结前中止诉讼程序，民事诉讼条例第二百十九条第一项已有明文规定。本件声请人与倪水金等因基地涉讼提起上诉，兹据声请人状称讼争基地是否声请人所有，应以声请人是否承继倪小山之宗桃为先决问题，立嗣一节声请人业已依法起诉，请求将本件诉讼程序中止云云。本院核与上开条文尚属相符，特为裁决如上。

江苏吴县地方法院民事庭
审判长推事
推事
推事

中华民国十八年七月十七日

● 职权中止诉讼程序裁决

江苏吴县地方法院民事裁决十八年地字第一六〇号

裁决

原　　告　亚细亚煤油公司
上诉讼　　琼司　上海亚细亚公司经理
代理人　　卢中岭　汉口亚细亚公司稽查
　　　　　张宗儒律师
　　　　　吴健鑫律师
被　　告　丁志灿住小丁巷

上两造因款项涉讼一案，本院裁决如下：

主文

本件诉讼程序中止。

理由

按民事诉讼条例第二百二十条载，诉讼中有犯罪之嫌疑牵涉其裁判者，法院得依声请或依职权命于刑事诉讼终结前，中止诉讼程序等语。本件被告刑事案件经第一审判决，上诉于江苏高等法院尚未终结，卷亦未发还，则有无侵占行为及应否负返还责任，均难断定。合依职权，于刑事诉讼终结前，中止本案诉讼程序，特为裁决如主文。

　　　　　　　　　　　　　　江苏吴县地方法院民庭
　　　　　　　　　　　　　　　　　推事
中华民国十八年九月二十五日

● 撤销中止诉讼程序裁决

江苏吴县地方法院民事裁决十九年初字第四七九号
　　裁决
　　原　告　薛根泉　住葑门外大荡里
　　　　　　薛宝虎　住同上
　　被　告　许凤高（即许阿二）　住同上
　　上两造为追偿赃物涉讼一案，前经本院依据被告许凤高声请于民国十九年十月六日裁决中止诉讼程序在案。兹查该案刑事部分业已判决确定，应依民事诉讼条例第二百二十八条将本院中止诉讼程序之裁决撤销，特此裁决。

　　　　　　　　　　　　　　江苏吴县地方法院民事简易庭
　　　　　　　　　　　　　　　　　推事
中华民国二十年二月七日

● 声请延展言词辩论日期无理由裁决

江苏吴县地方法院民事裁决
　　裁决
　　声请人　张履云　住苏州大儒巷
　　上声请人与顾张素贞为遗产涉讼一案，声请延展日期，本院裁决如下：
　　主文
　　声请驳斥。
　　声请诉讼费用由声请人负担。
　　理由
　　按当事人声请延展日期以有重大理由为限，法院始得予以照准，此观民事诉讼条例第百九十三条第一项规定其义甚明。本件声请人以患病与不及准备辩论为理由，声请延期。查声请人如果患病，自可委任代理人到庭辩论，且声请人业经两次传唤均未到庭，何至不及准备，显属托词。所请延期应毋庸议,特此裁决。

江苏吴县地方法院民事庭
推事

中华民国十九年三月十七日

● 职权变更言词辩论日期裁决

江苏吴县地方法院民事裁决
裁决
上　诉　人　陈树全　住苏州胥门外
被上诉人　林士福　住苏州石皮弄
　　上两造为稻价上诉一案,前经本厅指定于九月二十五日下午一时为言词辩论日期。兹查是日适为例假之期,合行裁决更定为九月二十九日下午一时审理,特此裁决。

江苏吴县地方法院民庭
审判长推事
推事
推事

中华民国十七年九月九日

● 证人罚锾裁决

江苏吴县地方法院民事裁决
裁决
证人　杜昌生　住苏州盘门内
　　上证人因受合法传唤并无正当理由不到庭,本院裁决如下:
主文
　　杜昌生应科罚锾十元。
理由
　　查证人受合法传唤并无正当理由而不到场者,法院应以裁决科以百元以下之罚锾,民事诉讼条例第三百五十八条已有明文规定。本件证人杜昌生因林庆根与林庆生为田价涉讼一案,经本院三次传唤,该证人迄未到场,亦未呈报不到场之理由,殊属不合。兹依首开法条科罚,如下次仍不遵传到场,即予从严拘罚,特为裁决如上。

江苏吴县地方法院民事简易庭
推事

中华民国二十年五月十日

● 证人声请撤销罚锾有理由裁决

江苏吴县地方法院民事裁决
裁决
声请人　林根木　住苏州南濠街
上声请人声请撤销罚锾裁决一案，本院裁决如下：
主文
原裁决撤销。
理由
本院按，被科罚锾之证人，若辩明系有正当理由不到场者，应撤销其裁决，民事诉讼条例第三百五十九条第一项已有明文规定。本件声请人前因李炳顺与王阿福田亩涉讼，本院迭次传唤该声请人为证人迄未到庭，经以裁决科以十元罚锾。兹据声请人以收到传票之时卧病在床，家中无人代为呈报不到场之理由，声请撤销罚锾裁决到院。经本院调查结果，声请人所称各节尚属实在，核与首开法条尚无不合，应予照准，特为裁决如主文。

江苏吴县地方法院民事简易庭
推事

中华民国十九年五月二日

● 声请保全证据有理由裁决

江苏吴县地方法院民事裁决
裁决
声请人　顾福昌　住苏州司前街
上声请人与林阿和为赔偿损失纠葛声请证据保全，本院裁决如下：
主文
本件声请照准。
理由
本院按证据方法有灭失或碍难使用之虞者，得向法院声请证据保全，民事诉讼条例第四百三十七条已有明文规定。本件据声请人状称，声请人与林阿和系属邻居,林阿和于本月二日修理房屋,竟用木柱靠在声请人墙上,将声请人之墙推倒,并压倒披厢一间。现在声请人急须起盖,若不声请钧院选任鉴定人估定该项墙垣及披厢价值,异日起诉请求赔偿之标准必滋争执,请求迅予派人前往鉴定云云。核与首开法条尚无不合,应予照准,特为裁决如主文。

江苏吴县地方法院民事简易庭
推事

中华民国二十年三月四日

● 再开言词辩论日期裁决

江苏吴县地方法院民事裁决　年　字第　号
裁决
原　告　吴高氏　住苏州胥门外
被　告　吴林氏　同上
上两造为债务涉讼一案,本院于辩论终结后,裁决如下:
主文
本件应再开言词辩论。
理由
查民事诉讼条例第二百五十二条,法院于宣告裁决前,得命再开已闭之辩论。本件前经本院于本月三日宣告辩论终结,定于本月六日宣告判决。兹查本件尚有应行辩论之点,特依照上开条例再开辩论,爰为裁决如上。

江苏吴县地方法院民事简易庭
推事

中华民国二十年四月三日

● 中间判决

江苏吴县地方法院民事判决
判决
原　告　王祝氏　住吴县光福镇孙家衖
诉讼代理人　汪郁年律师　朱　润律师
被　告　林荫茂　住上海虹口百老汇路小菜场成昌公司花边店

上两造为请求给付约定利益及违约金涉讼一案,本院判决如下:
主文
本件应由本院管辖。
事实
缘两造为请求给付约定利益及违约金涉讼。兹据被告状称,被告系住在上海,依照民诉条例第十四条,自应以原就被。原告竟向钧院起诉,显见管辖错误等语到院。
理由
本院按,因不履行契约请求给付违约金涉讼者,若当事人曾经订定债务之履行地,得由该履行地之法院管辖,民事诉讼条例第二十条已有明文规定。本件据原告诉称,被告于民国十八年间商得原告同意,于吴县光福镇设立成昌公司绣货处。因原告熟悉该镇刺绣女工,遂聘定原告为该发绣处办事人,月薪十五元,另以所得利益十分之三分给与原告为奖励金,并约定二年为期。双方俱应遵守此约,如有一方负约,应出违约金一千元。被告于同年八月间乘原告赴沪交货之际,突将该发绣处违约收歇,并将账簿藏匿,屡经原告质问悉置不理,请求判令给付违约金及十分之三约定之利益云云,显系因不履行契约请求给付违约金涉讼。本院查核该合同意旨,其契约履行地系在吴县光福镇无疑,依照上述条文,本院自有管辖之权。兹依民事诉讼条例第四百五十三条,特为中间判决如主文。

江苏吴县地方法院民事庭
推事

中华民国十九年四月二十一日

江苏吴县地方法院民事判决
判决
原　告　李新民　住苏州仓家浜
被　告　吴福顺　住苏州阊门内
上两造为屋价涉讼一案,本院判决如下:
主文
被告应将所受原告屋价返还原告。
事实
原告声明请求判令被告交还原告屋价五百元。其陈述略称,原告于本年二月间买受被告坐落仓米巷房屋一所,约明屋价七百元,先付五百元,余俟五月底交屋时同时交付,有原中吴星斋可证。讵料五月底原告备足屋价,屡托原中限其三个月内交屋,被告延不交屋,自应解除契约,请求判令交还五百元之屋价云云。

被告声明请求驳斥原告之诉。其答辩略称,被告卖与原告之屋,说定屋价七百元,先付五百元,余俟交屋时同时付给。但被告仅收到原告洋三百五十元,并未收到五百元,应责令原告交出收据为证,不能据原告串通之证人为凭。至于被告一时不能交屋,系因被告尚未觅得相当住屋无从迁让,非故意违约可比,应请驳斥原告之诉云云。

理由

查契约当事人之一方迟延给付者,他方当事人得定相当期限催告其履行,如于期限内不履行时,得解除其契约。又契约解除时,当事人由他方所受领之给付物应返还之,民法第二百五十四条、第二百五十九条第一款已有明文规定。本件原告买受被告住屋,约明于本年五月底,一方交还屋价余额,一方交屋。届期原告限期催告被告履行,被告迄未履行,为两造所不争之事实。被告既已违约,原告请求解除契约,依据首开条文,自无不合。至原告所付被告之屋价数额虽有争执,但被告已收到一部屋价,则为被告所自认,原告主张判令被告返还,亦属正当。基上论结,本件原告关于请求之原因为有理由,除数额部分另行判决外,兹依民事诉讼条例第四百五十四条第一项,特为中间判决如主文。

江苏吴县地方法院民事简易庭
推事

中华民国二十年九月三日

● 原告之诉不合法判决(即开始本案诉讼之要件未备)

甲 因行本案辩论及裁判所不可缺之事件未备

一 诉讼事件不属于法院之权限或管辖

江苏吴县地方法院民事判决十五年初字第三零七号

判决

原　　告	李经迈	住上海海格路四四一号
上诉讼代理人	夏喆犹律师	
被　　告	刘镜莹	住吴县县公署警卫队
	薛钦湜	住新市桥工巡捐局

右诉讼代理人　潘承锷律师

上两造为竹笆涉讼一案，本院审理判决如下：

主文

原告之诉驳斥。

诉讼费用由原告负担。

事实

原告代理人声明，请求判令被告等将所拆竹笆刻日回复原状。其陈述略称，原告在吴县葑元境九都二十图白字圩，先后购置基地二十余亩。当于去年先将沿钱万里桥围筑竹笆拟建造房屋，讵忽接中国红十字会吴县分会来函云，拟组设时疫医院，假更生医院隔离病房，商请暂借出路一条，以三月为限等语。当以更生医院自有出路，无商借必要拒绝未允。不料夏历本年六月二十四日，突有吴县公署警卫队队长刘镜莹及工巡捐局稽查员薛钦湜带同小工四名，将西南及东首竹笆强行拆去三处，直冲全地。查该地竹笆为原告所有，被告等竟擅自拆毁，应请判令该被告刻日回复原状，以维法律而保权利云云。

被告代理人答辩略称，苏州市之建屋筑笆向例先须报告工巡捐局，该局为县知事委托管理市政道路之唯一机关，即应到地丈勘核对四址，不唯恐其僭占街道，且须让进若干，俾道路可得放宽之机会。并须呈报警察厅为同样之丈勘，给发建筑执照之后，方可围笆进行。该原告目无官厅法令，迳以将建房屋为言，任意围筑竹笆，致二十余亩内之官街公路概被包围遮断。而最近钱姓弃卖时附交各项老契，因均载有四址有无出路，一阅便知。原告情虚匿不交验筑笆，既违背法定手续，自不能请求法律上之保护。被告等均奉令会同拆笆，当然不能发生诉讼，应请驳斥原告之请求云云。

理由

查当事人以私人资格假官厅之行政处分，为侵害他人权利之手段者，受害人对于加害人得提起民事诉讼，请求侵权人回复其原状，或为损害赔偿。反是，如迳由行政官厅于职权内自行处分有案者，无论该处分是否违法，并有无侵害人民之权利，依照现行法令，只准受害人向该管上级行政衙门诉愿，或依法提起行政诉讼于平政院以资救济。司法衙门既不能直接撤销该行政处分，自不得认为民事诉讼受理，业经大理院著为判例。本件讯据被告代理人声称，被告系奉长官命令会同前往拆篱等语。复经本厅函询吴县公署及工巡捐局，由该局复称，薛钦湜系敝局巡员，于本年八月二日派令会同前往四摆渡月字圩李姓地内拆除篱笆通行之段云云。吴县公署函复略称，前准中国红十字会吴县分会来函，以更生附属临时医院向有公路,近忽为李姓筑笆隔断,请予派员勘明勒令拆除。当以时疫蔓延生命至重,令委刘镜莹会同工巡局职员前往查勘,将该篱拆卸一段,俾便病人通过,一俟医院取销,仍当恢复原状云云。是被告之拆篱实系奉有长官命令,其为行政处分无疑,依上开法例,该处分纵使有损害原告权利之处,原告尽可按照行政诉讼程序请求救济,遽向本院提起民事诉讼,于法实有不合,应依民事诉讼条例第二百九十条第一款之规定予以驳斥。讼费依同条例第九十七条归原告负担,爰判决如主文。

江苏吴县地方法院民事简易庭
推事

中华民国十五年九月十五日

江苏吴县地方法院民事判决十六年地字第四号

判决

原　　　　　　　　告	张绍勤	住吴江县盛泽镇
	舒幼泉	住同上
	张志诚	住同上
	胡均记	住同上
	沈春霖	住同上
	毛兰卿	住同上
	张连生	住同上
	仲胜华	住同上
	仲志臣	住同上
	程桂祺	住同上
	沈士元	住同上
上　诉　讼　代　理　人	张鼎律师	
上张志诚诉讼代理人	高耘士	住吴江县盛泽镇
上张连生诉讼代理人	吴锡卿	住同上
上仲志臣程桂祺诉讼代理人	包月波	住同上
被　　　　　　　　告	莫杏章	住吴江县盛泽镇仲家弄
上　诉　讼　代　理　人	宋铭勋律师	

上两造为债务涉讼一案,本院判决如下:

主文

原告之诉驳斥。

本件移送吴江县知事公署审判。

事实

缘原告等均在吴江县盛泽镇经营绸领业,被告向在该镇开设绸行,彼此往来有年。原告等以被告欠伊银元,诉请本院判令偿还。被告代理人以被告向住吴江县盛泽镇,应归吴江县知事公署管辖为抗辩。旋据原告等声请移送到院。

理由

查民事诉讼条例第十四条内载,诉讼由被告普通审判籍所在地之法院管辖。又第十五条第一项内载,普通审判籍依住址定之各等语。本案被告向在吴江县盛泽镇开设绸行,并向住该镇,业经本院派员查明。依照上开法条,自应归吴江县知事公署管辖,既据原告等声请移送,合依民事诉讼条例第二百九十条第一项第一款、第四百六十九条第一项,判决如主文。

江苏吴县地方法院民庭
推事

中华民国十六年一月二十四日

二 原告或被告无当事人能力

江苏吴县地方法院民事判决

判决

原　　　告 顾洪顺　住苏州平江路

诉讼代理人 顾法奎　同上

被　　　告 杜福生　同上

上两造为货款涉讼一案,本院判决如下:

主文

原告之诉驳斥。

诉讼费用由原告负担。

事实

缘原告代理人系原告之子,原告于本年四月间亡故,原告代理人近因查出伊父所置账簿内载有被告欠款数十元,遂以伊父名义对被告起诉到院。

理由

本院按,无当事人能力者之诉讼行为不生效力,民事诉讼条例第五十三条已有明文规定。故提起诉讼须原告或被告均有当事人能力,此为开始本案诉讼之要件。本件原告业已亡故,起诉状内叙述明确,是原告显无当事人能力,其提起诉讼自难认为合法。

基上论结,本件原告之诉为不合法,兹依民事诉讼条例第二百九十条第一项第二款、第九十七条,判决如主文。

江苏吴县地方法院民事简易庭
推事

中华民国二十年三月二日

三　原告或被告无诉讼能力

江苏吴县地方法院民事判决

判决

　　原　　告　　洪锡福　　住苏州阊门内

　　被　　告　　洪锡祚　　同上

上两造为遗产涉讼一案,本院判决如下:

主文

原告之诉驳斥。

诉讼费用由原告负担。

事实

缘两造为遗产涉讼,原告年仅十八岁,未由法定代理人合法代理。经本院裁决限期令其补正,迄今日久尚未遵行。

理由

本院查原告及被告当起诉时均须有诉讼能力,若无诉讼能力,须由法定代理人合法代理,此为开始本案诉讼要件之一。本件原告年仅十八岁,尚无诉讼能力,依法应由法定代理人合法代理。乃原告竟自行起诉,经本院裁决限期令其补正,现已逾期仍未遵行,其起诉自难认为合法。

基上论结,本件原告之诉为不合法,兹依民事诉讼条例第二百九十条第一项第三款、第九十七条,判决如主文。

江苏吴县地方法院民事庭
推事

中华民国二十年三月十五日

四　由诉讼代理人起诉、欠缺代理权

江苏吴县地方法院民事判决

判决

　　原　　告　　王鸿图　　住吴县淮亭

  诉讼代理人　　林有贤　　同上
  被　　　告　　王鸿昌　　同上
  上两造为田产涉讼,本院判决如下：
  主文
  原告之诉驳斥。
  诉讼费用由原告负担。
  事实
  缘两造为田产涉讼,原告系由诉讼代理人起诉,并未提出诉讼委任之证书,当经本院裁决限期令其补正,迄今逾期日久尚未遵行。
  理由
  查诉讼代理人于最初为诉讼行为时,应提出诉讼委任之证书附卷,民事诉讼条例第八十四条第一项前段已有明文规定。本件系由诉讼代理人起诉,并未提出委任状,经本院裁决限期令其补正,现已逾期仍未遵行,殊难认为合法。
  基上论结,本件原告之诉为不合法,兹依民事诉讼条例第二百九十条第一项第四款、第九十七条,判决如主文。

江苏吴县地方法院民事庭
推事

中华民国二十年五月二日

五　起诉不合程式或不备其他要件

江苏吴县地方法院民事判决
  判决
  原　　　告　　顾庆昌　　住苏州胥门内
  被　　　告　　顾庆麟　　同上
  上两造为析产涉讼一案,本院判决如下：
  主文
  原告之诉驳斥。
  诉讼费用由原告负担。
  事实
  缘原告与被告为析产纠葛,原告所递之起诉状仅用通常纸张,并未购用定式诉状,经本院裁决定期限令补正,迄今逾期已久,尚未遵行。
  理由
  查起诉应以诉状表明应列各事项,提出于法院为之,民事诉讼条例第二百八十四条已有明文规定。所用状纸并须购用法院所备定式之诉状。本件原告起诉系以普通用纸缮写，经本院裁决限令原告于十日内补正，该项裁决于本月二日送达原告收受，迄今逾期已久尚未遵行，显系起诉程式不备，又逾补正期限，殊难认为合法。基上论结，本件原告之诉为不合法，兹依民事诉讼条例第二百九十条第一项第五款前段，第九十七条，判决如主文。

江苏吴县地方法院民事庭
推事

中华民国十九年五月二十五日

江苏吴县地方法院民事判决十九年初字第五七号

判决

原　告　宋荫伯　住苏州阊门外横马路天福巷七号
被　告　苏州大世界游遊场
　　　　　丁良卿　住阊门外中华旅馆

上两造为存款涉讼一案，本院判决如下：

主文

原告之诉驳斥。
诉讼费用由原告负担。

事实

缘两造为存款涉讼一案，查核状卷未据原告缴纳审判费，经本院裁决限令于收受裁决后七日内补缴。该项裁决系于本年二月二十七日送达，取有送达证书附卷，迄今逾期日久，仍未遵行。

理由

查当事人起诉以预纳审判费为必须具备之要件，此在修正民事诉讼费用规则第二条第三条已有规定。本件原告于起诉时既未缴纳审判费，经本院裁决限期命其补正后，又未遵期补缴，显为要件不备，又逾补正期限，自难认为合法。

依上论断，本件原告之诉为不合法，兹据民事诉讼条例第二百九十条第一项第五款、第九十七条，判决如主文。

江苏吴县地方法院民事简易庭
推事

中华民国十九年三月二十五日

江苏吴县地方法院民事判决十六年初字第二号

判决

原　告　施曹氏　住阊门外荣安里

被　告　胡士达　住阊门外荣安里

上两造为借款涉讼一案,本院判决如下：

主文

原支付命令废弃。

原告之诉驳斥。

诉讼费用由原告负担。

事实

缘原告以被告延欠借款洋陆拾元逾期不还,声请前吴县地方审判厅于民国十六年九月二十三日发给支付命令在案。嗣据被告声明异议前来,即于十月十三日裁决命原告缴纳诉讼费用,迄今逾期已久,原告仍未遵行。

理由

查民事因财产而起诉者,应依诉讼标的之金额预纳审判费,为起诉必须具备之要件,此在修正民事诉讼费用规则第二条已有明文规定。本件原告起诉时既未缴纳审判费,经本厅裁决限期命其补正,又未遵期补缴,是本件诉讼显为要件不备,又逾补正期限。依上论结,本件原告之诉为不合法,应依民事诉讼条例第二百九十条第一项第五款、第六百零八条第二项、第九十七条,判决如主文。

江苏吴县地方法院民事简易庭

推事

中华民国十六年十一月二日

六　诉讼事件别有诉讼拘束

江苏吴县地方法院民事判决

判决

原　告　林则茂　住苏州石市街

被　告　林王氏　同上

上两造为请求交屋涉讼一案,本院判决如下：

主文

原告之诉驳斥。

诉讼费用由原告负担。

事实

缘原告起诉请求判令被告交还屋价洋五百元,嗣又变更标的请求判令被告交还原告买受房屋,被告对于原告变更诉讼标的表示不同意,请求驳斥原告之诉。

理由

查诉讼拘束发生后,原告不得将诉变更,民事诉讼条例第二百九十八条已有明文规定。本件原告将返还屋价之诉讼标的,变更为交还房屋,被告既不同意,依据上开条文,原告之诉自属不备诉讼要件。

基上论结,本件原告之诉为不合法,兹依民事诉讼条例第二百九十条第一项第五款、第九十七条,判决如主文。

江苏吴县地方法院民事简易庭
推事

中华民国二十年三月二日

江苏吴县地方法院民事判决十八年初字第三八号

判决

原　告　陆德三　住县属都亭桥长弄三号
被　告　叶耀南　住址未详
　　　　俞印民　住县属盘门新桥巷三号

上两造因借款涉讼,本院判决如下:

主文

原告之诉驳斥。

诉讼费用由原告负担。

事实

缘原告于民国十七年十二月十四日以被告等欠款不还等情,具状声请发给支付命令。同年十二月十五日由本院发给支付命令,正在嘱托送达该项命令,间复据原告于本年一月十二日另行起诉到院。

理由

查支付命令自声请始发生诉讼拘束,又发支付命令后三个月内不能送达于债务人者,支付命令及诉讼拘束失其效力,此为民事诉讼条例第六百条、第六百零四条第三项所规定。是自声请至发支付命令后三月内,均在诉讼拘束之中,不得另行起诉。本件原告于民国十七年十二月十四日对被告叶耀南、俞印民声请发给支付命令,于同年十二月十五日由本院发给该项命令。查核命令内仅令叶耀南偿还,并未提及俞印民,显系遗漏,原告自得声请补发。依据民事诉讼条例第六百条规定,则原告此时另行向俞印民提起诉讼,于法殊有未合。至被告叶耀南部分现正函托送达支付命令,能否送到固难预料,纵使不能送达,依照民事诉讼条例第六百零四条第三项规定,亦须俟发支付命令起届满三月,诉讼拘束失其效力后,始可另行起诉。原告竟于此时起诉,于法亦属不合,应予驳斥。兹依民事诉讼条例第二百九十条第一项第六款、第九十七条,判决如主文。

江苏吴县地方法院民事简易庭
推事

中华民国十八年一月三十日

七 诉讼标的曾经确定判决或和解

江苏吴县地方法院民事判决十九年地字第二五九号

判决

原　　　告　朱炳如　住苏州蒋庙前二十二号包宅
上诉讼代理人　章世炎律师
　　　　　　　章世钧律师

被　　　告　朱王氏　住苏州葛百户巷俞宅
上诉讼代理人　赵勋肃律师

上两造因请求同居涉讼一案,本院判决如下:

主文

原告之诉驳斥。

诉讼费用由原告负担。

事实

原告及其代理人声明请求判令被告与原告朱炳如恢复同居,并宣告江苏高等法院十八年五月十五日所为之别居、贴给赡养金,第二审判决主文内载各项为无效。其陈述略称,原告遵照江苏高等法院前第二审判决主文内容,按年给付被告米二十担,彼此分居倏已二年。兹原告因年来工作田亩人工昂贵,兼之收获欠佳,虽供事堂上双亲,每年亦不过食米七、八担。而收获所得之纯利,除还租纳粮外,不敷开支,实不足依判给付被告米二十担之赡养费。且夫妇应有同居义务,现在被告虽无恢回感情之表现,但为互助生产起见,请求判令被告继续与原告同居,以冀和好云云。

被告及其代理人声明求为如主文判决。其答辩意旨略称,被告自与原告别居后,住居娘家,离丈夫家二、三里路,平日彼此并未来往看望。现原告欲被告回家同居,被告恐回家后,原告仍行虐待,故不愿与之同居。至原告代理人谓彼此同居后感情可冀和好,实属欺人之谈,征之原告所应给付之米二十担,必须经被告请求钧院强制执行之后,始行给付,可见原告对于被告感情仍系恶劣。要知请求同居,须有同居可能之事实发现,兹既无同居可能之事发现,若遽行宣告前确定之判决无效,而令两造同居,深恐有较前此更形虐待之虞,应请驳斥原告之诉云云。

理由

本院按提起诉讼,须该诉讼标的前未经有既判力之确定判决或和解,此为开始本案诉讼要件之一。本件原告于民国十七年将被告殴打成伤,夫妇失和,业经判准被告与原告别居,由原告每年给付被告米二十担,作为被告母女赡养费用确定在案。现原告诉请与被告同居,宣告前确定判决关于别居及贴给赡养费部分无效,其所持之理由不外以家中收入除开支外,不足依判给付被告赡养费用而已。查原告是否无力给付该项赡养费用,乃属另一问题,原告不但不能提出新事实,足供证明两造感情,于前案判决后业已恢复。且原告应付被告之赡米,尚须被告声请本院强制执行,可见此次原告起诉目的,全在取销赡米,彼此感情仍无融洽之可能。原告遽对已确定之判决提起相反之请求,依据首开明,殊难认为合法。

据上论结,本件原告之诉为不合法,兹依民事诉讼条例第九十七条,判决如主文。

江苏吴县地方法院民庭
推事

中华民国十九年十月三十一日

乙　因有为诉讼障碍之事项

一　外国人为原告、不于期限内提供担保(从略)

二　原告复行起诉、不赔偿前诉讼之费用

江苏吴县地方法院民事判决

判决

原　告　黄阿土　住苏州十梓街

被　告　吴洪兴　住址同上

右两造为债务涉讼一案,本院判决如下:

主文

本件原告已经撤回其诉。

诉讼费用由原告负担。

事实

缘原告前曾对被告起诉请求判令被告偿还原告借款洋五十元，嗣经原告撤回，兹原告复行起诉到院。

理由

本件原告将诉撤回复行起诉，被告未受前诉讼费用之赔偿，拒绝本案辩论，经本院裁决限令原告向被告赔偿，原告逾期迄未遵行。兹据被告声明请求以判决宣示原告已经撤回其诉，依据民事诉讼条例第三百零八条规定，尚属相符，应予照准，兹依同条例第一百零四条，判决如主文。

江苏吴县地方法院民事庭
推事

中华民国十九年二月三日

● 原告之诉无理由判决（即欠缺诉权存在要件）

甲　法律关系存在或不存在判决

江苏吴县地方法院民事判决十八年地字第二四八号

判决

原　　　告	许鼎基　住苏州卫道观
诉讼代理人	章世炎律师
被　　　告	许厚基　住苏州高师巷
诉讼代理人	沈兆九律师
被　　　告	许铭基　住苏州公园路
诉讼代理人	伍守恭律师
	俞承枚律师

上两造为请求交付租息及遗产涉讼一案，本院判决如下：

主文

原告之诉驳斥。

诉讼费用由原告负担。

事实

原告声明请求判令被告交还原告租息及遗产洋二万元。其陈述略称，原告与被告之祖春荣公娶妻宋氏、郁氏，宋氏生滋泉、润泉、杏泉，郁氏生镜润、品南。滋泉生子五人,长承基、次鸿基、三即原告、四崇基、五新基。镜润生被告厚基,品南生被告铭基。先祖在日经营商业,家计日渐宽裕,故先祖母郁氏及先姑母意宝（郁氏所生）各有存款及贵重衣饰。前清宣统二年先祖逝世,所遗苏州公产由原告等先父管理,上海公产归先三叔管理。民国元年先父移居洞庭东山,始由先四叔品南助理苏州公产。迨民国四年郁氏逝世,先四叔觊觎公产。一方因先父夙有烟癖,唤警恐吓。一方乘机夺管苏州公产任意浪费,致每年除去开支绰有余裕之苏州公产田房项下租息,反被用尽欠宕巨款。民国九年先四叔品南逝世,被告厚基继续夺管前项公产,阳藉先四叔亏空名义,阴施侵吞计划,为所欲为肆无忌惮。驯至个人宴会之资列入应酬专款,私人糜费之款混入公共用途,其每年收支账目在民国十二年前虽有不完全、不澈底之报告,但已对于其他三房质问置不答复。民国十二年原告等来苏要求分派租息、索看账簿,被告厚基自知不实不尽,难于公开查核,遂将账箱锁匙随身携带。嗣后关于公产收支即一无报告,关于庄款债额更逐年增加。自先四叔品南、被告厚基先后夺管公产以来,除原告鼎基自民国二年起至十六年止取过婚费、病费、生活费等共银币六千元左右外,所有大三、五三房应得之权利,皆未丝毫享受。民国十六年两叔急求分产,遂不问原告等能否同意,遽恳承基代表大房承基,但求避免讼争,遂不问原告等是否委托,遽代表大房出席进行分产会议。事后被告厚基迫令承基等携带合同,转迫原告等分别签押,是就协议及合同本身而言,已属诈欺胁迫,依法已可随时撤销。况查该合同载明大房得一股半,计田一千零六十亩六分三厘六毫。如照被告等民国四年夺管公产之日起,至民国十六年分产之日止,共计十二年,大房应得租息及历年利息为数已属不少。又查该合同再批栏内第二款载明,"所有春荣公遗产业,经分讫日后,无论何房,如有发见别种遗产,在签押前未经声明或未经交出者,作为有意藏匿、侵占公产议罚"等条件,则先祖母郁氏、先姑母意宝所遗存款及现金、贵重衣饰（意宝姑未出嫁、于民国五年逝世）,当分产时确未声明交出。查被告夺管公产田三千九百十一亩零零四毫,每亩每年收租一石,每石作洋八元计算,每年可收租息洋三万一千二百八十八元零。除去完粮每亩至多一元共洋三千九百十一元,应净收租息二万七千三百七十七元零。再除去每月公共用费洋五百元,每年共洋六千元,应净余租息洋二万一千三百七十七元零。被告管理十二年,应共余租息洋二十五万六千五百二十四元零。除去先祖母郁氏及先姑母意宝丧奠费洋三万元,亦应共余租息洋二十二万六千五百二十四元零。至今已逾一十五年,若照一本一利计算,自应共余租息洋四十五万三千零四十八元零。此项租息按诸分析合同第一款所载作五股半分配,原告与兄弟等大房名下得一股半计算,应得田一千零六十六亩六分三厘六毫,应分得租息洋十二万三千五百五十八元零。除原告取过婚费、医费、生活费等洋六千元,应分得租息洋十一万七千五百五十八元零。再按该合同同款所载,原告长兄承基应得三厘(即十五分之三)计算,计洋二万三千五百十一元六角,原告等弟兄五人,共分得租息洋九万四千零四十六元四角,即每人分得一万八千八百零九元二角八分。至先祖母、先姑等遗产现金总额,虽被被告厚基内亲顾子盘隐匿、宣统二年大丰布号、郁太记、意记存款账据。但先祖分配现金每以子得一成、妻得半成、长孙得三厘为标准,原告长兄承基系居长孙地位,曾分得现金规元三万两,依此推算,则先祖母现金部分应有规银五万两,即可合洋七万元。且已历多年,按照一本一利计算,至少可合洋十四万元。又先姑遗产现金部分,据顾子盘呈案民国八年大丰存款册第五册,尚存银一千二百十二两。则当民国五年先姑逝世时,其存款自必甚巨。且被告厚基胞姊出嫁沈姓,其奁金亦有银五千两之巨,即照此数计算,亦可推定先祖存留先姑现金至少应有银五千两,即可合洋七千元。按照一本一利计算,至少可合洋一万四千元。是先祖母、先姑遗产现金总额,按诸上述计算方法,至少可合洋十五万四千元。若照五股半分析,则原告大房名下应分得遗产洋四万二千元,除去长兄承基所得三厘计洋八千四百元,原告等弟兄五人共分得洋三万三千六百元,即每人分得六千七百二十元,原告共应得租息及先祖母、先姑遗产洋二万五千五百二十九元二角八分。原告自愿抛弃零数,请求判还两万元云云。

  被告声明请求驳斥原告之诉。其答辩略称,被告与原告等为同祖弟兄,所有祖遗田房各产业于民国十六年废历十月十七日,由五房协议订立分析合同,当时并条列分析议案为交割析产各事之根据,早经履行。乃原告于析产已定之后,诉争析产前之田亩租息,及被告先祖母郁氏、先姑意宝遗产,殊无理由。查两造祖遗在苏田亩,前因大三、五三房之人多居住沪上,共托被告经管,有原告代笔由其胞兄葆初出名之函件可证。原告谓被告夺管公产等词,纯属空言攻击,无足深辩。当民国十六年五房协议析产,既将祖遗田房悉数分讫,则凡与业产有连带关系之苏州田亩租账,岂有不并行解决之理。所以另立协议书由大三、五三房提田六百亩,及苏州高师巷老宅归被告厚基所有,以解决上海恒大等账款之事。又经议决民国十六年收租,按照各房所得亩数分派租息,以解决田租之事。盖大房名下亏用苏州租款数逾巨万,已超过其应得之额,应由大房葆初及原告等拨还。特上海庄典各账既经免算,则此项租账亦同免置议,为一事了百事皆了之计,故议案专载。是年租息按照各房分派,即以表明从前之田租已不成问题。且公账算至民国十六年尚亏数千元,各房均有贴补,即原告大房及原告胞兄葆初亦有收条为证。原告既承认贴补公账,一面又主张公账有赢余,显无理由。又析产合同虽载,所有春荣公遗产业经分讫,日后如有发见别种遗产,作为有意藏匿侵占议罚云。然此专指春荣公本人直接所遗之财产而言,若春荣公在日已经拨给与人之款,则早为各人私有财产,不能再认为春荣公之别种遗产,彰彰明甚,原告何能主张先祖母及先姑所遗存款。观原告诉状载有"先祖母宋氏于前清光绪十一年逝世,其私蓄约数千金,早经先祖分拨贴给先父滋泉公先三叔、五叔学费"等语。以彼例此,事同一律。更查前大理院二年上字第三二号判例载,母之私有财产,除其母得自由赠与或遗赠于他人外,母亡而后当然归于其所生之子。若无所出,即应归其夫之他子均分等语。被告之父同为祖母郁氏所生,依据上开判例,郁氏所遗私财当然归被告承受,非原告等所得告争。且原告对于先祖母郁氏及先姑意宝究竟遗产若干,亦无证明方法。大丰号账内虽有意宝存款,究竟是否即系先姑意宝,且存款提款亦不能证明必系被告,原告更无向被告要求交还之理。总之原告始则以刑事告诉范补程医师,欲为间接陷害被告厚基之计,断而以书函要求被告一万元之贴款,有此种种,则本件诉讼原告用意所在概可推见,请予驳斥原告之诉云云。提出析产合同协议、信函、账簿、收据等件为证。

理由

查两造等曾于民国十六年分析祖遗财产,则本件原告请求判令被告交还历年租息及其祖母郁氏、其姑意宝所遗现金,其主张是否正当,应以该租息及该项现金,已否于分析之际同时解决为断。如未解决,原告自有主张重行分析之权,否则既已解决于前,即不容追悔于后而推翻前议,理固甚明。关于租息部分,本院讯据证人周渭石称:"分家时候,一切账簿都拿来给他们看,他们说不用看了。"是当时各房均已承认公产项下无款可分,故不主张与被告清算账目。该证人系被告之岳父,其证言固难遽予凭信。唯据证人钱蓉江到庭证称:"他们分家时候,我将账簿带到上海给他们看,他们看过未看过,我不知道。"则被告当时实已预备各房清查账目可知。且原告等各房尚须以所得范围内提出,则田六百亩划与被告厚基,以为免查上海各庄账目之条件。如果被告管理公产项下有余款可分,原告各房岂有不主张清查,或以不清查公账与不清查上海名庄账目为交换条件之理。又丁卯年十月十七日两造等五房分析议案第六项载:"本年收租按照各房所得亩数分派租息。"单提本年而不及历年,则其对历年租息各房并不主张可知。按之权利一经舍弃,即不得再行主张之法例,纵有赢余租息,原告亦无主张之余地。又查现行法例,母之私有财产,除其母得自由赠与或遗赠于他人外,母亡而后当然归于其所生之子。若无所出,即应归其夫之他子(参照二年上字第三十二号判例)。本件被告许厚基系镜润之子,铭基系品南之子,镜润、品南系郁氏所生。原告之父滋泉系宋氏所生。郁氏所遗现金既系两造祖父所分拨,自系郁氏私有财产,依据上开判例,当然归于被告。至于郁氏丧葬费用是否由各房担任,系另一问题,殊难以分担丧葬费为主张分受其遗产之理由。至意宝所遗现金,据原告主张为七千元,并无何等证据。查阅大丰存款账册,意记名下存款计有一千二百十二两,无论被告方面对于意记是否即是意宝,及该款是否由被告存放提取尚有争执,今姑假定为意宝所遗,且系被告所提取。查两造等析产合同再批项下第二款载,"所有春荣公遗产业经分讫,日后无论何房如有发见别种遗产,在签押前未经声明或未经交出者,作为有意藏匿侵占公产议罚"云云。就文义而言,发现云者,谓当时不知有此,现始知之是也。所有郁氏及意宝所遗财产,既为原告所前知,原告于分析时不主张均分,又不声明保留,原告等各房业已舍弃此项主张无疑。况据证人周渭石到庭证称:"郁氏、意宝遗产经杏泉(即被告之叔)提起过,厚基(即被告)说你们也有老太太的遗产,于是大家劝说无庸提,彼此都不问了。"则当时关此问题,显已同时解决。又原告主张之租息原属两造祖父春荣遗产之一部,该合同载,"所有春荣公遗产业经分讫"云云。其所以有此概括语句,当系即指此项已解决,而未列入合同之情事,以免异日发生争执。原告请求显系翻悔前议,横生枝节,殊难认为有理由。

　　依上论结,本件原告之诉为无理由,兹依民事诉讼条例第九十七条,判决如主文。

江苏吴县地方法院民事庭
推事

中华民国十九年四月三十日

江苏吴县地方法院民事判决十九年初字第五四八号

　　判决

　　原　告　徐长德　送达处胥门外万年桥石灰场石子公司何开运收转

　　　　　　徐周氏　同

　　被　告　顾乃林　送达处桃花坞河东巷二号陈吉人收转

　　上两造因假扣押异议涉讼一案,本院判决如下:

主文

原告之诉驳斥。

诉讼费用由原告负担。

事实

原告等声明请求撤销假扣押，并令被告赔偿损害。其陈述略称，原告夫妇置有宁波白鸽船一只，行使江浙，专代客商载运货物，往来营业以资糊口。本年夏间停在黄渡修理，于十月十二日因被告顾乃林与原告之子徐殿元等赔偿损失一案，忽被青浦县政府饬吏前来扣押。唯是船之产权系原告夫妇所有，与徐殿元无关，徐殿元并无船只，乃被告将原告船只供其扣押，实属有害产权云云。

被告请求驳斥原告之诉。其答辩略称，被告接奉钧院十九年假字第八五号民事裁决，准将徐殿元停泊黄渡镇大船一只假扣押。继奉通知书，令被告赴青浦县政府投案指明扣押。随于十月十二日前往黄渡将该船指交实施扣押。查徐殿元系原告之子，被扣押之船实为徐殿元所有，且在民国八年七月间徐殿元与被告合买该船，立有合同据为证，足资证明。现徐殿元之妻小均在该船之上，何得谓船为原告所有。被告因另案对于徐殿元有债权，恐难执行请求，将债务人徐殿元所有之船施以假扣押，并无不当云云。提出合同据一纸为证。

理由

本件原告之诉是否有理，应以被扣押之船为原告所有，抑为伊子徐殿元所有为先决问题。如果该船为原告所有，则因债权债务系特定人间之关系，不得以第三人所有物供债权人执行之标的，此乃当然之理。但据本院审究之结果，原告对于该船主张所有，并不能有所证明。而被告提出民国八年与徐殿元合买该船之合同据，原告并不争执，是该船显为徐殿元与被告合资买入，则权利主体为徐殿元，自与原告无涉。原告虽谓买船时价金为原告支付，实非徐殿元出款购买，然买船合同据既系徐殿元出名，则取得权利者自属徐殿元，原告空言无据，毫无足取。嗣后被告将船共有部分并与徐殿元一人所有，兹因另案徐殿元对于被告负有债务，被告恐其债权难以执行，声请将该船假扣押，于法并无不合，原告异议之诉自非有理。

基上论结，本件原告之诉为无理由，兹依民事诉讼条例第九十七条，判决如主文。

江苏吴县地方法院民事简易庭
推事

中华民国十九年十一月二十四日

乙　法律关系不受保护

江苏吴县地方法院民事判决
判决
　　原　　告　林瑞荣　住苏州石市街
　　被　　告　陈德庆　住同上
上两造因请求偿还债务涉讼一案,本院判决如下：
主文
原告之诉驳斥。
诉讼费用由原告负担。
事实
原告声明请求判令被告偿还原告洋三十元。其陈述略称,被告于前年二月十八日因赌博输与原告洋三十元,言明即日归还,有华宝全、吴耀宗可证,现因屡向索取迄未偿还,请求依法判决云云。

被告于言词辩论日期未到庭,原告声请由其一造辩论而为判决。
理由
　　本院按,原告起诉必须诉讼标的之法律关系可受保护,此为诉权存在要件之一。且为法院应依职权调查之事项,苟不备此要件,即应以原告之诉为无理由予以驳斥。本件被告所欠原告二十元之债务系属自然债务,原不受法律保护,原告请求偿还,依据首开说明,应认为无理由。

　　基上论结,本件原告之诉为无理由,兹依民事诉讼条例第九十七条,判决如主文。

江苏吴县地方法院民事庭
推事

中华民国二十年五月三日

丙　原告起诉不备法律上利益之要件

江苏吴县地方法院民事判决
判决
　　原　　告　周璧君　住苏州平江路
　　被　　告　林怀德　同上
上两造为执行异议涉讼一案,本院判决如下：

主文

原告之诉驳斥。

诉讼费用由原告负担。

事实

原告声明请求确认原告对于被告所有住屋有典权。其陈述略称,被告曾于民国十三年四月间将其所有住屋一所典与原告,典价洋二百元,由原告出租陈姓,现尚未至回赎之期。唯被告因与第三者顾吴氏债务涉讼,已经顾吴氏声请将该屋查封拍卖,原告典权已被侵害,请求予以确认云云。提出典契为证。

被告于言词辩论日期未到场,原告声请由其一造辩论而为判决。

理由

本院按,原告起诉须有法律上之利益,此为诉权存在要件之一。该项要件为法院应依职权调查之事项,故确认之诉,必原告即受确认判决有法律上之利益者,始得提起(参照民事诉讼条例第二百八十七条)。换言之,即须为诉讼标的之法律关系不明确,且有一种危险,即时有以判决除去之必要。又其危险须系确认判决之既判力所得除去之者,否则应认诉权存在之要件有欠缺,予以驳斥。本件原告受典被告之住屋,已被第三者声请封卖,其典权实已发生危险。原告如欲除去其危险,自应列该第三者为被告,提起执行异议之诉。而原告独对被告(出典者)起诉其请求,确认判决之既判力既不能拘束该第三者,是其即受确定判决并无法律上之利益。依据首开说明,自难认为有理由。

基上论结,本件原告之诉为无理由,兹依民事诉讼条例第九十七条,判决如主文。

江苏吴县地方法院民事简易庭
推事

中华民国二十年六月一日

丁　当事人不适格

江苏吴县地方法院民事判决

判决

原　告　林庆发　住吴县唯亭

被　告　王钟生　同上

上两造为基地涉讼一案,本院判决如下:

主文

原告之诉驳斥。

诉讼费用由原告负担。

事实

原告声明请求确认讼争基地为原告所有。其陈述略称,讼争基地一块,系原告林庆达等十三家公同共有之祭业,因在荒僻之处,故多年任其荒废。乃被告希图侵占该地,围筑墙垣,实属有碍产权。一再与其理论,迄无效果,请求确认该地为原告所有,判令被告拆除墙垣云云。提出方单一纸为证。

被告声明请求驳斥原告之诉。其答辩略称,讼争地系被告所有,有买契为凭,原告何能妄争。且原告既称十三家公同共有之产,何以尚有十二家均不出而主张,可见原告无理取闹云云。提出买契一纸为证。

理由

本院按,当事人之适格为诉权存在要件之一,且为法院应依职权调查之事项。其以公同共有之财产为诉讼标的者,即属必要共同诉讼,必须公同共有者一同起诉,否则应认当事人之适格有欠缺,予以驳斥。本件讼争标的,原告既称系原告等十三家公同共有之祭业,原告不与其余十二家一同起诉,依据首开说明,原告之诉自难认为有理由。

基上论结,本件原告之诉为无理由,兹依民事诉讼条例第九十七条,判决如主文。

江苏吴县地方法院民事简易庭

推事

中华民国十九年三月三日

● 原告之诉有理由判决

江苏吴县地方法院民事裁决十九年地字第一二号

判决

原　　　告	僧道林　住苏州市甫桥西街下塘
诉讼代理人	杨荫杭律师
	陆鸿仪律师
被　　　告	苏州市政府
	陆权
诉讼代理人	章世炎律师

上两造为请求确认土地所有权及占有权涉讼一案,本院判决如下:

主文

东竹堂寺围墙内东、西、北三面余地四亩二分七厘六毫,确认该寺有所有权及占有权。

诉讼费用由被告负担。

事实

原告声明应受如主文之判决。其陈述略称,东竹堂寺之东、西、北三隅余地,向在旧围墙之内。近忽被苏州市政府指为市产,派员深入围墙以内编插石桩,一再提出证据向其声辩,迄无效果,不得已唯有提起确认之诉。查东竹堂寺在宋为杨存中别墅,后舍为佛寺,始称大林庵,继称正觉寺,又称竹堂寺,有康熙苏州府志、乾隆苏州府志、乾隆长州县志、道光苏州府志、同治苏州府志可以证明。又查宋平江图碑称,杨存中别墅为杨园,其地所占极广,今竹堂寺附近一带之地,如前清之行宫皆在其中。明正德间刻本玉鳌姑苏志称,扬存中别墅为杨和王府,云"在和今坊、今竹堂寺其遗址也"云云,更为明确之证明。竹堂寺世代珍藏之明成化年间沈石田所绘之竹堂寺图,堂轴上题长歌有竹堂梅花一千树之句。又寺中藏有明崇祯年间文震孟跋,其先世文征明募缘疏石刻有竹千个梅千本之语,亦可推定当时规模之大。前此一再被人占有,仅余此寺旁围墙内讼争地数亩而已。此讼争地东北与云中别墅接界,云中别墅主人名李宗黄,旧主人为吴少芝。由吴姓卖与李姓时,契内载明南至竹堂寺样,西北与马瑞甫住宅接界。马姓契据亦载明南至竹堂寺字样。西北隅又与沈瑞兴水木作接界,沈姓系民国十年由吴翰芳买受,载明南至竹堂寺空地字样。南与耶苏教堂接壤,其契据亦载北至竹堂寺字样。东即甫桥西街下塘沿河,名曰玉带河,核对宋平江图碑即杨园东界之河,胡书记桥在焉,胡书记桥至今未改旧称。而查康熙苏州府志明载,胡书记桥在竹堂寺东北,可证明胡书记桥之西确系竹堂寺之地。西与行宫隔一公路,其实此路与行宫旧时均为竹堂寺之地,此有行宫前之桥可为铁证。行宫前之桥今称皇宫桥,但桥之左旁镌有万历八年建字样,显非清朝造行宫时所创建。又桥之右旁镌有"如意者"字样,又显系佛寺前香花桥之体制。而查康熙苏州府志则载,香花桥、竹堂寺,前明万历八年建,以可证该桥即平江图碑内之杨园桥。易言之,即可证行宫全面积皆与系争地毗连,而为古竹堂寺之旧产。系争地西北隅旧墙脚下有"农务局给照东竹堂寺界"之界石一方,此可见系争地虽系寺中旧产,亦曾照农务局有主荒地换给印照,旧案给有印照确鉴无疑。虽印照未据前住持移交,是否遗失、毁失不能证明,但农务局必有旧卷可查。又民国十七年吴县验契时,因此项系争地及东竹堂寺屋均无契串,曾邀取邻保证结,请求吴县政府填给新验纸。旋于同年五月十八日奉县政府详开坐落地址,出示布告"凡与后开产业上有关系者,尽一月来县呈诉,过期无效"。后经过一月,并无人出面争执,遂由县政府发给新验印契纸,并详开四址甚为明确。此项印契纸在市政府初次插椿时,曾经呈验,市政府自认插椿错误,在十八年六月二十二日有准予定期通知撤椿发还之批示为证。此关于所有权之证明也。又系争地本系寺旁余地,四周除与寺旁毗连外,均有旧围墙,他人非经寺门不能闯入,依法原告确有事实上之管领力。系争地遍种桑树,由寺内收益供香火之用,其桑树皆极老旧,围墙除间有修补之处外,其大体皆与寺房同一陈旧。而寺墙匾额明书同治九年,则计算占有可证明六十年之久。系争地西北隅之农务局给照,东竹堂界界石,显系农务局开办时所嵌入。查农务局开办在光绪二十九年,不久即并称农工商务局,则从光绪二十九年起,亦已占有至二十六年之久。既有光绪年间农务局领照之事,更可证明其为和平公然及所有之意。按照民国六年大理院上字第一三二〇号之判例,主张收回者,既不能证明有意侵占及妨害行使之确据,即应推定为丧失权利。纵有契据,亦推定为废纸,此关于占有权之证明也。市政府指系争地已列入农工商务局荒册,试问该局既以清理无主荒地为务,岂能以有主寺产强列入自己档册之内,指为该局自己之产。农务局设立在前,农工商务局在后,今系争地西北隅既有农务局给照之界石,则按照民国三年大理院上字第一六六号之判例,受合法处分在前之人,已为适法之所有人。而按照民国七年上字七四二号之判例,在已领得之后,更非行政衙门所能自由予夺。是该项档册纵使确凿,亦属违法处分。又查民国三年上字三五二号判例谓,抛弃为物权消灭之一端,"即正当取得之所有权,一经表示抛弃之意,即失其从来所有物之一切权利"。本件系争地在民国十七年五月间,吴县政府填给新契纸之时,市政府尚未成立,所有市政均归吴县政府主办。此时吴县市政筹备处如欲行使系争地之所有权,理宜拒绝填给,何以承认竹堂寺之所有权。既为之出示布告,又为填给印契,可见当时吴县政府苟非承认农工商务局档册为废册,即系自甘抛弃。否则同治九年间竹堂寺筑围墙时,长洲县何不加以禁止,长洲县又何不立界石。光绪二十九年农务局何以不立农务局自己之界石,而反立农务局给照东竹堂寺界之界石。且农工商务局与吴县政府何以均不立界,而必待今日市政府成立后方行立界。兹更细核该农工商务局档册所填四至,与系争地四至逐一校对,发见种种错误。该十三号地册载,北至东十郎巷,兹查最近苏州地图及各巷所标名称,均无十郎巷之名。该册既系光绪年间所立,自应查照光绪年间所修苏州府志。该志公署门载:"元和县治在府治东北一里十郎巷。"又津梁门载,"多贵桥在十郎巷东"。询之邻近故老,均言多贵桥直下向西之路原名十郎巷,元和县署所占面积较广,将十郎巷冲断,故在元和县以东者曰东十郎巷,在元和县署以西者曰西十郎巷,此与府志所载完全相符。是东十郎巷与系争地相去绝远,该十三号既在东十郎巷,则市政府之椿应插在东十郎巷,即多贵桥。元和县署之附近至系争地之北址为云中别墅及沈马二姓住屋,不但无所谓东十郎巷,并无所谓弄册载、十三号西址为万寿宫、东址为寺。如果西北址不误,则万寿宫将延长,而至元和县署万寿宫既不若是之长。如果东北址不误,则光绪年间之竹堂寺将延长而至多贵桥,光绪年间之竹堂寺亦不若是之大。如果东、西、北三址均不误,则其地冲过马厂头官道及民居,又冲过元和县前官道及民居而达东十郎巷,将或为极长大之面积,何止三亩有余之地。册载十三号南址为无主荒地,然册载此号之地既为竹堂寺与万寿宫所夹之地,其南界之地当在耶苏教堂基地之处,该教堂呈案农务局执照明明为农务局给照有主之地,岂因局所归并,复变为无主荒地。册载该十五号地之南址为沈姓屋,然现查该系争地南址为东竹堂寺大门之通路,该大门匾额系同治九年冯桂芬所书,自同治九年迄今并无更改,从未有沈姓其人当寺门而造屋,将该寺堵塞之事。册载该十五号东址为沿河,西址为寺余地,北址为小弄。而该椿所定四址,址北至云中别墅,南至寺余地,西至其所指之十三号地,东至沿河。除东址与册相符,其余三址完全不符。册载十三号、十五号地皆坐落竹堂寺前,今市政府所插之椿皆在竹堂寺大殿之后,亦属不符。又民国八年大理院抗字三九九号判例载:"若人民对于官产争执为其私有,则显属私法上之讼争,自应由司法衙门受理审判。"今被告主张本件系属行政处分,不能由司法衙门受理,殊无理由云云。

被告声明请求驳斥原告之诉。其答辩略称,本府依据施行市区内土地清丈章程等行政法令,根据前市政筹备处移交档册,派员澈查清丈。将该项讼争地,竖立界石,纯属于官厅职权整理市产之行政处分。按之民国五年大理院统字四八零号解释例所载,"国家以行政处分对于人民为一种处置者,无论处分正当与否,其撤销或废止之权在上级官署或行政诉讼衙门,司法衙门无干涉之余地"云云。本件显系欠缺诉讼成立条件,原告起诉既不合法,即应予以驳斥。至本案系争地坐落文二图第十三号竹堂寺北面及西面三亩三分七厘一毫,现丈见三亩八分六厘。又坐落同图第十三号竹堂寺东面一亩六分,现丈见一亩四分五厘九毫。系前清农工商务局长元城自治公所及民国前吴县公益事务所递交前苏州市政筹备处移由本府接收,有该局悬案荒地册及该册内注明第十三号地,张鸿孚请领未给第十五号地僧融泉请领未给等语可查。虽南、北两至已易旧观,但东、西两至确实无误。查市议事会城内荒地收归市有,案卷内所叙江苏巡抚陈奏准,"自宣统元年正月起至四月底止,续展验契期限四个月。如各业户再逾此限仍有争执,无论所执何等确据,是否从前购领,概不作凭。倘有此项旧契出现,即应一律涂销,不理晓示通知"云云。又前农工商务局详准奏明,"截止验契后不再展限,凡已丈入荒册各地,如再逾限,概作官荒,不得有所借口"云云。有此成案可凭,其为市有公产毫无疑义。原告主张竹堂寺前系杨园及万寿宫,为竹堂寺之遗址,乃千百年前之陈迹,早因时代变迁而易其状态。至系争地四邻契载各节,任意填写并非确切之凭证。又查农务局给领官荒,并不附给界石,皆由人民自行刻立。该沈姓园中"农务局给照东竹堂寺界"之界石,何能为所有权之确证,且该项界石字尽显明,犹存新刻形迹。且农工商务局在农务局之后,如果农务局已准原告承领该地,断无重列入荒册之理。又农工商务局给领官荒,皆发执照以凭管业,对于文二图官荒给领之后,均须纳粮,原告既不能提出系争地执照及粮串,非官荒而何。至原告提出之验契,当呈请时仅凭保证书,其保证人均系吴县县政府职员,显有勾串之嫌。而该契并未载明确实尺寸面积及四址,显有影射情弊。又系争地前有李姓与包姓呈请承租承领,更有原告与包姓各别提出系争地之验契,似此忽领、忽租,各验各契,原告意图侵占市有公产昭然若揭。即就实体上而言,原告之诉亦属无理由,请予驳斥云云。

理由

本院按,人民对于官产争执为其私有,则显属于私法上之讼争,自应由司法衙门受理,审判早经院判著为先例(参照民国八年抗字三九九号判例)。本件讼争地,原告主张为寺产,被告主张为市产。依据上开判例,本院自属有权受理。查姑苏志载:"杨和王府在和今坊,今竹堂寺其遗址也。"又查阅宋平江图碑,杨园即前之杨和王府,前清行宫亦在其地范围之内,占地殊为广大。又原告提出之明沈石田题跋竹堂寺图,有梅花一千树之句。明文震孟跋其先世文征明募缘疏石刻,亦有竹千个梅千本之语。又吴宽正觉寺记载(正觉寺即今竹堂寺见姑苏志),"予尝独爱正觉为寺,其地殆百亩,非不能为彼侈丽之观者,顾其屋才数楹,于奉佛居僧仅足而已。其外悉用以树艺其徒、特食其所入以自足"云云(见释真鉴所撰竹堂寺正觉禅寺小志)。尤足见该寺附近园圃占地之广,此项记载自属可信。现在该寺附近空地,仅有寺之东、西、北三面围墙内讼争地数亩而已。查该讼争地之南邻耶稣教堂,提出民国六年及十六年买契均载,北至竹堂寺字样。其北邻沈姓提出民国十年买契载,南至竹堂寺空地字样。又讼争地围墙之西北隅有农务局给照东竹堂寺界之界石一方,查核形迹实属陈旧。而讼争围墙之西北、东北两隅,原各有界石一块,其东北隅一块系地邻云中别墅建筑房屋时拆去。讼争地东北隅与云中别墅为邻,云中别墅主人吴少芝卖与李姓契内载明,南至竹堂寺,亦经证人吴均卿、吴少芝分别供明。且讼争地内栽种桑树,四面均有围墙,原告因原契遗失,于民国十七年呈准吴县政府填发新验契纸,该契所附图说西北方面界线与围墙现状略有不符。唯既于偏北一面注明沈、马二姓地界字样,则原告与沈、马二姓之中间显无第三者之基地。又该图之北面亦载沈、马二姓地界,其实北面偏东为云中别墅界,唯此系记载遗漏并□何等关系,是原告主张讼争地为其所有并有占有权,已不无相当证明。而被告方面所提出之证据,为农工商务局所制成悬案荒地册而已。查前清宣统三年元和县将该册送交自治公所之谕行内载,"所有上年十二月十五日以前,据报各地或经分饬县董清查,限满未复或因期限迫促不及缴价领照悬案,各地刻已一律另造清册"云云。"又同年二月十九日长洲县谕自治公所文内载,查农务局自光绪二十九年冬季奏准开办,迄归并本局。统计八年丈放各地,自数厘至于数十亩及千有余亩,其中纠葛不清、册图不符各案,动须派员一再复丈或饬董详查。必俟图董查明地图符合,地价缴清,始能定案给照。故一地而往往延至经年累月,尚未给照者有之。一地而数户争执,或须分饬县董查复核断,一时未能遽给,因之地尚虚悬者有之"云云。可知该项悬案荒地册所列各地,多属待查之件,不能认为强有力之凭证。且农工商务局设立在农务局之后,农务局既将讼争地给领东竹堂寺,而农工商务局又将该地列入荒册,该册所载显有错误。被告方面坚称该项给领界石不足为凭,唯查被告方面既接收农工商务局档册,则农务局档册亦必移交被告毫无疑义,如果该地原告并未承领,被告将农务局档册提出以供反证,即可明了。而被告始终不将农务局档册提出,空言指摘原告界石不足为凭,殊难成立。又查该荒册所列十三、十五两号之地,均载坐落竹堂寺前。而讼争地之大部分则在竹堂寺之西,小部分则在竹堂寺之北。该寺大门朝东大殿朝南,若以大门方向定前后,则讼争地大部分在该寺之后。若以大殿方向定前后,则讼争地小部分在该寺之后。该册所列十三、十五两号之地既载在竹堂寺前,其非指讼争地至为明显。该册所列十三号荒地东至寺,西至万寿宫,南至荒地,北至东十郎巷。查苏州府志津梁门载:"多贵桥在十郎巷东"。兹查该巷与讼争地相去甚远,该十三号荒地既紧接东十郎巷,其非指讼争地尤无疑义。且讼争地之南为耶苏教堂基地,该基地曾由恒稽古堂向农务局承领,有农务局执照为凭,其非荒地无疑。该十三号荒地既载南至荒地,并非指讼争地又可证明。至该册所列十五号荒地东至沿河,西至寺余地,南至沈姓屋,北至小弄。而讼争地中被告所指为十五号之地,南址既无沈姓之屋,北址亦无小弄,则讼争地并非册载十五号之地,亦属毫无疑义。又原告业于民国十七年向吴县政府投验新契,业经照准填发,则无论原告前此曾否将契据验过,既已补行验契手续,被告即不能仍以未验契为攻击理由。原告既能证明讼争地为其所有,如果须负完粮义务,原告并未完粮,仅应令其受公法上之制裁,自不能影响于其所有权。被告以原告不能提出粮串,遂主张该地为官荒,亦难成立。基上论结,本件原告之诉为有理由,兹依民事诉讼条例第九十七条,判决如主文。

江苏吴县地方法院民事庭
推事

中华民国十九年三月二十七日

江苏吴县地方法院民事判决

判决

  原　　告　林必达　住苏州桃花坞

  被　　告　李德顺　住苏州三元坊

  上两造为债务涉讼一案,本院判决如下:

主文

  被告应偿还原告洋二百元。

  诉讼费用由被告负担。

事实

  原告声明应受判决之事项与主文所揭示同。其陈述略,原告开设昌茂南货店,与林逢春开设之杂货店素有往来,结至本年二月底止,其欠原告货款四百元。不料林逢春于三月间将店闭歇,避匿无踪,原告至其店内查看,仅由其妻将账簿交与原告详细查核,尚有被人延欠之款。原告催其妻向各债务人追取,迄未应允。该账内有被告欠款二百元,当经原告迳向被告催索,被告亦承认延欠林逢春债款二百元,但以原告无权索讨为抗辩理由。不知间接诉权为法律上所准许,请求判令照还云云。提出账簿为证。

  被告声明请求驳斥原告之诉。其答辩略称,被告虽欠林逢春债款二百元,原告系第三者殊无诉追之权,应请依法驳斥云云。

理由

  本院按,债务人怠于行使其权利时,债权人因保全债权,得以自己之名义行使其权利,民事诉讼条例二百四十二条已有明文规定。本件被告延欠林逢春债务四百元,已经被告承认。而林逢春积欠原告债务二百元,又经原告提出商业账簿为证,林逢春之妻到庭所称亦无异词。债务人既负迟延之责任,又怠于行使其权利,原告迳向被告诉追,即难谓为无理由。

基上论结,本件原告之诉为有理由,兹依民事诉讼条例第九十七条,判决如主文。

江苏吴县地方法院民事简易庭
推事

中华民国十九年九月六日
江苏吴县地方法院民事判决

判决

  原　告　程顺和　住苏州都亭桥
  被　告　吴王氏　同上

上两造为赔偿损害涉讼一案,本院判决如下:

主文

被告应赔偿原告损失洋三十元。
诉讼费用由被告负担。

事实

缘原告前以被告毁损器具,向本院刑事简易庭告诉,经判决处被告罚金。被告不服提起上诉,原告亦于第二审提起附带民事诉讼,声明请求判令被告赔偿毁损器具洋三十元,经刑庭驳斥上诉,将附带民诉移送民庭审理。被告于言词辩论日期未到场,原告声请由其一造辩论而为判决。

理由

本件被告毁损原告器具,既经刑庭判处被告罪刑,事实已甚明显,原告主张赔偿数额,核与所毁损物件之代价亦属相当,自应认为正当。

基上论结,本件原告之诉为有理由,兹依民事诉讼条例第四百五十七条、第九十七条,判决如主文。

江苏吴县地方法院民事庭
审判长推事
推事
推事

中华民国十九年五月六日
江苏吴县地方法院民事判决

判决

原　告　吴福耀住苏州护龙街

被　告　徐林氏住苏州平江路

　　　　　李俊发住同上

上两造为请求撤销赠与契约涉讼，本院判决如下：

主文

徐林氏将其所有坐落山塘街住屋一所赠与李俊发之契约撤销。

诉讼费用由被告负担。

事实

原告声明应受判决之事项与主文所揭示同。其陈述略称，徐林氏前欠原告四百元，业经判决确定，声请强制执行。讵料原告串通伊戚李俊发，竟谓已经该氏立有赠与契约，将其住屋赠与李俊发。查该氏除该住屋外，并无其他财产，无论是否真实，均属故意诈害原告之债权，请求判决撤销该项契约云云。

被告徐林氏声明请求驳斥原告之诉。其答辩略称，被告将住屋赠与李俊发系在强制执行之前，其时胜诉、败诉均未可知，被告自有处分之权，原告请求殊无理由云云。

被告李俊发声明请求驳斥原告之诉。其答辩略称，徐林氏将住屋赠与被告系属有权处分，被告与原告并无何等纠葛，原告遽向被告起诉，毫无理由云云。提出契约一纸为证。

理由

本院按，债务人所为之无偿行为有害及债权者，债权人得声请法院撤销之，民法第二百四十四条第一项已有明文规定。本件被告徐林氏延欠原告四百元之债款迄未偿还，且经原告查明，除该氏除住屋外，并无其他财产。而该氏竟将该屋无偿赠与李俊发，显系有意害及原告，依据上开法条，原告请求自属正当。

基上论结，本件原告之诉为有理由，兹依民事诉讼条例第九十七条，判决如主文。

　　　　　　　　　　　江苏吴县地方法院民事简易庭

　　　　　　　　　　　　　　　　　推事

中华民国二十年三月一日

江苏吴县地方法院民事判决十九年初字第三七八号

判决

原　告　夏镛坤　住吴县虹桥下塘西角墙二十一号

被　告　诸长庆　住吴县直街福民桥堍

上两造因水灶生财涉讼一案,本院判决如下:

主文

被告应将租赁原告所有水灶茶馆之生财器具交与原告。

诉讼费用由被告负担。

事实

原告声明应受如主文之判决。其陈述略称,原告有父遗坐落吴县直街福民桥堍水灶一座,内附设茶馆。于民国七年阴历十月间由原告家将该水灶及一切生财器具续租与被告,租期订为十年(自民国七年十一月初一起算),当交押租洋八十元,言明按月租金钱六千三百文,立有租契租摺为凭。至民国十年间先兄去世,原告因在外经商致未返家,迨至去年返苏后,当以此项租约扣至民国十七年废历十月底,已届十年期满,故经一再往向催令交还。乃被告声请称彼曾代垫修理水灶及添置水桶等款,须原告偿还。查此种修理费,被告既无正式账单提出,原告杂以承认。被告又以原告先兄曾将水灶契据抵押洋贰百元,历由被告代付抵款利息壹百贰拾余元,应由原告偿还。查抵款洋贰百元按月虽应付息,然当时洋价每月只有钱一千二三百文,故以水灶月租钱六千三百文内除付利息四元,尚可多洋一元左右,显系临时虚构,藉为拖延之计。不知十年租期早满,岂容再事霸占,为此请求判决令被告克日交付云云。提出租契二纸、装折二扣为证。

被告答辩意旨略称,被告租赁原告之水灶期间虽已届满,而手续未清。缘原告会将水灶地段之执业凭证抵押与王姓,旋即转抵朱姓,其利息系按月就被告之租金移抵。唯是项息金按月计洋四元,被告应付租金按月计钱六千三百文,其时六千三百文之租金抵充大洋四元之利息无甚相差。嗣因洋价逐渐高涨,所有租金抵付息金相差甚巨,遂恳托被告代为付息,并言明如不敷之款,至后结算云云。讵原告之兄永久逝世,更属无人过问,在受押人方面,只向被告按月取息大洋四元。奈洋价飞涨,迄今是项租金仅能付息金半月所有,缺少之款统由被告代垫,总计已达一百二十余元。且连修理水灶及添置器具等项,约计亦在百元以上。原告如坚欲收回,亦应将前项各款同时解决,以清手续云云。提出账簿为证。

理由

查租赁定有期限者,其租赁关系于期限届满时消灭,承租人于租赁关系终止后,应返还租赁物,此在民事法第四百五十条第一项及第四百五十五条前半段已有明文规定。本件被告于民国七年阴历十月间承租原告水灶茶馆及一切生财器具,订期十年,扣至民国十七年废历十月已满期,既据被告提出租契装折为证,复经被告自认不争,则双方当事人间之租赁关系早经消灭。原告请求被告交付水灶茶馆生财器具,揆诸上开法条,自难谓为不当。虽被告斤斤以修理费及代垫抵款利息,未经原告偿还为抗辩,然即令有此事实,该被告自可另行诉求解决,不得藉拒绝交付租赁物之理由,被告抗辩意旨殊无可采。

依上论结,本件原告之诉为有理由,兹依民事诉讼条例第九十七条,特为判决如主文。

江苏吴县地方法院民事简易庭
推事

中华民国十九年九月十八日

江苏吴县地方法院民事判决二十年初字第二二号

判决

原　　告 徐锦昌　住苏州东中市

被　　告 徐冠森　住吴县香山马坎头

上两造因债务涉讼一案,本院判决如下:

主文

被告应偿还原告抵款本利洋五百二十元,并自本年三月二十七日起至执行终了日止按月一分之利息。

诉讼费用由被告负担。

事实

原告声明应受判决之事项与主文所揭示同。其陈述略称,被告于民国十九年十一月间由郑治平作中,将其自有房屋桑地向原告抵借洋五百元,言明按月一分起息,约期四个月清偿,书立抵押据,并交出粮串为凭。逾期已久迄未偿还,请求判令偿还本利洋五百二十元,并自本年三月二十六日起至执行终了日止之迟延利息云云。提出抵据粮串,并援用证人郑治平之证言为证。

被告特别代理人略称,本件原告就其所主张之事实,既已提出抵据粮串为凭,代理人并无何等答辩,请予依法判决云云。

理由

本件原告主张被告于十九年十一月间向其抵借款洋五百元,约期四个月偿还,既经原告提出抵押据及粮串为证,又据原中郑治平到庭证明属实,事实已甚明了,现既逾期,原告请求判令被告偿还本利自属正当。

基上论结,本件原告之诉为有理由,兹依民事诉讼条例第九十七条,判决如主文。

江苏吴县地方法院民事简易庭
推事

中华民国二十年八月三十一日
江苏吴县地方法院民事判决十八年初字二二四号
判决
原　　告　石金氏　住吴县横泾石含村
诉讼代理人　周毓镛律师
被　　告　程鸿卿　住苏州松鹤板场
　　　　　　盛法生　住横泾石含村
诉讼代理人　陶见山律师
上两造为执行异议涉讼一案，本院判决如下：
主文
坐落九都八图岁字圩房屋一所、内圆堂三间、桑地半块，确认为原告所有。
被告就前项圆堂桑地声请强制执行之命令应予撤销。
诉讼费用由被告负担。
事实
原告声明请求确认讼争圆堂三间、桑地半块为原告所有，不能作为被告执行标的。具陈述略称，原告故夫承禄有昆仲四人，长承福、次承佑、三承祥，原告故夫承禄居幼。所有祖遗财产于光绪十三年早经分析，立有分书为凭。九都八图岁字圩房屋一所内有圆堂三间、横屋三间、基地四间，以及桑地半块，系分归原告之故夫承禄管业，均经载明分书。乃该被告执行石济生债务时，竟不问产权属于何人所有，擅将原告所有之圆堂三间、桑地半块计三分，一并查封拍卖，似此侵害他人权利，实为法所不许云云。提出分家单一纸为证。

被告及其代理人答辩意旨略称，石济生前因被徐俊卿告诉侵占，曾由原告（即石济生之婶母）要求被告设法营救，当由被告担负偿还徐俊卿债务，石济生得以保释，石济生开释后即行逃避。徐俊卿催款甚急，被告等不得已以保证债务责任代为清偿，被告商由原告允许除去原告所有三间房屋外，将石济生房屋声请假扣押，并经依法诉请判决后，声请公告拍卖。布告内并载有权利之第三人得于七日内声明异议，本件执行程序已达减价标卖，而承买人缴价后始行提起异议之诉，显系石济生勾串希图阻止执行，应请予以驳斥云云。

理由

本件原告提出光绪十三年合同分据内载,岁字圩内朝西作房一所,共计十四间,(中略)朝南圆堂三间,后有横屋三间,基地四间,分授于幼子承禄居住。(中略)桑园哥东、弟西,照园结直各半均股云云,是讼争圆堂三间,桑园半块,系原告之夫承禄之产,毫无疑义。又查民事诉讼执行规则第五十四条,第三人如对于强制执行之不动产有权利者,须于强制执行之终结前,向执行法院对债权人提起异议之诉云云。是强制执行未终结之前,无论何时均可提起。本件讼争圆堂桑地虽据被告声请查封拍买,并由殷鸿昌拍买,唯原告在拍买人尚未依法向本院执行庭缴足价金之前提起,尚难谓为不合。至被告所称原告系石济生嗣母一节,无论原告否认其事,纵使属实,原告财产亦非当然应供偿还其嗣子个人之债务。又被告所称封卖之先已得原告同意等语,尤属空言无据,难予置信。

基上论结,本件原告之诉为有理由,兹依民事诉讼条例第九十七条,判决如主文。

江苏吴县地方法院民事简易庭
推事

中华民国十八年七月四日

江苏吴县地方法院民事判决十八年初字第九七号

判决

原　　告　　沈俊卿　　住苏州桃花坞一四七图

被　　告　　计培卿　　住苏州桃花桥弄一一二号

上两造为债务涉讼,本院判决如下:

主文

被告应偿还原告借款洋二十五元,货款钱三千四百五十文。

诉讼费用由被告负担。

本判决应予假执行。

事实

原告声明应受如主文之判决。其陈述意旨略称,原告前在桃花桥开设万丰和杂货店,被告陆续向店内借洋五十元,并赊欠货款钱三千四百五十文。上年三月二十日收洋二十五元,尚欠借款洋念五元。又货款钱三千四百五十文,言明七月起每月拨洋二元,立有借折为凭。讵知被告至今分文不付,应请判令偿还,并予宣示假执行云。提出账簿两本折一,扣账单二纸为证。

被告经合法传唤,于言词辩论日期未到场,原告声请由其一造辩论而为判决。
理由
本件原告主张被告向其借款,除收尚欠二十五元,并欠货款三千四百五十文,既能提出商业账簿及折单为证,经本院核算数额尚属相符。被告欠款事实显系确凿,应认原告之诉为有理由,判令被告如数偿还。兹依民事诉讼条例第四百七十六条、第四百五十七条、第四百六十二条第一项第四款、第九十七条,判决如主文。

江苏吴县地方法院民事简易庭
推事

中华民国十八年三月三十日

江苏吴县地方法院民事判决十九年初字第四五三号

判决

原　　　　告　杨戟门　住吴县西花桥巷四十五号

上诉讼代理人　盛德镕律师

被　　　　告　夏连宝　住吴县阊门内西中市福泰鞋庄

上两造为迁让追租涉讼案,本院判决如下:

主文
被告租住原告所有阊门内西中市房屋一所应即迁让,被告就上开房屋所装设之天幔、地板等物应自行撤去。

本判决应予假执行。

诉讼费用由被告负担。

事实
原告及其代理人声明请求如主文之判决。其陈述略称,原告有房屋一所,坐落阊门西中市,租与被告开设福泰鞋店,押租洋一百二十元,每月租金十九元,系不定期间之租赁。自出租以后,被告时欠租金,该屋昆连之杨三溢参店向系原告租屋开设。本年二月间因房主收回翻造,原告无相当房屋可租,不得不将租与被告之屋收回,当与被告及保人时少卿声明嘱即迅予迁让。迨五月下旬,又经原告函催尽一月迁空。本月四日并托律师去函严催,均置不复,仅托人向原告声称,被告自置天幔、地板等物,应作价四百元,须俟原告允付后,始可迁让。查被告就该屋第四进原有晒台改装天幔并铺地板,不曾通知原告,在原告方面对于此等天幔、地板视为无用之物,乃被告竟共索值洋四百元,明知原告万难应允,希图借此迁延,实属刁狡已极,应请判令被告迁让,并撤去天幔、地板等物。至被告欠租六月计洋一百十四元,原告愿按苏州习惯让免租金三个月云云。

被告声明请求驳斥原告之诉。其答辩意旨略称,被告租赁原告房屋开设鞋店,本年二月间起原告通知被告搬家,即不肯收租。原告既要被告搬迁,只好将店歇闭,不过店内天幔、地板等物约需数百元,原告应贴偿、被告方可迁让云云。

理由

本件被告租赁原告阊门内西中市房屋一所,系不定期限之租赁。本年二月原告欲行收回自用,业已通知被告迁让,以后租金原告即未收取,均为两造所不争之事实。查民法第四百五十条第二项载,租赁未定期限者,各当事人得随时终止契约。但有利于承租人习惯者,从其习惯。第三项载,前项终止契约,应依习惯先期通知各等语。本件系不定期限之租赁,原告依照本地三个月预告期间之习惯,于本年二月间通知被告迁让。按诸上开法条,并无不合,应着令被告迁让。至被告就所租赁房屋装设天幔、地板等物,事前既未经原告同意,此时原告又不愿作价承买,且该物件并非不可移动,自应判由被告自行撤去。被告以原告不肯作价承买,为拒绝迁让之理由,殊难成立。

基上论结,本件原告之诉为有理由,兹依民事诉讼条例第四百七十六条、第四百六十二条第一项第三款、第九十七条,判决如主文。

江苏吴县地方法院民事简易庭
推事

中华民国十九年九月八日

江苏吴县地方法院民事判决十九年地字第二七号

判决

原　　　告	钱裴氏	住武进县西门碧霞衖
诉讼代理人	陆鸿仪律师	
	庄曾笏律师	
被　　　告	钱毓鹏	住苏州王府基鼎康里
参　加　人	钱陈氏	住同上
诉讼代理人	杨铿律师	

上两造为析产涉讼一案,本院判决如下:

主文

被告应将原告之翁所有遗产按三股均分,长房名下一份交由原告自行管理,并应将留园义庄贴款洋一千元一并交还原告。

诉讼费用由被告负担。

事实

原告声明应受如主文之判决。其陈述略称，原告于民国五年适钱养初长子毓麒为室，不幸先夫于翌年遽即病殁，原告守志迄今已十有四年，先夫并未遗有子女。民国十六年先翁逝世，所遗财产甚巨，大半被夫弟毓鹏即被告隐匿。此项遗产自应由原、被两造及三房毓鹤三股平均分析，乃被告既多方隐匿，而于其发表之财产又复一手把持意图吞并。民国十七年始议分家，被告主张以月租四十余元之星桥湾房屋及中南银行存款一千元分归长房，而契据则归其保管十年。嗣以原告不允签字，复怂恿原告之姑钱陈氏即参加人变更前议，易以月租只有十六元之东中市房屋及上海银行存款八百元，并命将此一份由被告先在上海擅自招来之异姓成年男子承受，原告则归其扶养，原告以办法不合，始终反对亦未签字。先翁在日，向在盛氏留园义庄管事，原告孀居后，盛宅每月津贴原告洋六元即由先翁代领，并为存放生息约计十二年，本利当有千元之谱，此系原告之私财，与先翁遗产无涉，自应交还原告。原告青年守节刲臂疗翁（见被告哀启），自问于妇道无亏，被告苟有天良亦当稍加矜恤，乃不唯谋夺其财产，并曾饰词告诉，意欲置之囹圄之中，居心极为险恶，不得已诉求解决云云。提出信一封、报销册一本、哀启一份为证。

被告声明请求驳斥原告之诉。其答辩略称，现行律规定，祖父母、父母在者，子孙不许分财移居。其父母许令分析者，听。又大理院上字五三号判例载，父亡兄弟间分析遗产，应以守志之母是否许令分析为断各等语。本案原告之姑即被告之母现尚健在，原、被告间能否分析，应先问被告之母征求同意。查民国十七年丧礼期内，原告率同多人至被告处，强迫被告书立分据，事前未得被告同意，事后未得被告之母追认，当然无效。十八年被告之母虽有分析之意，然因原告蛮不讲理，已将析产之议取消，声明非待天年后不许分析。是析产一节，原告无主张之余地，即被告亦无予以同意之可能。且该项遗产均由被告之母管理，被告迄未过问，何从交出。又盛宅每月津贴为数不过六元，当然随领随发，如果由先父存放生息，应有存折交付原告，并无存折，凭空主张，殊无理由云云。提出分据一纸、起诉书为一纸证。

参加人代理人声明与被告同其陈述。略称，参加人系原告之姑，被告之母。参加人故夫所遗财产未得参加人同意，原告自不能要求分析，前此参加人虽曾允其分析，但因原告反对其螟蛉子之故，已经将允许分析之议打销云云。

理由

本件被告反对原告析产之主张，不外以参加人即被告之母不准分析为抗辩理由而已。唯查该参加人与被告之叔函内载，"余家事已于十月四日委托杨铿去函通知裴氏矣，倘其现在照余所定之分配据者，不妨到苏签字，余当将各件交与大房成丁续嗣人掌执，出续嗣人给养长媳是矣"云云。又民国十八年九月三日参加人所立分析遗产据载，"余年老力衰，势难再管家务，兹查长子如海虽已早故，长孙慰祖业已成年，次子搏云、三子冠云亦均能自立，用是将先夫子所遗银产匀为四份开派"云云。是两造实有析产之必要情形，并经参加人之同意，事实毫无疑义。虽据参加人代理人供称原告否认其螟蛉子，故参加人已将分析遗产之议打销云云。唯查析产与立嗣原属两事，并无牵连关系，参加人前以年老力衰不能再管家务为理由，允许两造分析，既无正当理由，自难率行翻悔不予同意。被告以不得参加人同意为理由反对原告析产，殊难认为有理。又留园义庄每月津贴原告六元，既据原告提出该议庄报销册为证，事实亦甚明显。自民国六年原告孀居迄留园入官日止本利一千元，该款系由被告之父代领，为被告所自认之事实，此款系原告私有之款，自应交还原告。被告辩称已由伊父陆续转交原告，空言主张，殊难置信。

基上论结，本件原告之诉为有理由，兹依民事诉讼条例第九十七条，判决如主文。

江苏吴县地方法院民事庭

推事

中华民国十九年五月二十七日

江苏吴县地方法院民事判决十八年地字第一九三号

判决

原　　　告　卫达三　住苏州市舒巷三十号

诉讼代理人　叶正甲律师

被　　　告　蒯大魁　住苏州市马大箓巷三十二号

　　　　　　　蒯大权　住址同上

　　　　　　　蒯大禄　住址同上

上两造为抵款涉讼一案，本院判决如下：

主文

被告应于本年十二月七日偿还原告本洋五千五百元，并自本年八月七日起至执行终结日止按月一分之利息。

被告所有坐落马大箓巷三十一、三十二号房屋一所，确认原告有抵押权。

诉讼费用由被告负担。

事实

原告声明请求判令被告偿还原告洋五千五百元,并自本年八月七日起至执行终结日止按月一分之利息,并确认被告所有坐落马大箓巷三十一、三十二号房屋一所,原告有抵押权。其陈述略称,被告等于本年八月七日凭中保将其坐落马大箓巷三十一、三十二号住屋一所,向原告抵借洋五千五百元,按月一分起息,四个足月为期,立有抵据为证。日前得悉有蒋周氏与被告蒯大权欠款涉讼,业经钧院将被告押与原告之住屋予以假扣押。按之判例,原告仅有抵押权,不能提起异议之诉,是原告于马大箓巷房屋之抵押权业已发生危险,而被告当庭亦自认到期不履行,应请分别判令给付债款,确认抵押权云云。提出抵据一纸为证。

被告声明请求驳斥原告之诉。其答辩略称,被告向原告借洋五千五百元确有其事,此时尚未到期,原告何能请求给付。至抵押住屋现被蒋周氏声请假扣押到期,被告能否变产给付,殊无把握云云。

理由

本院按,被告有到期不履行之虞者,得于履行期未到前预行提起给付之诉,此观民事诉讼条例第二百八十六条规定,其义自明。本件被告将住屋向原告处抵借洋五千五百元,为被告所自认之事实。被告当庭声称,抵屋已被蒋周氏假扣押,将来到期能否给付殊无把握等语,显见被告有到期不履行之虞。依据上开条文,原告请求即属正当。基上论结,本件原告之诉为有理由,兹依民事诉讼条例第九十七条,判决如主文。

江苏吴县地方法院民事庭
推事

中华民国十八年十月九日

江苏吴县地方法院民事判决十九年地字第一四四号

判决

原　　告　刘景元　住苏州胥门皇亭头

　　　　　刘小三子　同上

被　　告　严贵龙　同上

上两造为解除婚约涉讼一案,本院判决如下:

主文

原告刘小三子与被告之婚约准予解除。

诉讼费用由被告负担。

事实

原告声明应受如主文之判决。其陈述略称，原告刘小三子系原告刘景元之女，于民国十八年二月间凭媒介绍被告为童养婿，讵自入门后不务正业，甘习下流，竟敢在家行窃非只一次。经原告目睹，被告动武殴辱长亲，业已诉经钧院检察处起诉，判决处刑在案。若原告刘小三子与被告正式结婚，日后必无完满结果，请求判准解除婚约云云。

被告声明请求驳斥原告之诉。其答辩略称，被告并无行窃及侮辱原告情事，原告刘景元欲将其女变价，所以设词告诉意图赖婚，其请求并无理由云云。

理由

现行律载，未成婚男女有犯奸盗者，不用此律等语。注称，男子有犯，听女别嫁。女子有犯，听男别娶。至所称盗之意义，当然包括窃盗而言。直系亲属、配偶、同居亲属之间，犯所列窃盗罪者，其行为要不失为犯罪。则为保护相对人之利益，自应许其请求撤销婚约（参照六年九月十二日上字七三五号判决例）。本件被告窃取原告家中物件，业经本院刑事庭讯明属实，判决确定在案，事实已甚明了，依照上开判例，原告主张解除婚约，自属正当。

基上论结，本件原告之诉为有理由，兹依民事诉讼条例第九十七条，判决如主文。

江苏吴县地方法院民事庭
推事

中华民国十九年六月三十日

● 原告之诉一部有理由、一部不合法判决

江苏吴县地方法院民事判决

判决

原　告　陈松亭　住苏州观前

被　告　陆一尘　住苏州皮市街

上两造为请求迁让及偿还租金涉讼一案，本院判决如下：

主文

被告应将租赁原告坐落皮市街住屋一所迁让。

原告其余之诉驳斥。

诉讼费除迁让部分由被告负担外，余由原告负担。

事实

原告声明请求判令被告将租赁原告房屋迁让,并偿还原告租金一千零二十元。其陈述略称,被告租赁原告皮市街房屋一所,每月租金八十元,现已积欠租金一千零二十元,请求判令迁让还租云云。

原告声明请求驳斥原告还租之诉。其答辩略称,被告短欠原告房租,自应即日迁让,但所欠租金并无千余元之多,原告既主张千余元之租金,应以地方诉讼程序审理,原告与迁让之诉合并提起,殊不合法云云。

理由

本院按,对同一被告合并提起数宗诉讼,须以受诉法院俱有管辖权,且得行同种之诉讼程序者为限,此观民事诉讼条例第二百八十八条规定,其义自明。本件被告对于迁让部分既于言词辩论认诺,原告关于诉讼标的之主张,自应本于认诺为被告败诉之判决(参照民事诉讼条例第四百五十六条)。至于租金既在千元以上,自属地方法院管辖第一审案件,原告竟与应由初级法院管辖之迁让案件合并提起,被告对于租金又以管辖错误为抗辩,依据首开说明,关于租金部分之诉应认为不合法。

基上论结,本件原告之诉一部为有理由,一部为不合法,兹依民事诉讼条例第九十八条,判决如主文。

江苏吴县地方法院民事简易庭
推事

中华民国十九年三月四日

● 原告之诉一部有理由、一部无理由判决

江苏吴县地方法院民事判决十五年地字第三零号

判决

原　　　告　　吴丁氏　　住吴县富仁坊巷八十九号

上诉讼代理人　宋铭勋律师

被　　　告　　吴潘氏　　住吴县西白塔子巷

右诉讼代理人　唐慎坊律师
　　　　　　　　陈霆锐律师

上两造因请求确认承继权及分析遗产涉讼一案,本院判决如下:

主文

被告应将未分遗产计田叁百拾亩及西白塔子巷住屋一所,周庄典当股本两股,与原告平均分析。

原告其余之诉驳斥。

诉讼费用由两造平均负担。

事实

原告声明请求确认原告之子振亚应承继被告为嗣，并将原告之姑遗产地叁百拾亩、住屋一所、典股两股，由原告与被告平均分析。并令被告负担讼费。其陈述略称，原告先翁小坡公有五子，长、次均未娶而卒，三即被告之夫伯英（名定基），有子毓瀁早殇。四为仲梅（名鼎基）已出嗣他房，五即原告之夫叔贤（名德基）。原告有二子，长振亚、次振华。被告无子，依法自以昭穆相当，顺位在先之振亚入继。且当夫兄伯英在日，亦早有人嗣振亚之意，现被告无端拒绝，应请依法确认。又先姑遗产计有收租田壹千贰百肆拾亩，周庄典当股本两股，每股五百千文，西白塔子巷老宅一所，民国四年春由先姑先就田产一项按四股均分，各执每股计叁百拾亩，被告与原告各得一股。出嗣夫兄仲梅以所继之房遗产无多，例外亦得一股。其余一股为先姑养赡之费，当时议定俟先姑终天后，将此一股及住屋股本再由原告与被告两房平均分析。去年十月先姑弃养，原告一再央请族长吴一尘向伯英催询，伯英允于本年秋后将半部遗产交出。不料本年七月间伯英病故，被告竟将未分遗产全数吞没，并称原告之夫已经出继以为抵抗。查原告之夫并未出继，有先姑讣文及伯英函件为凭，应请依法判令被告将遗产交与原告一半云云。提出意旨单、荐先单各一纸、信一件、讣文、谢帖各两纸，援用证人吴一麟、丁叔彦之证言。

被告声明请求驳斥原告之诉。其答辩略称，先翁小坡公系出吴氏仁之一支，仁有三子，长文锋、次文钰、三文锐。文锐有四子，长绍丰、生国梁、次嘉浩、四嘉沛，皆未成立。三嘉润，子国楷。国楷有四子，长子幼殇、次即先翁小坡、三元炯、四元瑛。小坡公出继次房国榜为嗣，有子五，长、次均殇亡，三即先夫伯英。四仲梅、五即原告之夫叔贤。仲梅出嗣次房翔为后。小坡公弟元炯、元瑛亦成年无后，遂由叔贤回宗嗣之。是仲梅、叔贤两房与被告亲等相同，现该两房皆有子二人，被告即有选择任何一房，任何一人之自由，原告安可强被告必立其子为嗣。至于小坡公遗产本应先夫伯英独得，其余二子均已出嗣，仍各分得财产若干，该原告犹不知足，尚欲捏称未曾出继，希图觊觎遗产。查原告出继有先翁神主、家谱、寺内意旨簿，先夫呈请备案原卷为凭，应请驳斥原告之诉云云。提出神主一具、家谱、意旨簿各两本为凭，援用证人吴杨氏、王昭甫之证言。

证人吴一麟之陈述称，他们早已分过家产，所留为朱太夫人常年养赡及典股房屋等，原议待朱太夫人百年之后，由原告与被告两房平均分析。

至叔贤是否出继,我不知道。我对两造俱甚客气,所以叫他们纠正讣文。迨后为遗产之故,原告请我向伯英催询,伯英答称,先母产业完全未动。至六月十三日我又劝伯英将遗产交出平分,伯英允于秋后将遗产交出分析。至七月他就因病死了,他们分家我没有在场云云。

证人丁叔彦之陈述称,吴丁氏是我胞妹,叔贤并无出继。那年朱太夫人病故,讣文弄错,我同族长吴一麟说后,由吴一麟与伯英说。伯英为更正讣文,给我一信云云。

证人吴杨氏之陈述称,仲梅是我先夫,我夫弟叔贤他过继与元炯那房,他自小时过继的,什么时候不晓得云云。

证人王昭甫之陈述称,我在吴潘氏家当差,叔贤已过了继的,过继时本生父母存的,过继与谁这些事我不知道,我是听见说过的云云。

理由

本件分两部说明之:

(一) 遗产部分　本件原告有无分受系争遗产之权,应以原告之夫是否出继为断。被告主张原告之夫叔贤已经出继元炯、元瑛为后,提出家谱及其故翁神主侧面载有降服子德某(即原告之夫)为证。唯查家谱内元炯、元瑛名下并无原告之夫入继之记载,且如果原告之夫早已出嗣,则应于被告之翁亡故之时,于神主正面一并载明奉祀之人。兹核对神主侧面笔迹,与记载其故姑生卒年月之笔迹相符,而与记载其故翁生卒年月之笔迹迥不一致。该神主又向在被告处,则侧面之记载不在其翁亡故之时,而在去年其姑亡故之后,被告方面私行加载,以为异日对抗原告分产之地步,已昭然若揭。至奉祀之人不载在正面而载侧面,尤有瞒人耳目之嫌。又被告持出意旨簿(系被告之翁作冥寿时,寺内僧人所记载)两本,其一本于次房鼎基及原告之夫德基名字之上,虽分列出嗣二字,唯此项簿册为人所不注意,又向存在寺内,则原告夫妇未必即能知悉。且被告之夫于其母讣文内,擅列原告之子振华为降服孙,经原告质问之后,始行更正,是被告之夫生前有意捏造原告之夫已经出嗣之事实,已属毫无疑义。则意旨簿之记载为被告之夫之私意,亦可据此而推定,此项意旨簿与本年七月间被告之夫生前用吴家献名义秘密呈请备案,均不能为原告之夫已经出继之凭证明甚。又证人吴杨氏、王昭甫虽均称原告之夫业经出嗣,唯吴杨氏因被告有立其子为嗣之表示,与被告不无利害关系。王昭甫系被告之工人,且据王昭甫称,原告之夫过继一节,系听人说过云云。其陈述均难置信。至原告持出之意旨单、荐先单,均系被告之夫伯英之亲笔,为被告所不争。该意旨单上分明列原告之子为孝孙、次房鼎基之子为降服孙,其为原告之子填载荐先单,则列小循(即元炯)、少甫(即元瑛)为叔祖。且原告之夫讣文列被告之夫为期服兄,被告夫妇当时并无异议。其先姑讣文被告之夫既列原告长子振亚为期服孙,又列原告次子振华为降服孙,关于振华部分一经原告质问,被告之夫即将谢帖更正振亚、振华同列为期服孙。其与丁叔彦之谢帖上亲注,"前讣关振华名被排字误排降服,兹特此更正"等语。其与丁叔彦信内有,"已遵吾姻台卓见,将齐、衰二字除去,改为期服孙,仲处两人仍旧,谢帖重行付印。至讣闻一节,唯有登报更正一法"云云。如果原告之夫实已出嗣,名分所关,被告之夫岂肯随意更改,且与遗产尤有关系,更难随声附和。以上各点,不能不谓为原告之夫未经出继之有力反证。且据证人吴姓族长吴一麟所称,被告之夫已允于本年秋后将遗产交出与原告分析,尤足以证明原告之夫并无出继之事实。则原告主张将未分遗产田叁百拾亩、典股两股、住宅一所,与原告平均分析,自属正当。

(二)承继部分　查现行律载,其或择立贤能及所亲爱者,若于昭穆伦序不失,不许宗族指以次序告争等语。是立继次序,虽以服之亲疏远近为准,而出于择贤择爱者,则只以昭穆伦序不失为唯一要件。故无论近支有无可立之人,及其人是否有不能承嗣原因,而有权立继之人,皆得就远房内择立贤爱。此细绎不许宗族指以次序告争之语,其意本甚明显。本案被告既属有权立继之人,因择立贤爱,拟以次房鼎基之子为嗣,既与昭穆伦次不失,自为法所准许。原告指以次序告争,欲强被告立其子振亚为后,实属毫无理由。

基上论结,本件原告之诉一部为有理由,一部为无理由,兹依民事诉讼条例第九十八条,判决如主文。

江苏吴县地方法院民庭
推事

中华民国十五年十一月二十七日

江苏吴县地方法院民事判决十九年上字第三八一号

判决

原　　　　告　苏根保　住吴县陆墓砖场潘家角

被　　　　告　林世生　住同上

上法定代理人　林阿根　住同上

被　　　　告　林世福　住同上

上两造因赔偿损害涉讼一案,本院判决如下:

主文

被告林世生应赔偿原告损失大洋十元。

原告其余之诉驳斥。

诉讼费用由林世生负担。

事实

原告声明请求判令被告等赔偿损失洋二十三元,并令负担讼费。其陈述略称,本年八月二十五日第一被告将原告所搭凉棚拉倒,当与伊兄林世福即第二被告交涉,乃第二被告用拳殴伤原告,已向刑庭起诉在案。查原告所建之凉棚、竹头、芦席工料共费洋十元,被打伤以后第一次医治用洋七元六角,又连续医治三次,每次一元八角两,共损失洋二十三元,应请判令被告等赔偿云云。

被告林世福及林世生法定代理人声明请求驳斥原告之诉。其答辩略称,被告林世生于本年八月二十五日与邻人金和尚之侄嬉戏,两下追逐,致将原告凉棚折去一角,当已仍旧搭好。奈原告借此凶横妄裁被告等伤害、毁损,向钧院刑事庭起诉,已经饬吏验无伤痕,驳斥在案。原告不服上诉,又已驳回。原告心中怀恨,乃提起民诉。查凉棚系芦席与竹杆所搭,其时业已由被告之父搭好,已无损失可言,原告之诉殊无理由云云。

理由

按无行为能力人或限制行为能力人不法侵害他人之权利者,以行为时有识别能力为限,与其法定代理人连带负损害赔偿责任,民法第一百八十七条第一项已有明文规定。本件被告林世生于本年八月二十五日与邻人嬉戏,将原告搭盖之凉棚拉倒一角,已据该被告及其法定代理人自认不讳。查凉棚搭盖原甚简单,一经拉碰易于倾倒,被告林世生虽仅十二岁,自有此等常识,乃竟与人在该凉棚下互相推扭,致将凉棚碰倒,依照上开法文,被告林世生自应负赔偿损害之责。据原告称盖造之凉棚价洋十元,核其情形尚属相当,而林世生之父林阿根虽以凉棚碰倒当时,即由伊代为搭好等语为抗辩,但纯属空言。且如果其所称属实,原告何至与被告之兄林世福(即林阿根之长子)发生冲突,其抗辩显难成立。至原告请求赔偿医治费一层,不外以被告林世福将其殴伤为根据。唯查刑事卷宗第一、二审均以伤害无从证明,宣告林世福无罪。而原告在本院民庭亦系空言主张,毫无实据,则关于此点之请求,应认为无理由。

基上论结,本件原告之诉一部为有理由,一部无理由,兹依民事诉讼条例第九十八条,判决如主文。

江苏吴县地方法院民事庭

审判长推事

推事

推事

中华民国十九年十一月二十九日

● 原告之诉无理由、被告反诉有理由判决

江苏吴县地方法院民事判决十九年初字第三四九号
判决

原　　　　告	顾世绥	住本城胥门长春弄九十一号
诉讼代理人	朱润律师	
被　　　　告	潘朱氏	住吴县吉庆街三十三号
	朱慰伯	住吴县臭马路钱万里桥十一号

上两造因基地涉讼一案，本院判决如下：

主文

原告之诉驳斥。

确认西善长巷东口讼争坑基为被告潘朱氏所有。

诉讼费用由原告负担。

事实

原告及其代理人声明请求确认吴邑南正五图吉利桥（现改织里桥）南堍基地一块，计南北二十二尺、东西十尺为原告所有，被告不得僭占。并驳斥被告潘朱氏之反诉。讼费归被告等负担。其陈述略称，原告有吴邑南正五图吉利桥（现改为织里桥）南堍朝东门面两开间基地一方，计东西进深二丈六尺、南北二丈二尺，契内虽未载弓尺，但既系一进向有六架之进深，每架回有四尺，再加出檐二尺，当有二十六尺之进深，为前苏州市政府拓宽街道圈用外，剩有南北二十二尺、东西十尺基地一块。不料被告等欲图僭占，朦向吴县建设局请求签丈，请求依法确认云云。提出契据为证。

被告潘朱氏声明请求驳斥原告之诉，确认讼争坑基为被告所有。其答辩略称，被告有吴邑南正五图西善长巷东口坑厕两所：（一）坐西朝东一排，（一）坐东朝西一排、中间坑巷一条。上年因拓宽街道，奉令拆卸之后，尚未改造前，因后面坑基与顾荫农发生纠葛，当蒙履勘解决在案。讵有原告前来霸阻，捏称吉利桥南堍有基地一方，计进深二丈六尺开，间二丈二尺，除圈用外，尚有南北二十二尺、东西十尺等情。查被告之坑基在吉利桥南，西善长巷东口坑厕之门均朝南出入，原告之基地在吉利桥，面中间隔一水衖，水衖之东乃原告之地，水衖之西是被告之坑基，甚为明了。且

水巷上有楼屋，早已焚去，依照章程收用，原告早无余地存在。现因拓宽桥基，被告之基地尚且被充不少，原告何得妄谓尚有基地为被告所占，实属有意朦混云云。提出契据通知书为证。

被告朱慰伯声明请求驳斥原告之诉。其答辩略称，被告坑基在被告潘朱氏坑基之西，有契据为凭，与原告所指之讼争地毫无关系，原告无端向被告起诉，殊无理由云云。提出契据为证。

理由

本件讼争基地西界被告朱慰伯坑基，有朱慰记界字样界石一方，北界顾姓地，南界西善长巷（参照本院十九年七月三十日履勘笔录）。地内坑缸虽已撤除，但该被告既能提出工务局通知撤除坑厕之通知书，可见前此确系被告之坑基，向有被告管有。今原告请求确认为其所有，系以印照及买契为证，而契内并无四至及弓尺之记载。虽据原告声称，按苏州习惯，一进房屋向系六架，每架四尺，连屋檐二尺，则为二丈六尺进深之基地。被告潘朱氏现占有之系争地原为原告西部之基地，当无可疑云云。查房屋之深浅常为某地所支配，至于桥头河沿空隙之处不少极窄狭之房屋，若以六架进深相绳，实属不可能之事，原告以此为系争基地所有权之证明，殊难成立。况本院调阅苏州市政府前此改建吉利桥图案，该桥未改前北边宽十英尺三寸，合木尺（鲁班尺）一丈一尺二寸，改造后宽十一公尺，合木尺三丈九尺二寸，可知两旁由公家收用之地各为一丈四尺，北边如此，南边亦可类推。原告在此一丈四尺进深之基地上盖屋一进，业已全被公家收用，亦未可知，故纵使原告之地南头确系紧靠西善长巷，亦不能遽谓被告之坑基为其所有。且被告主张之两处坑基，除河埠之南已收为公有外，共计南北长十七尺二寸、东西宽七尺，该地一半之周围约计八弓五尺，与被告提出之印执所载周围八弓四尺亦属大致相符。其一处虽并未载明弓尺，但该契载有九只坑缸以之安置，另一半之地内其面积亦尚属相当，被告谓该讼争地为被告所有，不能不谓已有相当之证明，原告主张殊难成立。至被告朱慰伯坑基系在讼争地之西，原告竟向该被告一并起诉，尤难认为有理由。

基上论结，原告之诉为无理由，被告潘朱氏之反诉为有理由，兹依民事诉讼条例第九十七条，判决如主文。

江苏吴县地方法院民事简易庭
推事

中华民国十九年十一月六日

● 原告之诉有理由、被告反诉无理由判决

江苏吴县地方法院民事判决十九年地字第一八七号
判决
原　　　告　　袁裕芳　　住苏州观前
诉讼代理人　　唐慎坊律师
参　加　人　　谈陆氏　　住苏州萧家巷
诉讼代理人　　费廷璜律师
被　　　告　　谈祖荫　　住苏州富仁坊巷
诉讼代理人　　潘承锷律师
上两造为确认契约有效及请求撤销契约涉讼一案，本院判决如下：
主文
原告与谈耕莘栈所缔结租赁房屋之契约确认为有效。
被告之反诉驳斥。
诉讼费用由被告负担。
事实
原告代理人声明应受如主文之判决。其陈述略称，缘观前街朝南三间门面市房一所，三年前由薛诒荪说合租与原告开设源源祥店，月租六十二元，去年底加十三元，共七十五元。今年拓街拆让翻造房屋，仍由薛诒荪及周怀萱等说合租与原告，凭中保马宾笙、徐觉伯、以谈耕莘名义订立合同，每月房租加至一百另五元，由租户自行建筑改造门面，期限为十五年，期满之后屋归房主执业。此项合同于本年七月二十五日在谈府成立，双方及中保均盖章，因苏地习惯，市房翻造须让租金两月，是以合同上写九月二十五日，表明自九月二十五日起租。原告正在兴工赶造之际，被告忽登广告否认合同，竟谓父妾陆氏素无主权，又误指为草约，殊不知此屋系陆氏赡养之产，陆氏当然有收益权，此次订立合同乃系管理权之行使，并无处分之行为，何得指为无效，请求确认该契约为有效云云。

参加人代理人声明与原告同其陈述。略称，原告于民国甲子年（即民国十三年）与其嗣母谈周氏为家产纠葛，曾立分拨合同据，谈周氏、原告及谈祖麒各执一纸。该合同载，"此外所有房地产业（讼争房屋亦在其内），连同养赡田房，亦概由氏（指谈周氏）经管。天年以后，田房租息归夫妾陆氏即参加人收管，以资养赡。陆氏故后，仍由祖荫（即原告）六成，祖麒四成分配"云云。可见参加人实有管理收益之权，今参加人将该屋续租与原

告,被告何能指为无权处分云云。提出合同一纸为证。

被告代理人声明请求驳斥原告之诉,撤销原告与参加人缔结之物权契约。其陈述略称,原告等所订之契约一方为谈耕莘栈,非有自然人,即无权义主体之可言。原诉谓此屋系陆氏赡产,而此陆氏又不见于非法原约。今姑假定原约未列名之陆氏为立约之主体,但纵使被告嗣母周氏尚在,至多有保管权而无处分权。赡养明明即债编之终身定期金,原诉必诡引物编所有权规定,排除他人干涉之收益权,试思子承父产,岂父妾所能排除。原约载房主承嘱租户兴工建筑,旧有之房屋贴补改造洋式水泥门面,内部改革建筑云云,是明明为物编处分不动产所有权之工作,该约显系设定地上权之性质,今以使用收益之租约遽行设定物权,殊属不合。且原告庭供该约在本年七月二十五日成立,及其呈约则载九月二十五日,而捏称让租两个月自圆,其前后捏词之不同,作伪形迹昭然若揭。又该约期限为十五年,其下接称年满之后继续租赁,不得另租他人云云,是名写终期,实即无期,纵有届满之时,永无失效之日。如系陆氏为人利用,不但无权,且因私相勾结,致如此情急轻率,愈可证明原告施其诈欺手段悍然无忌,请求驳斥原告之诉,撤销该项非法契约云云。

理由

本件原告与参加人所缔结租屋契约是否有效,应以参加人有无缔结该约之权为断。本院查参加人提出民国十三年之分拨合同字据,已据证人周怀萱到庭证明属实。该据载,(上略)此外所有房地产业连同养赡田亩,亦概由氏经管。天年以后,田房租息归夫妾陆氏(即参加人)收管,以资养赡。陆氏故后,仍由祖荫(即被告)六成,祖麒四成分配云云。细绎文义,既云收管,显系对租息有收益权,对田房有管理权之意。且该周氏当时将被告受分之田亩即行交其管理,而独将该项房地及养赡田亩自行管理,揆其用意,良以管理之当否与收益有密切之关系,而赡养之产业利害切己,尤有自行经管之必要。该合同内并无谈周氏亡故之后,将该产业交与被告管理之记载,则应由参加人继续该氏管理收益,自无疑义。被告当时同意于前,即不能反悔于后。至参加人与原告所订租约,系属管理人应有之权限,该约固有房主承嘱租户兴工建筑,唯该租约开始即云(上略),"今租到谈府市房一所"云云,原告纵有改建房屋之事实,完全代参加人起造,而以旧有房屋为抵偿,此项契约与地上权之租地造屋者显有不同,被告认为设定物权殊属误会。至该约载十五年后,继续赁租不得另租云云,固与民法债编第四百四十九条租赁契约之期限不得逾二十年之规定违反。但该条已有逾二十年者,缩短为二十年之救济方法,既不能以此为该约无效之原因。而被告亦无须虑及无期限之租赁,其余以租栈名义对人立约以及倒填月份,均属事所常有,不能认为瑕疵。因而原告请求确认该契约有效应认为有理由,被告请求撤销该契约之理由殊难成立。

基上论结,本件原告之诉为有理由,被告反诉为无理由,兹依民事诉讼条例第九十七条,判决如主文。

江苏吴县地方法院民事庭
推事

中华民国十九年九月十七日

● 原告之诉、被告反诉均无理由判决

江苏吴县地方法院民事判决十八年初字第二〇〇号
判决
原　　　告　朱沈氏　住苏州碧凤坊
被　　　告　何修礼　住苏州平安坊
诉讼代理人　程式律师
上两造为租米涉讼一案,本院判决如下:
主文
原告之诉及被告反诉均驳斥。
诉讼费用两造各自负担。
事实
原告声明请求判令被告对于原告承种田亩不得加租。其陈述意旨略称,原告祖上承种被告所有旧长境中十八都十图答圩屯租田三亩,历来还租六斗,系由沈友山推与原告。前年十月,原告按六斗折合洋四元八角六分五厘交租,被告不收,原告当即呈交吴县政府,以便通知被告具领。上年冬间,被告揩骉不散,原告前往交租,被告勒要增为二石七斗始肯收受。原告不得已,又将去年六斗租米合洋四元一角二分八厘仍缴吴县财务局,现被告仍欲勒迫解除租约。查原告租种此田迄今多年,被告何得任意加租,民国十二年十月被告租栈租差勒迫原告出立承揽增加租额,原告亦未承认签字,有族姓朱阿根为证。应请判令被告照旧收租,不得增加租米云云。提出契据一纸、援用证人朱阿根之证言。

被告声明请求驳斥原告之诉,并判令原告将讼争租田退交被告。其答辩意旨略称,讼争之田系属屯田,乃苏州卫伍丁所专有,赋税特别减轻,故其租额亦较民田为轻。自民国成立,苏州卫取销卫丁所有屯田,悉照民

田升科一律完纳。国课税额既照民田加重负担,租额亦皆比照民田征收,被告所有屯田佃户均各重立承揽酌加租额。原告承种三亩,于民国十二年重立承揽定额租米二石七斗,自十二年起至十五年止,原告均照额上栈交租绝无异言,有历年租簿可证。迨民国十六年冬间,原告被人煽惑,欲按六年交纳折洋四元有零,照此租额以之完纳赋税,尚属不敷,被告对于该地将毫无权利。原告违反租约不按定额交租已及两年,应请判令退佃云云。提出账簿三本为证,援用证人俞灿之证言。

理由

本件原告承种被告田三亩,民国十二年以前,每年交租米六斗,为两造所不争之事实。嗣于民国十二年被告向原告要求加租,每年交租二石七斗,原告业已应允出立承揽,业经原调处人俞灿证明属实。原告自民国十二年起均按二石七斗交租四年,业经被告提出账簿为证,原告何能忽然翻异其主张,仍按原额六斗交租,殊难认为有理由。但原告承种该地系在被告未买该地之先,为被告所不争之事实,其耕种年代历时已久,此次系对加租争执,被告拒未取受,故原告将租洋呈存县署,其情形与通常佃户欠租不交不无区别,被告反诉遽行请求判令退佃,亦属未当。

基上论结,本件原告之诉及被告反诉均无理由,兹依民事诉讼条例第九十八条,判决如主文。

江苏吴县地方法院民事简易庭
推事

中华民国十八年五月三十一日

● 原告之诉一部有理由、一部无理由,被告反诉无理由判决

江苏吴县地方法院民事判决十八年地字第六二号

判决

原　　　　　告	上海竟成造纸公司　设在上海广东路二号
上诉讼代理人	王叔贤　住上海广东路二路
	郭子昭　住址同上
	吴之屏律师
	赵勋肃律师
	王昭律师
被　　　　　告	华章和记造纸厂　设在吴县浒墅关
诉 讼 代 理 人	李顺楚　住吴县浒墅关

　　　　　　　　　　郑亦承　住上海鸿仁里华章纸厂
复 代 理 人　江一平律师
　　　　　　　　　邹绳祖律师
被　　　　告　合记银团
诉 讼 代 理 人　管楸稼　住吴县浒墅关
　　　　　　　　　张鼎律师
　　上两造因请求损害赔偿涉讼一案,本院判决如下:
主文
　　华章和记造纸厂应赔偿原告损失银伍仟叁百柒拾叁两,如该厂无力偿还,应由合记银团负责代偿。
　　原告其余之诉及被告反诉均驳斥。
　　诉讼费用除反诉部分由被告负担外,余由两造平均负担。
事实
　　原告代理人声明请求判令被告华章和记造纸厂赔偿原告损失银一万二千八百三十一两,倘被告无力偿还,应由被告合记银团负责代偿,并驳斥被告之反诉。其陈述意旨略称,原告与被告华章和记造纸厂曾于民国十七年十月十二日订立合同,以该被告厂内所制各号黄纸版由原告包销,凡属双方权义关系均经逐条载明,颇为详晰。被告合记银团为保证人,如被告华章纸厂对于本约有违背或不履行时,统归被告合记银团完全代为负责,载明契约内。且在订约后,由被告等具函向原告认允,另有现货二百吨,亦愿于本合同发生效力之第一个月内,另行售与原告。依照上述函载并合同第一条并第八条所载,第一被告于十七年十一月二十六日止,共应交与原告之纸版计共五百吨(内二百吨系应交之现货,三百吨系第一期应交之货),因第一被告并不依约交货,原告责其赔偿。经人调处,据调人谓被告华章纸厂第一期实际上仅出货二百五十二吨,除已交一百零一吨及八十九吨已在途中即日便可交到外,尚有六十二吨,每吨赔偿十八两,共赔一千一百十六两,其余四十八吨之缺额,请求原告允其免赔。原告当时以为在途八十九吨及现货二百吨即可交到,故予应允,讵料被告对在途之八十九吨及现货二百吨迄未交来,则和解契约当然取消。第一期及现货两项应以五百吨计算,除收到一百零一吨外,尚欠叁百九十九吨,所有欠交之货,按照市价每吨六十六两计算,每吨实受损失银十八两(原告向被告买受价格按被告来函所载每吨四十八两计算),总计应赔第一期及二百吨现货银七千一百八十二两,除已付银一千一百十六两外,其余之六千另陆拾六两屡向函催,迄未照赔。且自十七年十一月二十七日起至十二月二十六日止,被告厂内所出应交纸版四百十吨亦属完全未交,照当时市价六十六两计算,原告每吨又受损失银十六两半(原告向被告买价按照合同每吨四十九两五钱计算),总计应赔偿第二期损失费六千七百六十五两,连同现货二百吨及第一期应赔之数共银一万二千八百三十一两。迭次依据合同催促被告如数照赔,迄不履行。今被告对现货二百吨则谓,曾函催原告以现款提货,原告并未以现款提货,应作为解约云云。查当时原告接信即通知被告将货单送至原告处一阅,而被告始终不肯提出货单,究竟是否有货尚不可知,原告何能贸然用款取货。且二百吨现货既经双方订立契约,被告何能以一方之信函声明解约,遂欲免除赔偿责任。又被告对于第一期之三百吨谓已经调人说合,原告允以一千一百十六两之赔偿作为和解,不知此项和解,须被告能将在途八十九吨及现货二百吨即行交到,原告始受和解拘束。今被告既不就和解内容履行,原告当然不受拘束,前允免赔之四十八吨被告亦应照赔。又被告对第二期四百十吨谓应依合同第五条,货物只须送到上海,无送到原告指定栈房之义务云云。查合同第三条明已托载货物应送到原告指定之栈房,至第五条系承第三条而言,只称送到上海,乃免行文重复,并非谓送到上海便可了事。被告主张殊无理由,应请判令如数偿还。至货物应送到原告所指定之货栈既如上述,则被告纵使将货送到上海,实不能谓已送到给付处所,原告即无领受之义务。纵因原告不领受,结果致被告受有损失,原告当然不负赔偿之责。又原告对于合同始终并未违约,被告请求判令原告如约履行,尤属无谓,应请驳斥被告之反诉云云。提出双方订立合同信函、报纸等件为证。

被告华章纸厂代理人请明请求驳斥原告之诉,判令原告赔偿被告损失银三千四百十五两六钱五分五厘,负担利息,并令原告依照合同履行。如不履行,应赔偿被告因其不履行所受之损失。其答辩意旨略称,双方契约外之二百吨黄纸版存货,前以原告许久不能筹具现款提货,已于十七年十一月三十号由被告代理人林漾庆律师正式致函声明解约。其余三百吨,除交过一百零一吨及已运申原告不来提取之八十九吨外,下余之货因被告厂内机件损坏不及赶制,根据原合同第六条,原告自无向被告索取损失之理。况月前双方各执一词势将成讼时,曾由调人范迪秋、管楳玠(即共同被告文管楳稼)居中调处,议由被告酌付原告人银一千一百十六两作为了结。当时双方虽未订立和解契约,事实俱在岂能翻异。又原合同关于双方提货收银手续,有合同第三条、第五条两种办法,自表面上观之,两条条文意义上颇有抵触。然考其实际,知凡被告方面交货收银,若原告人凭被告保人合记银团全权办理时,则被告应将该货径交原告人指定之栈房存储。盖因被告华章纸厂对于被告合记银团负有债务，原告订约时，恐货交到上海为被告合记银团扣留抵还债务，不能提到货物，若送到原告指定栈房，则无此流弊。若一切手续由被告华章纸厂与原告直接办理时，则依据第五条之规定，原告俟被告将货运到上海，即应自行前来提取。字意甚明，何能牵混。今被告华章纸厂方面一切手续，原告并未凭被告合记银团全权办理，被告根据合同第五条，于货物到申后通知原告前来提货，而原告迄未来提，何能反责被告违约而请求赔偿。且去年冬季黄纸版市价并无六十六两之高，有发票为证。原告登报故抬价格以为被告取偿地步，应请驳斥原告之诉。又第一被告于十七年十一月二十七日至十八年一月九日一个月零八天内，共运至上海纸版七百吨，查照原合同原告应来提货已如上述，乃迭经被告通知，原告并不如约来提，被告为减轻损失计，不得已登报公告交行拍卖，共计损失银三千四百十五两六钱五分五厘。此项损失，依照合同自应责成原告赔偿，并请判令原告嗣后如约履行。如不履行，应负损害赔偿之责云云。提出合同、信函、发票等件为证，援用证人范迪秋之证言。

被告合记银团代理人之声明请求驳斥原告之诉。其答辩意旨略称，现货二百吨部分系第一被告与原告现款交易，不在原合同保证范围以内，被告绝对不负责任。至第一期被告华章纸厂厂内实造黄纸版二百五十二吨，查原合同第一条规定每月包销三百吨，向无每月包交若干明文，被告方面当然以实交之数为准。且因原告停付货价与被告华章纸厂相持不下，直至去年十二月十六日由范迪秋出任调停，劝令原告将所扣支票三纸计银四千八百四十八两照付庄票兑现，被告方面照第一期实出二百五十二吨计算，除已交及在途不计外，尚少六十二吨，每吨赔偿原告十八两，计银一千一百十六两，双方同意即于十二月十九日各付现款了结。原告主张尚有未交六千零六十六两，实属无理取闹。又查被告担保被告华章纸厂，按照合同第三条，先由被告华章纸厂将货运由乙方(即原告)，须以十天期票将货价向被告付清，括弧载明"银货全凭合记办理"。依此条规定，被告华章纸厂与原告银货并非直接交付，嗣因原告对于被告华章纸厂已收支票三纸，自失商业信用，被告遂不愿居中交货收银，转多周折，原告亦表同意，以后出货手续自应照合同第五条办理。被告华章纸厂与原告直接办理，曾经照办，有原告直向被告华章纸厂提货支票可证，事实俱在。兹查明去年十一月二十七日起，被告华章纸厂陆续将货运申，迭次函催提货，原告并不照提。违约责任系在原告，何能责令被告华章纸厂赔偿损失，被告尤无代负赔偿责任之可言云云。

理由

本件分别说明如下：

（甲）本诉部分可分为五项：

（一）现货二百吨部分　查现货二百吨系华章纸厂先与原告口头约定，嗣由该厂于去年十一月三十日去函内称："兹限贵当事人于三日内付现银出货，若逾期不出，此项二百吨存货之约，作为解除论。"原告方面吴之屏律师于同年十二月四日复函内称，"合同以外之二百吨，请以该货之栈单交至敝律师处验明后，当以现款出货可也"云云。按二百吨既系口头约定，系属另一契约，经被告通知后，原告自应持款前往提货，乃原告又令被告提示栈单，未免迹近苛求。且原告所以令被告提示货单，无非恐被告无此现货耳，唯该货一向存在合记银团栈内，既为原告所深悉（见十八年四月十七日笔录原告代理人郭子昭供），尤无庸如此过虑。关此部分，原告既未依照被告所定期限提货，应准被告解除契约，原告主张判令被告赔偿损害，应认为无理由。

（二）第一期三百吨内之四十八吨　查第一期被告应交货三百吨，仅交一百零一吨，原告遂停付货价。嗣经人调处谓，被告厂内第一期实出之货为二百五十二吨，除已交一百零一吨及在途八十九吨即可照交外，尚少六十二吨，每吨由被告赔偿十八两，共赔一千一百十六两，其余缺额四十八吨由原告情让免予赔偿，作为和解。此为原告所承认之事实，此项和解契约既已成立，即使被告违反和解内容，未将在途八十九吨送交原告，亦仅能对于不履行所受损害请求赔偿，殊难将和解推翻。故原告主张仍责令被告交还和解契约内已舍弃之四十八吨，请求判令赔偿未交该货之损失，殊难认为有理由。

（三）第一期三百吨内和解契约成立时在途之八十九吨　此项货物和解当时原已说明，应由被告交与原告，为被告所不争。唯原告主张应依合同第三条送到原告指定之栈房，被告则主张依合同第五条送到上海，应由原告前来提货。本院查合同第三条载："甲方应将黄纸版运申，交与乙方指定之栈房，交货后，乙方须即以十日期票将货价付清，并须由担保人负担保清偿之责（所有甲方交货收银，乙方全凭甲方之保人合记银团全权办理）。"第五条载，"倘甲方每月交货不能足额或至全部不能交货时，则须偿还乙方因此所受之损失，不得推诿，并由其保人负担保人之责。但甲方如将货运到上海后，而乙方不即提货者，则须由乙方及其保人负赔偿之责"云云。以该两条文义互相比照，其第三条乃规定甲方（即华章纸厂）交货及乙方（即原告）给付货价之办法，第五条系规定甲方不交货及乙方不提货应负之责任。因其注重乙方不提货,故对于甲方交货之方法记载从略,只载运到上海,省去交与乙方指定之栈房,实系为行文便利,避免重复起见。被告华章纸厂主张被告与原告直接交货收银,则按照第五条办理,如由被告合记银团经手,则按照第三条办理。其理由无非以第三条之下括弧内载有,"甲方交货收银,乙方全凭甲方之保人合记银团全权办理"字样,谓被告华章纸厂欠合记银团债款,若由合记银团经手,则原告恐合记银团将货扣存,故须送到原告指定栈房。若由被告华章纸厂与原告直接交货收银,则货无被扣之虞,无须送到原告指定栈房,故有第五条之规定等语。查被告合记银团既为被告华章纸厂之保证人,被告华章纸厂如不交货,被告合记银团即须负赔偿之责,被告合记银团断无扣货甘受赔偿之事,在原告亦断不至如此过虑,被告此种主张实出饰词强辩,殊难认为有理。被告又谓,原告所指定之栈房与原告串通一气,被告前将一百零一吨货物送至原告指定栈房,该栈房不问被告货价是否收到,即将货物交与原告提出,被告再交其指定栈房,实恐货价无着云云。无论所称纯属空言不足置信,即使原告到期不付货价,先行提货,被告自可向之请求赔偿,何能以此为借口任意变更合同。该项给付处所既经明订合同,双方即应受其拘束,而被告不照合同第三条,将货送到原告所指定之栈房,实属违反契约,原告因此所受之损失,被告自应负赔偿之责。

(四)第二期四百十吨部分 查第二期被告厂内实出四百十吨之黄纸版,为被告所自认之事实,该项黄纸版被告亦未依合同送到原告所指定之栈房,依照上开说明,被告自亦负担损害赔偿之责。

(五)赔偿额之计算 查第一期被告卖与原告黄纸版卖价每吨为四十八两,有被告之信为证(见原告提出证物第一卷第一号)。第二期货价每吨为四十九两五钱(见原合同第二条),至当时市价,据原告主张为六十六两,提出原告登载上海新闻报价目表为证。被告则谓当时市价每吨不到六十六两,只有五十余两,原告系高抬市价以为抵制被告之地步,提出发票为证。本院按,被告提出之发票仅载纸版字样,究竟何种纸版,亦属无从查考,自难据以认定当时市价之标准。至原告提出之报纸,系属片面记载,证据力亦属薄弱,应由本院每吨酌予减少六两,按六十两市价计算。第一期欠交八十九吨,每吨损失十二两,共损失银一千零六十八两。第二期欠交四百十吨,每吨损失十两五钱,共损失银四千三百零五两。共计损失银五千三百七十三两,应由被告华章造纸厂如数偿还,如该厂无力偿还,应由被告合记银团负责代偿。

(乙)反诉部分可分二项

（一）损失赔偿并负担利息部分　查第一期八十九吨、第二期四百十吨，被告不将货物送到原告指定之栈房，应由被告赔偿原告因此所受之损失，已如上述。则被告纵因此违约结果自己亦受损失，并无向原告请求赔偿之权，自无待言。至现货二百吨，原告于被告通知提货后，苛求被告提示货单，不即提货，不无领受迟延之处。唯是被告当时既未保留因原告不提货所受损失之赔偿请求权，仅行函知解约，是即有损害赔偿之请求权亦已舍弃，殊无再行主张之余地。

（二）请求判令原告负责履行原订合同部分　查被告请求责令原告依原合同负责履行，系指被告不提货，唯被告未将货物送到原告指定栈房，即未尽给付之义务，原告自无领受责任，尤无赔偿被告因不领受所受损失之可言。被告不责自己之违约，而责原告不按合同履行其主张，亦难认为有理由。

基上论结，原告之诉一部为有理由，一部为无理由，被告之反诉为无理由，兹依民事诉讼条例第九十八条，判决如主文。

江苏吴县地方法院民事庭
推事

中华民国十八年四月二十二日

● 原告之诉无理由，被告反诉一部有理由、一部无理由判决

江苏吴县地方法院民事判决十九年地字第七〇号

判决

原　　告	许竹卿	住江阴县西塘市
	许彭氏	住无锡县升平巷十五号
	许桂泉	住江阴县西塘市
	许蓁生	住同上
	许培泉	住同上
诉讼代理人	王传璧律师	
被　　告	许彝定	住无锡县城中中市桥
	许光敷	住无锡县城内承贤桥
	许竞授	住无锡东新路平安里
	许仲康	住无锡城内西河里

上两造为基地涉讼一案，本院判决如下：

主文

原告之诉驳斥。

原告应依照契约保管七尺渡东字号讼争基地一亩一分一厘四毫,被告其余反诉驳斥。

诉讼费用由原告负担。

事实

原告声明请求确认东字号一亩一分一厘四毫之基地,原告有完全之处分自由权。其陈述略称,原告与被告等于城中七尺渡共有基地一处计粮二亩四分九厘,业于本年阴历三月间协议分析,被告等及许宿岩五人应得一亩三分七厘六毫,原告等五人应得一亩一分一厘四毫,并绘明丈尺,将产权凭证区条各自收执管业,分析清楚,立有分析祖遗基地笔据为证。嗣原告因生活艰难,待款应用,急欲变卖,被告等意图趁机勒价强买,原告等遂公同议妥,照市价卖与张姓。乃被告因垄断未遂,遽向无锡县政府捏称,该地仍为公物,朦请停止验税过户,显系妨害原告产权。至分析笔据虽由被告等私人起笔附有,"自从此次分析之后,此强彼界各宜谨敬保守,俾祖业传至无穷,方不亏为高阳之子孙。倘有变卖或典质与异姓者,以不孝论,合族均可出面干涉"等语。此仅属道德之问题,推其意义,如果不能遵行,亦不过如被告等所谓之不孝而已,断不能借以限制所有权人之处分自由。且该约既系分析基地,又加此限制,显系违反分析本旨,关此制限部分实属无效云云。提出分析据一纸为证。

被告声明请求驳斥原告之诉,并判令原告遵守条件附保管契约,永远保守共同管理之祖产,俟民事裁判确定后,将原告等移送刑庭治以共同背信及共同侵占罪。其陈述略称,讼争基地系明初祖遗两造所共有,计粮二亩四分九厘,向由五世祖耀垣公嫡裔城、乡两支共同保管。上年春间双方协议个别保管,而以不变卖,不典质异姓为条件。当于废历三月立约,城支保管一亩三分七厘六毫,乡支保管一亩一分一厘四毫,分别敬谨保守,不得变卖或典质异姓。且以五世祖耀垣公生有四子、乡支为长房,城支为四房,其二、三两房兵燹后离乡远徙,应得部分暂由城、乡两支代为保管,日后将共管之地平均交付,不得异议。不意上年五月原告许竹卿之弟竹坪病故,该原告生计颇裕,非但丧费丝毫不认,乃串同其余原告,意图将保管之地一亩一分有余盗卖朋分,经被告等登报警告,仍复违约与张姓说妥价洋一千七百元。查前次分析保管笔据之要素:(一)各宜保守不得变卖;(二)对于保管基地可以建筑使用,但不得租与异姓;(三)如有变卖或典质异姓,合族皆得干涉;(四)二、三两房应分之产,将来由城、乡两支平均交还。既云合族皆可干涉,即含有制止非法行动之意。换言之,干涉者即禁止其买卖之行为。又计开项下有不能租与异姓造屋一语,租犹不可,何论典卖。若照原告等行为,不第所订契约破坏无遗,且有意图加不法损害于被告,而为违背其任务之行为,致生损害于被告共同管有之财产,应构成刑法第三百六十六条之共同背信罪。日后二、三两房应得部分既经原告盗卖,更将无从交付,是其对于二、三两房之公产,更有意图侵占自己持有之他人所有物之行为,应构成刑法第三百五十六条之共同侵占罪云云。

被告于言词辩论日期未到场,原告声请由其一造辩论而为判决。

理由

本院按,分析时所订禁卖之特约,固不能对抗第三人,唯该项特约乃属债权性质,立约当事人仍受该项特约之拘束,此观民国四年上字第五百三十二号判决例其义自明。本件两造于民国八年将其祖遗基地立约分析各执,笔据一纸,据内载:"邀集城乡各房族共同酌议,将此祖遗基地分析清楚,各自保存。(中略)自经此次分析之后,此疆彼界各宜谨敬保守,俾祖业传至无穷,方不负亏高阳之子孙。倘有敢于变卖或质典与异姓者,以不孝论,合族均可出面干涉(下略)。"据内并注明,"分得基地可以建筑使用,但不得租与他姓造屋,以杜藉端移转之渐"云云。是该据仅将基地分配保管,原告对分得部分只有管理与用益之权,与通常之分析,其性质原已不无差异。况立约当时,原告方面对于禁卖之特约并无异议,而于立约之后不及一年,遽将所分保管基地出卖,依据上开判例,自有未合。至据内所载,合族均可出面干涉等语,即系禁止出卖之意,毫无疑义。且该据附注不得租与他姓造屋,以杜藉端移转之渐云云,租尤不可,何况出卖。原告主张违约仅属道德上之问题,殊无可采,其请求自难认为有理由。被告反诉令原告遵守契约保守该项基地,并无不当。至原告出卖该项基地,其行为是否成立犯罪,非民事所能解决,被告以将原告移送刑庭作为诉讼标的,殊难谓合。

基上论结,本件原告之诉为无理由,被告反诉一部为有理由,一部为无理由,兹依民事诉讼条例第九十八条,判决如主文。

江苏吴县地方法院民事庭
推事

中华民国十九年三月二十六日

● 声请回复原状无理由判决

江苏吴县地方法院民事判决二十年声字第一号

判决

声请人即上诉人 席子成 住常熟县九万圩

被 上 诉 人 胡颂英 住常熟县灵大殿

上两造为债务涉讼上诉一案,声请人迟误言词辩论日期,声请回复原状,本院判决如下:

主文

声请驳斥。

声请诉讼费用由声请人负担。

事实

缘两造为债务涉讼,声请人不服原审判决提起上诉,本院指定本年七月三日为言词辩论日期。届期声请人未到场,当依被上诉人声请,由其一造辩论而为判决。兹据声请人以当时适患急病,不克如期到庭为理由,声请回复原状到院。

理由

本院按,当事人迟误必要之言词辩论日期,法律上固有准许回复原状之规定,但专为救济当事或代理人实因不能预见或不可避之事故而设,断不容以此为口实,借以延宕债务之执行。本件两造因债务涉讼,原审指定言词辩论日期共有三次,声请人对第一次迟误辩论日期之判决,以患急病为理由声请回复原状。对第二次辩论日期,又以忽患痧症为理由声请延展日期。对于第三次辩论日期,则并无何等理由而不到场。原审遂依被上诉人声请,由其一造辩论而为判决,声请人提起上诉,及本院指定言词辩论日期,声请人又不到场。本院依被上诉人声请,由其一造辩论而为判决。兹声请人复以临审之际身患急病,以致迟误言词辩论日期为理由,声请回复原状。综观声请人在本件诉讼程序开始之后,法院指定言词辩论之日期几无次不发急病,再证以声请人在本院朦请诉讼救助及一再伸长缴纳审判费之期限,无非托词声请希图延宕执行之计。且声请人于七月一日患病,言词辩论日期系七月三日下午一时,何以不委人代理,其故意不到,毫无疑义,声请意旨殊难认为有理由。

基上论结,本件声请为无理由,兹依民事诉讼条例第二百零八条、第二百十一条、第二百十二条,判决如主文。

　　　　　　　　　　　江苏吴县地方法院民事庭
　　　　　　　　　　　审判长推事
　　　　　　　　　　　推事
　　　　　　　　　　　推事
中华民国二十年十月一日

● 声请回复原状有理由，变更原判判决

江苏吴县地方法院民事判决十七年初字第四五六号即杂字第一九号
判决
原　　　　告　吴银龙　住吴县长境十一都五图黄埭石上
被　　　　告　谈恒丰栈主谈祖荫　住吴县富仁坊
上诉讼代理人　李振霄律师
上两造为请求赎田涉讼一案，被告因迟误言词辩论日期，声请回复原状，本院判决如下：
主文
本件准予回复原状。
民国十七年初字第四五六号之判决废弃。
原告之诉驳斥。
诉讼费用除因迟误日期及声请回复原状所生者归被告负担外，余由原告负担。
事实
原告请求判令被告受典旧长境十一都五图潜字圩田四亩八分，应准原告备价回赎。其陈述略称，原告于光绪二十四年二月间以旧长境十一都五图潜字圩四亩八分，向被告典借洋九十五元，以租抵息，由吴子龙、吴银海等作中之，有典契为凭。自民国七年以前，迭经凭中向赎，不料被告捂不放赎，被告提出之卖契、推票均系伪造。至该田田面权，已于民国十年卖与吴和尚等语。

被告及其代理人请求如主文之判决。其答辩略称，被告任职上海茂丰洋行经理，寓仁记路二十五号，苏州住宅托由账席徐鸣岗代为照料。本年十一月二十九日奉钧院饬吏送达传票并原告诉讼状缮本，指定同月三十日下午二时为言词辩论日期，当由徐鸣岗代收，于送达证内注明，因辗转通知，非特不及就讯，且亦难于准备，为特请求准予回复原状。查该田系原告于光绪三十年正月绝卖于被告之祖，立有卖契，推票为凭，复载入

分关簿内。矧原告早将该田田面权卖去，租米已归新佃户吴和尚完纳，此案显系吴和尚觊觎该田田底，唆令吴银龙出面涉讼等语。提出卖契票及分关簿为证。

理由

按本件被告谈祖荫寄居上海，本年十一月三十日庭讯传票由其司账徐鸣岗代收，既因辗转通知不及就讯，以致迟误言词辩论日期，自应准予回复原状，以资救济。至系争旧长境十一都五图潜字圩内官田四亩八分七厘九毫，系原告于前清光绪三十年绝卖与被告，则有卖契、推票、分关簿为凭，兹经所对原告与中人吴银海之十字花押大致相符。而原告谓该田系光绪二十四年出典请求备价回赎，不能认为有理由。虽吴银海、吴子龙亦称该田实系原告出典，自民国十四年以来屡经告赎，终为被告所留难。然既与原告有亲属关系，其证言显系庇护，难以采取。

据上论结，本件原告之诉为无理由，依民事诉讼条例第二百零五条、第二百零九条、第二百十二条、第九十七条，特为判决如主文。

江苏吴县地方法院民事简易庭
推事

中华民国十七年十二月二十八日

江苏吴县地方法院民事判决十九年地字第七一号

判决

原　　　　告　　顾张素贞　　住苏州醋库巷

诉 讼 代 理 人　　沈兆九律师

被告即声请人　　张履云　　住苏州大儒巷

诉 讼 代 理 人　　张　鼎律师

被　　　　告　　张管炜　　住苏州小壬家巷

诉 讼 代 理 人　　张文权　　同上

　　　　　　　　潘承锷律师

上两造为遗产涉讼一案，被告张履云因迟误言词辩论日期，声请回复，原状本院判决如下：

主文

被告张履云回复原状之声请照准。

原判决废弃。

原告之父张秋衡遗产，除张秋衡生前所负债务及其妻张石氏应得赡养费五百亩，其妾张文权应得赡养费九千元外，被告应与原告按三股均分，但原告于应得之数内应扣除妆奁费。

诉讼费用由被告张履云负担。

事实

原告声明对于被告张履云声请回复原状,请求予以驳斥,对于本案请求判决原告之父张秋衡遗产,除张秋衡生前所负债务及其妻张石氏应得赡养费五百亩,其妾张文权应得赡养费九千元外,被告应与原告按三股均分,原告应得数内扣除奁田二百亩。其陈述略称,被告声请延期已被驳斥,言词辩论日期仍未到场,显不能声请回复原状。至于本案诉讼,被告对原告之请求,只扣除张石氏赡养费及妆奁两部分有异议而已。查张石氏与被告赡养费涉讼虽未确定,原告假定张石氏可以胜诉,予以扣除,于被告并无不利益之处。至被告主张原告已得妆奁费十万元,毫无根据,衣服、首饰、器具系属嫁费,嫁费不能于应得之数内扣除。盖嫁费若须扣除,则被告张履云应得数内,亦须扣除婚费,始得其平。原告请求判决原告之父张秋衡遗产,除张秋衡生前所负债务及其妻张石氏应得赡养费五百亩,其妾张文权应得赡养费九千元外,被告应与原告按三股均分,原告自愿于应得之数内扣除奁田二百亩,实为至当之主张云云。

被告张履云代理人声明请求废弃原判决。关于张石氏赡养费及奁田二百亩部分,其答辩略称,本年三月十七日言词辩论日期,被告曾经声请延期,虽经裁决驳斥,但裁决系在该日期之后收到,与通常迟误言词辩论日期有别,自应准予回复原状。至于本案诉讼,原告依据现在已嫁女子有财产继承权之法例,主张与被告分析遗产,被告自不能加以反对。唯张石氏与被告赡养费涉讼判决尚未确定,原告何能列入本案范围。至于原告应得数内原应扣除奁田二百亩及妆奁饰物,盖原告所得妆奁饰物价值十万,原告何能主张仅扣除奁田一项云云。

被告张管炜代理人答辩略称,原告依据已嫁女子有财产继承权主张分析,被告自无反对余地。至被告张履云主张原告曾得妆奁十万元,在被告并无证据,未便为此主张云云。

理由

本件被告张履云声请延期,虽经本院驳斥,但该被告系于言词辩论日期以后收到该项裁决,则其于言词辩论日期未到场,实与通常迟误言词辩论日期有别,其声请回复原状应认为有理由。至被告对于原告请求分析张秋衡遗产,并不加以反对,而以原告对张石氏赡养费列入本案诉讼为抗辩理由。查张石氏与被告因赡养费涉讼判决固未确定,但原告暂将该项赡养费除外,于被告方面殊无何等不利益之处。至被告张履云主张原告出嫁时,除得奁田二百亩外,尚有其他妆奁饰物共值十万元,应于原告应得数内扣除之。其主张之数额是否属实系另一问题,唯原告主张仅可扣除奁田二百亩,其范围亦嫌过狭。兹依已嫁女子追溯继承财产施行细则第六条,判将原告应得之数内,应行扣除其妆奁费,爰依民事诉讼条例第二百零九条、第九十七条,判决如主文。

江苏吴县地方法院民事庭
推事

中华民国十九年四月二十八日

● 声请回复原状有理由,维持原判判决

江苏吴县地方法院民事判决十九年初字第一一五号

判决

原　　　　告　徐宝鎏　住浙江兰溪永昌镇

诉 讼 代 理 人　倪絅律师

被告即声请人　许光祖　住苏州阊门

　　　　　　　　生春祥火腿店　住苏州阊门

诉 讼 代 理 人　章世钧律师

上两造为债务涉讼一案,被告因迟误言词辩论日期,声请回复原状,本院判决如下:

主文

被告回复原状之声请照准。

原判决维持。

被告之反诉驳斥。

声请及反诉诉讼费用由被告负担。

事实

原告声明请求维持原判决,驳斥反诉。其陈述略称,原告于民国十八年十一月十日存洋五百元于生春祥火腿店,当由该店经理许光祖亲笔书立收存据一纸为凭。兹被告抗辩理由谓,被告曾为常熟恒丰火腿店向常熟通益银行担保银一千两,现在恒丰倒闭,被告曾向通益银行代偿债款,应以此款抵销查恒丰店内原告仅有一千元之股本。恒丰现虽倒闭,被告既对恒丰在常熟县政府诉追,自应静候解决,安得将原告之存款与恒丰债款相抵销云云。

被告声明请求废弃原判决驳斥原告之诉,判令原告赔偿被告因本件诉讼所受损失。其答辩略称,被告系生春祥火腿店经理,前次所送传票及

诉状缮本由该店收转,被告因赴杭进货并未收到,是被告系因不能预见之事故,迟误必要之言词辩论日期,应请准予回复原状。至于本案事实,原告于上年八月与人合股在常熟开设恒丰火腿店,该店曾要求被告担保往来银折一个,被告当即代向常熟通益银行担保银一千两之往来折一个。上年十一月间原告在恒丰店内提出股本五百元图逃,幸经该店股东徐宽良函知,被告到常,原告始将该洋五百元交出,保存被告处,以便抵偿银行支款,由被告出收据一纸交存恒丰收执,并非存款据,亦无利息记载。乃恒丰火腿店于本年一月闭歇,对于所欠通益银行及被告货款概置不问,现在恒丰所欠通益银行款洋一千三百余元,已由被告于一月间将保存恒丰之五百元付去外,并经声请人如数代偿。被告一面已向常熟县政府向恒丰火腿店诉追,是双方已受诉讼拘束,今原告明知此款已偿通益银行,复向钧院起诉,显有未合云云。

理由

本件前经指定本年二月二十七日下午一时为言词辩论日期,被告传票系交被告所经理之生春祥火腿店收受。参照该店同月二十六日声请状所叙,该被告于送达传票前赴杭进货,行踪无定,无从转达,须至三月四、五日始可回苏云云。则被告所称审期以前,并未收到传票一节尚属可信,其声请回复原状应认为有理由,予以照准。

查原告系常熟恒丰火腿店之股东,被告向常熟县政府对恒丰诉追债款,与本件诉讼之当事人既不相同,且诉讼标的亦不一致,被告以本件诉讼已受常熟县诉讼拘束为抗辩,自难成立。又被告主张原告交伊五百元之款项,系原告向恒丰提出股本,交与被告保存,以备抵还恒丰债务。如果属实,何以当时不将该款交还通益银行备抵,所出收据又何以不立与恒丰,而立与原告。且收存据上亦无抵偿恒丰债款之记载,则被告所称原告当时已允将该款备抵等语,殊难置信。该款纵使实系原告向恒丰取出之股本,但原告系恒丰股东之一分子,该款既经原告提去,即系原告个人之款,不能以恒丰股本论。被告既未得原告同意,自不能擅自以原告之款主张抵销恒丰之债务,原告根据被告出立之收存据,向被告诉追,自无不合。因之,被告向原告请求赔偿因本件诉讼所受损失,亦无理由,自无待言。

基上论结,本件原告之诉为有理由,被告反诉为无理由,兹依民事诉讼条例第二百零九条、第二百十二条、第九十七条,特为判决如主文。

江苏吴县地方法院民事简易庭
推事

中华民国十九年三月二十一日

● 声请补充判决不合法裁决

江苏吴县地方法院民事裁决

裁决

声请人　王才源　住苏州胥门外

上声请人与许德铭为债务涉讼案,声请补充判决,本院裁决如下:

主文

本件声请驳斥。

声请诉讼费用由声请人负担。

理由

查声请补充判决,应于判决送达后十日内为之,民事诉讼条例第二百七十三条第二项已有明文规定。本件声请人与许德铭为债务涉讼,业经本院判决,主文项下关于利息部分确系漏判。但声请人于送达该判后,逾十日期限始行具状声请,于法自有未合。兹依民事诉讼条例第一百十八条、第九十七条,裁决如主文。

江苏吴县地方法院民事简易庭
推事

中华民国二十年四月十三日

● 声请补充判决有理由判决

江苏吴县地方法院民事判决

判决

声请人即原告　吴玉才　住苏州阊门外

被　　　告　顾良有　住苏州景德路

上声请人与顾良有为货款涉讼一案,声请补充判决,本院判决如下:

主文

本审诉讼费用由被告负担。

事实

缘声请人与被告顾良有为货款涉讼,业经本院判决令被告偿还声请人货款三十元在案。兹据声请人以判决主文内,关于诉讼费用漏未裁判,声请补充判决到院。

理由

　　本院按，主请求、从请求或费用之全部或一部判决有脱漏者，法院应依声请以判决补充之，民事诉讼条例第二百七十三条第一项已有明文。本件声请人与被告为货款涉讼，经本院于本年一月二十五日判决声请人胜诉在案。依同条例第九十七条，诉讼费用应由被告负担。但判决主文项下漏未裁判，兹据声请人于适当之时期声请补充判决，核与首开法例相符，特为判决如主文。

江苏吴县地方法院民事简易庭
推事

中华民国二十年二月二日

民事　第二审

● 声请宣示假执行有理由裁决

江苏吴县地方法院民事裁决
裁决
声请人　吴钟庆　住苏州西中市
上声请人与林张氏为债务涉讼上诉一案，声请就林张氏未经声明不服之部分准予宣示假执行，本院裁决如下：
主文
原判决关于判令林张氏偿还声请人借款洋二百元部分应予假执行。
理由
查第一审判决未宣示假执行者，其未经声明不服之部分，第二审法院应于言词辩论中，依声请以裁决宣示假执行，民事诉讼条例第五百二十四条第一项已有明文规定。本件声请人与林张氏为请求偿还借款及会款涉讼，业经原审判决令林张氏偿还声请人借款二百元，会款一百元。嗣据林张氏对于会款部分提起上诉到院，声请人于言词辩论中，声请就借款部分宣示假执行，核与首开条文尚无不合，应予照准。

基上论结，本件声请为有理由，特为裁决如主文。

江苏吴县地方法院民事庭
审判长推事
推事
推事

中华民国十九年八月二日

● 命上诉人缴纳审判费并补正书状程式裁决

江苏吴县地方法院民事裁决

上诉人 吴王氏 住苏州石市街

案据上诉人与林顾氏为债务涉讼一案。查核该上诉状尚未购贴审判费,司法印纸又未遵照民事诉讼条例第五百零二条之规定依式表明,殊不合法。仰该上诉人于收受本裁决后十五日内,购贴审判费印纸六元三角,并应遵照后开程式连款详细叙明。如逾期仍不补正,本件上诉即依民事诉讼条例第五百零八条第一项第一款、第五百十七条予以驳斥。慎毋自误,特此裁决。

江苏吴县地方法院民庭
审判长

中华民国十九年二月五日

附录	民事诉讼条例第五百零二条 提起上诉应以上诉状表明左列各款事项,提出于原第一审法院或第二审法院为之。 一 当事人。 二 第一审判决及对于该判决上诉之陈述。 三 对于第一审判决不服之程度及求如何废弃或变更之声明。 上诉状内应并记明新事实及证据方法,并其他准备言词辩论之事项。

● 命上诉人补正书状程式裁决

江苏吴县地方法院民事裁决

上诉人 林万隆 住苏州护龙街

案据上诉人与徐王氏为货款涉讼上诉一案。查阅上诉状尚未遵照民事诉讼条例第五百零二条之规定依式表明,殊不合法,仰该上诉人于接收本裁决后十五日内,迅即遵照后开程式逐款详细叙明。慎毋自误,特此裁决。

江苏吴县地方法院民庭
审判长

中华民国十九年五月六日

附录	民事诉讼条例第五百零二条 提起上诉应以上诉状表明左列各款事项,提出于原第一审法院或第二审法院为之。 一　当事人。 二　第一审判决及对于该判决上诉之陈述。 三　对于第一审判决不服之程度及求如何废弃或变更之声明。 上诉状内应并记明新事实及证据方法,并其他准备言词辩论之事项。

● 命上诉人补缴审判费裁决

江苏吴县地方法院民事裁决
上诉人　吴鸿顺　住吴县冉直镇

案据上诉人与林吴氏为田亩涉讼上诉一案。查核状卷尚未购贴审判费,司法印纸殊属不合。仰于收受本裁决后十五日内,依照诉讼标的价额来院补缴,或径行由邮汇寄本院会计科收受,毋得由其他机关辗转汇寄致有迟延(并仰于上诉状内注明诉讼标的价额)。如逾期仍不补贴,本件上诉即依民事诉讼条例第五百零八条第一项第一款、第五百十七条,予以驳斥。慎毋自误,特此裁决。

江苏吴县地方法院民庭
审判长

中华民国二十年二月三日

● 声请回复原状不合法判决

江苏吴县地方法院民事判决十九年上字第四九〇号
判决
　　声　请　人　张夏氏　住南新路
　　　　　　　　张毓秀　同上
　　诉讼代理人　张　鼎律师

上声请人与顾乃林为赔偿损失涉讼一案,声请人声请回复原状,本院判决如下:

主文

声请驳斥。

声请诉讼费用由声请人负担。

事实

缘声请人与顾乃林为损害赔偿涉讼,由本院民事简易庭判决后,声请人不服提起上诉。嗣本院以声请人逾补正期限,并未缴足讼费,将上诉驳斥在案。兹据声请人声请回复原状到院。

理由

本院按,当事人所得声请回复原状,系以因不能预见或不可避之事故,迟误必要之言词辩论日期或不变期限致,不得为其应为之诉讼行为者为限。本件声请人乃因院令补缴讼费逾期,致被驳斥,既非迟误不变之期限,自无援用声请回复原状之余地。

基上论结,本件声请为不合法,兹依民事诉讼条例第二百零八条、第二百十一条、第二百十二条,判决如主文。

江苏吴县地方法院民事庭
审判长推事
推事
推事

中华民国二十年二月三日

● 声请回复原状无理由判决

江苏吴县地方法院民事判决十九年上字第五五七号

判决

声请人 林昌顺 住苏州临顿路

上声请人与吴鸿兴为工款涉讼一案,不服本院民事简易庭中华民国二十年一月十日第一审判决,迟误上诉期限,声请回复原状,本院判决如下:

主文

声请及上诉均驳斥。

声请及上诉诉讼费用由声请人负担。

事实

缘声请人与吴鸿兴为工款涉讼,经本院于本年二月九日送达判决,取有送达证书附卷。兹声请人以赴江北守制,送达判决之日并未在家,以致迟误上诉期限为理由,声请回复原状到院。

理由

本院按,当事人或代理人因不能预见或不可避之事故迟误不变期限,致不得为其应为之诉讼行为者,法院固应依声请,准许回复原状,民事诉讼条例第二百零五条已有明文规定。本件声请人与吴鸿兴为工款涉讼,业经本院判决并于本年二月九日送达,取有送达证书附卷。该证书内受送达人项下记明"林昌顺收"字样,则该项判决声请人业于二月九日收受无疑。而声请人竟称在江北守制不在家中,显见饰词不足凭信,声请人既非因不能预见或不可避之事故,而迟误上诉期限,依据上开条文,其声请显属不应准许。其声请既无理由上诉,即已逾期,殊难为合法。兹依民事诉讼条例第二百零八条前段、第五百零八条第一项第一款、第五百十七条、第一百零三条、第二百十二条,判决如主文。

江苏吴县地方法院民事庭
审判长推事
推事
推事
中华民国二十年三月十六日

● 声请回复原状有理由判决

江苏吴县地方法院民事判决

判决

声请人即上诉人　杜发兴　住苏州阊门外

被　上　诉　人　杜林氏　同上

上两造为货款涉讼一案,上诉人迟误上诉期限,声请回复原状,本院判决如下:

主文

本件声请照准。

声请诉讼费用由声请人负担。

事实

缘两造为货款涉讼,声请人因声请诉讼救助迟误上诉期限,声请回复原状到院。

理由

本件声请人于收受原审判决即具状声请诉讼救助,本院因往返调查,裁决送达之时,已在声请人上诉期限届满之后,有卷可稽。此次经本院传集两造到庭辩论,据声请人声称,因未收到声请诉讼救助裁决,又无缴纳第二审审判费资力,是以不能于上诉期限内提起上诉云云。核其情节与民事诉讼条例第二百零五条应许回复原状之规定尚无不合,自应认为正当。

基上论结,本件声请为有理由,兹依民事诉讼条例第二百十一条、第二百十二条,判决如主文。

江苏吴县地方法院民事庭
审判长推事
推事
推事

中华民国二十年五月一日

● 声请回复原状有理由、上诉无理由判决

江苏吴县地方法院民事判决

判决

声请人即上诉人　林庆发　住靖江县城外

被　上　诉　人　林方氏　住同上

上两造为债务涉讼一案,声请人迟误上诉期限,声请回复原状,本院判决如下:

主文

声请照准。

上诉驳斥。

第二审及声请诉讼费用由声请人负担。

事实

声请人即上诉人声明请求准予回复原状,废弃原判决,驳斥被上诉人之诉。其陈述略称,声请人家在城外,离靖江县政府四十余里,自接收原审判决后,雨水涨满道路,无从提起上诉。俟水退之后,已逾上诉期限,应请准予回复原状。关于本案上诉人所欠被上诉人洋一百元,实已亲手交与被上诉人,当时被上诉人以借票不在身边为词,未行交还。嗣后上诉人屡向索取,昧良不给,且坚称款未收到。原审不察实情,判令上诉人如数偿还,殊难甘服云云。

被上诉人声明请求驳斥声请及上诉。其答辩略称,声请人收受判决之时虽道路不便通行,但并非绝对不能设法进城,其声请已难认为有理。至于本案被上诉人借与上诉人之款有借据,原中可证,上诉人妄称已经偿

还,殊无理由。如果属实,何不将借据收回云云。提出借据为证。

理由

本件声请人收受判决之时,适值洪水为灾,已据证人林可诵等证明属实。声请人声请回复原状,依据民事诉讼条例第二百零五条规定,自应予以照准。

关于本案上诉人主张所欠被上诉人一百元之债务,业已偿还,纯属空言主张,被上诉人又极端否认。查如果该款业已清偿,上诉人何以不将借据收回。且经原审传唤原中吴根发到庭亦称,上诉人所欠被上诉人之款并未归还等语,上诉人抗辩尤难成立。

基上论结,本件声请为有理由,上诉为无理由,兹依民事诉讼条例第二百零九条、第二百十一条、第二百十二条、第五百十七条、第一百零三条,判决如主文。

江苏吴县地方法院民事庭
审判长推事
推事
推事

中华民国二十年二月二日

● 声请回复原状及上诉均有理由判决

江苏吴县地方法院民事判决

判决

声请人即上诉人　林恒达　住江阴县城外

被　上　诉　人　吴根林　住同上

上两造为货款涉讼一案,上诉人迟误上诉期限,声请回复原状,本院判决如下:

主文

声请照准。

原判决废弃。

被上诉人之诉驳斥。

声请诉讼费用由声请人负担,第一、第二两审诉讼费用由被上诉人负担。

事实

声请人即上诉人声明应受判决之事项与主文所揭示同。其陈述略称,声请人收受原审判决之时,适值大水为灾道路不通,水退之时已逾上诉期限,应请准予回复原状。至关于本案上诉人虽欠被上诉人货款五十七元,但已经交与被上诉人之子吴福瑞收受,有收据为凭。原审辩论日期上诉人因事并未到庭,原审不察事实,遽依被上诉人一造辩论,判令上诉人偿还货款五十七元,殊难甘服云云。提出吴福瑞所具收据为证。

被上诉人声明请求驳斥声请及上诉。其答辩略称,声请人收受原审判决之时道路虽被水淹,但设法尚可通行,自不能持为回复原状之理由。至关于本案上诉人谓已将货款交与被上诉人之子,有收据为证。唯该收据笔迹殊不似出于被上诉人之子之手笔,原判并无不当,兹有吴福瑞所写账簿一本可资比对云云。提出账簿一本为证。

理由

本件声请人于收受原审判决之际,由上诉人住所至原县城内一路多被水淹,已经证人李福如、王承志等证明属实。是声请人之迟误期限系因不可避之事故,核与民事诉讼条例第二百零五条应准回复原状之规定尚无不合,自应予以照准。关于本案上诉人主张所欠被上诉人货款五十七元已如数偿还被上诉人之子吴福瑞,已据提出吴福瑞亲笔收据为证。经本院将该收据及被上诉人提出吴福瑞所写账簿选任鉴定人鉴定,结果认为系出一人之手笔,本院详细审核鉴定意见尚属适当,可见上诉人所称款已偿还实属信而有征,原审判令上诉人偿还自难折服。

基上论结,本件声请及上诉为有理由,兹依民事诉讼条例第二百零九条、第二百十一条、第二百十二条、第五百十八条、第五百零九条第二项、第九十七条,判决如主文。

江苏吴县地方法院民事庭
审判长推事
推事
推事

中华民国二十年八月十日

● 声请延期缴纳审判费裁决

江苏吴县地方法院民事裁决
裁决
上诉人　孙炳煜　住无锡县东门天三图南仓门
本院按,因赁借权涉讼者,其诉讼标的之价额以一年租息额之念倍为准。但争执期内之租息总额少于一年租息额之念倍者,以其总额为准,民事诉讼条例第十二条已有明文规定。本件上诉人与缪少卿因请求拆除赁借之房屋,解除赁借基地契约涉讼。该项契约系民国十七年八月间所立,期限五年,据被上诉人(即原审之原告)主张每月租金为十七元,依照上开条文,其诉讼标的之价额为八百元以上(每年二百零四元四年为八百十六元),其第二审审判费为四十二元,除上诉人已交十二元六角外,尚少贰拾玖元肆角。上诉人状称诉讼标的为壹百八十元殊属误会,着上诉人于接受本件裁决后十日内补缴到院,如逾期仍不补足,即依民事诉讼条例第五百零八条第一项第一款、第五百十七条予以驳斥。慎毋自误,特为裁决。

江苏吴县地方法院民事庭
审判长推事

中华民国十九年四月二日

江苏高等法院民事裁决十八年杂字第一六一号

裁决

声请人 王步青 住宝应县城内大县桥南首源恒庆沙货店

上声请人与僧光炽因柴田涉讼上诉一案,前以声请人未缴第二审讼费十四元四角,并未用正式诉状,经本院裁决限令补正在案。兹据声请人声请展限,以便向亲友借贷遵缴等情到院。应准自本年二月一日伸长四十五日,着将前开讼费连同正式诉状补呈到院。倘至期仍不遵行,即将上诉认为不备程式判决驳斥,特此裁决。

江苏高等法院民二庭
审判长推事
推事
推事

中华民国十八年三月二日

● 声请诉讼救助无理由裁决

江苏吴县地方法院民事裁决十九年上字第三九二号

裁决

声请人 席子成 住常熟县九万圩

上声请人与胡仲莫为债务涉讼上诉一案,声请诉讼救助,本院裁决如下:

主文

本件声请驳斥。

声请诉讼费用由声请人负担。

理由

本件声请人与胡仲莫为债务涉讼提起上诉到院,未据购贴审判费,当经本院裁决限令补缴。旋据声请人以生活艰难无力筹缴为理由,声请诉讼救助。兹经本院查明声请人于民国十九年三月间由伊父折授粮田一百数十亩,本审应缴之四十二元审判费并非无力缴纳,显与民事诉讼条例第百三十条前段可受诉讼救助之要件不符,应将声请驳斥。并着声请人于本裁决送达后十日内如数缴纳,届期如仍不缴,即予依法驳斥上诉,不再伸长。慎勿自误,兹依民事诉讼条例第百十八条、第九十七条,裁决如上。

江苏吴县地方法院民事庭
审判长推事
推事
推事

中华民国二十年一月十九日

江苏高等法院民事裁决十八年杂字第一六〇号

裁决

上诉人 朱炳如 住吴县湘城岸头村

上上诉人与朱王氏为别居涉讼上诉一案,声请诉讼救助,本院裁决如下:

主文

声请驳斥。

声请诉讼费用由声请人负担。

理由

查当事人若因支出诉讼费用致自己或其家族窘于生活者,法院应依声请以裁决准予诉讼救助,此在民事诉讼条例第百三十条已有明文规定。可见得准诉讼救助,系以支出讼费致其自己或其家族窘于生活者为限。本件上诉人与朱王氏为别居及扶养涉讼声明上诉,当经限令补交审判费一百零九元二角,旋据状称,上诉人劳力度日无力交纳,声请诉讼救助到院。兹经本院饬吏查明上诉人有自田、租田合计三十八亩之数,住宅一所、计六间两厢,一家四口虽系劳力度日,处境尚不艰窘,则其声请诉讼救助,依据上开条例,自属不应准许,应予驳斥。声请费用依民事诉讼条例第百十八条、第九十七条应由声请人负担,并着于本裁决送达翌日起十五日内,将该项审判费交院。如逾期仍不遵行,即将上诉驳斥。慎毋自误,特此裁决如上。

江苏高等法院民二庭
审判长推事
推事
推事

中华民国十八年三月四日

● 裁决诉讼费用裁决

江苏吴县地方法院民事裁决十五年声字第四号

裁决

声请人 金鸿昌 住吴县黄土桥

上声请人为金王氏撤回第一审之诉请求,责令负担上诉费用,本院审查,裁决如下:

主文

金王氏应偿还声请人上诉费用陆元叁角。

声请费用归金王氏负担。

理由

按诉讼不经裁判而终结者,法院应依声请以裁决为诉讼费用之裁判,此民事诉讼条例第一百十二条第一项定有明文。本案声请人与金王氏为河埠涉讼上诉一案,于第二审言词辩论时,金王氏当庭将第一审之诉撤回。此项撤回之诉系出于金王氏之自愿,则声请人因上诉所购贴之司法印纸费,应归金王氏负担,已不待言。兹据声请人请求金王氏应偿还上诉费用陆元叁角,依照上述条例,自无不合。声请费用柒角伍分,并依同条例第一百十八条、第九十七条,归金王氏负担,特为裁决如主文。

江苏吴县地方法院民庭
审判长推事
推事
推事

中华民国十五年十月四日

● 再开言词辩论裁决

江苏吴县地方法院民事裁决

裁决

上　诉　人　范宝顺　住吴县金墅乡三都十五图尖泾上
上诉讼代理人　周毓镛律师
被　上　诉　人　陈金狗　住吴县金墅乡三都区朱庄湾
法 定 代 理 人　马顾氏　同上
上诉讼代理人　金奋律师
　　　　　　　　江同春律师

　　上两造因货款涉讼一案,上诉人不服本院民事简易庭民国十九年二月十九日所为第一审判决,提起上诉,本院于辩论终结后,裁决如下:

主文

　　本案应再开言词辩论。

理由

　　查民事诉讼条例第二百五十二条,法院于宣告裁判前,得命再开已闭之辩论。本案前经本院于本月七日宣告辩论终结,定于本月十二日宣告判决,兹查本案尚有应行辩论之点,特依照上开条例再开辩论,爰为裁决如上。

　　　　　　　　　　　　　　江苏吴县地方法院民庭
　　　　　　　　　　　　　　　　审判长推事
　　　　　　　　　　　　　　　　　　推事
　　　　　　　　　　　　　　　　　　推事

中华民国十九年六月十日

● 声请变更言词辩论日期裁决

江苏吴县地方法院民事裁决十九年上字第三八七号

裁决

声请人　汪楫庵　住昆山立新承米行

　　上据声请人声请变更言词辩论日期,本院裁决如下:

主文

　　声请驳斥。

声请诉讼费用由声请人负担。

理由

按民事诉讼条例第百九十三条第一项,日期除本条例有特别规定外,若有重大之理由,法院得依声请或以职权以裁决变更或延展之。所谓重大理由,系指承审职员及当事人遇有急病不克代理等类而言。本件声请人两次合法传唤均未到庭,兹据声称感冒风寒卧病床蓐,请求变更言词辩论日期。核与上开说明不合,应予驳斥。兹依民事诉讼条例第百十八条、第九十七条,特为裁决如主文。

江苏吴县地方法院民庭
审判长推事
推事
推事

中华民国十九年三月三日

● 声请书记官回避,并声明拒却鉴定人裁决

江苏吴县地方法院民事裁决

裁决

声请及声明人　　华耀祖　住无锡县北七房

　　　　　　　　　华顺生　同上

诉讼代理人　　唐鸣凤律师

　　　　　　　　胡家玉律师

上声请及声明人与华益三为房屋涉讼一案,声请书记官回避,并拒却鉴定人,本院裁决如下:

主文

声请及声明均驳斥。

声请及声明诉讼费用由声请及声明负担。

理由

本件声请及声明人与华益三为房屋涉讼,以承办该案之书记官于送交鉴定时漏送契据二纸,并于声请及声明人之代理人律师阅卷时,未得鉴定书附卷。又以鉴定人未得更审范围内红契花押予以鉴定,认为偏颇不公,声请书记官回避,并声明拒却鉴定人。但该案业已判决,则关于鉴定人一节,除对于终结诉讼之裁决声明不服外,自不能更行声明拒却,应认该声明为不合法,予以驳斥。至于当事人对于法院书记官,若认其执行职

务有偏颇之虞者,固得声请回避。唯所谓足认其执行职务有偏颇之虞,系指该书记官于诉讼之结果有利害关系,或与当事人有交谊或嫌怨等,足使人疑其为不公平者而言。声请人所称各节系属手续问题,与上开所谓足认其执行职务有偏颇之虞者已有差别。且案经终结,该书记官已无何种重要应为之行为,此项声请殊难认为有理由。

基上论结,本件声明为不合法,声请为无理由,兹依民事诉讼条例第百十八条、第九十七条,裁决如主文。

江苏吴县地方法院民事庭
审判长推事
推事
推事

中华民国二十年三月六日

● 上诉不合法判决

甲　法院无第二审管辖权

江苏吴县地方法院民事判决十九年上字第三九八号

判决

上 诉 人　王兆炳　住武进县第七区坛前镇
　　　　　　王桂生　住同上
被上诉人　王金宝　住同上
　　　　　　王同根　住同上
　　　　　　王全根　住同上

上两造为请求更改宗谱记载及祠捐涉讼一案,上诉人不服武进县法院中华民国十九年九月一十九日第一审判决,提起上诉,本院判决如下:

主文

上诉驳斥。

事实

缘两造为请求更改宗谱及祠捐涉讼,经原审判令上诉人于下届修谱时负责仍照原谱更正,并各贴龙荡支祠田一亩,上诉人不服,提起上诉到院。

理由

本件被上诉人在原审起诉,请求判令上诉人将宗谱内详四公派继迁龙荡改为徙居龙荡,又上诉人非捐助龙荡分祠田八亩,不得入该分祠祭祀。其诉讼标的之内容并非纯属财产权,又非民事诉讼条例第二条所列举之事件,自属地方法院管辖第一审案件,其第二审系属高等法院管辖。兹上诉人竟向本院上诉,殊不合法,兹为便利当事人起见,将本件移送高等法院审判。

基上论结,本件上诉为不合法,爰依民事诉讼条例第五百零八条第一项第二款、第五百十七条,判决如主文。

江苏吴县地方法院民庭
审判长推事
推事
推事

中华民国十九年十一月二十一日

江苏高等法院民事判决十八年控字第一二六号

判决

上　诉　人　席萧氏　住常熟县大东门
被上诉人　席质先　住常熟县北门
　　　　　　席聘珍　住同上
　　　　　　席君乾　住同上
　　　　　　席永如　住同上

上两造为确认基地所有权涉讼一案,上诉人不服常熟县政府于中华民国十八年二月二十五日所为第一审判决,提起上诉,本院判决如下:

主文

上诉驳斥。

事实

缘席萧氏为确认常熟县属北范十图八分有零基地所有权与席质先等涉讼,经第一审判决后,声明上诉到院。

理由

按江苏省关于财产权之涉讼,其标的之金额或价额在千元以下者,由初级法院管辖第一审,地方法院管辖第二审。本件讼争八分有零基地,据上诉人在原审预纳诉讼费用,系照百元未满价额购贴印纸,即据被上诉人席质先陈述亦不过值五、六十元,显属千元以下初级管辖事件。上诉人不服第一审判决来院声明上诉,即系错误,应依民事诉讼条例第五百零八条第一项第二款、第五百十七条予以驳斥。并为便利计,移送有权管辖之吴县地方法院裁判,特为判决如主文。

江苏高等法院民事第一庭
审判长推事
推事
推事

中华民国十八年四月十二日

江苏吴县地方法院民事判决十九年上字第四六五号

判决

上 诉 人　李植清　住无锡一三图马路太平巷口

被上诉人　邓锡耕　住无锡县南门内

上两造为附带民事涉讼一案,上诉人不服无锡县政府中华民国十九年十二月二十九日第一审判决,提起上诉,本院判决如下:

主文

上诉驳斥。

事实

缘被上诉人向原审告诉上诉人犯刑法第三百六十六条背信及第三百八十一条毁损他人建筑物等罪,并附带提起民事诉讼,请求判令上诉人迁让。经原审分别判决,刑事部分宣告上诉人无罪,附带民诉部分判令上诉人迁让。上诉人对附带民诉部分声明不服,提起上诉到院。

理由

本院按,附带民事诉讼无论其诉讼标的之金额如何,其事物管辖应予刑事诉讼相同(参照十四年六月十三日上字第二〇三二号判例)。本件附带民诉之刑事部分系属地方管辖案件,依据上开判例,本件附带民诉自应属于地方管辖,其第二审应属高等法院管辖。上诉人竟向本院提起上诉,显有未合,兹为便利当事人起见,将本件移送江苏高等法院审理。

基上论结,本件上诉为不合法,兹依民事诉讼条例第五百十七条,判决如主文。

江苏吴县地方法院民事庭
审判长推事
推事
推事

中华民国二十年四月十一日

江苏吴县地方法院民事判决十九年上字第三四九号

判决

上 诉 人　周朱氏　住靖江县城内布市

被上诉人　周孙氏　住靖江县东城内

上两造为请求确认身份及给付慰藉金涉讼一案,上诉人不服靖江县政府中华民国十九年九月八日第一审判决,提起上诉,本院判决如下:

主文

上诉驳斥。

事实

缘两造为请求确认身份及给付慰藉金涉讼,经原审判令上诉人给付被上诉人慰藉金洋一千五百元,上诉人不服,提起上诉到院。

理由

查本件诉讼标的为请求确认身份及给付慰藉金,原审判令上诉人给付被上诉人慰藉金洋一千五百元,显系地方管辖第一审案件,其第二审应由高等法院管辖。上诉人竟向本院上诉,显不合法,兹为便利当事人起见,将本件移送高等法院审判。

基上论结,本件上诉为不合法,兹依民事诉讼条例第五百十七条、第五百另(零)八条第一项第二款,判决如主文。

江苏吴县地方法院民事庭

审判长推事

推事

推事

中华民国十九年十一月八日

江苏吴县地方审判厅民事判决十六年上字第一六号

判决

上　诉　人　李均华　住无锡县一三图

上诉讼代理人　张　鼎律师

被　上　诉　人　李周氏　住无锡县一四图

邵任鸿　住同上

上两造为店务涉讼一案,上诉人不服无锡县知事公署于民国十五年九月二十五日所为之第一审判决,提起上诉,本厅判决如下。

主文

上诉驳斥。

本案移送江苏高等审判厅审判。

事实

缘上诉人李均华在第一审以被上诉人李周氏擅将祖遗共有李双和茶食店招盘与被上诉人邵任鸿营业,请求判令被上诉人等将李双和茶食店交还,仍归共同管理。第一审判决将其请求驳斥,上诉人不服提起上诉到厅。经本厅调查,讯据上诉人陈述,李双和茶食店要值洋一千五百元,并据上诉人代理人声请移送江苏高等审判厅核办等语。

理由

本案系争李双和茶食店业据上诉人陈述应值洋一千五百元,其诉讼标的之价额已在千元以上,按照司法部十一年第五五七二号指令,显属地方管辖第一审案件。本厅依照修正县知事审理诉讼暂行章程第三十条第二款规定,即无第二审管辖权。据上论断,本案上诉为不合法,应予驳斥。唯既据上诉人代理人声请移送江苏高等审判厅核办,并予照准,合依民事诉讼条例第五百零八条第一项第二款、第五百十七条、第四百九十九条、第四百六十九条第一项,判决如主文。

江苏吴县地方审判厅民庭
审判长推事
推事
推事

中华民国十六年一月二十四日

江苏吴县地方审判厅民事判决十五年上字第三九八号

判决

上 诉 人	吴锡芳	住江阴黄横乡三保吴泾岸村
	吴金宜	住同上
	吴福荣	住同上
被上诉人	杨庆荣	住同上
	杨三大	住同上
	杨明荣	住同上
	杨福根	住同上
	杨金和	住同上

上两造因罱泥涉讼一案,上诉人不服江阴县知事公署于中华民国十五年六月二十八日所为行政庭谕,提起上诉,本厅判决如下:

主文

上诉驳斥。

第二审诉讼费用归上诉人负担。

事实

缘上诉人为与被上诉人鬻泥涉讼一案,不服江阴县知事公署于中华民国十五年六月二十八日所为行政庭谕,提起上诉。经本厅函县调卷,兹准原县以此案业经该县予以行政处分,已据上诉人到县呈明提起诉愿,函复过厅。

理由

查民事诉讼条例第四百九十五条载,对于第一审之终局判决或视作终局判决之中间判决,得上诉于管辖第二审之法院。又诉愿法第一条载,人民对于左列各款之事件,除行政诉讼法及其他法令别有规定外,得提起诉愿:(一)中央或地方行政官署之违法处分,致损害人民权利者。(二)中央或地方行政官署之不当处分,致损害人民利益者各等语。是对于县知事之行政处分如有不服,只得提起诉愿于直接上级行政官署以求解决,而不得视为终局判决,向法院提起上诉,毫无疑义。本件上诉人与被上诉人因鬻泥涉讼,经原县以行政庭谕断令系争河嗣后应不分畛域互相鬻泥。此项庭谕业经原县来函声明系属行政处分,是上诉人不服该庭谕,仅得向原县直接上级行政官署提起诉愿,而不得向本厅提起上诉,殊属明显。兹上诉人对于该庭谕,竟以上诉向本厅声明不服,自非法所准许。

据上论结,本件上诉为不合法,应依民事诉讼条例第五百零八条第一项第一款、第五百十七条、第一百零三条,不定言词辩论日期,迳为判决如主文。

江苏吴县地方审判厅民事庭

审判长推事

推事

推事

中华民国十五年十一月七日

乙　上诉不合程式

江苏吴县地方法院民事判决
判决
上　诉　人　林王氏　住苏州护龙街
被上诉人　胡百骏　住同上

上两造为货款涉讼一案,上诉人不服本院民事简易庭中华民国十九年五月二日第一审判决,提起上诉,本院判决如下:

主文

上诉驳斥。

第二审诉讼费用由上诉人负担。

事实

缘两造为货款涉讼,经原审判令上诉人偿还被上诉人货款二十元,驳斥被上诉人其余之诉,兹据上诉人提起上诉到院。

理由

本院按,提起上诉状内应表明:(一)当事人。(二)第一审判决及对于该判决上诉之陈述。(三)对于第一审判决不服之程度及求如何废弃或变更之声明。此为必须具备之程式,民事诉讼条例第五百零二条第一项已有明文规定。本件上诉人与被上诉人为货款涉讼,判决结果被上诉人一部胜诉一部败诉,上诉人提起上诉,上诉状内漏列对于第一审判决不服之程度及求如何废弃或变更之声明,经本院限期令其补正,迄今逾期已久尚未遵行。本件上诉显属不合程式,又逾补正期限,自难认为合法。

基上论结,本件上诉为不合法,兹依民事诉讼条例第五百零八条第一项第一款、第五百十七条、第百零三条,判决如主文。

江苏吴县地方法院民事庭

审判长推事

推事

推事

中华民国十九年七月二十日

丙　上诉逾期

江苏吴县地方法院民事判决十八年上字第五九号

判决

上　诉　人　顾沛生　住靖江西十三图

被上诉人　叶秀林　住同上

上两造因赎田涉讼一案,上诉人不服靖江县政府于中华民国十八年一月三十日所为之第一审判决,提起上诉,本院判决如下:

主文

上诉驳斥。

第二审诉讼费用由上诉人负担。

事实

缘上诉人与被上诉人因赎田涉讼一案,上诉人不服靖江县政府于中华民国十八年一月三十日所为之第一审判决,提起上诉。查核原审判决系于本年二月十四日送达,上诉人于同年三月十五日上诉到院。

理由

查当事人提起上诉,应于第一审判决送达后二十日之不变期限内为之,民事诉讼条例第五百条定有明文。本件上诉人收受原判决为本年二月十四日,提出上诉状于本院为同年三月十五日,即扣除在途期限四日,亦已逾二十日之不变期限。其上诉实与前开条例不合,应依民事诉讼条例第五百零八条第一项、第五百十七条、第一百零三条,判决如主文。

江苏吴县地方法院民庭
审判长推事
推事
推事

中华民国十八年三月三十日

丁　法律上不应准许

一　不可独立上诉

江苏高等法院民事判决十九年人字第二一三号

判决

上 诉 人　赵蕙贞　住上海法租界南阳桥大华里八号
被上诉人　沈惺叔　住吴县城内三茅观巷
　　　　　沈阿嫒　住同上

上两造因确认母女身份涉讼一案,上诉人不服吴县地方法院中华民国十九年十月四日第一审中间判决,提起上诉,本院判决如下:

主文

上诉驳斥。

第二审讼费用上诉人负担。

事实

上诉人请求确认其与被上诉人沈阿嫒有母女关系,主张为人事诉讼,被上诉人主张为普通诉讼,经原法院为中间判决后,上诉人不服提起上诉到院。

理由

查民事诉讼条例第四百九十五条载,对于第一审之终局判决或视作终局判决之中间判决,得上诉于管辖第二审之法院等语。是对中间判决得以上诉者,唯以视作终局判决之中间判决为限。又同条例所示终局判决之中间判决,仅第四百五十四条第一项、第五百九十四条第三项之判决,此外别无终局判决之中间判决可资考核。本件两造讼争之身份关系,系一主张为人事诉讼程序,一主张为普通诉讼程序,原法院就其程序争执而为中间判决,显非上开各条项终局判决之中间判决。兹上诉人对此项判决提起上诉,于法显有未合。

基上论结,本件上诉为不合法,应依民事诉讼条例第五百零八条第一项第一款、第五百十七条、第百零三条,为判决如主文。

江苏高等法院民事第一庭
审判长推事
推事
推事

中华民国十九年十一月二十日

二 原判于上诉人并无不利

江苏吴县地方法院民事判决

判决

  上 诉 人 林可欣 住苏州西中市

  被上诉人 王耀先 住同上

上两造为债务涉讼一案,上诉人不服本院民事简易庭中华民国十九年二月五日第一审判决,提起上诉,本院判决如下:

事实

缘两造为债务涉讼,经原审判决上诉人胜诉,兹据上诉人提起上诉到院。

理由

查提起上诉须主张原判决于上诉人不利且属不当,以为上诉理由,此依声明不服之字义及关于上诉之全体规定可以推知。本件两造为债务涉讼,原审判令被上诉人偿还上诉人洋六十元,是上诉人已全部胜诉,于上诉人并无不利之可言。而上诉人上诉意旨于原判决亦无不服,仅欲在本院追加利息部分之诉。依据上开说明,本件上诉自属不应准许。

基上论结,本件上诉为不合法,兹依民事诉讼条例第五百零八条第一项第一款、第五百十七条、第百零三条,判决如主文。

江苏吴县地方法院民事庭
审判长推事
推事
推事

中华民国十九年四月五日

三　无上诉权之人提起上诉

江苏吴县地方法院民事判决

判决

　　上 诉 人　　林秋怀　　住苏州平江路

　　被上诉人　　王林氏　　住同上

　　上两造为债务涉讼一案,上诉人不服本院民事简易庭中华民国十九年三月二日第一审判决,提起上诉,本院判决如下:

主文

上诉驳斥。

第二审诉讼费用由上诉人负担。

事实

缘被上诉人与林俊生为债务涉讼,经原审判令林俊生偿还被上诉人洋七十二元,上诉人不服,提起上诉到院。

理由

查上诉须由有上诉权之人对于应为被上诉人之人为之,否则应认上诉为不应准许,予以驳斥。本件上诉人既非第一审之当事人,仅以有保证关系,竟行提起上诉,依据上开说明,自属不应准许。

基上论结,本件上诉为不合法,兹依民事诉讼条例第五百零八条第一项第一款、第五百十七条、第百零三条,判决如主文。

江苏吴县地方法院民事庭
审判长推事
推事
推事

中华民国十九年四月三十日

四　无诉讼能力人提起上诉

江苏吴县地方法院民事判决

判决

上　诉　人　李国瑞　住苏州临顿路
被上诉人　王日永　住苏州平江路

上两造为债务涉讼一案，上诉人不服本院民事简易庭中华民国十九年五月十日第一审判决，提起上诉，本院判决如下：

主文

上诉驳斥。

第二审诉讼费用由上诉人负担。

事实

缘两造为债务涉讼，经本院民事简易庭判决后，上诉人不服提起上诉到院。唯查上诉人现年十八岁，并无诉讼能力，并未由其法定代理人合法代理提起上诉，经本院裁决限期令其补正，迄今逾期尚未遵行。

理由

本院查无诉讼能力者之诉讼行为不生效力，故上诉人无诉讼能力提起上诉，须由其法定代理人合法代理，则其上诉方为法律所应准许。本件上诉人尚未成年，自无诉讼行为能力，其提起诉讼显属不应准许，既经本院限期令其补正又未遵行，其上诉自难认为合法。

基上论结，本件上诉为不合法，兹依民事诉讼条例第五百零八条第一项第一款、第五百十七条、第一百零三条，判决如主文。

江苏吴县地方法院民事庭

审判长推事

推事

推事

中华民国十九年六月三日

五　诉讼代理人提起上诉欠缺代理权

江苏吴县地方法院民事判决

判决

上　诉　人　林吴氏　住吴县唯亭
诉讼代理人　王国耀　住同上
被　上诉人　程李氏　住同上

上两造为债务涉讼一案，上诉人不服本院民事简易庭中华民国十九年四月二日第一审判决，提起上诉，本院判决如下：

主文

上诉驳斥。

第二审诉讼费用由上诉人负担。

事实

缘两造为债务涉讼,上诉人系由代理人提起上诉,但未提出委任状,经本院令其补正,迄今逾期已久,尚未遵行。

理由

本院按,提起上诉非受特别委任不得为之,民事诉讼条例第八十五条已有明文规定。本件上诉人之代理人提起上诉,并未提出诉讼委任之证书,经本院裁决限期令其补正又不遵行,本件上诉显属代理权欠缺,又逾补正期限,自属不应准许。

依上论结,本件上诉为不合法,兹依民事诉讼条例第五百零八条第一项第一款、第五百十七条、第百零三条,判决如主文。

江苏吴县地方法院民事庭
审判长推事
推事
推事

中华民国十九年七月一日

六　上诉未缴定额之司法印纸

江苏吴县地方法院民事判决

判决

　上　诉　人　　林麟书　　住苏州平江路

　被上诉人　　林吴氏　　住同上

上两造为债务涉讼一案,上诉人不服本院简易庭中华民国十九年三月二日所为第一审判决,提起上诉,本院判决如下:

主文

上诉驳斥。

第二审诉讼费用由上诉人负担。

事实

缘上诉人与被上诉人为债务涉讼一案,上诉人不服原审判决向本院提起上诉。查核状卷未据上诉人缴纳审判费,经本院裁决限令上诉人于收受裁决后二十日内补缴,该项裁决系于本年四月三日送达,取有送达证书附卷,迄今逾期日久仍未遵行。

理由

查提起上诉必须预纳审判费,修正民事诉讼费用规则第三条第五项已有规定。本件上诉人于提起上诉时,既未缴纳审判费,经本院裁决限期命其补正后,又未遵期补缴。是本件上诉□为上诉□□□□□□期限,自难认为合法。

依上论断,本件上诉为不合法,兹据民事诉讼条例第五百零八条第一项第一款、第五百十七条、第百零三条,判决如主文。

江苏吴县地方法院民庭
审判长推事
推事
推事

中华民国十九年五月五日

江苏高等法院民事判决十八年人字第二一号

判决

上 诉 人　费韩氏　住上海董家渡里马路费顺昌麻丝老店

被上诉人　费国华　住上海董家渡里马路费顺昌麻丝新店

上两造因同居涉讼一案,上诉人不服上海地方法院于中华民国十七年十二月二十四日所为第一审判决,提起上诉,本院判决如下:

主文

上诉驳斥。

第二审讼费由上诉人负担。

事实

缘上诉人费韩氏与被上诉人费国华因同居涉讼一案,经上海地方法院为第一审判决后,上诉人不服提起上诉,未据缴纳讼费。经本院裁决,限令该上诉人于接收裁决之翌日起十五日内,来院补缴讼费六元三角。是项裁决业于本年二月四日合法送达,有送达证书可稽,扣至本年二月十九日限期已满,乃逾限多日仍未据上诉人补缴前来,应即予以判决。

理由

查民事诉讼当事人提起上诉应预纳讼费,为必须具备之程式,如程式不合,经审判长限期补正,当事人仍不遵行者,即应认其上诉为不合法,予以驳斥,此在修正诉讼费用规则第二条、第五条,民事诉讼条例第九十六条第二项、第三项,第五百零八条第一项第一款均设有明文规定。本件上诉人与被上诉人因同居涉讼一案,于提起上诉后未据上诉人缴纳讼费,经本院裁决限期补缴,乃上诉人逾越裁定期限仍未遵行,本件上诉即属程式未备,殊难认为合法。

据上论结,本件上诉为不合法,应依民事诉讼条例第五百十七条、第百零三条,为判决如主文。

江苏高等法院民事第二庭
审判长推事
推事
推事

中华民国十八年三月四日

七　上诉前已舍弃上诉权

江苏吴县地方法院民事判决

判决

上　诉　人　吴阿二　　住苏州临顿路

被上诉人　张根宝　　住同上

上两造为会款涉讼一案,上诉人不服本院民事简易庭中华民国十九年五月三日第一审判决,提起上诉,本院判决如下:

主文

上诉驳斥。

第二审诉讼费用由上诉人负担。

事实

缘两造因会款涉讼,上诉人于原审判决宣告时舍弃上诉权,兹复据上诉人提起上诉到院:

理由

本院按,上诉权之舍弃或撤回上诉,即生丧失上诉权之效果。若于舍弃上诉权或撤回上诉后提起上诉,其上诉即属不应准许,法院应以其为不合法而驳斥之。本件两造为会款涉讼,上诉人在原审宣告判决时,业已舍弃上诉权,记明原审诉讼笔录至为明显。兹上诉人复行提起上诉,依据首开说明,自属不应准许。

基上论结,本件上诉为不合法,兹依民事诉讼条例第五百零八条第一项第一款、第五百十七条、第百零三条,判决如主文。

江苏吴县地方法院民事庭
审判长推事
推事
推事

中华民国十九年七月七日

● 上诉有理由、发回原审更为判决

甲　对于无关本案之判决上诉有理由判决

江苏吴县地方法院民事判决
判决
　上　诉　人　吴书恒　住苏州平江路
　被上诉人　李福兴　住南京南门内
　上两造为货款涉讼一案，上诉人不服本院民事简易庭中华民国十九年四月十日第一审判决，提起上诉，本院判决如下：
　主文
　原判决废弃。
　本件发回原审更为判决。
　事实
　缘上诉人以被上诉人所开苏州护龙街恒升杂货店欠伊货款五十七元，向原审起诉请求判令如数偿还。原审调查被上诉人住址系在南京，遂以无管辖权驳斥上诉人之诉。上诉人不服，提起上诉到院。
　理由
　本院按，对于设有营业所而从事商业制造或其他营业之人，因财产权涉讼，而其诉讼又关于该营业所之营业者，得由营业所所在地之法院管辖，民事诉讼条例第十八条已有明文规定。本件被上诉人之住址虽在南京，但其积欠上诉人之货款，既系被上诉人在苏所开之恒升杂货店，依据上开条文，原审自有管辖之权。原审仅以被上诉人普通审判籍不在苏州，遽行驳斥上诉人之诉，自难折服。
　基上论结，本件上诉为有理由，兹依民事诉讼条例第五百零八条第一项第五款、第五百二十条第一款，判决如主文。

江苏吴县地方法院民事庭
审判长推事
推事
推事

中华民国十九年五月二十日

乙　第一审言词辩论日期未到场之当事人以并无迟误为理由对于所受判决上诉有理由判决

江苏吴县地方法院民事判决

判决

上　诉　人　顾林氏　住武进县城内

被上诉人　顾吴氏　住同上

上两造为基地涉讼一案，上诉人不服宜兴县政府中华民国十八年二月二十二日第一审判决，提起上诉，本院判决如下：

主文

原判决废弃。

本件发回宜兴县政府更为判决。

事实

缘两造为基地涉讼，原审定于本年二月十五日为言词辩论日期，所有上诉人之传票系由上诉人之邻居王阿水代收。届期上诉人以未收到传票，并未到场辩论，原县准由被上诉人一造辩论而为判决，上诉人以并无迟误为理由，提起上诉到院。

理由

本院按，不到场之当事人未于相当时期受合法之传唤，如到场当事人声请由其一造辩论而为判决者，法院即应予以驳斥，民事诉讼条例第四百五十八条第一项第一款已有明文规定。本件原审送达与上诉人之传票，系由上诉人邻居王阿水代收，其送达即难认为合法。本院讯据代收传票之王阿水亦称，代收传票之后，因事忙忘却转寄与上诉人等语。是上诉人之未到场辩论，系因未收到传票之故，不能谓为迟误言词辩论日期。原审遽依被上诉人声请，由其一造辩论而为判决，殊有未合。

基上论结，本件上诉为有理由，兹依民事诉讼条例第五百二十条第二款，判决如主文。

江苏吴县地方法院民事庭

审判长推事

推事

推事

中华民国十八年三月十五日

丙　声请回复原状之当事人对于驳斥声请之判决上诉有理由判决

江苏吴县地方法院民事判决十八年上字第二二二号
判决
上　诉　人　黄士濂　住护龙街装驾桥巷口五一六号
诉讼代理人　汪郁年律师
被 上 诉 人　汪少梅　住狮林寺巷四十四号
诉讼代理人　程　式律师

上两造为货款涉讼一案，上诉人不服本院民事简易庭于中华民国十八年八月六日所为驳斥声请回复原状之判决，提起上诉，本院判决如下：

主文

原判决废弃，发回原审更为判决。

事实

缘两造为货款涉讼，原审指定本年七月十八日上午十一时为言词辩论日期，同月十七日上午八时始将诉状及传票送达于上诉人。嗣上诉人以所留就审期间过短，因而迟误言嗣（词）辩论日期为理由，声请回复原状。经原审驳斥后，上诉到院。

理由

本院按，言嗣（词）辩论日期不到场之当事人，未于相当时期受合法之传唤者，应以裁决驳斥到场当事人缺席判决之声请。又初级事件就审期间至少应留三日，民事诉讼条例第四百五十八条第一项第一款、第四百七十九条第二项，已有明文规定。本件上诉人在原审第一次收受传票，系本年七月十七日上午八时，同月十八日上午十一时为言词辩论日期，查核案情并无急迫情事，未留三日之就审期间，其传唤即未合法。依据上开条文，当日到场之当事人所为声请，由其一造辩论而为判决，即应予以驳斥。上诉人于被上诉人一造辩论判决之后，声请回复原状，尚难认为无理由。原审予以驳斥，委有未合。

基上论结，本件上诉为有理由，兹依民事诉讼条例第五百十八条、第五百二十条第三款，判决如主文。

江苏吴县地方法院民事庭
审判长推事
推事
推事

中华民国十八年九月九日

江苏吴县地方法院民事判决十九年上字第四一四号

判决

上　诉　人　赵华生住宜兴县徐舍

被上诉人　顾吴氏住宜兴县内东大街

上两造为债务涉讼一案，上诉人不服宜兴县政府中华民国十九年十月四日驳斥回复原状之批示，提起上诉，本院判决如下：

主文

原批示废弃，发回原县更为适法之裁判。

事实

缘两造为债务涉讼，原县为被上诉人一造辩论而为判决。旋由上诉人依据民事诉讼条例第二百零五条、第二百零七条，向原县声请回复原状。经原县以批示驳斥，上诉人不服，提起上诉到院。

理由

本院按民事诉讼条例第二百十一条载，关于声请回复原状之裁判及不服裁判之声明，除本节有特别规定外，准用关于追复之诉讼行为之规定云云。故因迟误言词辩论日期而声请回复原状者，除有同条例第二百零八条之情形以外，自应经过言词辩论后，以判决行之。本件上诉人迟误言词辩论日期声请回复原状，原县驳斥其声请，竟以批示行之，依据上开条文，显有未合。

基上论结，本件上诉为有理由，兹依民事诉讼条例第五百二十条第三款，判决如主文。

江苏吴县地方法院民事庭
审判长推事
推事
推事

中华民国十九年十一月二十七日

丁　对于以原因为不当之判决上诉有理由判决

江苏吴县地方法院民事判决

判决

上　诉　人　顾云来　住吴江县同里

被上诉人　林景云　住同上

上两造为债务涉讼一案，上诉人不服吴江县政府中华民国十八年九月六日第一审判决，提起上诉，本院判决如下：

主文

原判决废弃。

本件发回吴江县政府更为判决。

事实

上诉人声明应受判决之事项与主文所揭示同。其陈述略称，被上诉人积欠上诉人货款一百二十元并未偿还。而被上诉人则称，所欠上诉人货款为七十元，已于本年三月二日由其伙友林益友交与上诉人等语。查林益友系被上诉人之堂弟，当日虽曾到上诉人店内商量缓期偿还，但并无交到款项，有邻店吴仲贤、林月如在场可证。原审采用林益友之证言，驳斥上诉人之诉，殊难甘服云云。援用证人吴仲贤、林月如之证言为证。

被上诉人声明请求驳斥上诉。其答辩略称，被上诉人所欠上诉人货款确为七十元，有账簿可证，业经派由店伙林益友交还上诉人。林益友虽与被上诉人同姓，并非同宗，其证言自可采用。至上诉人所举证人无非事后串通，不足凭信云云。

理由

本件被上诉人主张已将所欠上诉人货款清偿，无非援用证人林益友之证言而已。查林益友系被上诉人之堂弟，业经本院调查明确，则其证言即有偏颇之嫌。本院传讯上诉人所举证人吴仲贤、林月如均称，三月二日林益友曾到原告店内商量被告欠款缓期偿还，因无结果，林益友即行告辞而去，并无交款情事云云。并经调阅两造商业账簿，三月二日双方均无付款、收款之记载。该款被告实未偿还，毫无疑义。原审仅凭林益友之证言，驳斥上诉人之诉，自难折服。本件请求之原因及数额俱有争执，上诉人对于以原因为不当之判决，上诉既有理由，关于数额部分，自应发回原审审判。

基上论结，本件上诉为有理由，兹依民事诉讼条例第五百十八条、第五百二十条第四款，判决如主文。

江苏吴县地方法院民事庭

审判长推事

推事

推事

中华民国二十年五月二日

戊　第一审诉讼程序有重要之疵累

江苏吴县地方法院民事判决十九年上字第五一九号
判决
上 诉 人　王文清　住溧阳县王家小庙
被上诉人　吴仁源　住溧阳县吴店
蔡金麟住溧阳县周家店
　　上两造为地亩涉讼一案，上诉人不服溧阳县政府中华民国二十年一月六日第一审判决，提起上诉，本院判决如下：
主文
　　原判决及其诉讼程序废弃，发回溧阳县政府更为判决。
事实
　　缘两造为田亩涉讼，原审派被上诉人蔡金麟会同区长前往勘验，嗣由该区派员督同被上诉人蔡金麟勘丈绘具图说呈覆，原审即据该项图说予以判决，上诉人声明不服，提起上诉到院。
理由
　　本院按民事诉讼条例第四百三十三条载，因标的物之性质或有重大窒碍，不能于受诉法院行勘验者，法院得使受命推事或受托推事行之。又第三百四十一条载，使受命推事调查证据者，由审判长于庭员中指定云云。此系就法院而言，若兼理司法之县政府仅有承审员一员者，则应由承审该案者亲自前往勘验方为合法，要不能假手他人行之。本件上诉人与吴仁源为田亩纠葛，谓吴仁源有勾串册书蔡金麟帮同妄指情事，故于原审并列蔡金麟为被告。而原审竟令该册书（即被上诉人）会同区长前往勘验，并根据报告而为判决，按之首开说明，原判决程序实有重要之疵累，应予废弃发回。至其实体上之裁判是否正当，即应毋庸置议。
　　据上论结，本件上诉为有理由，依民事诉讼条例第五百零八条第一项第七款、第五百二十一条第一项，特为判决如主文。

江苏吴县地方法院民事庭
审判长推事
推事
推事

中华民国二十年三月二十七日
江苏吴县地方法院民事判决十八年上字第一二六号

判决

上　诉　人　马柱臣　住昆山县东门街五号
右诉讼代理人　陆　起律师
被　上　诉　人　夏寿生　住昆山县东门街五号

上两造因基地涉讼一案，上诉人不服昆山县政府于中华民国十七年十月五日所为第一审判决，提起上诉，本院判决如下：

主文

原判决废弃。

本件发回原县更为判决。

事实

缘被告所有天一图代圩五号三十丘基地，与原告祖遗同图圩号内三十一丘住基毗连，被告于民国十六年十月间建筑房屋，侵占原告基地三厘，复贿串马季康立契，诈称买受马季康户名基地一分任意扩张，经原告起诉到县。原县于民国十七年九月二十一日委派朱学汉前往履勘，嗣原县未指定日期传集两造到庭言词辩论，即予判决。上诉人不服，提起上诉到院。

理由

按民事诉讼条例第三百二十四条第一项载，调查证据之结果，应晓谕当事人令为辩论。又第二百六十二条第一项载，判决除条例有特别规定外，应本于当事人之言词辩论为之各等语。本件上诉人与被上诉人因基地涉讼一案，原县于民国十七年九月二十一日履勘后，未指定日期传集两造，依法晓谕令为适当之辩论，遽予判决，核与上开条例显有未合，即属诉讼程序上有重要之疵累，应将原判决废弃，发回原县更为判决。爰依民事诉讼条例第五百零八条第一项第七款、第五百二十一条第一项，判决如主文。

江苏吴县地方法院民庭
审判长推事
推事
推事

中华民国十八年六月四日

● **上诉无理由判决**

江苏吴县地方法院民事判决十八年上字第一四九号

判决

上　诉　人	程张氏	住江阴县市区双牌一段
	程家祥	住同上
	程锡爵	住同上
	程翰章	住同上
被 上 诉 人	杨茂基	住同上
诉讼代理人	徐炳成律师	

上两造为祠产涉讼一案,上诉人不服江阴县政府于中华民国十七年十一月所为第一审判决,提起上诉,本院判决如下:

主文

上诉驳斥。

第二审诉讼费用由上诉人负担。

事实

上诉人声明请求废弃原判决,更为适法判决。其陈述意旨略称,讼争祠屋系奉先贤程子专祠,载在祀典,实与普通不动产不同。况此祠虽典出有年而未满三十年以前,早已遭人□□□□等费要求典价以外再加费用。上诉人方面既在三十年以前交涉回赎,实与三十年以后放弃权利不符云云。

被上诉人声明驳斥上诉。其答辩意旨略称,讼争之屋系光绪十六年出典,为上诉人所不争之事实。迄起诉时已逾三十年,上诉人向未提及取赎,依清理不动产典当办法第三条及十年十月七日统字第一六二五号解释,上诉人自无回赎之余地云云。

上诉人于言词辩论日期未到场,被上诉人声请由其一造辩论而为判决。

理由

本件讼争祠屋原系上诉人等共有产业,虽仅由程张氏一人起诉,唯嗣后既据程家祥等三人具状加入诉讼,自可认其有共同起诉之意思,原判当事人项下漏列程家祥等三人,应由本院予以纠正。又讼争祠屋于法律上对于共同诉讼之各人必须合一确定,故程张氏一人之上诉,视与全体所为同,而将程家祥等二人并列为上诉人,特此先行说明。查清理不动产与(典)当办法第三条载,未满六十年之典当,无论有无回赎期限及曾否加典、续典,自立约之日起算已逾三十年者,统限原业主于本办法施行后三年内回赎。如逾期不赎,只准原业主向典主告找作绝,不许告赎(下略)云云。又若立契在前,而满三十年在该办法颁行以后者,匪唯受该条适用,且不发生三年犹豫问题,亦经解释在案(参照十年十月七日统字第一六二五号解释)。本件讼争祠屋在光绪十六年间出典,为上诉人所不争之事实,该办法系于民国四年十月四日公布,上诉人既未于该办法公布后届满三十年以前回赎,依据上开说明,自属不得回赎。虽据上诉人在原审供称,"于民国七年向他赎不应,是我自己去的,并没有旁人知道"等语,空言无据,殊无足采。原审驳斥上诉人之诉,委无不合。

基上论结,本件上诉为无理由,兹依民事诉讼条例第五百十七条、第百零三条,判决如主文。

江苏吴县地方法院民事庭

审判长推事

推事

推事

中华民国十八年六月二十九日

江苏吴县地方法院民事判决十八年上字第七五号

判决

上　诉　人　李财源　住阊门外西津桥西木桥头西首塔子济

法定代理人　李金氏　住同上

被 上 诉 人　王桂林　住阊门外西津桥西木桥堍下塘

上两造因基地涉讼一案,上诉人不服本院简易庭于中华民国十七年十一月二十六日所为第一审判决,提起上诉,本院判决如下:

主文

上诉驳斥。

第二审诉讼费用由上诉人负担。

事实

上诉人声明废弃原判决,撤销民国十七年四月五日诉讼上和解,将讼争基地判归上诉人所有。其陈述意旨略称,十七年四月五日之强迫和解,系夏鼎瑞律师当庭签字,上诉人殊难甘服。且上诉人又有发现新证据之完粮板串等件,提起再审之诉,而原审竟予驳斥,实属不当云云。

被上诉人声明请求驳斥上诉,其答辩意旨略称,讼争基地被上诉人系由执行处拍买,上诉人何得混争。且经和解在案,上诉人提起再审之诉,并无理由云云。

理由

本件上诉人之父李根泉与被上诉人因基地涉讼,于民国十七年十一月二十六日在本院当庭和解,内载被告(指李根泉)及其家属在另案基地涉讼未确定前及确定后,如判归原告(指王桂林)所有,均不得妨害原告使用收益(下略),并由前上诉人之父李根泉及其代理人夏鼎瑞律师在和解笔录上画押。兹上诉人不服和解,谓系当时强迫和解云云,纯属空言主张,毫无实据,显难采信。至该项和解既经合法成立,并无可以撤销及无效之原因,则上诉人提出之粮串,无论是否,若经斟酌可受较有利益之裁判,要无推翻原和解之可能。原审予以驳斥,委无不合。

基上论结,本件上诉为无理由,兹依民事诉讼条例第五百十七条、第百零三条,判决如主文。

江苏吴县地方法院民事庭
审判长推事
推事
推事

中华民国十八年四月二十日

江苏吴县地方法院民事判决十九年上字第二三一号

判决

  上 诉 人 蔡楚宝 住武进县城内观子巷
        毕修方 住上海大沽路同乐坊一一〇三号
  上诉讼代理人 秦佑荪 住武进县城内小马园巷十三号
  被 上 诉 人 许荫棠 住武进县城内千秋坊

上两造因租涉讼一案,上诉人不服武进县法院中华民国十九年四月二十四日第一审判决,提起上诉,本院判决如下:

主文

上诉驳斥。

第二审诉讼费用由上诉人负担。

事实

上诉人蔡楚宝请求废弃原判决,驳斥被上诉人之诉。其陈述略称,被上诉人之祖父许子浚即玉庭,于光绪十二年受典毕子筠房屋一所共计六间,井一口。至光绪二十九年由许子浚转典于蔡楚宝之父,典价制钱四百千。至民国八年改典为赁,再加顶首洋一百元,言明每月房租洋四元,除以上诉人出赁房屋每月租金三元,交由被上诉人迳行持折收抵,再由上诉人立折,月给房租一元,补足四元之数。被上诉人若向上诉人取赎,自须给付上诉人典价四百吊,顶首一百元,而四百吊之典价,亦应按民国八年之洋价计算,共洋五百元。而被上诉人竟欲按现在洋价计算取赎,上诉人自难放赎。民国十七年原业主毕修方备款向被上诉人赎屋,因被上诉人要挟过苛,不肯放赎,乃改向上诉人将该典屋赎回,赎价洋五百三十二元。按转典契内既载明,"许子浚今将首年所典毕子筠祖遗住房一所,转典与思本堂蔡姓",足证被上诉人先祖父亦承认该房系毕氏遗产。且毕修方提出族议据、完粮印串、宗谱等各项有力证据,证明该房系其所有,承继人确为毕修方,上诉人将该房准由毕修方赎回,并无不合,原判殊难甘服云云。

上诉人毕修方声明与上诉人蔡楚宝同其陈述略称,民国九年毕姓续修宗谱时,遍查出典讼争屋人堂叔毕子筠失踪,经族众议决,当以上诉人应继承出典人毕子筠财产权,有民国九年族议据及宗谱可证。被上诉人误认为绝户之产,蓄意谋占,始终捎不放赎,乃借口修理费及借款共计七百十八元之巨,以图抵制。自民国九年起以至现在将及十载,经多次交涉避不见,而无法取赎,不得已今春就被上诉人所立契约应交各款结成五百三十二元,嘱令蔡楚宝择屋另迁,两造均出自愿,各立契约遵守,一面登报通知。被上诉人见谋产不成,乃构词兴讼,原审不揣事实,谓毕修方既未与被上诉人撤销典约,即应受其限制,殊不甘服云云。

被上诉人声明请求驳斥上诉。其陈述略称,被上诉人之祖父许子浚于光绪十二年受典毕子筠房屋一所计六间,至光绪二十九年间转典与上诉人蔡楚宝居住,至民国八年改典为赁,一再展期出屋,至民国十七年六月期满,有契约可证。在被上诉人早欲收回自居终止契约,蔡楚宝多方推托延不出屋,串通毕修方私造证据将屋放赎,借图抵制。原审根据转典契约所载,判令被上诉人出典价四百千,顶首洋一百元,向蔡楚宝将典屋赎回,颇为允洽云云。

理由

本件原典主毕子筠将房屋一所计六间,井一口,典与被上诉人之祖许子浚,由许子浚转典与上诉人蔡楚宝之父。嗣后改典为赁,加顶首洋一百元,为两造不争之事实。兹应审究者,原业主毕姓是否应向转典主(即被上诉人)取赎?抑可迳向蔡楚宝回赎?是已查原典与转典之间,往往因典价之不同或修理费之关系,原典主取赎应付之代价,常与转典主取赎时之代价不相一致。若准原典主不经转典主之手,迳向承典人取赎,转典主当受一部代价无着之结果。故转典主若系存在,则原典主自应向转典主回赎,承典人亦不能不顾转典主之利益,迳将典物准由原典主取赎,此实民事至当之条理。况本件转典主许子浚所立转典契载明,"俟后毕姓回常居住,仍应向许姓收赎,倘毕姓年限以内回里,当由三面会同熟商办理"字样。此项契约上诉人蔡楚宝更应受其拘束,纵使上诉人毕修方确系原典主承继人,亦不得借口被上诉人不肯交足典价,迳放毕修方赎回,理固甚明。又查民国八年赁租契约载,顶首洋进洋出,前契(指转典契)钱数照市作价字样,所谓四百千足钱照市作价,自应依照民国八年之市价折算银洋,始合当事人缔结契约时之意思。但上诉人蔡楚宝既自愿以一千合元,则当时洋价若少于一千,自亦应作一千计算,特予说明,以免争执。至房租每月一元,自十七年废历九月起停付,既有租折证明,又未据上诉人蔡楚宝争执,则蔡楚宝自应依约清偿。原审判准被上诉人出典价钱四百千,顶首洋一百元、将典屋赎回,并判令蔡楚宝清偿积欠之租金,尚无不合,上诉意旨为无理由。

据上论结,本件上诉为无理由,兹依民事诉讼条例第五百十七条、第一百零三条,判决如主文。

江苏吴县地方法院民庭

审判长推事

推事

推事

中华民国十九年九月十五日
江苏吴县地方法院民事判决十八年上字第二五三号
判决

上　诉　人　方生才　住武进县方家塘
上诉讼代理人　方顺祥　住同上
被　上　诉　人　方正瑞　住同上

上两造为赎田涉讼一案,上诉人不服武进县政府于中华民国十八年六月二十四日所为第一审判决,提起上诉,本院判决如下:

主文

上诉驳斥。

第二审诉讼费用由上诉人负担。

事实

上诉人请求废弃原判决,驳斥被上诉人之诉。其陈述略称,不动产典当办法第一条之规定,系指远在三十年以前契载不明之典卖契据,如契中并未载明回赎,或无法证明之回赎契据而言,与本案情形完全不同,当然不能适用。又本案争执之焦点,即是已经过期之产,能否再行告赎?查清理不动产典当办法第二条后半段之规定:"在本办法施行以前,典主久视典业为绝产,经业主相安无异者,或原契内载有逾期不赎听凭作绝字样,业主于期满时并未依约回赎者,均以合意作绝论。"曩日两造情同手足,对于系争之田本已卖绝,故其契为卖杜,并非卖而不绝之沾卖。所以其契中载明契价已高,只能三年内原价收赎,不能增找,过期不赎便永为堂第(指上诉人)世产,并于计开中载明,回赎期限为三年。故上诉人于买得此田之后,迟至三年期满,方始过入自己户内办粮执业。今已二十余年,方正瑞并无异说,自应认为早已合意作绝,岂能曲引三十年未满之条,强为准予回赎之依据,请予依法改判云云。提出卖契两纸为证。

被上诉人声明请求驳斥上诉。其答辩略称,被上诉人之地典卖与上诉人阅时虽久,然与不动产典当办法未满三十年准予收赎之规定尚属相符。至于契上固载为杜卖,唯契内既载有自后三年备价回赎,即为死头活尾皆可收赎。且立契时曾约明,自立契日起在三年内不得收赎,并无三年内收赎,三年外不得取赎之议。一亩五分卖契上添注内字,并不是被上诉人所注云云。

理由

本院按现行律载,民间置产业如系典契,多于契内注明回赎字样,如系卖契,亦于契内注明永不回赎字样,故使契约内容当解释为典契者,并不因该约所用名称,而于法律上即变更其性质。立契人如能备价取赎,买主自不能以已经绝卖为抗辩之理由。又卖契之注明回赎年限者,即明系律文之所谓典契,业经院判著为先例(参照民国三年十二月廿八日上一二四一号、又同年月二十二日上一二一九号)。本件上诉人提出光绪叁拾肆年被上诉人所立卖杜契据两纸均载有,"自卖杜之后,其田价已高昂,则(当系只字之误)可备价收赎,不能增找之说,永为堂第之产"等语。其一亩卖契上计开下载有:"其田自后三年原串收赎。"其一亩五分卖契上计开项下则载,其田自后三年收赎,又于旁边添注内愿串三字。上诉人遂主张三年内可以回赎,三年外不能回赎等语。查添注之内字墨色较浓,与愿串两字笔气亦不一贯,被上诉人又极端否认系其所注。且查如果当时约明三年内回赎,则断无一契载明,一契不载之理。是其所载自后三年原串收赎,系指三年之内不能回赎,须过三年后方可回赎之意。该两契既均注明回赎年限,虽约内系用卖杜名称,依据上开判例,自应作为典产。且系光绪三十四年所立,距清理不动产典当办法施行之期不过数年,显不能谓典主有久视典业为绝产之情形。而原契内又未载有逾期不赎听凭作绝字样,自应适用该办法第二条未满六十年之典产,仍准原业主回赎之规定。上诉人主张经过三年即不能回赎,殊无可采,原审判准回赎,尚无不合。

基上论结,本件上诉为无理由,兹依民事诉讼条例第五百十七条、第百零三条,判决如主文。

江苏吴县地方法院民事庭

　　　　　　　　　　　　　　　　　　审判长推事
　　　　　　　　　　　　　　　　　　　　推事
　　　　　　　　　　　　　　　　　　　　推事

中华民国十八年九月三十日
江苏高等法院民事判决十七年控字第四九九号
判决
　　上　　诉　　人　顾左氏　住南通县平潮区三十三里墩
　　上诉讼代理人　吴荣辉　住南通县平潮市
　　　　　　　　　谢燮钧律师
　　被　上　诉　人　李智仁　住南通县平潮市区
　　　　　　　　　李智义　住同上
　　　　　　　　　李智信　住同上
　　上李智仁诉讼代理人　陈健男　住南通县刘桥区
　　上两造为请求交赎田亩涉讼一案,上诉人不服南通县公署于中华民国十七年六月十五日七月七日所为第一审判决,提起上诉,本院判决如下:
　　主文
　　上诉驳斥。
　　第二审诉讼费用由上诉人负担。
　　事实
　　缘顾左氏于民国十五年旧历十二月十七日凭中顾万华等,将南通县属五十里河西薛家桥东首水陆荡田连基地共计一万步,出卖与李智仁、李智义、李智信为业,议明价洋四千二百七十元。因该田曾向黄秀文典得银洋一千七百元,故李智仁兄弟仅于同月十七日二十四日、二十八日先后付给票据现银二千五百七十元,其余一千七百元留待日后回赎之用。由顾左氏交付回赎合同一纸、老契一套、推粮清价承认字、卖契各一纸,两无异议。次年四月间顾左氏忽对于顾和尚提起赎据之诉,判决结果认田系大卖,并非抵押,仍然置之不理。李智仁兄弟遂于本年五月间向顾左氏、黄秀文提起交赎田亩之诉,经判决后,顾左氏不服,声明上诉,顾还被上诉人田价二千五百七十元,驳斥其诉。其陈述要旨略称,上诉人只向被上诉人借洋三百三十元,以黄姓回赎合同抵押,绝无立契出卖情事。前案所供画押乃借据上之押,非卖契上之押,故卖契上上诉人名下无何等花押。上诉人之子系福瑞,并非福生,福生实为顾福性之化名,何能发生卖买效力。田未赎回,照例不得出卖,老契向归顾福兴保管,私相授受断难资为根据。

所称田价除还一千五百多元债务外，并未得到分文，县供不朗读，不足为凭。对于前案未曾上诉，实系患病所致，此次患病有药方提出，原判责以不央人代理，似属失当云云。

被上诉人请求驳斥上诉。其答辩要旨略称，被上诉人凭中卖田，价已付清，契已成立，在黄秀文既系典产，按照通地典不阻卖之惯例及典契期前垫补税费之明文，当然无反抗及翻异之余地云云。

理由

查混称患病或虽属患病，而实际上并无不可避之障碍可言，如有诉讼代理人可以委任者，不能为回复原状理由。本件上诉人患病缺席，虽有药方可资考证，在本审既有吴荣辉可以委任代理，则所称无相当代理人，显系抵触原审认为无不可避之障碍，不许回复原状，尚无不合。黄秀文受典一万步田亩，应准期前回赎，因黄秀文不上诉之结果已经确定。争执之点即:(一)田亩有无出卖,(二)有无会同取赎义务而已。被上诉人提出之老契回赎合同，系属真正为上诉人代理人所是认，如系抵押并非出卖，在上诉人之姑即老顾左氏固不应有"我家分开时，契据就是我收执，他们打官司的一万亩田仅有八千步，老契也是我收执的。去年十二月十六日顾左氏同顾万贵、钱恩荫、左养臣即左佩之王立斋们，向我要去老契一纸、回赎一纸、老串一纸，说要卖田，我就将这三纸契据交顾左氏拏了去的"之陈述。即上诉人亦何至有"去年十二月十七日我仅画了一个十字及凭据，我实在只画了一个十字的"之供词(见顾左氏与顾和尚赎据涉讼案内第一审民国十六年五月二十六日六月九日笔录)。上诉人代理人纵辩为系借字上之押，非卖契上之押，但据"他们劝我卖田还债，及至田卖去了，竟要吞吃田价"等语(见同上笔录)。观之田已出卖，契已成立，实无何等疑义。今借词于笔录错误意图否认，要知上项陈述在该案第二审判决中言之綦详，使笔录内记载果有不实不尽之处，早应声明上诉，借资救济，上诉人置之不理听任确定，即不能空言患病推翻公证书之效力。契内中证如顾万华、钱恩荫、左佩池、顾万贵、高有林、金晋侯、陆福庆、韩子仲、顾仰高、姚有寿等，均证明卖田属实，所付田价上诉人代理人亦承认还了一千五百多元债务，徒为顾福性代偿债务未得现款，竟至请求退还二千五百七十元田价，驳斥被上诉人交田之诉，何异于事后翻异，显难认为有理。移交田亩为卖主应有之义务，所立卖契既无解除原因，回赎合同又有期前恢复过粮、税银、酒资、使费记载，黄秀文对于回赎判决并无不服表示，则会同被上诉人回赎即为当然之结果。中证人等固有侵占田价情弊，尽可另案诉请追偿，要不得据此缘由拒绝回赎。

据上论结,本件上诉为无理由,依民事诉讼条例第五百十七条、第百零三条,特为判决如主文。

　　　　　　　　　　　江苏高等法院民事第一庭
　　　　　　　　　　　　　　审判长推事
　　　　　　　　　　　　　　　　推事
　　　　　　　　　　　　　　　　推事

中华民国十七年十一月十九日

● 上诉无理由,在第二审追加之诉有理由判决

江苏吴县地方法院民事判决十八年上字第六六号

判决

上　诉　人　王锦贵　住武进县定西乡湖塘桥
诉讼代理人　王庄氏　住武进县安尚乡戴溪桥
　　　　　　　王杏生　住武进县定西乡三都一图
被 上 诉 人　庄恽氏　住武进县升东乡坂上镇
诉讼代理人　徐志青律师

上两造为债务涉讼一案,上诉人不服武进县政府于中华民国十八年一月十二日所为第一审判决,提起上诉,本院判决如下:

主文

上诉驳斥。

上诉人应将未到期债款二百元一并于到期时偿还,被上诉人第二审诉讼费用由上诉人负担。

事实

上诉人代理人声明废弃原判决,驳斥被上诉人之诉。其陈述意旨略称,本件债权人为被上诉人之翁庄学贤,被上诉人之翁既已物故,则收受清偿之人应当归之子庄学贤之妻庄曹氏及其子庄八棠等。被上诉人于民国五年伊夫亡故,伊即在外流连忘返,至民国九年庄学贤去世,亲戚再四向庄学贤之妻劝说,始允被上诉人回归。后又不安于室,复于民国十年私奔外出,直至民国十五年庄学贤之妻物故,被上诉人以为翁姑均亡,庄学贤之子八棠又庸懦非常,故又敢再到庄门。听人唆使包庇,竟将此项款已还过之期票赴县诬追,原县不以债权人之妻与子为有收受清偿权之人,反以前后脱离庄门十余年之被上诉人认为有收受清偿之权,不知是凭何律。至谓被上诉人持有期票系被上诉人于私奔时窃卷而出,该款既经债权人

之妻与子收清,出立收据载明原借票作废,则被上诉人所立之废票,犹窃贼持事主家所有之证据,应属无效。县判认被上诉人有收受清偿之权,殊为不当云云。援用证人陈洪林、童浩生之证言。

被上诉人及其代理人声明驳斥上诉,并判令上诉人偿还被上诉人最后两期债款洋二百元。其答辩意旨略称,被上诉人为庄霭棠之妻,霭棠为庄学贤之长子,被上诉人为学贤之长媳。子亡而媳存,则媳犹子也,庄学贤所遗下债权不因子亡而消灭,被上诉人分受之债权自有追偿之权。上诉人所欠债务立有期票九纸,由姑曹氏分与被上诉人,于十一年壬戌、十二年癸亥由上诉人分期赎去二纸。十三年甲子至十七年戊辰均不依期履行,屡催无着,今返任意诬蔑谓被上诉人私奔卷带。若上诉人所云,民国十年被上诉人私奔出外,试问十一年、十二年之期票何由赎回?民国九年订立期票既须分期归还,如能当年还洋二百元,何不惮烦乃尔,可见上诉人所称显非真实。至订期票九纸,民国十四年既能清偿大洋七百元,则民国十三年被上诉人既未在家,甲子年应还之款曷不依期偿还,由被上诉人之姑与叔出立收据。又可见所称十四年归还七百元,并非真实,应请驳斥上诉。又查大理院七年上字六零八号判例,已达清偿期之金钱债权,经当事人改约分期归还者,如至分还之期债务人仍不履行,应许债权人声明解约,而使其得为全部履行之请求。兹特检同末后两期票据洋二百元,请求判令一并偿还云云。提出期票两纸为证。

理由

本件被上诉人所主张上诉人借被上诉人之翁庄学贤洋九百元,上诉人并无争执,其二百元早已偿还,亦为被上诉人所承认。上诉人对于其余七百元,主张业于民国十四年交与被上诉人之姑庄曹氏及其夫弟庄八棠,执有收条为凭。并称被上诉人家于民国十三年被劫,当时被上诉人之母庄曹氏以为该项期票被抢,不知乃为被上诉人窃取而去,被上诉人何能持此废票向上诉人索款等语,以为抗辩。但本院讯据被上诉人之夫弟庄八棠供称,"分家时并未提及该项债权分与何人,该期票向来存在伊母庄曹氏处,伊与伊母并非同院居住,系隔开一家。民国十三年伊家被抢,伊母家并未被抢"云云。查该期票既存庄曹氏家内,庄八棠家被抢,断无疑及该期票一并被抢之理。如果误为被抢,何以呈报县署失单并未将此项期票列入(呈报县署失单并未列入期票,见十八年四月八日笔录证人陈洪林之证言),则十四年庄曹氏子所出收据所载期票遗失一语,显系捏饰无疑。庄曹氏等并无遗失期票之事实,而不能提出该项期票,实际上期票又在被上诉人之手,则被上诉人所称该期票系庄曹氏付伊抵偿一部奁资之语,诚非无据。庄曹氏并无领受该项债款之权明甚，上诉人之媳王庄氏即庄曹氏之女，庄八棠之姊，对于此中情事自必熟知。且上诉人又将该项债务派归幼媳王庄氏归还，王庄氏对于庄曹氏母子有无领受此项债款之权，更当特别注意。姑无论收据上中人代笔均系上诉人及庄八棠戚属，当时是否以现款交付庄曹氏母子，尚有疑问。纵使属实，亦系上诉人之媳王庄氏与庄曹氏、庄八棠母女姊弟串通立此收据，以为日后抵制被上诉人之地步。此等给付在庄曹氏母子为无权领受，被上诉人向无领受清偿权限之人所为之清偿，自属无效。至上诉人所称，被上诉人夫死之后即行私奔在外，意谓被上诉人已失承继庄学贤遗产之资格，此项主张纯属空言，难予置信。且被上诉人取得该项期票，系根据庄曹氏抵还奁资之事实，与继承遗产亦无何等关系，原审判令上诉人应向被上诉人偿还并无不合，上诉论旨殊难认为有理由。又已巳、庚午两年未到期期票，既有到期不履行之虞，被上诉人追加请求一并判还，依民事诉讼条例第二百八十七条规定，其主张亦属正当，自应判令上诉人如数偿还。唯此款原应于到期后偿还，上诉人主张即时归还，尚有未合，故于上诉人请求之期限上加以限制。

基上论结，本件上诉为无理由，被上诉人追加之诉为有理由，兹依民事诉讼条例第五百十七条、第一百零三条、第九十七条，判决如主文。

江苏吴县地方法院民事庭
审判长推事
推事
推事

中华民国十八年四月十二日

● 上诉一部有理由、一部不合法判决

江苏吴县地方法院民事判决十五年上字第四〇八号
判决
上 诉 人 潘景祥　住武进正素巷
被上诉人 周士立　住武进丰东乡
　　　　　周行大　住同上

上两造因赎田涉讼一案，上诉人不服武进县知事公署于中华民国十五年九月十五日所为第一审判决，提起上诉，本厅判决如下：

主文
原判决废弃。

被上诉人周士立之诉及上诉人对于周行大之上诉均驳斥。

原审及本审诉讼费用，由被上诉人周士立负担。

事实

上诉人声明求为废弃原判决，驳斥被上诉人之诉之判决。其陈述要旨略谓，被上诉人之父周国元于民国元年腊月将昆字一千六百八十四号平田九分四厘零及一千六百九十九号平田一亩，次年六月又将珍字二千四百九十八号平田一亩贰分六厘零，先后活卖与上诉人故父松培管业。民国七年被上诉人家计窘迫，自愿将前开田亩凭中吴万银吴公正（已故）及官中董政等立契绝卖与上诉人故父遵章投税。八年于兹并无异议，该田向归被上诉人承种，立有承种据为凭。嗣因被上诉人欠租不还，上诉人乃向原县行政部分诉追，被上诉人遂亦妄称该田系属活卖，向原县诉求放赎。原县竟判令放赎，殊难折服云云。提出周国元卖契两纸，周永才、蒋忠义、周正大田单三纸，教育款产经理处收条两纸，周士立承种田契一纸，并援用董寿山即董政、庞金林之证言为证。

被上诉人周士立声明求为驳斥上诉之判决。其答辩要旨略谓，系争田由伊父周国元于民国元二年活卖与上诉人之父潘松培，该田仍归伊家耕种。民国七年伊父失踪在外，结欠上诉人租洋三十三元，由伊央请原中张根南等偕同伊祖母向松培要求减租加价，当经松培允诺将欠租三十三元并入正契六十元一纸改作八十元，麦租减作六斗米一石二斗三十九元一纸改作五十二元麦租减作四斗米八斗，订明五年为限原价取赎，换立新白契二纸斗并非官契，时因原代笔张根南眼病，由上诉人之亲吴万银请庞金林代笔，仍由张根南等作中。于计开内注明不另立承种契，因得主未曾来乡，当将该契交庞金林带城转交松培换回老契，从此按月交租并无蒂欠。直至上年向其赎回，忽称该契变为杜契，经伊诉由原县判准回赎，上诉人竟又提起上诉，殊无理由云云。引用业在原审提出之卖契两纸，并援用张根南之证言为证。

董寿山证言略称，系争田由被上诉人周士立于民国七年加价绝卖于上诉人，故父潘松培官中系伊作的，该卖契上伊曾盖过图章云云。

庞金林证言略谓，周士立将该系争田绝卖于潘松培，其卖契系伊写的，周士立画过押的，承种据亦是我写，经士立画押云云。

张根南证言略谓，民国元年周国元将系争田卖把潘松培，契据是我写的，民国七年周士立将该系争田加价活卖与松培，值我眼痛，故契据由庞金林代笔云云。

理由

　　本案系争田由被上诉人于民国七年加价绝卖与上诉人之父松培为业,证以上诉人呈案之周士立卖契,周永才等田单,已无疑议。虽被上诉人周士立辩称,民国七年伊父国元失踪,结欠上诉人租洋三十三元,伊凭中将所欠租洋分别增加系争田原卖价之上,仍将系争田活卖于上诉人之父松培管业。上诉人所提出之卖契两纸内载,系争田业经卖绝系属伪造等语,但查该卖契为庞金林所代书,已为两造不争之事实。据庞金林供称,周士立将系争田绝卖于潘松培,其卖契伊写的,士立画过押的云云。是该卖契并非伪造,不能谓无相当之证明。且据该卖契所列官中之董寿山供称,系争田于民国七年由周士立加价绝卖与潘松培,官中系伊作的,伊在卖契上盖过图章云云,尤足见该卖契并无瑕疵。虽被上诉人周士立坚不认有就该卖契画押之情事,而该卖契周士立之"十"字押,与周士立在原县所提出之卖契内周士立"十"字押,既无彰著之区别。讯据周士立忽称,其在原县所提出之卖契内周士立"十"字押非伊所画,忽又称为伊所画,游移其词,无非欲避笔迹之核对,则该卖契周士立"十"字押,确出周士立手笔至不容疑。且民国元年被上诉人之父国元将系争田活卖与上诉人之父松培,其契据固系张根南代书,而民国七年周士立复将系争田加价绝卖与松培,征诸该卖契,则张根南明明未曾参预,从而该卖契究为活契,抑为绝契,自非张根南所能明了。周士立援用张根南证言以为其主张之证明,当然不能采用。系争田既经周士立加价绝卖上诉人,复无允许回赎之意思表示,原县乃判令周士立备价一百三十二元向上诉人赎回系争田,显属违法。被上诉人周行大并非原审当事人上诉人,对之提起上诉,亦有未合。

　　据上论结,本件上诉一部为有理由,一部为不合法,应依民事诉讼条例第五百十七条、第五百十八条、第九十八条,判决如主文。

江苏吴县地方法院民事庭
审判长推事
推事
推事

中华民国十五年十一月十七日

● 上诉有理由判决

江苏吴县地方法院民事判决

判决

上　诉　人　林恒茂　住吴江县同里
被上诉人　王开泰　同上

右两造为田亩涉讼一案,上诉人不服吴江县政府中华民国十七年六月三日第一审判决,提起上诉,本院判决如下:

主文

原判决废弃。

被上诉人之诉驳斥。

第一、第二两审诉讼费用由被上诉人负担。

事实

缘两造前因田亩涉讼,经原审于民国十四年当庭试行和解成立,嗣被上诉人复以同一标的向原审起诉,经原审审理结果认被上诉人之诉为有理由,判决后上诉人不服,提起上诉到院。

理由

本院按,审判长于定言词辩论日期前,认原告提起之诉其诉讼标的曾经和解者,应不定日期请求法院为驳斥之判决。本件被上诉人在原审提起之诉,其标的既经和解在先,有卷可查,原审忽方调查,不将原告之诉驳斥,竟另为有利被上诉人之判决,自难折服。

基上论结,本件上诉为有理由,兹依民事诉讼条例第五百十八条、第百零九条第二项、第九十七条,判决如主文。

江苏吴县地方法院民事庭
审判长推事
推事
推事

中华民国十九年五月二日

江苏吴县地方法院民事判决

判决

上　诉　人　王国俊　住苏州阊门外
被上诉人　黄书清　同上

上两造为分析财产涉讼一案,上诉人不服本院民事简易庭中华民国十九年十一月二日第一审判决,提起上诉,本院判决如下:

主文

原判决关于命上诉人交还被上诉人田四亩部分废弃。

第二审诉讼费用由被上诉人负担。

事实

上诉人声明应受判决之事项与主文所揭示同。其陈述略称,上诉人在原审向被上诉人诉追房屋,原审判决上诉人胜诉,原无不当。唯被上诉人在原审并未提起反诉,原审遂行判令上诉人交还田亩,殊不合法。该田因被上诉人尚欠上诉人债务,一时尚不能交还云云。

被上诉人声明请求驳斥上诉。其答辩略称,照分书所载,被上诉人固应将房屋交还上诉人,但上诉人依分据亦应将平田四亩交还被上诉人,在原审虽未提起反诉,但该项判决甚属允当,上诉并无理由云云。

理由

本院按,除有特别规定外,法院不得就当事人未声明之事项为判决,民事诉讼条例第四百六十一条已有明文规定。本件上诉人有无交还被上诉人田亩之义务,被上诉人在原审既未提起反诉,依据上开法条,自不能就该项田亩而为判决,原审竟予判令上诉人交田,自有未合。

基上论结,本件上诉为有理由,兹依民事诉讼条例第五百十八条、第九十七条,判决如主文。

江苏吴县地方法院民事庭
审判长推事
推事
推事

中华民国二十年二月一日

江苏高等法院民事判决十七年控字第四九三号

判决

  上 诉 人 吴葛氏 住宝山县江湾镇大寺场东首

  上诉讼代理人 钱保镜律师

  被 上 诉 人 马周氏 住上海县海宁路一七八七号

  上诉讼代理人 文 超律师

上两造为请求迁让房屋及给付租金涉讼一案,上诉人不服上海地方法院中华民国十七年八月十三日、八月十八日先后所为第一审判决,提起上诉,本院判决如下:

主文

原判决废弃。

本件发交宝山县政府为第一审审判。

事实

缘吴葛氏居住宝山县属江湾镇地方,马周氏谓其承租同县殷号五图冈字圩内第四十三号第一丘、第二丘市房三十七间,欠租不付,向原审提起迁让房屋及给付租金之诉。经判决后吴葛氏不服,声明上诉,请求废弃原判,发交宝山县政府更为判决,被上诉人代理人表示同意。

理由

本件系争房屋坐落宝山殷号五图冈字圩内,上诉人住址又在宝山江湾镇大寺场地方,依民事诉讼条例第十四条、第十五条第一项规定,应由宝山县政府管辖第一审极为明显。原审不依职权调查,竟予以实体上之判决,殊属违误。唯上诉人即请求发交宝山县政府为第一审审判,被上诉人代理人并无异议,本院自应本诸当事人之意思而为判决。

据上论结,本件上诉为有理由,应依民事诉讼条例第五百十八条、第四百九十九条、第四百六十九条第一项,特为判决如主文。

江苏高等法院民事第二庭

审判长推事

推事

推事

中华民国十七年十一月十四日

江苏吴县地方法院民事判决十九年上字第一八七号

判决

上 诉 人 吕连润 住武进大连乡钱家村

被上诉人 陆树德 住武进城内大观路

上两造因地亩涉讼一案,上诉人不服武进县法院中华民国十九年□□六日第一审判决,提起上诉,本院判决如下:

主文

原判决废弃。

被上诉人之诉驳斥。

第一、第二两审诉讼费用,由被上诉人负担。

事实

上诉人声明请求废弃原判,更为判决。其陈述略称,上诉人卖与被上诉人之地计粮六分八厘,为两造所不争之事实。虽当日立据交割时未曾订立界石,但上诉人根据上诉人兄弟分析时之分关,此次卖与被上诉人之地确系由东面西,断难指鹿为马,谓系由南面北,任意出入。今原审遽认所卖之地为北面,未免臆测,被上诉人意图自利,妄起讼争,欲攫取上诉人之弟受分之田为应交之田,不知凭何根据,断难听其自造图样,即为所定之地位。再原审勘验图内,西边一块虽未足数,但再西边尚有余地,尽够被上诉人所卖之地亩数额云云。

被上诉人声明请求驳斥上诉。其答辩略称,购置坟地与别种土地不同,俗例上必先测定四址,查其可容几穴,而后谈判。民国十五年上诉人欲购买此地,先托周狗大向被上诉人说明,再由上诉人亲自测定四址撒好灰线,然后由被上诉人视察该地穴场。继由光祖等论定价值,立据成交,并言明由东至西六丈、由南至北六丈八尺。嗣后上诉人依测定灰线,耙深沟槽为永远之界,上诉人遂开坑筑坟,于今五载,安有界线不清之理。按被上诉人地东与南两界毫无问题,西靠吕姓坟、北靠吕姓田,西面沟槽之外有坟十余座,曾经周狗大给图证明在案。且原审勘丈,见被上诉人地之西面不特坟墓累累,且低洼不堪。北面平坦,一望了然。上诉人于去岁毁灭北面漕沟,盗卖该地,今年夏季又迁去西面之坟,拟移北补西,而新泥嫩草地形仍旧,殊难搪塞,北面之地明明系上诉人出卖,有程姓单据可凭。况上诉人在原审辩诉状内自称,卖与程姓之田在北云云,则该田为被上诉人之地无疑。当日卖与被上诉人时填写四址,上诉人声称西与北均其所有,今忽发现分关等纸,妙计横生,前后矛盾,欲盖弥彰。综上理由,被上诉人确应升北管地,上诉意旨殊无理由云云。上诉人于最后言词辩论日期未到庭,被上诉人请求由其一造辩论而为判决。

理由

本院按原审勘验图说,被上诉人现管地计四分九厘七毫九丝八忽。其北部即被上诉人所称上诉人卖与程姓之地,计一分九厘一毫九丝。如以该地补与被上诉人,则较上诉人卖出之地多三毫四丝三忽。其西部即上诉人指称卖与被上诉人之地,计一分六厘八毫五丝,如以该地补与被上诉人,则较上诉人卖出之地少一厘九毫九丝七忽。原审以靠西一块面积过小,故判令上诉人将靠北一块交与被上诉人。唯本院讯据上诉人供称,原审勘图以外,上诉人靠西尚有余地,实不只一分六厘八毫五丝之数。被上诉人亦称,靠西之地交与被上诉人虽亦足额,唯靠西之地低洼不堪造坟云云。查上诉人卖与被上诉人之地契上,并未载明东西南北宽长若干之弓口,则上诉人只须交足数额,被上诉人即不能过事苛求。况本院讯据原中杨庚盘证称,上诉人卖地当时实已说明,由东至西并未划明界限等语,是被上诉人更无争执之余地。虽证人周狗大、孙祖光之证言同称,被上诉人所买之地系靠北面云云,唯周狗大与上诉人因地界争执积有嫌怨,孙祖光与上诉人之子同学,其证言均难凭信。原审以西部之地较少不敷数额,遂割北部之地补偿被上诉人,委有未洽。上诉人请求废弃原判,另为判决,其上诉非无理由。

基上论结,本上诉为有理由,兹依民事诉讼条例第五百十八条、第四百五十七条、第百零九条第二项、第九十七条,特为判决如主文。

江苏吴县地方法院民事庭
审判长推事
推事
推事

中华民国十九年九月二十二日

江苏吴县地方法院民事判决十九年上字第三三五号

判决

上　诉　人　汪志翔　住武进城内唐家湾

诉讼代理人　陆尔镛律师

被上诉人　徐王氏　住武进城内金主街

诉讼代理人　陈大猷律师

上两造为请求返还基地拆除房屋涉讼一案,上诉人不服武进县法院中华民国十九年八月三十日第一审判决,提起上诉,本院判决如下:

主文

原判决废弃。

被上诉人应将讼争磨字第一百七十五号原平屋基八厘二毫三丝三忽交还上诉人,并将该地上房屋拆除。

第一、第二两审诉讼费用,由被上诉人负担。

事实

上诉人代理人声明应受如主文之判决。其陈述略称,上诉人之祖汪海耀,甥承舅嗣,得有嗣产基地一方。原业户为谈桂得系磨字一百七十五号,原平八厘二毫三丝三忽,坐落武进城内右厢杜家衖,与被上诉人屋基毗连,历由上诉人之祖父执单管业。清宣统三年间被上诉人将自屋三间租赁与陈雪涯居住,当因不敷转动,向上诉人之父根生先叔桂生恳借前项基地,添盖浮房,期订八年为限。年满之后,将所盖之屋一律拆让,听凭业主收回,由陈雪涯出立借基据为凭。近者陈姓与被上诉人解除租赁关系迁居他处,而陈姓竟不履行拆屋还基之契约,反将其所盖浮房四间价卖与被上诉人,而被上诉人买得之后,即行出租,视为己有。查该基地由陈姓借用时,被上诉人曾经签名画押,即陈姓向被上诉人租赁房屋租契上计开项下所载,亦与借基据内容相同,可见被上诉人早已承认为上诉人所有。而被上诉人则称,租契内计开项下关于借基之记载系属他人加添,兹已经钧院鉴定,结果认为租契内容系一人所书,并无他人添写情事,被上诉人更有何说。至被上诉人提出之谈桂德出典契及议据,主张已逾典产六十年回赎之时效云云,殊无成立之可能。盖被上诉人写给陈雪涯之收清据内有谈桂德顶首一纸,顶首契为出租主立与租户之笔据,可见该屋前此系谈桂德出租与被上诉人,并无出典之事实。即退一步而言,纵使该项典契属实,而典契内容仅坐南朝北平屋一间,基地并无,出典时经洪杨兵燹屋毁无存,该项典约早经失效。原判乃因同治七年之议据内载有,即将现在朝南基牵涉,凭中酌议借钱八千文正,听凭出入字样,谓谈姓全部基地亦受续典。查该议据是真是伪,亦姑不具论,但其内容仅以借钱八千,听凭出入字样,而断送上诉人全部基地,殊难甘服,应请依法改判云云。

被上诉人声明请求驳斥上诉。其答辩略称,谈桂德于咸丰三年将系争地屋一间出典于被上诉人之祖,有典契为凭。至庚申洪杨之役房屋被毁后,于同治七年借钱八千文,将系争地余基加入,听凭出入,有议据为凭据。内有牵涉二字,当作加入解参,以下文听凭出入之意毫无疑义。自受典迄今六十余年,此项基地在被上诉人祖遗房屋天井内,使用收益相安无异久,已视为绝产。乃上诉人明知按照清理不动产典当办法第二条规定,已满六十年之典产,无告争余地,希图根本否认,举所有典契议据等一律指为伪造。试问六、七十年之契据,凭何技术于仓卒之间制成各种陈旧之纸张。至上诉人提出之借基据,被上诉人名下之签字,并非被上诉人亲笔业经鉴定,是祖户陈姓向上诉人借用基地,为被上诉人所不知,已可断言。再观该据割裂弥缝之破绽,适见其作伪心绌,而况上诉人所称甥承舅嗣系属空言,主张并无佐证,应请驳斥上诉云云。

理由

本件上诉人家曾于民国元年将讼争地借与陈雪涯,业经被上诉人提出借基据为证,并经原借主陈雪涯之子陈秉钧及原中朱文荣证明属实。查陈雪涯系被上诉人之租户,因租赁被上诉人房屋不敷居住,故向上诉人借基盖屋。复查同年陈雪涯向被上诉人租屋,其赁房据计开项下附记,"所借汪姓空基外,并借有衖基一条,嗣年满之后交业户自行管理"。此项附记系原代笔周莲塘所书,亦经本院鉴定属实,可见被上诉人早已承认该地为上诉人所有。而上诉人复能提出讼争,地方单及历年粮串为证,可知上诉人所称伊祖甥承舅嗣,取得谈桂德户讼争基地,尚未空言无据。而被上诉人所持为抗辩理由者,无非主张对于该地有典权,自咸丰三年迄今逾六十年,回赎之期限而已。唯谈桂德于咸丰三年出典于上诉人家,其典屋文契仅载平屋一间,其同治七年所立议据内称,"缘因谈桂德曾于咸丰三年将祖遗(中略)平屋一间典与徐姓居住(中略),至庚申年贼陷常城被贼拆毁,贼又盖屋与谈姓相连,现在两椽又剩基地在外(中略)。谈姓央恳乡保与徐姓之妻,即将现在朝南基牵涉,凭中酌议借钱八千文,正听凭出入(中略)。日后盖屋时更正各归界址,所有谈姓祖基听凭收回,即将徐姓之钱照数算还"云云。查上诉人之基地为八厘有零,咸丰三年既系仅将房屋一间出典,则所有基地原未包括在内,至庚申年该屋已经兵燹焚毁,典权即已消灭。详核同治七年之议据,明系上诉人于房屋焚毁之后,欲将基地收回,因被上诉人仍使上诉人基地出入,致上诉人出而理论。被上诉人复以八千文之代价,借用上诉人该项基地以便出入,毫无疑义。被上诉人主张该议据即为续典基地之凭证,理由殊欠充分。咸丰三年之典权既已消灭,同治七年之议据又系借地性质,则上诉人此时根据所有权,请求判令上诉人拆屋还基,尚难谓无理由。原审予以驳斥,自不足以昭折服。

基上论结,本件上诉为有理由,兹依民事诉讼条例第五百十八条、第百零九条第二项、第九十七条,判决如主文。

江苏吴县地方法院民事庭
审判长推事
推事
推事

中华民国十九年十二月三十日

江苏吴县地方法院民事判决十八年上字第一九七号

判决

  上 诉 人 俞稼荪 住苏州市将坊

  右诉讼代理人 潘志达律师

  被 上 诉 人 王氏荣逸 住苏州市书巷七号

上两造为衖基涉讼一案,上诉人不服本院民事简易庭于中华民国十八年六月二十六日所为第一审判决,提起上诉,本院判决如下:

主文

原判决废弃。

被上诉人之诉驳斥。

被上诉人住屋东南两面所有衖基确认为公衖,被上诉人不得妨碍上诉人通行。

第一、第二两审诉讼费用,由被上诉人负担。

事实

上诉人声明应受如主文之判决。其陈述意旨略称,系争公衖关系五姓出入,除两造外,尚有杨、周、胡三姓,后门同在系争公衖之内,历来公同出入，相安无异。该衖向称杨家墙门，现称杨家衖，有西北两口，西口通书衖，北口通调丰衖。被上诉人于西口垒墙阻碍通行，上诉人向其交涉，被上诉人反向上诉人起诉。其所持理由即以契内载有备衖两架，殊不知该契既未载明备衖位置，已属含混。且苏地称备衖，皆指房屋内进通行之衖堂而言，屋外衖基概称衖堂，何能牵混。且邻居胡兆周乾隆年间老契内载，调丰衖东杨家墙门公同出入，其为公衖无疑。原审认为被上诉人所有，驳斥上诉人反诉，殊难甘服云云。援用胡兆周所执房契为证。

被上诉人声明请求驳斥上诉。其答辩意旨略称，被上诉人故父曾于同治年间凭中价买马姓坐落书衖中朝西门面出入房屋一所，计四间基地三进，共平屋十二间、皋船三间、披厢五个、厢房一个、大小备衖两条、天井全受买，居住有数十年之久。查该衖为被上诉人所有，不特原契、老契均已载明，且经勘明上诉人所开之门早经闭塞，自必另有原因，未得被上诉人同意，自不能任意通行，应请驳斥上诉云云。

理由

本件被上诉人主张，讼争衖基系其私有，其所持之理由，不过以同治十三年买契及嘉庆四年老契内载有大小备衖两条字样。查老契上既未载明备衖之位置，老契上房屋又不存在，被上诉人已难证明现有东南两面之衖基，即系从前契载之备衖。且同治年间买契系属买受基地，而抄老契所载房屋间数及大小备衖两条，被上诉人家买受后建造，究竟已否将原有备衖围入房屋基地之内，因老契及买契均无宽长、弓口之记载，均属无从证明。被上诉人请求确认该衖为其私有，提出之证据殊不足以资证明。本院传唤两造邻居胡兆周兄弟（原审勘图内误为何姓）到庭质讯，均称该衖系属公有，其所持乾隆六十年房契内载，"调丰衖东，杨家墙门内，公同出入"字样。查胡兆周后门即在讼争衖基之中间，其所载杨家墙门自系指该衖之北口（通调丰衖）而言，胡兆周之契在先，可见该衖胡兆周家早已通行，其系公衖无疑。上诉人请求确认该衖为公衖，尚难认为无理由，原审确认为被上诉人私有，驳斥上诉人之反诉，自难折服。

基上论结，本件上诉为有理由，兹依民事诉讼条例第五百十八条、第百零九条第二项、第九十七条，判决如主文。

江苏吴县地方法院民事庭

审判长推事

推事

推事

中华民国十八年八月十三日

● 上诉一部有理由、一部无理由判决

江苏吴县地方法院民事判决十八年上字第七七号
判决
上　诉　人　邹凤亨　住武进县德泽乡四十四都邹家村
诉讼代理人　邹学鲁　同上
　　　　　　　庄曾笏律师
被 上 诉 人　邹学荣　住武进县邹家村
上两造为基地涉讼一案,上诉人不服武进县政府于中华民国十七年九月十三日所为第一审判决提起上诉,本院判决如下:
主文
原判决关于菜花田、菱沟上田、坑厕一口及讼费部分废弃。
被上诉人应将菜花田一亩二分、菱沟上田四分、连坑厕一口,交还上诉人管业。
其余上诉驳斥。
第一、第二两审诉讼费用,由两造平均负担。
事实
上诉人代理人声明废弃原判决,被上诉人应将刘中枢田、菜花田、菱沟上田、白家田共计地三亩一分,连坑厕一口交还上诉人。其陈述意旨略称,上诉人之祖胜全生三子,长苟大生子和尚,次盘兴无子,三源兴生三子。长凤元即被上诉人之父,次凤亨即上诉人,三凤利。上诉人于光绪十一年四月出嗣胞伯盘兴(谱名桂曾),由嗣母盛氏立据批拨嗣产,时方七岁,契券田单由父元兴,母陈氏代为保管。父殁后,母陈氏将本生所有田产于光绪三十四年书立分单三纸,三股承受。母殁后,所有嗣产田单遂入长兄凤元(即被上诉人之父)之手,陆续收到外,尚有系争地田单并未交还,托称在外。王凤元病故,被上诉人则主张乃父所遗。查隐字第一三一零号土名刘中枢三亩二分有零,与隐字第一三一一号土名八分头六分零之地毗连,共田四亩。被上诉人分单载刘中枢三亩,上诉人批据载刘中枢一亩,今此地统归被上诉人所有,自应令其交还。又第一四二八号土名白家田坐落西沟上,上诉人分关上原有一亩六分,又买得邹金洪一亩,应有二亩六分。现上诉人该处仅有地二亩一分,被上诉人在分关上白家田仅有一亩,其长孙田虽亦载白家田,但在小村西与此无涉。今被上诉人西沟上之白家田竟有二亩零,非多占而何。又第一一七六号土名菱沟上田四

分连坑厕一口,亦为批拨据所明载,被上诉人则谓系调换取得,试问调换有何证据。又第一二零七号土名菜花田二亩四分,被上诉人分受一亩二分,上诉人批据一亩二分,今被上诉人独占二亩有另,亦应归还。原审不察,谓系争田亩系由上诉人之本生母作主,分给被上诉人之父凤元,作为判决之基础。不按证据遂(逐)一审究,仅凭臆测,殊难甘服云云。提出卖契一纸,援用鱼鳞册、归户册为证。

被上诉人声明驳斥上诉。其答辩意旨略称,光绪三十四年间被上诉人祖母陈氏(源兴之妻)作主,将被上诉人祖父源兴之遗产及上诉人出嗣盘兴名下受分田亩合并三股均分,系争地载明分关为证。又上诉人曾因嗣产与邹金洪涉讼未讼之先,上诉人与被上诉人之父约明由被上诉人代垫讼费,若得胜诉,兄弟三人公派公分。宣统三年判还后,兄弟三人同至区书郑调梅处凭单拨粮请予调验,武进县政府德泽乡四十四都三图归户册便可证明云云。

被上诉人于最后言词辩论日期未到场,上诉人声请由其一造辩论而为判决。

理由

本件两造系争之田共有四处:(一)菜花田一亩二分。查菜花田共田二亩四分,上诉人批据内载,菜花田一亩二分,被上诉人分关分受一亩二分,各得一半,至为明显。而被上诉人现有菜白田二亩有零,为被上诉人所承认(见十七年八月十六日原审笔录),其多出一亩二分,为上诉人所有无疑。至被上诉人所称,上诉人与人因嗣产重行分配,同到区书处批拨清楚等语。本院传讯该区书记周润康到庭据称,"拨粮系被上诉人之父一人所为,上诉人随即到区书处声明误拨,被上诉人之父托词田单遗失,一俟寻到即行拨还"云云。如果当时果有垫款情事,被上诉人之父理直气壮,何肯承认拨还。可见被上诉人所称不实,该田系为被上诉人之父私行拨去毫无疑义。(二)菱沟上四分及坑厕部分。查该地载在上诉人批拨据,自属上诉人所有之嗣产。被上诉人在原审指为换来之地,空言无据,既难置信。而所称上诉人到区书处自愿拨给,被上诉人之主张毋足采取,又如上述,则上诉人主张该地系其所有,即非无理。原审就以上两处之地,均认上诉人之诉为无理由,予以驳斥,委有不当。(三)白家田五分部分。据上诉人供称,分关上诉人原有白家田一亩六分,又买受邹金洪一亩,应有二亩六分,现地仅有二亩一分,缺少五分。本院讯据邹金洪虽证称实有其事,但称该地原系载明批拨据,该据现已被火烧毁云云。而上诉人在本审提出之邹金洪卖契纸与墨色均甚新,且有搓揉痕迹,此项证据殊难认为真实,且上诉人起诉状载,"白家田原平一亩,单上注名(当系明字之误)各半分执",加以上诉人分受之一亩六分,共成二亩一分,与上诉人现有之地其数恰符。上诉人仍向被上诉人索取五分,即难认为有理。(四)刘中枢之田。据鱼鳞册所载只有三亩二分有零,分关上载归被上诉人之父,虽上诉人批拨据上亦载有刘中枢田壹亩,唯分关在批拨据之后,分家当时上诉人既无异议,自应以分关为凭。上诉人始谓被上诉人分关上刘中枢之地以二亩改三亩,嗣又谓鱼鳞册上一千三百十一号土名捌分头与刘中枢三亩余之地相连,分关上误称为刘中枢云云。忽此忽彼,均难自圆其说,关于以上两处之地,原审驳斥上诉人之诉,委无不合。

基上论结,本件上诉一部为有理由,一部为无理由,兹依民事诉讼条例第五百十七条、第五百十八条、第百零九条第二项、第九十八条、第四百九十九条、第四百五十七条,判决如主文。

江苏吴县地方法院民事庭
审判长推事
推事
推事

中华民国十八年四月二十二日

江苏高等法院民事判决十七年控字第四九六号

判决

上　诉　人　陈增薰　住宜兴县高塍陈大里

上诉讼代理人　吴光鼎律师

被 上 诉 人　陈王氏　住宜兴县高塍陈大里

上诉讼代理人　丁丙南律师

上两造为请求交还田亩田单涉讼一案,上诉人不服宜兴县公署于中华民国十七年六月二十日所为第一审判决,提起上诉,本院判决如下:

主文

原判决关于驳斥陈增薰交还六亩九分九厘四毫田亩之诉及讼费部分废弃。

陈王氏应给付陈增薰田六亩九分九厘四毫。

陈增薰其余上诉驳斥。

诉讼费用由陈增薰负担四分之三,由陈王氏负担四分之一。

事实

缘陈增薰有宜兴县属万二区十图率字第一千八百八十号田二亩一分零四毫六丝、第一千八百八十六号田二亩零六厘一毫一丝、第一千八百八十七号田一亩四分一厘四毫一丝、第一千八百八十七号田一亩四分一厘四毫二丝,于民国八九年间凭陈德葆、陈葆春为中,将上项田单借与陈王氏之夫陈增辉,向徐品甫抵借银钱。及至增辉病故,王氏不明底蕴,竟改抵押为绝卖。与之交涉,唯以他田调换为辞延不履行,致增薰对于王氏提起交还田亩田单之诉。经原县判决后,增薰不服声明上诉,请求废弃原判,令陈王氏交出田单十四张、田二十三亩有零,并令负担讼费。其陈述要旨略称,上诉人之父陈济英因中年无子,先兼嗣增辉、增熙两人为兼嗣子,后娶周氏生上诉人。于前清光绪三十一年分家,分得田八十五亩三分一厘四毫九丝,内有应分田单十纸,未由增辉交出。至民国八年复向上诉人借去陈道根户田单四纸,暂作抵品。讵被上诉人于增辉病故后,竟将未交单内九亩五分有零之田及借去单内六亩九分零之田,私擅盗卖与徐品甫为业。向中理问,仅称准将伊所有大门口之户田抵数返还,迄未照约履行。分书系属真正,有被上诉人另案供词及人证、书证可资参证,各字结构、笔画、粗细、用墨浓淡等虽有不同,而笔力姿势与分关上花押实无不同,不能空言反对云云。提出分关一纸、粮串三纸、卖契六纸、执据一纸为证,并援用陈德葆、陈葆春、尹金川、程子型之证言,否认王道钦之证言。

被上诉人请求驳斥上诉。其答辩要旨略称,上诉人本为陈济英之螟蛉子,当时只求上谱不要田产,及至达到目的,与程子型等伪造分关,提起诉讼。无如分关内重要人证如陈增辉、陈盘余、陈德贤、陈楚村、史燮臣之花押,核对其笔迹绝对不相符合,即无成立余地。卖与徐品甫之田内有涉及上诉人户名者,已经将他田调换,另案所供分关系上辈即翁之分家书而言,并非指丈夫之分家书而言云云。提出契纸三张、租票两张、凭票一张为证,并援用王道钦之证言,否认上诉人之分关及陈德葆、陈葆春、尹金川、程子型之证言。

理由

本件分两部分解决之:

一、陈道根户部分　被上诉人卖与徐品甫、徐品甫卖与吴耀青之田,计六亩九分九厘四毫,系陈道根户名,已据吴耀宗提出契据、田单分别证明。上项田产果如被上诉人代理人所主张早日调换,当有凭证可资考查,仅称有无凭据给我,我不晓得,都是男人手里的事,则陈德葆、陈葆春借单抵债之证言,自属可信。无论上诉人是否为陈济英之螟蛉子,以上诉人名义管业纳粮之田产出卖与人,自有设法交还之责任。唯上诉人对于卖田事实供认在民国十年间知悉,理涉结果同意以他田调换,是给付不能及代替给付之情形,早为该上诉人所谅解,尚何能借词私擅盗卖,请求回复原状。除令被上诉人给付田六亩九分九厘四毫外,应将交还原单、原田之诉予以驳斥。

一、陈济英户部分　率字第三百三十五等号田九亩五分零、第一千七百三十三等号田六亩六分零,均为陈济英户名,上诉人请求交还管业之根据唯一分关。该项分关虽有陈德葆、尹金川、程子型证明其为真正,但被上诉人故夫增辉之花押、墨色显呈浓淡,近于描写,与上诉人提出之卖契及被上诉人提出之租票详加比对,其组织、形式、笔势、强弱无一相同,根本上已难成立。况增辉增熙受分田地分关记载甚详,上诉人自己受分田亩数额分关上并载明八十五亩三分一厘四毫九丝,而据上诉人在陈炳生等与陈李氏宣告卖买契约无效涉讼案内供称,增辉、增熙如何分田地,我不清楚,我自己分得田地五六十亩(见该案第二审十六年一月四日笔录)。陈富华户田地已于民国八年十月过入陈道根户,陈济英户田地除被上诉人出卖者外,至今仍是原户完粮租籽,能否收取,粮额有无减少,概置不问。直至将率字第一千七百三十三等号田六亩六分有零契卖与人无田可交,无单可付,始提起交还田单之诉。纵指被上诉人在另案所供之分书,实指增辉兄弟之分书而言,本案起诉以前早称因兵灾遗失,即不能指为有意隐匿。其为诉追根据之分关,既有上述种种瑕疵,则其余中说花押及陈德葆、尹金川、程子型之证言,自无采取之价值。至率字第二十号田亩,业于民国十一年十月过入徐品甫户执业,有契无田已等废纸,被上诉人出卖一百五十亩有零田产是否私擅处分,要与受分拨交合并数额不符,起诉原因无从证明,均不足为上诉理由,原判予以驳斥,即无不合。

据上论结,本件上诉一部为有理由,一部为无理由,依民事诉讼条例第五百十八条、第五百十七条及第九十八条,特为判决如主文。

江苏高等法院民事第二庭

审判长推事

推事

推事

中华民国十七年十一月二十一日

江苏吴县地方法院民事判决十五年上字第三〇六号

判决

上　诉　人　钱广仁　住武进县大有乡成章镇

诉讼代理人　夏鼎瑞律师

　　　　　　　汪云章律师

被上诉人　李良福　住武进县大有乡成章镇

李老五　住同上

上两造为基地涉讼一案,上诉人不服武进县知事公署于中华民国十五年二月一日所为和第一审之判决,提起上诉,本院判决如下:

主文

原判决除土井水双方各半使用及讼费部分外废弃。

被上诉人应将所占基地二弓一尺五寸让还上诉人管业,所筑葛庄塘土坝二道、后塘圩土坝一道全行拆除。

上诉人其余上诉及在第一审其余之诉均驳斥。

第二审诉讼费用被上诉人负担三分之二,上诉人负担三分之一。

事实

上诉人声明应受判决之事项如次:(一)废弃原判决。(二)判令被上诉人将所占基地二弓一尺五寸如数拆让。(三)判令被上诉人将葛庄塘土坝二道,后塘圩土坝一道全行挑除。(四)土井水判归上诉人独用。其陈述称,查上诉人基地为被上诉人强占,业经原审勘验明确实,占基地二弓一尺五寸,乃原审判决仅判令随后让还。细绎随后二字,杳无期限,难保嗣后不再启讼端,此不服一。又查官塘大河为天然水利,人人可得使用,今被上诉人于葛庄塘筑土坝二道、后塘圩筑土坝一道,阻碍上诉人之用水。原审仅判令被上诉人将土坝挑去一尺,不令全行挑尽,此不服二。又查乡间土井有私有、合有之别,系争土井完全系上诉人独资挑成,若遇天旱,上诉人独家使用尚虞不足,遑能供给他人。且土井三面均系上诉人之田,绝与他人无涉,原审判为各半使用,此不服三云云。援用证人赵泊然之证言,并声请本于一造辩论予以判决。

被上诉人声明应受驳斥上诉之判决。其答辩称,查原审所谓被上诉人占地二弓一尺五寸实即二分五厘之地,该二分五厘之地系上诉人转让与王瑞生,王瑞生之子王昌高于民国十五年立契杜卖于被上诉人。契载东至得主、西至钱姓,本无所谓占地,被上诉人仅因贫苦无力,故不行上诉。至于土坝一节,因该处沟形有高低之别,被上诉人田亩全赖沟水灌溉,此处沟形稍高,如果将坝挑去,其涸立待。且原坝所筑尺寸历年已久,亦非被上诉人私筑。又该处土井由来甚久,凡遇天旱莫不公用,有王瑞生卖契可证。原审判为各半使用,甚属公允云云,援用第一审所提出之证据。

证人赵泊然之证言称,起水册上看得出的坐落何湖,即在何湖记水云云。

武进县知事公署勘验复函称,(一)查葛庄塘现勘得有坝二道,后塘圩沟有坝一道,均似新筑。细加访问金谓,该坝三道均属近年所筑。(二)土井一口坐落在后塘圩河中,不在两造田内,遇水大时,该土井即淹没不见。(三)上项土坝三道均不宽深,遇水大之际,即被河水淹没,不生妨害水利问题,水小时即不无关系。(四)查田亩坐落某湖,即在某湖起水,此乡间戽水一定之理。钱广仁有田共二十余亩半,靠葛庄河半靠塘圩河,故田中需水时,分别就近于该两河起水。(五)查河中筑坝水大时本无关系,唯于水小时则必须锄去,应视其坝之原有高下,或锄去二、三尺或一、二尺,水即可以通行云云。

理由

本件分为三部分说明之:

(一)基地部分　本案被上诉人侵占上诉人基地二弓一尺五寸,既经原审勘验明确,第一审判决后又未据被上诉人声明不服,是其占地之情已昭然若揭。原审既认定二弓一尺五寸之地为上诉人所有,又判令被上诉人随后让还,殊嫌未当。且查在二弓一尺五寸地上,被上诉人本仅搭有草房,此为被上诉人所自认,故即令拆除,与社会经济亦无所损。上诉人谓随后二字杳无期限,必致再启讼端云云,尚非无理。至于第一审勘验时所定调解办法,上诉人并无允诺表示,自不能以单纯之沉默,遂谓应受其拘束。

(二)土坝部分　被上诉人所筑葛庄塘土坝二道、后塘圩土坝一道,应否挑除,自以该坝是否新筑为断。兹查勘验复函称,"均似新筑,细加访问,金谓该坝三道均属近年所筑"云云,是系争土坝三道系属新筑可知。又查证人王昌高在第一审之证言称,"以前并无此坝",王昌高系被上诉人所举出之证人,其证言自可征信。今土坝既系新筑,故无论与被上诉人有何利益,自不能妨害上诉人之用水,上诉人在第一审诉请挑除并无不合。原审仅判令将塘内之坝挑去一尺,殊嫌未当,该部分上诉应认为有理由。

(三)土井部分　上诉人主张系争土井为私有,不外谓该土井系上诉人出资挑成而已。今查勘验复函既称,土井非坐落上诉人田内,而出资挑成一节又杳无凭证,是上诉人该项主张即难凭信。且查被上诉人所提出之王瑞生卖契既载有田下土井一应照旧字样,是其主张土井公用,亦难谓为无据,该部分上诉为无理由。

依上论断,本件上诉一部为有理由,一部为无理由,兹依民事诉讼条例第五百十八条、第五百十七条、第四百九十九条、第四百五十七条、第九十八条,判决如主文。

江苏吴县地方审判厅民庭

　　　　　　　　　　　　　　　　　　审判长推事
　　　　　　　　　　　　　　　　　　　　　推事
　　　　　　　　　　　　　　　　　　　　　推事
中华民国十五年九月七日

江苏吴县地方法院民事判决十九年上字第二〇九号

判决

上　　诉　　人　丁熙春　住吴县望亭

上诉讼代理人　胡士楷律师

被　上　诉　人　周禹言　住苏州富仁坊巷

上诉讼代理人　朱　润律师

上两造为请求拆让房屋及保全桑枝涉讼一案,上诉人不服本院民事简易庭中华民国十八年十一月三十日第一审判决,提起上诉。经本院判决后,被上诉人上诉于江苏高等法院,发回更审,本院判决如下:

主文

原判决关于令上诉人保全桑枝及讼费部分废弃。

被上诉人关于前项部分之诉及其余上诉均驳斥。

第一、第二及前第三审诉讼费用、由两造平均负担。

事实

上诉人声明请求废弃原判决,驳斥被上诉人之诉。其陈述略称,查望亭西六都上七图地十三亩二分七厘为城隍庙产,有粮串为凭。上诉人在该地盖屋种桑系城隍庙放租时,在民国二年间至今已有十余年,被上诉人主张该地为被上诉人所有,不外以吴昆江官产事务所所给之执照为唯一之根据。不知官产事务所只可以官荒给领,本件讼争地系城隍庙产,既系有主,自不能以官荒论,被上诉人何能朦请给领。被上诉人又根据吴尔昌之证言,谓城隍庙仅有田四十七亩余,并无六十二亩余之多,佃户中亦无上诉人之名云云。唯上诉人向前庙产管理委员刘菊人处借来国民政府官契三纸,其田六十二亩六分另六毫,并附佃户姓名确有上诉人丁新、即熙春种田共十三亩二分七厘。又民国十五年十一月十二日吴文元等向吴县知事公署状请澈查庙产,卷内附呈经造吴秉苏亲笔抄录庙产田单粮数一纸,亩数亦属相符,何能互相串通,将六十余亩庙产缩短为四十七亩余。上诉人既能提出以上两项确证,并经前庙产管理委员刘菊人到庭证明事实甚为明确,至该庙粮课是否相符及是否概有田地可指,视其性质似为另一问题,并无研究之价值。原判令上诉人拆除房屋保全桑枝,殊难甘服云云。援用刘菊人提出庙产契据,粮串及刘菊人之证言为证。

被上诉人声明请求驳斥上诉。其答辩略称,被上诉人前向吴崑江官产事务所标领望亭西六都上七图官荒桑地十五亩四分另七厘毫,计价洋九百廿四元四角二分,给有执照为凭。所令将贴还占户桑秧工本洋七十七元五角三分五厘,亦已呈交官产处,上诉人前在该地搭盖房屋自应拆除,所有地内桑枝亦应保全。乃上诉人竟串同自称庙产委员刘菊人,捏称该地为庙产查城隍庙产仅四十七亩五分八厘一毫,刘菊人呈报县署之时朦称六十二亩六分另六毫,又因多报十余亩田地,并无粮串一面。向经造处将吴姓(系捐助庙产者,民国十六年以前庙产均归吴姓经管)出潘容慎栈二十余亩内吴典记户名十五亩余之粮串冒领到手,其始主张王长生租种潘容慎栈十五亩余之田为庙产,向王长生追租不得如愿。嗣后改变方针,主张吴典记十五亩余之粮串为俞阿五所种,城隍庙十四亩之粮串,而以城隍庙该十四亩之粮串移作丁新(即上诉人)所种,无主官荒十五亩余之粮串,遂使上诉人之地无串,而有串由官荒一变而为庙产,其计良巧。唯潘容慎栈买受吴姓廿七亩余内吴典记十五亩之粮串,被刘菊人冒领,有地而无串,已由潘容慎栈代理人到庭证明。且凡系租城隍庙产,均向城隍庙交租,有租簿可证。民国十六年以前庙产,系托捐助庙产之吴姓代收,当十六年以前上诉人向未交租,其非庙产毫无疑义云云。

理由

本件关于被上诉人请求判令上诉人拆让房屋之上诉有无理由,应以上诉人盖屋之地系属无主官荒,抑系城隍庙产为先决问题。而解决此问题,则以上诉人提出城隍庙粮串有无顶替、移置之情事为断。查上诉人提出粮串二纸、一纸九亩二分三厘三毫、一纸四亩另三厘七毫,共地十三亩二分七厘,但本院登记处丈明上诉人所种之地为十五亩四分另七毫,数额相差二亩有零。该粮串不属于该地,原可据已推定。又查刘菊人所提出城隍庙产,一切粮串户名均为城隍庙,其内只有一纸户名为吴典记,计地十五亩另三厘。据刘菊人声称,此项粮串之田现由俞阿五、俞阿昌承种。而被上诉人则称,吴姓卖与潘容慎栈廿七亩,余内有吴典记户十五亩,另三厘之粮串为刘菊人所冒领,致潘容慎栈有地无粮云云。本院质之该栈代理人童玉麟亦称,民国十六年买吴王氏田廿七亩六分九厘,内有十五亩另三厘乃吴典记户名,历年粮串齐备,而民国十六年吴典记一户之粮串为刘卓成(即刘菊人)所冒领,并向田户王长生冒收租米,因而涉讼,有案可稽,并提出同治五年王明德户田单九张,共地廿七亩六分九厘。又提出民国十一年、十七年、十八年吴典记户粮串十五亩零三厘、吴炳记户粮串六亩一分二厘、吴安记户粮串六亩五分四厘,核算三户粮串,共地廿七亩六分九厘。田单与粮串亩数实相吻合，不错毫厘。复讯据潘容慎栈佃户王长生之兄王五福声称，伊种潘容慎栈田廿七亩六分九厘，该田系吴贻德栈出卖，民国十七年刘菊人向伊要租，伊交刘菊人洋一百元后，因吴江氏向伊诉追租米，刘菊人始将该款还伊收受云云。凡讯据城隍庙佃户俞阿五、俞阿昌声称，伊种城隍庙田十四亩，并提出十四亩之租鎐为证，并由现在管理庙产第四区公所调到城隍庙产田单十四张，共田四十七亩五分七厘六毫。可知被上诉人所主张城隍庙仅有田四十七亩有另，刘菊人呈报县署捏称六十二亩有另，又因多报十余亩之田并无粮串，遂向经造将潘容慎栈十六年分，吴典记户名十五余亩之粮串冒领到手。于民国十七年根据粮串投验，遂有六十二亩余之验契纸，其始主张潘容慎栈佃户王长生所种之地为庙产，因计不售遂改变方针，以冒领十五亩余之粮串，作为俞阿五所种庙田十四亩之粮串，而以俞阿五所种庙田十四亩之串（该项粮串两纸地十三亩二分七厘），作为上诉人所种无主官荒之粮串各节，均属信而有征。至刘菊人所称无非欲贯澈其前此之主张，殊无采取之价值。且本院传讯城隍庙各佃户，均有租鎐提出，而上诉人主张承种庙产，而不能提出租鎐。虽据声称因伊所种系属基地，并非田亩，故无租鎐，每年向城隍庙交租、并无缺少等语，及诘以收租之人，则称业已死亡。查上诉人如果实种有庙产，既须交租，自有租鎐。且官产事务所于放领被上诉人之先，曾通知上诉人缴价具领，当时上诉人递具之呈词系称，该地为运河泥土积成高峰，原归李姓垦种，至宣统三年由伊向李姓让受，现愿略缴微价升粮云云。匪特未经提及城隍庙放租一节，而既云运河高峰及缴价升粮，该地确为官荒，向未完粮尤极明显。而上诉人在本审又改称呈词，系根据官产事务所丈量员，该员谓若官产便可承领等语，亦属空说无凭，显系捏词掩饰。该地既系官荒，被上诉人向官产事务所承领，自属合法取得所有权，原审依其请求判令上诉人拆除该地上房屋，委无不合。上诉人如果系属善意占种，并有加工之关系，突被官厅收回，前此垦荒费用无所取偿，亦应迳向放领之官产事务所主张，在被上诉人按时价承领，要无再向上诉人给付何种费用之义务。至于经造吴秉荪经本院传讯据称，上诉人所种之地确为官荒，而查民国十五年吴文元等呈送县署之证物，该经造所签之条则载，该地于光绪廿七年丈量补报城隍庙户字样，前后矛盾，出尔反尔，殊无采信之价值。兹既经征集各种之证据，足以证明该地确系官荒，上诉人犹以该经造前此签字斤斤置辩，显难成立，关于此部分应认上诉为无理由。又地上桑枝原为上诉人种植，官产事务所原不能以该地系属官产，遂将地上桑枝一并处分。被上诉人缴价买受，上诉人既未同意，被上诉人亦自无禁止上诉人砍伐之权利,关此部分应认上诉为有理由。

基上论结,本件上诉一部为有理由,一部为无理由,兹依民事诉讼条例第五百十七条、第五百十八条、第百零九条第二项、第九十八条但书规定,判决如主文。

江苏吴县地方法院民事庭
审判长推事
推事
推事

中华民国十九年十二月二十七日
江苏吴县地方法院民事判决十九年上字第二三六号
判决

上诉人　周玉秀　住靖江五里铺

被上诉人　黄友兰　住靖江西门外

上两造因债务涉讼一案,上诉人不服靖江县政府中华民国十九年六月二日第一审判决,提起上诉,本院判决如下:

主文

原判决属于上诉人应还被上诉人款项数额部分废弃。

上诉人应偿还被上诉人洋六百二十六元六角五分三厘。

其余上诉及被上诉人其余之诉均驳斥。

第二审诉讼费用由上诉人负担。

事实

上诉人声明请求废弃原判决,驳斥被上诉人之诉。其陈述略称,上诉人向在被上诉人开设之彬兴糟坊内为伙有年,旋于民国十五年间被上诉人因号内资本短缺,托上诉人代出借约,向朱恒山借洋五百元。立约之时出借主亦明知代被上诉人所借,故令被上诉人作保,每月付息亦由被上诉人支付,出有息折一扣交恒山收受。乃被上诉人于去岁废历年底将上诉人辞歇,上诉人之薪金每月二十元,每年另有红利一百元,再加一个闰月,故民国十六、十七两年,被上诉人应给付上诉人洋七百元。除上诉人支用外,被上诉人尚有短少上诉人之薪金,当时并未结清。至朱姓借款,自应由被上诉人向朱姓清偿。被上诉人始则游约,继则止利,甘失信用,反行提起诉讼。详查原判决不服之点有三:(一)原判谓上诉人化名鑫记、渭记,浮借洋十余元,不知该店进出账目向系被上诉人经手支付,岂肯任上诉人化名浮付。且鑫记、渭记均各有其人,何谓化名浮借,此不服者一。(二)原判复云经商会会算数目相符,额数真确,然商会会算何不通知双方到场,是原判偏袒显而易见,此不服者二。(三)原判谓上诉人薪水按之靖江各店绝无如此之多,不知上诉人职司经理,薪金酬劳每月三十元之数何得谓多。关于此点,上诉人虽不能提出何等证据,但观被上诉人提出之账,民国十六年一年上诉人共支洋三百六十元,即可知上诉人每年应得薪水、红利之数额。原审不察,纯凭被上诉人一面之词,此不服者三。基上理由,请予废弃原判,驳斥被上诉人之诉云云。

被上诉人声明请求驳斥上诉。其答辩略称,上诉人在被上诉人店内充当管账,前年上诉人向朱恒山借洋五百元,当时首明该款先由店用,后由伊用,暂立经折至店付息,被上诉人为担保人,并由被上诉处取去田单为抵押品,该款当收伊父周春记之账。不料上诉人恃有存款任意支付,除每年应支一百元薪水外,又多付洋六百三十元一角五分三厘之多,以伊父名下所存之五百元两相抵销,尚透支百余元。被上诉人因其不守店规,于去岁民国十七年端午节将其辞歇,嘱令清算账目,交还抵押印单,取销付息经折。上诉人始则承认清理,继则托故游约,至鑫记、渭记并无其人,实系上诉人化名浮借。原审判决并无不当,请予驳斥上诉云云。

理由

本件上诉人以自己名义向朱恒山借洋五百元,即以周春记名义将该款存于被上诉人店内,此为两造不争之事实。按债权、债务乃特定人间之关系,上述五百元借款既系上诉人以自己名义向朱恒山借用,依法自应由上诉人向被上诉人将存款提出以供偿还。至上诉人薪金一层,据上诉人称每月薪金二十元,每年应分红利百元,自十六年正月起至十七年底出店止,应得洋七百元,但并无证明方法。而被上诉人薪金每年只有百元,十七年端午节上诉人即已出店云云,已据证人朱柏文、方少基、何守仁等供证属实,自属可信。上诉人于民国十六、十七两年支用款洋六百二十六元六角五分三厘,既据被上诉人提出账簿为凭,而上诉人除对鑫记十五元四角二分八厘不认系伊浮借及薪水部分外,其余并无争执。查鑫记一户业经证人方少荃证明系上诉人化名支用,上诉人自亦无狡赖之余地。薪金一年六个月仅有一百五十元,亦经被上诉人给付清楚。原审判令如数偿还,并准将上诉人存款五百元互相抵销,均无不合,上诉人关于此点之上诉,殊无理由。唯查账簿内渭记名下所欠三元五角,虽据被上诉人称系上诉人化名支用,但上诉人既能指出渭记即钱正明,并有详细住址,则被上诉人不妨迳向渭记追讨,自不能向上诉人交涉,上诉人此点上诉非无理由。

基上论结,本件上诉一部为有理由,一部为无理由,兹依民事诉讼条例第五百十七条、第五百十八条、第九十八条、第百零三条，判决如主文。

江苏吴县地方法院民庭
审判长推事
推事
推事

中华民国十九年十二月十日

江苏高等法院民事判决十七年控字第五一七号

判决

上　诉　人　倪仲英　住武进县政成乡戚墅堰

被上诉人　和丰钱庄

上代理人　黄永庭　住武进县横林

上两造为请求偿还欠款涉讼一案，上诉人不服武进县公署于中华民国十七年六月二十七日所为第一审判决，提起上诉，本院判决如下：

主文

原判决关于九百元利率部分废弃。

倪仲英所欠和丰庄九百元原本，应按月给付六厘利息。

和丰庄关于九百元其余利息之诉及倪仲英其余上诉均驳斥。

第二审诉讼费用由倪仲英负担。

事实

缘倪仲英与其子瑞生曾向黄永庭股开之和丰钱庄为款项往来，结至民国十五年二月初八日止欠洋九百元，约定于同年五月年底两期归还。又以田单十二纸凭章子安担保，向该庄抵借洋一千元，月息一分二厘，亦订同年十二月底清偿。届期以后仅付息洋一百元，余款迟延不理，致和丰股东顾仲康等委任黄永庭对于倪仲英父子提起给付之诉。经原县判决后，倪仲英不服声明上诉，请求废弃原判，九百元欠款准分九年摊还，一千元借款不负清偿之责。其陈述要旨略称，被上诉人提出之簿据、借票原经上诉人盖有图章，唯九百元本属赔款，订定九年分摊，不能私添订定五月归洋四百五十元，年底归洋四百五十元字样，主张一次给付一千元。借款系赵金团、阿九、杨顺大、朱根甫、孔顺根五人分用，上诉人出名代笔，只有清理之责，并无清偿之理云云。

被上诉人代理人请求驳斥上诉。其答辩要旨略称，被上诉人诉追欠款有账簿、借票可据，簿票既属真正，即不能空言翻异云云。提出账簿一本、抵借票一纸为证，并援用章子安之证言。

理由

按名义上之债务人应向债权人负担清偿之责,有无为他人代借或转借情事,非与债权人有特别约定,不能有所对抗。本件被上诉人提出之账簿、借票,经上诉人认为盖章无误,则照簿据所载之数额给付本利,本为当然之结果。簿据内订定五月归洋四百五十元,年底归洋四百五十元,此凭字样、笔迹墨色全然一致,与上诉人签名盖章之处紧相衔接,固不得空言串通私添,希图九年分还。即一千元款项既由上诉人出名抵借,亦不能借词由赵金团、阿九、杨顺大、朱根甫、孔顺根五人分用,主张免除给付责任。唯迟延利息与约定利息不同,应以社会通行之利率为准,被上诉人因其逾期不付,竟照一千元之约定利率计算息金,未免过当,应由本院酌定为月给六厘。

据上论结,本件上诉尚非全无理由,依民事诉讼条例第五百十八条、第五百十七条、及第九十八条但书,特为判决如主文。

江苏高等法院民事第一庭
审判长推事
推事
推事

中华民国十七年十一月二十四日

江苏吴县地方法院民事判决十五年上字第三八六号

判决

上 诉 人	蒋石庭	住长泾二段
诉讼代理人	夏鼎瑞律师	
被 上 诉 人	顾荷生	住同上
	顾金根	住同上
	顾茂根	住同上
	顾吉根	住同上
诉讼代理人	陆尔铽律师	

上两造因请求回复篱笆原状并交还基地涉讼一案,上诉人不服江阴县知事公署于中华民国十四年十二月三十日所为第一审判决,提起上诉,本院判决如下:

主文

原判决关于驳斥上诉人请求被上诉人回复篱笆原状之诉及命上诉人交还基地并讼费部分废弃。

被上诉人所毁坏上诉人屋前篱笆回复原状,上诉人其余上诉及被上诉人在第一审之反诉均驳斥。

原审并本审诉讼费用上诉人负担三分之一,被上诉人负担三分之二。

事实

上诉人声明求为废弃原判决,驳斥被上诉人在第一审之反诉,并令被上诉人回复墙脚竹篱水洞原状之判决。其陈述要旨略谓,伊住屋之前靠西向南有凸出斜角式基地一块,与顾霖宝屋毗连。民国二年顾姓央中向伊请求,愿将其住宅北面靠东之中心田岸半爿,约有两席之长(与伊屋基接连),与斜角式基地对换。俾顾姓头席基地作直,伊以情义难却当即应允。即经凭中立据,钉立灰桩界石,通前直后,东至蒋姓、西至顾姓,历久相安,并无异议。不料去年阴历三月间,霖宝之弟荷生、金根、茂根、吉根等无故锄毁伊家西边墙脚,并将水洞塞断,甚至将伊家屋前西边竹篱拆毁,即占伊篱内基地为出路,伊向原县诉求荷生等回复原状,而荷生等乃捏称伊篱内基地系与其中心田岸半爿互换之地,亦向原县提起反诉,请求伊将该基地交还管业。原判竟将伊之请求驳斥,并令伊将该基地交还,洵属徇情违法云云。引用业在原审提出互换笔据一纸为证。

被上诉人之代理人声明求为驳斥上诉之判决。其答辩要旨略谓,被上诉人中心田岸半爿与上诉人沿河场地一方互换,立有字据,即上诉人所提出之互换笔据为凭。其所载钉立灰桩界石,东至蒋姓、西至顾姓,乃指上诉人房屋西面与被上诉人田地东面分界之处,至上诉人屋前基地西面(即与被上诉人互换之场地)与被上诉人房屋东面交界之处,则并未钉立界石,其通前直后之语亦非指此而言。乃上诉人将与被上诉人互换场地,围在竹篱之内改作禾田,而以起出之泥在沿河堆一泥堆阻断道路,被上诉人不得已将该竹篱拆毁,上诉人遂捏称被上诉人毁坏墙脚,塞断水洞等词,妄向原县提起诉讼,被上诉人即亦提起反诉。原县判决并无不合,上诉人上诉殊无理由云云。

理由

本件被上诉人田岸半爿约两栋房屋之长,与上诉人沿河场地一方互换,业为两造所不争。而此场地一方究如上诉人主张系凸出斜角式之基地,抑如被上诉人主张系上诉人屋前基地,斯乃应行解决之问题。查阅原县勘图,上诉人换与被上诉人场地如为凸出斜角式之基地,则被上诉人与上诉人房地之分界线即为直形。若系上诉人屋前基地,则该分界线即为湾形。今据两造均认为真实之互换笔据内载,以地换地,无分高下,地址近骱灰桩界石,通前直后,东至蒋姓、西至顾姓等语,则上诉人与被上诉人房地之分界线,因换地而成为直形,殊属明显。被上诉人主张上诉人换与被上诉人场地,即为上诉人屋前基地,并非凸出斜角式之基地,未免与该笔据牴触。虽被上诉人之代理人辩称,该笔据所载通前直后,系指上诉人房屋与被上诉人田地分界之处,至上诉人屋前之基地与被上诉人房屋分界之处究系何如,则并未载及。但查该笔据所载通前直后,东至蒋姓、西至顾姓,并未特指何部而言。依正当解释,当然为定换地后,上诉人与被上诉人房地全部之界址(参照原县勘图),代理人强将上诉人屋前基地与被上诉人房屋之界址除外,殊嫌无据。原审泥于互换笔据上场地一方之方字义,竟将该据所载之地址忽而不察,遂上诉人屋前基地,即为上诉人所换与被上诉人之场地,判令上诉人交还被上诉人管业,显属错误。至上诉人主张被上诉人毁坏墙脚,塞断水洞,拆毁竹篱,除拆毁竹篱业经被上诉人之代理人承认外,其余部分上诉人不外徒托空言,毫无实据,原判决驳斥上诉人在第一审之诉,除竹篱部分外,委无不合。

据上论结,本件上诉为一部有理由,一部无理由,应依民事诉讼条例第五百十七条、第五百十八条、第九十八条,判决如主文。

江苏吴县地方法院民事庭
审判长推事
推事
推事

中华民国十五年十月三十日

江苏吴县地方法院民事判决十五年上字第四七五号

判决

上 诉 人　徐椿年　住靖江县城内北外

被上诉人　是定魁　住址同上

上两造为溢田涉讼一案,上诉人不服靖江县知事公署于中华民国十五年九月三十日所为之第一审判决,提起上诉,本厅判决如下:

主文

原判决认定江安段下五圩五坵是定魁应有,溢出沙田叁亩七厘五毫内关于壹亩伍分部分废弃。

江安段下五圩五坵溢田壹亩伍分,应认为上诉人所有。

上诉人其余上诉及被上诉人在第一审其余之反诉均驳斥。

第二审诉讼费用由两造平均负担。

事实

上诉人声明请求废弃原判决,确认原判决二亩七厘五毫内壹亩伍分为上诉人所有,其西首二分七厘五为公有水道。其陈述略称,前有陆洒修之父陆起山、同弟陆金山,曾将承种岳王庙公产江安段五圩六圲田面十二亩(计分两处每处陆亩),过与上诉人先父徐登云认种。光绪三十一年陆迺修复将原买是式如(即被上诉人故父)同圩五圲沙田四亩转卖与上诉人。是式如五圲之地本系陆亩坐落西首,陆迺修故父陆起山等过与上诉人家认种岳王庙六圲之田,而陆亩本系坐落东首,其闻软界毗连。早年是姓因岳王庙六圲之内可以营葬,即与岳王庙住持商量,将其祖葬于岳王庙六圲之内,遂以其五圲之田陆亩与之掉换。彼时上项庙产尚系陆姓承种,于是陆姓虽完六圲之租,实种五圲之地。而是姓执有五圲之单,葬坟六圲之内。前是式如将该五圲陆亩之靠北肆亩卖与陆姓之原契载明,西址陆姓田界、南址是姓坟田界、东址忠义祠田界、北址大港界,即系六圲之坐落。讵料被上诉人竟于去年十一月在伊父出卖四亩田内,向沙田局报领溢田七亩二分,明知原额四亩之田已经萧姓报过二亩五分卖与修姓,修姓已转卖与上诉人,于是想入非非,硬将上诉人承种岳王庙六亩(即与被上诉人家掉换之六亩)及上诉人去年间向沙田局报领溢田一亩五分,又西首公有水道作为其报领之溢田。查岳王庙之六亩因掉换之故,单为六圲地在五圲,已如上述。至去年上诉人因与修姓因田租涉讼,于施行丈钉时,上诉人以认种岳王庙之六亩与自体之肆亩紧接毗连,深恐尚有余溢,遂向沙田局请求勘丈,补给岳王庙六亩西首溢田。印照壹亩五分是上诉人家坐落该处,计有原买是式如单载五圲之田四亩(地在六圲)及买受萧姓报领同圲之田二亩五分,又认种岳王庙单载六圲之田六亩(地在五圲),又去年自报六圲溢田壹亩五分,统计田额拾四亩。原审派员勘丈竟将通沙例应丢弃之西阡沟一并丈作正田,以致照原额多田叁分柒厘伍毫,原审将此叁分柒厘伍毫判归被上诉人所有,已难甘服。且原审既认定上诉人承种岳王庙单载六圲六亩之地,因掉换之故移至五圲地点,又谓上诉人所领该六亩西首溢田壹亩五分,应在六圲地点找地,实属矛盾云云。提出凭单二纸、卖契三纸、方单、租串、便字、过字、图说各一纸为凭。

被上诉人答辩略称,被上诉人于去年十一月间在靖江县沙田局报领江安段下五圩五圲溢田柒亩贰分,讵料上诉人觊觎被上诉人报领之地,捏造便据声称被上诉人家曾将五圩五圲之田与岳王庙住持掉换六圲之田。查当时果有掉换之事,则该田印单何以并未载明,且岳王庙之田系属公产,住持何敢私相掉换,其所执便据并非真实可知。被上诉人在自己管业五圲范围内报溢柒亩贰分,经公家三次勘丈确有溢田,始行发给印照,手续不为不备。且上诉人六圲之田余溢犹多,故当原审勘丈之时,被上诉人要求统丈六圲以期水落石出,而上诉人坚执不允,其隐匿溢田尤可想见。

又查上诉人领种岳王庙江安段田拾贰亩六圩之内,只有捌亩伍分肆厘七毫四丝,其余均系坐落同圩一圩、二圩、八圩、十二圩、三十圩,上诉人徒借执种岳王庙六圩之田六亩,并续报六圩溢田壹亩五分移入五圩。被上诉人报领溢田之内,原审未将六圩之地统丈,仅判认三亩七厘五毫为被上诉人所有,较之被上诉人呈报之溢田已缺少四亩壹分云云。

被上诉人经三次传唤未到场,上诉人声请由其一造辩论而为判决。

理由

本案上诉人提出光绪九年被上诉人之父是式如卖与陆考之江安段下五圩五圩沙田四亩,契内载明西址陆姓。又光绪十一年陆起山、陆金山转租与上诉人江安段下岳王庙田,而陆亩据内载明东址南段是姓田界、北段胞兄田界、南址沟心、西址阡沟边界、北址大港,可见五圩东部至阡沟为止,陆姓确已耕种多年。上诉人所称上诉人六圩陆亩,与被上诉人五圩六亩前此互换一节,自属可信。上诉人所种岳王庙六圩之田,既因互换之故移至五圩地点,则上诉人所报该陆亩溢田壹亩伍分执照虽载六圩,其地点亦确在五圩无疑。且如果上诉人所报壹亩五分溢田地点实在六圩,上诉人何必坚指五圩,使六圩成为有地无照,无从管业,有何裨益。原审将该田壹亩五分判归被上诉人所有,洵有未合。至上诉人之地原系拾四亩,经原审丈明现地拾四亩叁分柒厘五毫,显系多出叁分柒厘伍毫,自应归入被上诉人去年报领七亩贰分之内。上诉人谓为靠西公共水道不能作为正田,显系意存撇西占东,关此部分,应认上诉为无理由。

基上论结,本件上诉一部为有理由,一部为无理由,兹依民事诉讼条例第九十七条、第五百十七条、第五百十八条、第四百五十七条、第四百九十九条,判决如主文。

江苏吴县地方法院民庭

审判长推事

推事

推事

中华民国十五年十二月三十一日

● 上诉一部有理由、一部无理由,附带上诉无理由判决

江苏吴县地方法院民事判决十五年上字第四零九号

判决

上诉人即被附带上诉人 陈忠美 住靖江县西十图

上 诉 讼 代 理 人 陈善璋 住同上
　　　　　　　　　　　朱辅成律师
被上诉人即附带上诉人 瞿久成 住靖江县西十图
　　上 诉 讼 代 理 人 夏喆烆律师
　　上两造为赎田涉讼一案，上诉不服靖江县知事公署于中华民国十四年九月十九日所为之第一审判决，提起上诉，并据被上诉人提起附带上诉。经本院判决后，上诉人仍不服上诉，江苏高等法院发回更审，本院判决如下：
　　主文
　　原判决关于驳斥上诉人回赎戴笃陈段平田九亩六分部分废弃。
　　戴笃陈段平田九亩六分准上诉人向被上诉人赎回。
　　上诉人其余上诉及被上诉人附带上诉均驳斥。
　　本审及前第二、第三审诉讼费用，由两造平均负担。
　　事实
　　上诉人代理人声明，请求将原判决关于驳斥上诉人回赎戴笃陈段平田九亩六分及抵借田单三纸部分废弃，准令上诉人向被上诉人将戴笃陈段平田九亩六分及抵借田单三纸赎回，并驳斥附带上诉。其陈述略称，上诉人于前清光绪三十一年八月间将戴笃陈段五圩五坵平田八亩，又同段同圩十坵平田二亩，共计十亩，每亩价钱拾陆千伍百文。又于光绪三十四年八月间将戴笃陈段五圩八坵平田四亩，又同段同圩四坵平田二亩，又同段六圩一坵平田三亩六分，共计九亩六分，每亩价钱拾叁千五百文。先后活卖与被上诉人瞿久成为业，立有活卖契、加价契、绝笔字共六纸，被上诉人亦立有留赎字两纸，互相交执为凭。又上诉人向被上诉人抵借三次，于光绪三十三年以三亩二分五厘田单一纸抵借洋拾元、宣统元年以二亩五分田单一纸抵借洋拾元、宣统三年以二亩九分田单一纸抵借洋拾肆元，共计叁拾肆元，俱系二分利息，所有利息均已付清，有中人高安荣代笔、臧举熊为证。乃靖江县仅将上诉人初次活卖平田共十亩判令被上诉人放赎，其二次活卖平田共九亩六分及抵借田单三纸，竟听任被上诉人串通伪造找绝字据，及其图赖抵借不予放赎，不服云云。提出留赎字两纸、朱生甫木主一个、朱莲芬信一件，并援用高安荣、臧举熊、臧顺生之证言为证。
　　被上诉人即附带上诉人声明请求驳斥上诉，并将原判决关于判令被上诉人放赎戴笃陈段平田十亩部分废弃，驳斥上诉人在第一审其余之诉。其答辩略称，系争戴笃陈段平田，被上诉人于光绪三十一年向上诉人承买十亩，价钱拾千零伍百文。三十四年又向上诉人承买九亩六分，每亩价钱拾叁千五百文。至民国二年腊月间，上诉人邀凭昔存今故之原中朱生甫等，向被上诉人每亩加找钱陆千文，立有找绝字据为凭，该田十九亩六分，永为被上诉人执业，永无回赎。至被上诉人出给留赎字二纸，本令退毁，因其坚称遗失，情愿在找绝字内载明该留赎字二纸。出□上诉人利令智昏，串出朱莲芬伪证。朱生甫于民国元年九月十一日病故，并捏称找绝字为伪造。至于找绝时不邀原中高安荣、陈孝忠、陆永春到场作中，彼因上诉人商称一系子胥、一系兄弟、一系至亲，尽可不必等语。被上诉人除承买上诉人田亩外，并无其他债款，实无抵押田单三纸情事云云。提出陈忠美光绪三十一年及三十四年杜绝卖契（即活卖契）两纸、绝笔字两纸、杜绝加契（即加价契）一纸，民国二年找绝字据一纸、顾凤阶卖契一纸、顾德宝卖契收条各一纸、孙潘氏、虞国正卖契各一纸，并援用证人杜世荣、高斗墟、顾德宝、吴心泰之证言为证，否认高安荣、臧举熊、臧顺生之证言。

理由

本件应分两部分说明如下：

（一）关于回赎田亩部分　查上诉人于前清光绪三十一年八月间将戴笃陈段五圩五坵平田八亩，同段同圩十坵平田二亩，共计十亩。又于光绪三十四年八月间将戴笃陈段五圩八坵平田四亩，同段同圩四坵平田二亩，同段六圩一坵平田三亩六分，共计九亩六分。先后活卖与被上诉人为业，一方书立活卖各契，一方书立留赎字据，互相收执为凭，本属不争之事实。所争执者即被上诉人提出上诉人于民国二年腊月间书立之找绝字据而已，故解决上诉人活卖与被上诉人戴笃陈段平田共十九亩六分能否回赎，自应以该找绝字据是否真实为断。本厅核阅该项找绝字据纸张有搓揉皱痕，墨色颇属新浮，且果系民国二年所立，何以迟至民国十四年临讼之际始行投税，已觉可疑。虽找绝字据中人杜世荣、高斗墟等到庭证明，确有找绝情事，然非前活卖契内之原中，并经上诉人攻击该证人等为串通，其活卖契内之原中，如陈忠孝、高安荣、陆永春等至今仍尚健在，何以书立找绝字据时概未邀同到场。而到场者适为现已亡故之朱生甫、高升书二人，且找绝字内上诉人及朱生甫、高升书等花押，本厅以被上诉人提出之各种契据内该三人花押，先后选任鉴定人陈邦彦、姚国璋详加鉴定，其鉴定结果找绝字内陈忠美等三人花押与其他各种契据内该三人花押笔迹均不相同。则被上诉人提出上诉人所立之找绝字据，自难认为真实，找绝字据既非真实，而上诉人又执有被上诉人所立之留赎字据在手，其主张活卖戴笃陈段平田共计十九亩六分应准全部回赎，尚非不当。被上诉人附带上诉主张不能回赎，殊无理由，原判决仅准上诉人赎回平田十亩，此种折衷判断,揆之于法,显有未合。

（二）关于赎回田单部分　查上诉人主张于前清光绪三十三年以三亩二分五厘田单一纸向被上诉人抵借洋拾元,宣统元年又以二亩五分田单一纸抵借洋拾元,宣统三年又以二亩九分田单一纸抵借洋拾四元,共计叁拾四元,俱系二分利息,所有利息均已付清等语。如果属实,其抵借之数甚微,何以十余年之久竟致不能取赎,已非近情。且其历年偿还利息必有相当之证据,何以上诉人付息簿据,或被上诉人收息收条均不能提出,以资证明。至证人高安荣、臧举熊二人均系上诉人之至戚,虽其证言陈述确有抵借情事,究不无偏袒之嫌。况上诉人所称利息二分,证人高安荣陈述没有利息,更属两歧。讯诸被上诉人迭据坚称除承买上诉人田亩外,并无其他债款,实无抵押田单三纸之事。是上诉人主张回赎田单,自难认为有理。

综之论结,本案上诉一部为有理由,一部为无理由,附带上诉毫无理由,应予分别准驳。本审及前第二、第三审诉讼费用应由两造平均负担。爰依民事诉讼条例第五百十七条、第五百十八条、第九十八条,判决如主文。

江苏吴县地方法院民庭

审判长推事

推事

推事

中华民国十五年十一月十六日

● 上诉有理由,附带上诉无理由判决

江苏高等法院民事判决十八年控字第四七二号

判决

上　　诉　　人	范　正	住如皋县立发区洋蛮河
	丁忠谋	同上
	殷一志	同上
	范迪章	同上
	丁既明	同上
	范广长	同上
	范广汉	同上
	丁步仙	同上

被上诉人即附带上诉人　　丁子鸿（受继丁恩沐诉讼）　住如皋县立发区洋蛮河

上 诉 讼 代 理 人　陈立人律师

上两造因水利涉讼一案，上诉人不服如皋县政府于中华民国十七年三月二十七日所为第一审判决，提起上诉。被上诉人亦提起附带上诉，经本院判决后，由最高法院发回更为判决如下：

主文

原判决废弃。

被上诉人之诉及其附带上诉均驳斥。

第一、二审及前第三审讼费，均由被上诉人负担。

事实

上诉人声明为如主文之判决。其陈述略称，虞家桥港河以北串场河，以南有南北直沟（以下简称直沟），东西横沟（以下简称横沟）交合成十字形，横沟两端均无水源，直沟两端一通虞家桥港河，一通串场河。因沟底较两处河底为高，中间之水易于漏泄，故于直沟两端分筑南北码头（即蓄水坝）各一座，以堵沟水。所有缘横直各沟两岸之田，大都为上诉人与被上诉人之产，悉赖此沟堵水灌溉，数十年来各按田取水相安无异。迄民国十五年间被上诉人之父丁恩沐于横沟西端南岸葬坟，惑于风水，擅将直沟南码头挖毁，沟水外流，影响上诉人田亩至巨。上诉人理阻则称，出资疏浚沟底可引河水入内，不知直沟甚长，两岸住户达三百余家之多，若经浚深，两岸住宅势必随地倾颓，事实上无疏浚之可能，故应仍照原状原判决准许迁移南码头，实有未合云云。

被上诉人及其代理人声明应受判决事项，（一）驳斥上诉。（二）废弃原判关于迁移南码头方位部分，命上诉人对于被上诉人疏浚不得阻止，如须建筑码头，其部位应在横沟接连直沟东岸处所。（三）各审讼费上诉人负担。其辩称，横直沟均系通连，其水原为两造合用，直沟底本亦较河底为高，唯该沟南段两岸住户仅三家，沟底易于疏浚。故被上诉人出资挖沟，开放南码头引河，水入内较原有水量为多，且可听任上诉人使用，此种改良水利行为实于上诉人大有利益，非可任意阻止。况被上诉人之田尽在直沟南段，全凭直沟南段之水灌溉，非若上诉人田亩接近串场河，可另取用河水。倘南码头不予开放，则被上诉人之田水不敷用，势必枯槁。上诉人只顾自己利益，置他人利害于不顾，殊失情理之平。又被上诉人请求疏浚，其目的全在灌溉田亩，上诉人谓系惑于风水，并非事实。至疏浚以后照地势论，本可毋庸另筑码头，设上诉人仍以筑码头为是，其处所应在横沟东段较为适宜。原判决准许迁移南码头,而其迁移方位尚在靠近横沟以南,究欠妥洽云云。

理由

本件系争直沟南北两端各置码头一座中间蓄水,历系两造公用,为两造不争之事实。兹被上诉人主张,原蓄之水不敷应用,非疏浚沟底,开放南码头引河水入内,不足以资灌溉。而上诉人则谓,南码头开放蓄水外,溢田将枯槁。疏浚之说,因两岸住户至多,易于倾颓,事实上不可能。彼此各执一词。查阅两造互控行政卷内如皋县水利会复如皋县政府函载,明刻原码头筑开通流沟中存水不足十分之三,所幸出口处底浅,未至泄尽见底等语。则因开放南码头水量易于减少,于上诉人缘沟田亩自不得谓为毫无影响。所称浚沟一层,审核原审勘图沟底高于河底五尺或三尺不等,欲引河水入内沟底,最浅须与河底成一平线,以原有直沟骤深三尺至五尺,两岸屋基因沟深崩裂发生危险诚意中事,是上诉人反对疏浚尤非无理。况上诉人所有田亩取用沟水垂数十年,于该处水利状况极为明了,果因疏浚增加水量工程费用,又不令其分担分文,上诉人非尽痴骏,岂肯对于重大利益反行拒绝。至被上诉人攻击上诉人田亩接近北首串场河,便于取用该河之水沟水,无关轻重,故无理反对疏浚等情。查上诉人丁忠谋、丁既明、范迪章各人田亩均坐落横沟以南,直沟之东距串场河尚隔上诉人范正、殷一志、丁步仙等田亩,此种情形已据被上诉人承认无异。是上诉人丁忠谋、丁既章、范迪章全赖沟水灌溉,绝不能越上诉人范正等之田,而取用串场河之水。正与被上诉人坐落横沟南直沟西田亩利害相同,则其攻击上诉人无须沟水,因而反对疏浚,殊无足采。复查上诉人提出图说横沟西段,被上诉人葬有坟墓,此墓坐落部位已据被上诉人承认真实,证以开放南码头于上诉人自己缘沟田亩水量欠缺情形,足见上诉人攻击被上诉人浚沟之真意纯系迷信风水,尚非无因。总之,系争水沟既系两造共有,现时变更水利,于上诉人无论有无利益,在未得其同意以前,被上诉人委无擅行变更余地。原判决准许南码头迁至靠近横沟以南,已属不合,被上诉人犹附带上诉请求不建码头,或迁至横沟接连直沟东岸处所,尤无理由。上诉论旨其理由尚能成立。

基上论结,本件上诉为有理由,附带上诉为无理由,应依民事诉讼条例第五百十八条、第五百十七条、第百零九条第二项、第九十七条,为判决如主文。

江苏高等法院民事第二庭
审判长推事

推事
推事

中华民国十八年十一月十一日
江苏吴县地方法院民事判决十五年上字第四一七号
判决

上　诉　　　人	郭顺生	住宜兴蜀山
诉　讼　代　理　人	郭荫梓	住同上
被上诉人即附带上诉人	江佐臣	住上海新北门福佑路
	江案清	住宜兴蜀山
	周鸿垚	住同上
	蒋土根	住同上
	江树臣	住同上
	江浩臣	住同上
	江盉根	住同上
	江凤亭	住同上
诉　讼　代　理　人	夏喆牷律师	
	许宝鼎	住宜兴蜀山

上两造因请求退田还租涉讼一案，上诉人不服宜兴县知事公署于中华民国十五年五月三十一日所为第一审判决，提起上诉，被上诉人亦提起附带上诉，本院判决如下：

主文

原判决除关于退田部分外废弃。

上诉人对于被上诉人等所应收之稻租一百二十一石七斗九升八合麦租十三石二斗九合，由被上诉人等按照欠数分别偿还。

附带上诉驳斥。

原审及本审诉讼费用归被上诉人等负担。

事实

上诉人声明求为废弃原判决关于驳斥上诉人追租之诉，责令被上诉人等分别偿还所欠稻租一百二十一石七斗九升八合、麦租十三石零二斗九合，并驳斥附带上诉之判决。其陈述要旨略谓，系争田江佐臣、江树臣各种三亩一分二丝、江浩臣种七亩零八毫、江案清种六亩六分三厘四毫四丝、江盉根种六亩三分五厘三毫二丝、江凤亭种二亩八分一厘七毫一丝、蒋土根种一亩五分九厘八毫、周鸿垚种二亩四分一厘三毫六丝，每亩稻租一石、麦租一斗，自民国十一年起至十四年止，除江盉根、江凤亭、周鸿垚三户偿还稻租十石零三斗外,余均颗粒未偿,共欠稻租一百二十一石七斗九升八合、麦租十三石二斗九合。此项系争田系伊于民国十年向戴子晋价买,江佐臣等于民国十一年起自应将系争田稻租、麦租向伊清偿,原县判令江佐臣等退还系争田固无不合。而将伊请求江佐臣等还租之诉驳斥,实有未当云云。提出江佐臣等欠租清单一纸,并引用业在原审提出之戴子晋卖契一纸、粮串四纸为证。

被上诉人江佐臣及其余被上诉人之代理人声明求为废弃原判决关于退田部分驳斥上诉人上诉及在第一审退田之诉之判决。其答辩要旨略谓,被上诉人等所种系争田系向戴子晋租来,民国九年被上诉人等由邮汇寄一百元交胡梦彪转交戴子晋作为定洋,约明来年成契,将系争田卖与被上诉人等为业。如不成交,即作为增加顶首。嗣因宜兴两次水灾复遇兵灾,继受虫害,致将此事停顿。不料戴子晋竟将系争田扫数卖与上诉人,并未通知被上诉人等,被上诉人等何能承认其自民国十一年起所有稻租、麦租,因迭遭灾荒及纠葛未清,故未偿还。所种亩分及所欠数目确如上诉人□上所开,然被上诉人等系欠戴子晋非欠上诉人,该田应由戴子晋卖□被上诉人等,上诉□□□自有未合云云。

戴子晋之子织云证言略谓,系争田是我于民国十年卖把上诉人,被上诉人等自十年起即不完租,我未收被上诉人等一百元,我卖田何必通知被上诉人等云云。

胡梦彪证言略谓,系争田是戴子晋的,民国十年戴子晋卖把郭顺生为业,江佐臣等云有一百元,由邮局汇交我转交戴子晋,全无此事云云。

理由

本件系争田原属戴子晋所有,被上诉人江佐臣、江树臣各租种三亩一分二丝、江浩臣租种七亩零八毫、江案清租种六亩六分三厘四毫四丝、江盍根租种六亩三分五厘三毫二丝、江凤亭租种二亩八分一厘七毫一丝、蒋土根租种一亩五分九厘八毫、周鸿垚租种二亩四分一厘三毫六丝,每亩稻租一石麦租一斗,自民国十一年起至十四年止,除江盍根、江凤亭、周鸿垚偿还稻租十石零三斗外,共欠稻租一百二十一石七斗九升八合、麦租十三石二斗九合,业为两造所不争。而此项被上诉人等所欠之稻租、麦租,因系争田已于民国十年由戴子晋卖与上诉人,均应向上诉人清偿,又有戴子晋之子织云证言可证。是上诉人请求被上诉人等退田还租并无不当,乃被上诉人等谓伊等曾经邮汇一百元交与胡梦彪转交戴子晋,作为受买该田定洋,订明来年成契,如不成交,即作为顶首。戴子晋未经通知,遽将该田卖与上诉人,伊等自不能承认。至民国十一年起伊等所欠之租,因迭遭灾荒及纠葛未清,故不能清偿等语,以为拒绝退田还租之理由。不知被上诉人等所称汇交胡梦彪一百元,转交戴子晋作为受买该田定洋,姑无论业经胡梦彪到庭否认碍难凭信。纵使属实,而观诸被上诉人等所称,如不成交即作为顶首一语,亦不过为未经承诺之要约而已,何能拘束戴子晋出卖该田之自由。是戴子晋将该田卖与上诉人,而不卖与被上诉人等,自非被上诉人等所能干涉,其所欠田租亦不能因此而不清偿。至被上诉人等谓民国十一年起迭遭灾荒,似可为减免之理由,然质诸上诉人并不认有灾荒情事,而被上诉人等又不能举出确证以资证明,则其灾荒之说亦不足采。原判决命被上诉人等退还系争田委无不当,唯驳斥上诉人追租之诉实有未合。

据上论结,本件上诉为有理由,附带上诉为无理由,应依民事诉讼条例第五百十七条、第五百十八条、第九十七条,判决如主文。

江苏吴县地方审判厅民庭
审判长推事
推事
推事

中华民国十五年十一月二十四日

● 上诉及附带上诉均无理由判决

江苏吴县地方法院民事判决十五年上字第三〇五号

判决

  上诉人即被附带上诉人　　殷讯芳　住昆山县西塘街
  上 诉 讼 代 理 人　　俞晋陶律师
  被上诉人即附带上诉人　　吴再卿　住吴县冉直镇
  上 诉 讼 代 理 人　　胡士□律师
  被 　 上 　 诉 　 人　　李仲梅　住昆山李家浜

上两造为庄册涉讼一案,上诉人不服昆山县知事公署于中华民国十五年六月二十二日所为之第一审判决,提起上诉,被上诉人吴再卿亦不服提起附带上诉,本院审理,判决如下:

主文

上诉及附带上诉均驳斥。

上诉讼费由上诉人负担,附带上诉讼费由附带上诉人负担。

事实

上诉人及其代理人之声明求将原判决关于上诉人备足银洋贰百陆拾贰元之部分废弃,判令上诉人备足原价钱贰百陆拾贰千文,向被上诉人吴再卿直接取赎。驳斥附带上诉,并令其负担两审讼费。其陈述略称,上诉人故父殷子安于前清光绪二十六年将吕区十三图庄册押给被上诉人李仲梅故父李善庆,当得价贰百陆拾贰千文(原议贰百捌拾千文,后因短交拾捌千文,李善庆书立期票两纸),议定八年为满,年满备足原价,对月取赎。嗣由李善庆于光绪三十二年转抵与吴再卿(即吴云儒),仅得价壹百捌拾贰千文,言定五年为满。旋于民国七年被上诉人李仲梅再向吴再卿得价叁拾千文,是吴再卿受抵时仅出价钱贰百拾贰千文,如照贰百陆拾贰千文回赎,在吴再卿已多得钱伍拾千文。乃原审不加详察,遽判上诉人备足银洋贰百陆拾贰元取赎,迹近不当利得,不服云云。并提出光绪二十六年合同议据一纸、凭票两纸、账簿一本为证。

被上诉人暨附带上诉人吴再卿之声明求将原判决废弃,驳斥上诉人在第一审之诉,并令上诉人负担讼费。其答辩略称,附带上诉人于前清光绪三十二年五月由李善卿(即李善庆)凭中殷鹤汀及户房杨用汝等,将吕区十三图庄书缺议定承办偿还,历年造册辛工钱壹百捌拾贰千文,订期五年为满,立有合同议据。乃年满之后,李姓置不取赎。直至民国七年六月由李仲梅仍凭原中殷鹤汀等一再向附带上诉人措商,声称李姓无意取回,愿将所执上合同笔据归并于附带上诉人加价叁拾千文,另立永远议据为凭,以作绝业。查昆山县庄书缺为业,不能以产论,一经弃绝,毋许任意取赎,向来习惯如此。原审未谙习惯,不凭证据,判令上诉人取赎,实有未合云云。并提出光绪三十二年合同议据两纸、民国七年永远议据一纸为证。

被上诉人李仲梅之答辩略称,殷姓将庄册抵与被上诉人之父,除短少拾捌千外,给付殷姓钱贰百陆拾贰千。嗣于光绪三十二年先父转抵与吴再卿,抵期五年,得钱壹百捌拾贰千文。及先父去世,殷姓无意取赎,被上诉人始于民国七年向吴再卿找钱叁拾千文,议明期满由殷姓直接向吴再卿取赎,李姓永不干涉。原审判决不关被上诉人之事,并无不服云云。

理由

本案所应审究者:(一)上诉人对于吕区十三图庄书簿册能否取赎。(二)如能取赎,其回赎钱价应如何计算而已。查上诉人之父殷子安于光绪二十六年将承办庄书簿册议与李善庆接办,并言定八年为满,年满取赎。嗣后李善庆于光绪三十二年转议与被上诉人吴再卿接办,言定五年为满,年满取赎各情。匪特为两造所不争,抑且有双方提出之合同议据为凭。是系争庄书簿册可以取赎,毫无疑义。再就李仲梅立与吴再卿之永远议据而论,内载自议之后李姓永不干涉,是图庄书事务又载,从前李姓短发上首殷姓此图册价票据,言明归于吴姓理值云云。绎其语意,□不过谓吴姓、庄□事务,李姓永不干涉,及李姓短弃上首殷姓册价买价归于吴姓理值耳。对于殷姓能否□□一字提及,乃附带上诉人以此项永远议据,已将庄书簿册作为□□,主张上诉人不能取赎,殊无理由。复□近来全国情形以银元为主币,铜元不过辅币之一,且容量较重,授受之数自不能超过于一圆主币,在当事人于订立契约时纵或表明钱数,而日后债务人履行债务,仍应按照订约时之货币折合以为给付。盖铜元价值时有变迁,苟不以主币为准,无论铜元价值低落至若何程度,均得以铜元给付而免其债务,殊于公平交易之原则不能维持,而立约当事人之真意亦不能符合(参照大理院十五年上字第四一五号判例)。本案合同议据内虽有备足原价取赎之记载,然光绪二十六年之际洋价每元值制钱九百数十文,有上诉人提出之账簿为证。自铜元流通之后,洋价陡涨,以现在时价论,铜元价值当从前制钱价值三倍之差。依照上开判例,自不能仍照从前原价取赎,原判决以制钱壹千折合银洋壹元,着上诉人备足银洋贰百陆拾贰元向被上诉人吴再卿取赎,并无不合。

据上论结,本案上诉及附带上诉均无理由,应予驳斥。第二审诉讼费用应由两造各自负担。爰依民事诉讼条例第五百十七条、第一百零三条,判决如主文。

江苏吴县地方法院民庭
审判长推事
推事
推事

中华民国十五年八月三十一日

● 上诉及反诉有理由,附带上诉一部有理由、一部无理由判决

江苏吴县地方法院民事判决十八年上字第四三八号
判决
  上诉人即附带被上诉人　　高林宝　　住武进县郭塘桥
  附带上诉人即被上诉人　　周文如　　住武进县孝东乡北新桥巷上
  附 带 被 上 诉 人　　高金宝　　住武进县安东乡五都一图

上诉讼代理人 高瑞发　住武进县安东乡五都一图

上两造为田亩涉讼一案,上诉人不服武进县政府于中华民国十八年六月五日所为第一审判决,提起上诉,被上诉人亦提起附带上诉,本院判决如下:

主文

原判决除驳斥周文如对于高林宝之诉部分外废弃。

确认静字第八十七号之田为高林宝所有。

高金宝应将静字第一百十四号之田交与周文如执业。

周文如其余附带上诉驳斥。

两审诉讼费用由高金宝负担。

事实

上诉人高林宝声明废弃原判决,确认静字第八十七号田地为上诉人所有,驳斥周文如对于上诉人之附带上诉。其陈述略称,上诉人有静字第八十七号□□□……诉人完粮,有历年粮串及县政府粮册为证。兹经上诉人查明,此田已被高金宝之祖高纪芳辗转卖与周文如家,当向周文如理论,由周郁定等出为调处。周文如情愿给付上诉人洋五十五元,作为历年所收租项,并允将该第八十七号之地交还上诉人,一面由周文如再向高金宝索还静字第一百十四号之田。先是上诉人之祖高珍儒将静字第一百十四号之田卖与高金宝之祖高纪芳,乃高纪芳竟将第一百十四号之田单,连同其冒管上诉人第八十七号之地出卖与沈姓,辗转卖于周文,如有高纪芳卖于沈姓老契可证,现在高金宝种静字第一百十四号之地并不完粮,其从前移花接木无权处分上诉人静字第八十七号之地毫无疑义。现既经上诉人查明,直接向周文如收回并无不合,周文如无端对上诉人起诉,要求上诉人帮同高金宝交出第一百十七号之地,该地上诉人卖与高金宝家单地既系相符,所有以后纠葛与上诉人何干。而原审又凭空将上诉人静字第八十七号之田断与周文如,殊难甘服,请求依法改判云云。提出粮串、承粮执据、验契纸及高纪芳卖契为证。

附带上诉人即被上诉人周文如声明请求废弃原判决,判令高林宝高金宝将静字第一百十四号之田交与附带上诉人管业。其陈述略称,附带上诉人所买静字第一百十四号之田,原系高林宝之祖高珍儒卖与高金宝家,当时未将号数查清交出,一百十四号之单面交,八十七号之地辗转错误入于附带上诉人之手。现在既经查明,该高林宝、高金宝自应负责更正。经附带上诉人起诉,原审仍判令附带上诉人照旧管业,殊难甘服云云。提出买契、粮串等件为证。

附带被上诉人高金宝声明请求驳斥附带上诉人对于附带被上诉人之上诉。其答辩略称，附带被上诉人买受高林宝家静字第一百十四号之田，始终由附带被上诉人管业完粮，并未出卖其静字第八十七号之田。系高林宝祖上出卖冒用，其漏交与附带被上诉人第一百十四号之田单，辗转入于周文如之手，周文如何能要求附带被上诉人交出第一百十四号之田。高林宝祖上既存第一百十四号田单，另向县署补单交与附带被上诉人家，早存不良之意云云。提出粮串、田单等件为证。

理由

本件静字第一百十四号及静字第八十七号之田均系高林宝家之产，高金宝现种之田为静字第一百十四号，周文如现种之地系静安第八十七号，为两造所不争之事实。所争执者高林宝谓周文如第一百十四号之田，由伊家卖与高金宝家，由高金宝家冒用该号之田单，连同所拾第八十七号之田卖与沈姓，由沈而徐辗转入于周文如之手。高金宝则称伊家买得第一百十四号之田，后并未出卖第八十七号之田，系高林宝自行卖出各等语。是欲解决本件争点，应先审究高金宝家买受第一百十四号之地之后，是否已经卖出。如已卖出，而高金宝现在犹种该号之田，则高林宝称高金宝家无权处分伊家第八十七号之田，即属不虚。查高林宝提出光绪十三年高纪芳（高金宝之祖父）卖与沈鹤杨静字第一百十四号之田，虽因年代久远中证亡故，唯察阅该契纸，色墨均属陈旧，其系真实无疑。又查县署归户册，光绪七年静字第一百十四号户名为高瑞发（高金宝之父），下註高珍儒（高林宝之祖），则光绪七年粮名已过高金宝家无疑。又查该册光绪十五年该号之田户名仍为高瑞发，下注沈连孙，则自光绪十五年该号之田户名即过与沈连孙，亦甚明显。又本院讯据该图粮差蒋士甫据称，高金宝家自光绪十五年即未完静字第一百十四号之粮，如果高金宝家未将该号之田出卖，何以户名过入沈姓，而又不完粮。至高金宝提出粮串数张，均非该号之田之粮串，业经蒋士甫证明。高金宝谓迄今尚完静字第一百十四号之粮，殊难置信。则周文如执管第八十七号之田及第一百十四号之单，系由高金宝家得来，毫无疑义。该静字第八十七号之田系高林宝之产，又未卖与高金宝，而高金宝之祖竟擅自处分，显有未合。高林宝向周文如索取第八十七号之田，请求确认该号之册为其所有自属正当。周文如现种第八十七号之田，既被高林宝取回，则周文如向高金宝要求□单交出第一百十四号之田，即难认为无理由。原审判令周文如照旧管业，自难折服。至第八十七号之田并非高林宝家出卖，已如上述，高金宝之祖冒用第一百十四号之田单辗转卖与周文如，亦与高林宝无干。周文如请求判令高林宝交出第一百十四号之田,即非有理,附带上诉人周文如关此部分上诉殊无理由。

基上论结,本件高林宝上诉及反诉为有理由。周文如附带上诉一部为有理由,一部为无理由。兹依民事诉讼条例第五百十七条、第五百十八条、第百零九条第二项、第九十七条,判决如主文。

江苏吴县地方法院民事庭
审判长推事
推事
推事

中华民国十八年十二月十六日

● 上诉及附带上诉均一部有理由、一部无理由判决

江苏吴县地方法院民事判决十八年上字第一零四号

判决

上 诉 人	邓焕棠	住宜兴县周山村
	邓洪保	住同上
	高锁生	住同上
	蒋天梅	住同上
	秦德元	住同上
	邓生根	住同上
诉讼代理人	丁丙南律师	
被 上 诉 人	蒋寿南	住宜兴县前化村
	蒋生发	住同上

上两造因滩地涉讼一案,上诉人不服宜兴县政府于中华民国十七年十二月四日所为第一审判决,一部提起上诉,被上诉人亦提起一部附带上诉,本院判决如下:

主文

原判决关于双庙下滩杨巷滩地亩及讼费部分废弃。

双庙下滩杨巷滩地三百零八亩内,确认被上诉人有二百八十三亩之所有权。

其余上诉,其余附带上诉及被上诉人其余之诉均驳斥。

第一、第二两审诉讼费用,由上诉人负担十分之九,被上诉人负担十分之一。

事实

上诉人声明请求将原判决关于双庙下滩二百五十八亩及十七年份该滩滩单部分废弃,驳斥被上诉人之诉及其附带上诉。其陈述意旨略称,上诉人世居宜兴县周山村,该处地连长荡湖滨,所有祖遗管业之滩地三处,一曰西湖小滩、二曰杨巷滩、三曰双庙下滩,向为周山村前段居民共同所有。清光绪十六年由上诉人邓焕棠之父邓彦章等召集前段各户会议,将该滩渊字第十一号捐入桥会十五亩、义冢十亩,报认注册给单,办粮执管有印单、粮券为证。所有收入除完国课外,以资修理桥梁、义冢等费,并有光绪十六年起历年收入账簿为证。因时有侵割迭起争端,爰于光绪二十一年仍由上诉人邓焕棠之父邓彦章等联名呈请前清宜兴县署,给示勒石永禁在案,有原告示为证。迨官产条例颁行,所有从前未经认业之户,先尽原占业主报领升科,于民国十年上诉人等就周山村前段酌议先筹措洋一百元,交本图图董蒋生发收管,请其向官产处照章代为报领。讵料蒋生发竟与蒋寿南等私行勾串,擅将该滩报领,但按其部照编列渊字第二十四号,则该滩位置当然不在双庙下滩范围之内。上诉人等得悉后重行筹款,向官产处遵章报领缴价,掣有官产处收条为证。因官产处有意为难,迄未调换部照。原审竟依据被上诉人所呈测字第二十四号之部照,将渊字第十一号之双庙下滩二百五十八亩判归被上诉人所有,非特该滩地位错误,且违反官产先尽原占业主报领升科之定章,何足以照昭折服云云。提出印单二纸、告示一纸、账簿一本、官产处收证照片一纸为证。

被上诉人声明请求驳斥上诉,原判决关于杨巷滩部分废弃,确认杨巷滩五十亩为被上诉人所有。其答辩意旨略称,被上诉人世居前化村聚族而居,前化支祠内花山滩地向以蒋昭燕堂等户名办粮执业,掣有部照粮串为证。于民国十一年起陆续向官产处缴价承领清西七图内测字第二十三号及二十四号杨巷滩双庙下滩二处之滩地三百零八亩,呈请县政府备案,则该滩为上诉人所有毫无疑义。而上诉人所称委托被上诉人蒋生发代领,并无此事。至其所执二十五亩印单之滩地点,与系争滩地无涉,应请驳斥上诉。再杨巷滩五十亩,原审讯问时劝谕被上诉人抛弃,谓可和解,被上诉人亦未应允。原审遽行判归上诉人,关此部分被上诉人殊难甘服云云。援用原审提出之执照四纸、江苏省官产处批令一纸、抄录省委复文一纸为证。

理由

查上诉人在杨巷滩及双庙下滩两处占有二十五亩,滩地执有印单为凭,管业多年,此项有主滩地非官产可比,被上诉人竟向官产处一并领买,殊有未合。原审就双庙下滩二百五十八亩中未将上诉人有印单部分除外，一并划归被上诉人所有，自难折服，关此部分应认上诉有理由，予以改判。至上诉人其余上诉论旨，不外以讼争滩地向归上诉人占有，应由上诉人承领，及被上诉人所领滩地为渊字二十三号、二十四号，不能冒顶讼争渊字第十一号滩字而已。本院查上诉人在杨巷滩及双庙下滩之地，持有光绪年间之印单仅有二十五亩，至其所提出光绪十六年所立账簿一本，逐年对于讼争滩地固有草价收入，但系片面记载。且迄今数十年其中笔迹则系出于二、三人之手，则该项记载是否可信，已不无可疑。今姑退一步言之，上诉人在讼争滩地上逐年实有刈草之事，唯既经官产处布告招人交价承领，被上诉人已于民国十一年报领，而上诉人迟至民国十六年始行缴价，是上诉人纵有先领之权利，亦已舍弃，何能再行主张。而上诉人所称曾于民国十年交与蒋生发洋一百元，托其代领等语，纯属空言主张，自难采信。又查被上诉人向官产处所领之执照，共四至及坐落附有详细图说，实为杨巷滩、双庙下滩无疑，上诉人指该两处滩地均属渊字第十一号，殊难认为有理由。双庙下滩除上诉人有印单部分，应将被上诉人之诉驳斥外，其余部分原审判归被上诉人所有，尚无不合，关此部分应认上诉为无理由。又原审曾于言词辩论日期劝谕被上诉人和解，被上诉人确有将杨巷滩五十亩归上诉人承领之表示，唯此种表示显系作为和解之条件，当日上诉人未到庭，其和解显未成立。而被上诉人此项表示又与舍弃不同，故关于杨巷滩五十亩，除上诉人持有印单部分应予维持原判，驳斥该部附带上诉外，其余部分原审认其业已和解，亦判归上诉人所有，实有不当，此部附带上诉为有理由。至于滩草部分上诉人在讼争地所得收割，自亦不过二十五亩，原审将去年杨巷滩五十亩滩草判由上诉人收割，被上诉人并未声明不服，自应免予置议。而上诉人对于其余去年双庙下滩二百五十八亩滩草，判由被上诉人收割，声明不服，殊无理由。

基上论结，本件上诉及附带上诉均一部为有理由，一部为无理由，兹依民事诉讼条例第五百七十七条、第五百十八条、第百零九条第二项、第九十八条，判决如主文。

江苏吴县地方法院民事庭
审判长推事
推事
推事

中华民国十八年五月二十日

● 上诉及第二审提起之反诉均无理由判决

江苏吴县地方法院民事判决十九年上字第三六二号
判决

上　诉　人	李桂生	住吴江县震泽镇李家湾
	李岐丰	住同上
	李大宝	住同上
	金福才	住同上
	李五宝	住同上
	李少奎	住同上
	邱在高	住同上
	李补金	住同上
	卢金奎	住同上
	金阿根	住同上
诉讼代理人	诸葛铨律师	
	陈　言律师	
被　上　诉　人	李阿五	住吴江县震泽镇李家湾
	李阿宝	住同上
	李龙泉	住同上
	李福宝	住同上
	李掌大	住同上
	李龙大	住同上
	李兰宝	住同上
	李阿银	住同上
	李应大	住同上
	李阿崑	住同上
	李阿大	住同上
	李船大	住同上
	李春宝	住同上
	李阿金	住同上
	金家湾阿四	住同上
	金家湾阿五	住同上
	李仰生	住同上

　　　　　　李阿顺　　住同上
　　　　　　李印宝　　住同上
　　　　　　贺阿金　　住同上
　　　　　　李小金　　住同上
诉讼代理人　李茂祥　　住同上
　　　　　　王沈定律师

　　上两造为请求赔偿损失及确认荡产所有权涉讼一案，上诉人不服吴江县政府中华民国十九年七月二十七日第一审判决，提起上诉，本院判决如下：

主文

　　上诉及反诉均驳斥。
　　本审诉讼费用由上诉人负担。

事实

　　上诉人及其代理人声明请求废弃原判决，驳斥被上诉人之诉，确认系争荡产为两造所共有，并令被上诉人负担两审讼费。其上诉要旨略称，（一）共有荡产单据当然为少数人持有，向不以各执为要件，只要有共有事实足矣。系争荡产以前虽系被上诉人所有，但自民国四年，上诉人九十五家加入讼争，被上诉人即允将争回荡产，作为上诉人等九十五家与被上诉人共有。所以从前被上诉人与庄家湾讼争时，上诉人按户出资一年之中连派十八次，复将上诉人等九十五家之桑叶全部出卖充作讼费，可以证明。即证以被上诉人之起诉状，主张被上诉人李茂元、李茂祥所有，嗣又改称被上诉人二十二家所共有，自相矛盾，可见其图吞之意。且单据并非二十三家所各执，已足为共有合单之证明，原判抹煞事实，一味以持有单据为所有权之认定，不服者一。（二）本案系争荡产为两造共有，一经调查真相立见，即以书面言，民国初年与庄家湾讼争经年累月，上诉人方面牺牲生命、自由、金钱，有不可计算之损失。原审不将旧案调卷查阅，以明虚实，仍以并无证明方法指为空言争执，不服者二。（三）本案荡产，被上诉人趁两造与庄家湾讼争之后，由上诉等遭家破人亡之痛，乘机把持所有荡单，并于讼后由其领取保管。历年借口欠款未清，故迄不将出息分派。迨十七年冬向之诘询，并查历年收付，被上诉人自知理屈，曾央沈秩安、邱辅卿等出面调停，将该荡让归上诉人等经管。嗣以方单及历年账目不能清交，致未成议等经过事实，原审未经传证，不服者三。（四）查被上诉人中之贺阿金、李振丰已将系争荡产确为两造共有各情，于去年十二月被上诉人诬诉上诉人等侵夺荡产之刑事内具状声明在案，李振丰、贺阿金确系被上诉人认为二十三家之内,当然利害相关,何致为不利于己之陈述,原审置之不问,不服者四。(五)按做荡时渔船麕集,甲荡停做即往乙荡,向无由荡主赔偿损失之例。且数百渔船非一、二人所能统辖,原判仅凭被上诉人勾串伪证费阿年片面之词,即认定损失二百九十一元,殊为不当云云。

被上诉人及其代理人声明请求驳斥上诉及反诉。其答辩意旨略称,上诉人反诉主张系争荡产于民四以后为共有,若真有此种契约,当以书面证据为凭。且不动产所有权之移转,岂有空口相约之理,在被上诉人方面有方单、大理院判决等物为证。且方单系被上诉人祖上之名户,足见系争荡产为被上诉人二十三家所有,不能以上诉人等空言主张而变为共有。系争荡产既为被上诉人所有,则损失赔偿一事,已有船户到庭作证,自属确实成立。至于上诉人方面,有人被庄家湾人殴伤毙命,系上诉人与庄家湾之交涉而牵累于被上诉人者,自与被上诉人无涉云云。

理由

本件上诉有无理由,应以讼争荡产是否两造所共有为重要关键。查上诉人提起反诉主张讼争荡产为两造所共有,不外以被上诉人前与庄家湾因荡产斗殴,上诉人与诉外人李阿宝等九十五家曾加入帮助,并担负讼费为根据。殊不知上诉人主张分派讼费,乃属债权债务关系,如果属实,尽可诉求偿还,亦不能以为取得共有之论据。至被上诉人贺阿金及李兰宝之父李振丰虽于刑事案内具状声明,并未列名告诉,并附带陈述讼争荡产为两造所共有。而查核民事卷宗则无此主张,且依必要公同诉讼之法理,共同诉讼人中一人或数人之行为有不利于全体共同诉讼人者,视与全体未为同上诉人以此为主张,荡产共有人根据亦有未当。此外上诉人所称被上诉人曾允将争回之讼争荡产作为两造共有,有李阿宝等四人为证,但李阿宝等均在上诉人九十五家之内,既与本案有利害关系,其证言殊无采信之余地。至沈秩安固有出头调处之情事,经本院质讯结果,亦不能证明被上诉人有承认共有之表示。总之,该项荡产被上诉人方面前此如果曾允作为两造共有,乃属不动产权利变更,上诉人方面岂有不要求被上诉人出立书据之理。上诉人空言争执,殊无理由。又查被上诉人提出方单所载,系争荡产为被上诉人祖遗之产,而合同又明载该荡产归被上诉人李茂元、李茂祥管理,是该系争荡产为被上诉人等所有,已无可疑。上诉人竟请求县政府命令禁止被上诉人所雇渔船九百余只在荡内捕鱼,所需伙食费均由被上诉人支付,此项损失既因上诉人等之行为而发生,上诉人自不能诿卸赔偿之责。关于赔偿数额被上诉人既提出渔船收据为凭,复经证人费阿连、杨富才等供证明确,原审据此判决委无不当。上诉意旨请求废弃原判,驳斥被上诉人之诉,确认系争荡产为两造所共有,应认为无理由。

基上论结,本件上诉为无理由,兹依民事诉讼条例第五百十七条、第一百零三条,判决如主文。

江苏吴县地方法院民事庭

审判长推事

推事

推事

中华民国十九年十二月二十九日

● 上诉及第二审提起之反诉均有理由判决

江苏吴县地方法院民事判决十八年上字第一八二号

判决

上　诉　人　　王藕琛　住常熟县南一场一都八图归义乡邹宅

上诉讼代理人　　周　杰律师

被 上 诉 人　　邹根福　住常熟县归义乡邹宅

上两造为墙垣涉讼一案,上诉人不服常熟县政府于中华民国十八年三月二十二日所为第一审判决,提起上诉,本院判决如下:

主文

原判决废弃。

被上诉人之诉驳斥。

上诉人与被上诉人基地中间宽约七尺余之石子街认为公路,被上诉人应将垒在上诉人基地坑厕东面墙垣拆除。

第一、第二两审诉讼费用,由被上诉人负担。

事实

上诉人及其代理人声明应受如主文之判决。其陈述意旨略称,被上诉人于民国十六年四月间在上诉人基地东边砌有墙垣,当时上诉人出面理论报告警局,被上诉人仍强行垒筑。该墙与被上诉人砖场之间系属石子街,有地方年长者如叶春华等已在原县行政部分控告,派员查明被上诉人侵占公路,有卷可查。乃原县本件诉讼判决内谓,证人顾振卿在刑事案内证称,上诉人买受邹云坡房屋因找价争执,曾由中人劝上诉人找给邹云坡升堂费洋二十元,当付洋十五元余五元,由上诉人留作修坑之用,当时坑门早已砌断等语。既留费修葺可以证明,厕门应行砌断云云,殊不知此项升堂费已载在卖契,并无再给升堂费二十元之事。当时经手有冯伯葵、王子卿,不仅顾振卿一人并无所谓找价,更无所谓五元作修坑之用。揆诸实际,安有卖主既卖坑厕,复再留费代买主修坑之理。再该坑厕系洪杨乱前之坑厕,并非近时之坑厕,被上诉人提出民国元年商借出路之笔据,究何依据,其非伪造而何。况邹云坡出卖坑厕时系在民国十五年,既有上述借路据在先,而在卖契上何以只字不提,显无其事。且上诉人买受邹云坡地坑载明,朝东门面袁家场地坑屋两间,靠石子街,滴水为界,地坑在内。又上诉人民国十五年买受邹寿安基地(在买受邹云坡房屋之东,其东面之南段与系争石子街为界)契内载,任凭王家朝东朝南起造房屋。则地坑东边明明是石子街,被上诉人所砌垣墙显在石子街上阻塞上诉人出入,返要求上诉人恢复该项墙垣。原审不察,准其所请,显属不当,请予依法改判。并请判令被上诉将墙垣拆除确定,石子街为公路云云。提出邹云坡卖契一张、邹寿安卖契一张为证。

被上诉人声明请求驳斥上诉。其答辩意旨略称,本案前因上诉人毁损墙垣,经被上诉人向原县具状告诉,讯明判处上诉人罚金五元确定在案。毁损之罪既已成立,则因毁损而发生之损害,当然由上诉人负回复原状之责任。被上诉人系于丁卯年以前翻造房屋,如果有侵占公路之事实,当时邻居岂有不出而反对之理。该路如系公路,何以邹云坡向被上诉人立据告借通行,至邹云坡卖与上诉人地坑契内如何写法,被上诉人原无干涉之必要,亦无影响于被上诉人之理。且该契所称靠石子街系指朝南一面而言,叶春华、邹金柏系上诉人之私党,王子卿系上诉人之兄,冯伯葵系上诉人之岳父,若辈陈述均无证据力可言。该坑门如不应砌断,当时上诉人何以放任砌断,并不出而反对,其上诉并无理由,应请予以驳斥云云。提出邹云坡借地通行笔据一纸为证。

理由

本件上诉有无理由,应以两造基地中间宽约七尺余之空地系属公路,抑系被上诉人之场地为断。如果确系公路,则被上诉人在上诉人基地与公路中垒墙妨害上诉人通行,该墙一部虽经上诉人损坏,要不能要求上诉人回复原状,理固甚明。查上诉人提出民国十五年买受邹云坡房屋地坑契据内载,朝东门面袁家场地坑屋两间,靠石子街,滴水为界,地坑一只字样。同年买受邹寿安基地(该基地南段之东边即被上诉人新垒之墙垣,北段靠东即系讼争地坑)契据内载,任凭王处朝东朝南起造房屋,又四址项下载东靠石子街为界。则上诉人主张买受邹云坡地坑及买受邹寿安基地之东为公路,已有相当之证明。且邹金柏等在原县行政部分呈诉被上诉人侵占公路,经原县派员勘明,该路之北段完整石子路阔约七尺余,东西两面并无门户,若南段并非公路,前此铺此一半石子作成半条道路,断无此理。其中段石子被掘痕迹宛然,其南段(即上诉人买受邹云坡地坑及买受邹寿安基地之东)虽铺二号砖,而谁遮柴草以掩痕迹,则查核勘图亦可推定南段实系公路。至被上诉人主张该路南段为被上诉人之地,而不能提出基地契据以资证明,仅提出民国元年邹云坡所立商借坑基出路字据一纸(在原县刑事卷内),查该字据纸色不匀,显露渲染痕迹,虽邹云坡证称该据真实不虚,但如果属实,何以民国十五年邹云坡将地坑卖与上诉人契上,不但并不载明向被上诉人商借出路,竟显明记载朝东字样,可见邹云坡证言显不足信。该据系新近作成,殊无疑义。至原审判决系根据刑事卷内顾振卿曾称,该两造因升堂费问题,由被调解劝上诉人出洋二十元,当时仅交十五元,留五元为修葺坑厕之用云云。原审遂推定为坑墙应行修葺,被上诉人有权垒墙。查顾士卿所称留五元,上诉人极端否认,而上诉人买受邹云坡地坑房屋契内(在原县行政卷内)又明载,"升堂在内迁移"字样,是顾振卿该项证言是否可信,已不无疑义。今姑假定该证言为真实,而顾振卿亦仅称留洋五元修葺坑厕,唯坑厕与墙垣系属两事,何能混为一谈。且顾振卿当时证称,上诉人房屋东边路是路,并不是四通八达的也,是僻路等语(见民国十七年三月十六日原县刑事诉讼笔录),尤难指上诉人基地之东为被上诉人之地。刑事部分固因上诉人损坏墙垣判处罚金,唯该路系属公路,既如上述,则该项判决自无拘束民事诉讼之效力。被上诉人在上诉人基地与公路间垒墙纵被损坏,要无要求回复原状之权利,原审判令上诉人砌复原墙或偿还砌墙费洋七十元,自难折服。又上诉人基地东边之地既系公路,上诉人在本审提起反诉请求确认公路,并判令被上诉人将墙垣拆除,亦属正当。

基上论结,本件上诉及反诉为有理由,兹依民事诉讼条例第五百十八条、第百零九条第二项、第九十七条,判决如主文。

江苏吴县地方法院民事庭
审判长推事
推事
推事

中华民国十八年七月三十日

● 一造上诉一部有理由、一部无理由，一造上诉无理由判决

江苏高等法院民事判决十七年上字第四九八号
判决
上诉人即被上诉人　罗厚之　住江甯县下关大马路
上诉人即被上诉人　张光谦　住江甯县西营门口
　　　　　　　　　　张光裕　住同上
诉　讼　代　理　人　张光谦　住同上
　　上两造因合伙账款涉讼一案，不服前江甯地方审判厅于中华民国十五年四月二十三日第一审判决，先后提起上诉，本院判决如下：
　　主　文
　　原判决关于张光谦不负交还簿戳合同义务部分废弃。
　　张光谦应将永昌祥码簿结束簿及戳记合同交与罗厚之。
　　张光谦、张光裕之上诉及罗厚之其余之上诉均驳斥。
　　第二审讼费张光谦、张光裕负担十分之六，罗厚之负担十分之四。
　　事　实
　　缘张光谦、张光裕于民国十年旧历四月间，与罗厚之、胡月卿在下关合股开设永昌祥炭店，议定资本三千元，分为六股，每股五百元。张光谦、张光裕共四股、罗厚之一股、胡月卿一股，其经理一职先系张光谦，后系罗厚之。至民国十一年旧历十一月间因店账纠葛闭歇，同月二十八日张光谦即将该店账簿全部取去，并将戳记合同码簿及结束簿（即每年年终红账）一并藏匿。又张光裕于民国十一年二月凭证李士成向罗厚之借洋一千八百元，立有期票一纸，亦未偿还。嗣因店账借款互相抵赖，张光谦、张光裕即以罗厚之侵吞账款等情，向原审起诉，并提出永昌祥账簿及自编表册为证。罗厚之亦以张光谦等股本未经交足，张光裕尚欠期票借款一千八百元等情提起反诉，并提出民国十一年二月底期票一纸为证。又请饬令张光谦交出结束簿三本、码簿八本、永昌祥图记十六颗及合同契约三纸。经判决结果两造均不服，先后提起上诉。罗厚之上诉意旨略称，（一）原审误认民为经理，令民清理偿还张光谦、张光裕各三百八十九元五角一分七厘，此实原审抛弃证据故尔臆断。（二）被上诉人原诉承认负责之款，原判不予冲偿。（三）张光裕票据上利息原审不予加判。张光谦、张光裕上诉意旨略称，（一）会计师清算不实。（二）行单是否真实，不难核对笔迹。（三）期条系由被上诉人骗立。（四）各项开支不实。（五）折耗部分即

使属实,亦系经理人与司账人相互间之关系,不能以之对抗商业主人云云。

理由

查本案上诉人罗厚之与上诉人张光谦对于永昌祥经理一职虽互相推诿,但查民国十年旧历四月十五日张光谦向罗厚之承租房屋所立承租据,未载承租人合股永昌祥经理张光谦等字样。据此,则永昌祥开设之初,其经理一职原系属于张光谦,迨后张光谦因事出店,究系何人充当经理,即不能不以罗厚之在原审之自认为本案判断之根据。是永昌祥之经理始则属于张光谦,继则属于罗厚之,已属毫无可疑,经理一职既经确定,则其清理款项目不能不负相当之责。唯清理款项端赖账目,本院遍查张光谦呈缴之账簿,并无码簿、结束簿两种,据罗厚之供称,全部账簿及合同戳记均为张光谦取去,有民国十一年旧历十一月二十八日张光谦寄交之函可以为证。核阅该函内载,今年二、三月后账事是否有错,弟尚未完全查过,弟拟于四时将全部暂行带转,一俟查竣,仍然带陵与伊等面算云云。足见该店账簿全为张光谦取去,罗厚之谓有结束簿三本、码簿八本及图记合同在内,自属信而有征。当经本院饬令张光谦速将码簿、结束簿缴出,以便核算。时逾数月、仍未照缴,虽经本院将现在存案账簿后先令发上海地方法院,遴选徐、王两会计师清算。但据徐会计师报告所称,原有账簿记载不清,登账遗漏及计算错误之处极多。王会计师亦以原账记载极为紊乱,且无统系与成法,即主要簿如银钱总清与货源簿等亦皆首尾不符,并逐条指摘煤锅等项,均进货少而出货多等语。又经函请苏州总商会清算,亦谓结束簿即红账码簿为本案必要之证据,应令分别检呈云云。既未据张光谦呈缴前来,本院即不能不就账算账,核阅原审清算情形,如股本行单、客账及认还亏款等项,并无何等错误,原审据为判决基础,认定罗厚之为永昌祥经理,应分别偿还张光谦、张光裕股本洋各三百八十九元五角一分七厘,委无不合。又查上诉人张光裕既立有一千八百元之期票存在罗厚之手中,又经票上证人李士成到案证明,何能谓为股本不足,由罗厚之诈骗写立。原审认为一种借款,判令张光裕如数偿还,亦无不合。唯查码簿结束簿及图记合同等件,既有张光谦亲笔信函可以证明确为张光谦取去,即不能不令张光谦如数交出。原审认为不能断定为张光谦一并拿去,殊有未协。至利息部分,查该期票并未载有此种息金,罗厚之请求依照票据上利息加判,尤有未合。

依上论结,本案罗厚之之上诉一部为有理由,一部为无理由,张光谦、张光裕之上诉为无理由,应依民事诉讼条例第五百十八条、第五百十七条、第九十八条，为判决如主文。

江苏高等法院民事第一庭
审判长推事
推事
推事

中华民国十七年十一月九日

● 向原第二审法院提起上诉已逾上诉期限裁决

江苏吴县地方法院民事裁决

裁决

上　诉　人　苏盘发　住无锡县富安乡吴村里

被上诉人　苏进达　同上

上两造为田单涉讼上诉一案，上诉人不服本院中华民国十八年十二月二十日第二审判决提起上诉，本院裁决如下：

主文

上诉驳斥。

本审诉讼费用由上诉人负担。

理由

本院按，对于第二审判决提起上诉，应于第二审判决送达后二十日之不变期间内为之，民事诉讼条例第五百三十六条已有明文规定。本件上诉人于本年一月二十四日收到第二审判决，于本年二月二十二日始行提出上诉状到院，显逾上诉期间。

基上论结，本件上诉为不合法，兹依民事诉讼条例第五百四十九条、第五百零四条、第百零三条，裁决如主文。

江苏吴县地方法院民事庭
审判长推事
推事
推事

中华民国十九年三月一日

● 更正判决裁决

江苏吴县地方法院民事裁决

裁决

声请人 张鸣皋　住无锡县芋头沿河
　　　　张仲平　同上
　　　　张　毅　同上
　　　　张赓唐　同上

　　查声请人与陈仲康为基地涉讼上诉一案,业经本院送达判决在案。该判决内漏列上诉人诉讼代理人陈保伦,被上诉人诉讼代理人秦毓钟律师。又理由第八行被上诉人误为上诉人,二十行抗辩误为抗弁。兹据声请人声请更正到院,合依民事诉讼条例第二百七十二条第一、第二两项,裁决更正如右。

　　　　　　　　　　　　　　江苏吴县地方法院民事庭
　　　　　　　　　　　　　　　　审判长推事
　　　　　　　　　　　　　　　　　　推事
　　　　　　　　　　　　　　　　　　推事

中华民国十九年二月五日

民事　第三审

● 上诉不合法判决

江苏高等法院民事判决十八年上字第一〇〇号
判决
上 诉 人　张遐仁　住泰县张家垛
被上诉人　黄月峰　住泰县野周庄
　　　　　　俞心存　住址未详

上两造为赔偿涉讼一案，上诉人不服镇江地方法院于中华民国十七年十二月三十一日所为之第二审判决，提起上诉，本院判决如下：

主文

上诉驳斥。

第三审诉讼费用由上诉人负担。

理由

查封于财产权上诉之第二审判决，若因上诉所应受之利益不逾百元者，不得上诉，民事诉讼条例第五百三十一条已有明文规定。本件上诉人与被上诉人黄月峰因赔偿涉讼一案，经原县判令上诉人赔偿被上诉人黄月峰洋六十四元，是上诉人因上诉所应受之利益显不逾百元，依上开条例，自不得上诉于第三审法院。

基上论结，本件上诉为不合法，兹依民事诉讼条例第五百四十九条、第五百十七条、第百零三条，判决如主文。

江苏高等法院民事第二庭
审判长推事
推事
推事

中华民国十八年三月五日
江苏高等法院民事判决十九年上字第九四九号

判决

上 诉 人　倪味经　住上海虹桥望云路五十一号

被上诉人　胡瑞申　住上海西仓桥二百零七号

上两造因房屋涉讼一案，上诉人不服上海地方法院于中华民国十九年十一月二十九日所为第二审判决，提起上诉，本院判决如下：

主文

上诉驳斥。

第三审讼费由上诉人负担。

理由

查民事诉讼当事人提起上诉，应表明上诉理由，为必须具备之程式。如程式不合，经审判长限期补正，而当事人仍不遵行者，应即认其上诉为不合法。此在民事诉讼条例第五百三十七条、第五百四十九条、第五百零八条第一项第一款，均设有明文。本件上诉人与被上诉人因房屋涉讼一案，上诉人不服上海地方法院所为第二审之判决，提起上诉，未据预纳讼费，并未表明上诉理由。迭经本院裁决限令上诉人来院补正，最后裁决系限接收裁决之翌日起十日内遵办，此项裁决于二十年四月七日送达上诉人，收受有送达证书可稽。嗣据上诉人声请诉讼救助，经本院裁决照准，该裁决于二十年六月十五日送达，亦有送达证书可考。上诉人既未于收受最后裁决后按照十日期限补具理由书，迄收受核准救助裁决后，亦未即日来院照补，故其上诉即属程式未备，自难认为合法。

据上论结，本件上诉为不合法，应依民事诉讼条例第五百四十九条、第五百十七条、第百零三条，为判决如主文。

江苏高等法院民事第一庭

审判长推事

推事

推事

中华民国二十年六月二十五日

江苏高等法院民事判决十九年上字第二六四号

判决

上 诉 人　茅忠义　住如皋丰利区

被上诉人　丁　贻　同上

上两造因债务涉讼一案，上诉人不服镇江地方法院中华民国十八年七月十日第二审判决，提起上诉，本院判决如下：

主文

上诉驳斥。

第三审诉讼费用由上诉人负担。

事实

上诉人与被上诉人因债务涉讼,于十八年八月十九日收受第二审判决后,延至同年九月十二日在如皋县政府声明上诉,经原审检齐原卷转送到院。

理由

按提起上诉,应于原判决送达后二十日之不变期限内为之。本年原判决上诉人于十八年八月十九日收受,不独送达证内曾经载明,即上诉人声明上诉状亦承认无异。从八月二十日(是月为三十一日)起算,复除去由上诉人住居三丰利区至如皋县城程期三日(据如皋县查复,丰利区距如皋城水陆路一百一十六里。依民国十年前司法部令八六一号,每水陆路五十里扣除一日,虽不满五十里而在十里以上者,亦同之记载,应计程三日),扣至九月十一日即已满期。乃上诉人于九月十二日始在如皋县政府投递声明上诉状,业已逾期一日,按之上开说明,此项上诉不能认为合法。

基上论结,本件上诉为不合法,应依民事诉讼条例第五百四十九条、第五百零八条第一项第一款、第五百十七条、第百零三条,为判决如主文。

江苏高等法院民事第一庭

审判长推事

推事

推事

中华民国十九年六月十一日

江苏高等法院民事判决二十年上字第一三〇号

判决

上 诉 人　任元祯　住江都水西乡

　　　　　任学富　同上

　　　　　任学桃　同上

被上诉人　僧圆馨　住江都龙王庙

上两造因荡田涉讼一案,上诉人不服镇江地方法院于中华民国二十年五月二十日第二审判决,提起上诉、本院判决如下:

主文

上诉驳斥。

第三审诉讼费用由上诉人负担。

事实

缘上诉人与被上诉人为荡田涉讼一案，不服原第二审判决提起上诉，未据遵章贴用诉讼印纸，经本院裁决限令补正，嘱托原第一审法院送达上诉人收受，今已逾期，仍未遵办。

理由

按当事人起诉或提起上诉，以预纳审判费用为必须具备之程式，此在修正诉讼费用规则第二条、第三条、第五条定有明文。本件上诉人提起上诉，未据缴纳审判费用，及收受本院裁决，又不依期遵行，其于上诉程式实有未备。据上论结，本件上诉为不合法，应依民事诉讼条例第五百四十九条、第五百十七条及第百零三条，特为判决如主文。

江苏高等法院民事第一庭
审判长推事
推事
推事

中华民国二十年九月二十四日

● 上诉无理由判决

江苏高等法院民事判决十八年上字第二〇九号

判决

上 诉 人	陈寿全	住常熟大东门外
	沈鸿奎	同上
	张小六	同上
被上诉人	潘晋涛	住常熟浒浦镇
	严潘氏	同上

上两造因保证债务涉证一案，上诉人不服吴县地方法院于中华民国十七年十二月十二日所为第二审判决，提起上诉，本院判决如下：

主文

上诉驳斥。

第三审讼费由上诉人负担。

理由

本件被上诉人潘晋涛就于该债务有无代偿责任，应视该被上诉人所处之地位若何，及该债务之性质若何，以为断查。上诉人所提出之兴隆票期票，严潘氏为债务人，潘晋涛仅居介绍人之地位。依通常解释，介绍人并不含有担保意味,即不能与保人同视。该上诉人乃谓,常熟习惯介绍人即为保证人,已无足采。况所谓兴隆票者,乃须待债务人有资力而后履行,并与保证人之有无资力无干。上诉人既明知出立兴隆票之严潘氏无力偿还,乃迳向潘晋涛追偿,原属不合。故无论潘晋涛仅为介绍人,非能责以代偿,即或系保证地位,亦难遽令其负履行之责任。原判废弃第一审判决,驳斥上诉人之请求,其结果并无不当。再上诉人在第一审请求系向潘晋涛要偿,兹查上诉状所陈意旨,仍为请求责令潘晋涛负责代偿,故该诉状内列严潘氏为被上诉人系属错误,应予纠正。

基上论结,本件上诉为无理由,依民事诉讼条例第五百四十九条、第五百十七条、第百零三条,为判决如主文。

江苏高等法院民事第一庭
审判长推事
推事
推事

中华民国十八年四月二十六日

● 上诉有理由判决

江苏高等法院民事判决二十年上字第一〇六号
判决
  上 诉 人 施少康 住上海北四川路求志里
  上诉讼代理人 董 康律师
           袁景唐律师
  被 上 诉 人 刘蕴玉 住上海妇女协会

上两造因请求赔偿生活费涉讼一案,上诉人不服上海地方法院中华民国二十年二月九日第二审判决,提起上诉,本院判决如下:

  主文
  原判决及第一审判决均废弃。
  被上诉人之诉驳斥。
  诉讼费用由被上诉人负担。
  理由
  调阅被上诉人刘蕴玉告诉上诉人施少康重婚案卷,上诉人未与被上诉人正式结婚,不生婚姻关系,既有上海地方法院检察官之不起诉处分书可考,又有本院首席检察官及最高法院首席检察官各驳回被上诉人声请再议之处分书为凭。即就被上诉人提出民国十七年三月之离异书而观，内载有今因双方意见不合，难达结婚目的云云，虽形式上误书为离异字样，而实际上亦不过系解除婚约之字据。则两造未经发生婚姻关系，不待烦言而喻。兹查被上诉人在第一审所递之起诉状仅云，责令给付因重婚遗弃之损害赔偿洋八百六十四元，嗣至民国十九年十一月二十八日言词辩论时，据其代理人声明被告（即上诉人）与原告（即被上诉人）确有婚姻关系，自被告遗弃迄今已有四年之久，按每月生活费二百十六元计算，被告应赔偿原告八百六十四元。其在本院所具之答辩状亦云，请求维持原判，俾被上诉人不至断绝生机，末附生活表计开房金六元、饭食八元、衣服二元、零用二元、共计十八元、一月，以四年计算，合八百六十四元等语。足见被上诉人请求标的系在赔偿解除婚约后之生活费（即赡养费），并非为解除婚约而向上诉人请求赔偿，其因此所受之损害，依民法亲属编第四条载，民法亲属编关于婚约之规定，除第九七三条外，于民法亲属编施行前所订之婚约，亦适用之。查民法第九百七十七条只依第九百七十六条之规定，婚约解除时无过失之一方，得向有过失之他方请求赔偿其因此所受之损害。而无过失之一方，因解除婚约而陷于生活困难，他方纵无过失，亦应给与相当赡养费之规定（固与同法第一千零五十七条规定情形不同）。乃第一审误认两造原有婚姻关系，判令上诉人应赔偿被上诉人生活费洋八百六十四元，第二审予以维持，均属于法无据。上诉意旨请求废弃一、二两审判决，驳斥被上诉人之诉，洵属有理。

据上论结，本件上诉为有理由，依民事诉讼条例第五百四十四条第一项、第五百四十六条第一款、第九十七条、第百零九条第二项，特为判决如主文。

江苏高等法院民事第一庭
审判长推事
推事
推事

中华民国二十年九月八日

● 上诉有理由发回原审更审判决

江苏高等法院民事判决十七年上字第五二二号
判决
  上 诉 人 殷春谷 住淮阴县城内

被上诉人 黄光厚 住淮阴县小水门北岸

上两造为请求给付欠款涉讼一案，上诉人不服江苏高等法院第一分院地方庭于中华民国十七年六月四日所为第二审判决，提起上诉，本院判决如下：

主文

原判决废弃，发回江苏高等法院第一分院地方庭更为判决。

理由

按合伙财产不足清偿合伙债务时，应由各合伙员按股分任清偿之责，为债权法上定理。慎元钱庄系上诉人与朱作荪合伙开设，被上诉人所追欠款，无论其为临时汇划，抑系陆续交存，要不失为慎元钱庄之债务。原审置朱作荪随从店事四年之辩状于不问，以汇款与存款不同，上诉人父子经理庄务令其担负全部清偿责任，于法已有未合。况被上诉人起诉状本请求饬传殷春谷、朱作荪到案讯追，及至第一审判决殷新甫缴洋一百元、朱作荪缴洋六百元，朱作荪收受判决，并未声明上诉，则六百元部分于被上诉人绝无何种不利可言。被上诉人至第二审上诉程序中，竟请更判上诉人负担七百元债务全部，不特主张前后矛盾，因朱作荪给付判决确定结果，直可受二重之给付，原判决未能注意及此，尤属违误。至定期债务到期不能履行，自可请求给付迟延利息，唯一分五厘月利是否为该处通行利率，有无相当依据，县商会所称倒帐只能减折收现，从无按款行息之习惯，能否采用，不能不予说明。仅根据汇款性质判令给付一月五分月利，究难足以昭折服，应予发回更审。

据上论结，本件上诉为有理由，依民事诉讼条例第五百四十四条第一项、第五百四十五条第一项，特为判决如主文。

江苏高等法院民事第二庭

审判长推事

推事

推事

中华民国十七年十一月二十日

江苏高等法院民事判决十八年上字第二一四号

判决

上 诉 人　王章氏　住江阴北外河西

　　　　　王鸿年　同上

上代理人　沙彦楷律师

　　　　　张濯尘律师

被上诉人 谢徐氏 住江阴市区北内

上两造因回赎区册及债务涉讼一案，上诉人不服吴县地方法院于中华民国十七年十月二十七日所为第二审判决，提起一部上诉，本院判决如下：

主文

原判决驳斥，上诉人其余上诉及在第一审其余反诉暨讼费部分废弃，发回吴县地方法院更为判决。

理由

本件上诉人就于原判驳斥借款三百六十元之部分声明不服，其所争执之点只在光绪二十五年二月谢培心借票之真伪而已。原审就该借票上谢培心、陆子培之花押，既认与其他各笔据相符，而因其墨色浓淡不匀，遂又指为赝制。然查该借票字迹，其用墨本间有浓淡，尚不能因其花押墨色不匀，而引为疑异。究竟用笔姿势与其他笔据是否符合，墨迹纸色为新为旧，原审亦未施以鉴定，何能认为确切之判断。再查被上诉人对于上诉人别有以区册抵押之债务，而此三百六十元之借款，因待至回赎区册之时，一并主张，亦属恒事。原判乃以上诉人久不声明之故，而认借票为伪造，尤不足以昭折服。

基上论结，本件上诉为有理由，依民事诉讼条例第五百四十四条第一项、第五百四十五条第一项，为判决如主文。

江苏高等法院民事第一庭
审判长推事
推事
推事

中华民国十八年四月二十九日

● 两造上诉一造有理由、一造无理由判决

江苏高等法院民事判决十七年控字第五一九号

判决

上 诉 人 毛耀坤 住上海城内咸瓜街毛义兴蜡行

诉讼代理人 王树荣律师

沙训义律师

上 诉 人 张俊卿 住上海福州路戴春林五百五十号

诉讼代理人 朱凤池律师

上两造因票款涉讼一案,上诉人等不服上海地方法院于中华民国十七年六月三十日所为第一审判决,双方提起上诉,本院审理判决如下:

主文

原判决废弃。

上诉人张俊卿之上诉及第一审之诉均驳斥。

两审讼费由上诉人张俊卿负担。

事实

缘上诉人张俊卿以上诉人毛耀坤之父毛有升在日股开同义裕记钱庄,于清光绪三十四年五月间将该庄本票共计十九纸,向其调取现银九千四百二十九两,并执有毛有升保信。是年六月同义庄即行倒闭。至民国六年毛有升亦因病身故,因毛有升故后家渐困窘,为友谊所关,未向催取。现在上诉人毛耀坤所开之毛义兴蜡行营业发达,遂具状原审诉追判决,□两造均声明不服提起上诉到院。上诉人张俊卿上诉意旨略称,系争庄票十九纸既经原审认为非废票,又关于同义庄登报声明作废一节,亦认为上诉人之债权,并不因是而消灭。此项庄票上之权利,既由原审认证确鉴,已成固定之事实,乃原判忽于法律上见解,并不判令被上诉人负担全部偿还之责,实难使人折服。被上诉人声称其父仅有两股纯属空言,绝无证明方法,其所称杨炳臣亦是股东、陈震祥股东兼经理等语,既不能提出股单簿据等证,证明其股份如何支配,甚至杨炳臣、陈震祥等现并不知去向。要知钱庄股东对外应负连带责任,今被上诉人一则不能证实仅有两股,再则所称其他股东行踪不明,查照前大理院历来判例,被上诉人应负连带责任,偿还债务全额九千四百二十九两,此对于原判不服者一也。原判称原告□据担保一层,请求令被告负全部归还之责,殊属无理等语。殊不知本件债务含有两种意义,就合伙方面言系连带债务,就担保方面言系保证债务,应负给付之义务。今被上诉人虽非直接担保人,然继承其父之一切债务,则凡其父所负之保证债务,亦当在内。据其所称杨炳臣、陈震祥等亦系股东,即使属实,然既行踪不明,按诸院判,自当责令保证债务者履行,乃原判竟忽于此种法律之意义,此对于原判不服者二也。原判对于迟延利息判从起诉日起算,然利息应伴随于债务,前此上诉人虽因被上诉人家境不裕未向索取,但固无抛弃利息之表示。被上诉人对于债务本应偿还,并非必须债权人之催告,既迟不履行,自应从负债之日起担负迟延利息,此原判不服者三也。请求变更原判,判令被上诉人偿还票款银九千四百二十九两,并自戊申年阴历七月份起至执行终了日止法定迟延利息,及两审讼费均由被上诉人负担云云。上诉人毛耀坤上诉意旨略称,查商业习惯庄票等于现金，凡有钱庄歇业，先理存款，次理庄票，然后及人欠欠人各款。凡执有庄票之人，若不于清算时出而主张，及庄既解散团体既不存在，债权即因之消灭。至登报声明作废，商业上亦极重要，即现在开设之庄如有人遗失庄票，查系属实，须令本人登报百日，如无人出而反对，然后取具殷实铺保，准予挂失补票，此后即使原票发见，亦不能发生效力。况倒闭二十余年之庄，早经声明作废之票，何能认为有效。商法十三条，票据权利自到期日起算三年间不行使者，因时效而消灭，原判不考商法条文，不明商业习惯，判令商人履行一部分之债务，致引起被上诉人无厌之求，进而为全部之主张。再担保一层，节经两次登报声明退保，况被上诉人所呈之信完全为一年前之临时性质，与商业上保信方式不合，不足为担保之证据。至被上诉人主张连带债务一层，尤不合法。查商业合伙按股负责，为现今商场之惯例，且经前大理院定有判例。况同义庄倒闭已二十余年，团体早经解散，债务当然消灭，被上诉人乃于庄既歇业二十余年之后，犹欲令一部分股东之子负连带债务，显不合法。请求废弃原判，判令上诉人所执票据为无效，并令负担原审讼费云云。

理由

本件所应审究者，即上诉人张俊卿所持之庄票能否认为有效是已。查同义庄早经倒闭，团体解散，无论当日陈震祥清理是否仅限于丰泰、怡昌两部分之债款，然已事隔二十余年，所有该庄簿据票根均已散失无存，究竟该项庄票是否为同义庄所出，已属无可证明。况据上诉人毛耀坤主张，在清光绪戊申年该庄因亏款倒闭，当经报告上海总商会并奉公堂谕，在外票据均归原根清理，由经理陈震祥出为理处。及清算终了一年之后，并登报声明，如有票据在外一概作废，是该项庄票纵属真实，已在作废之列。该上诉人张俊卿既不于其时出而反对，其情愿将此项庄票作废可知，如谓因执有上诉人毛耀坤之故父毛有升保信，所以未肯告争，不知此种信件殊难认为与本案票款有关，何以言之所谓掉换一、二，实属无从证明确系保证九千四百余两之数。至谓因友谊关系知上诉人毛耀坤家境不裕，故未向其催讨，但是种主张显属空言，如果为顾全友谊，不与计较于前，又何至诉追于后。且同义庄为股份生理，毛有升在同义庄为大股东，为上诉人张俊卿所供认，纵谓与毛有升有旧，然与同义庄各股东并无，若何关系有何不可告争之可言。总之上诉人张俊卿主张催告，不能提出催告之证凭，主张调取，不能提出调取之帐据，以二十年后作废之庄票主张债权，未便认为合法。原审误会该项庄票为非废票，判令上诉人毛耀坤负担其父二股之责任，偿还本利，实殊属不当。

据上论结,本件上诉人毛耀坤之上诉为有理由,张俊卿之上诉为无理由,依民事诉讼条例第五百十八条、第五百十七条、第九十八条,特为判决如主文。

江苏高等法院民事第一庭
审判长推事
推事
推事

中华民国十七年十一月二十六日

江苏高等法院民事判决十七年上字第五一零号

判决

上诉人　盛锦荣　住靖江县城内新街
上诉人　盛云章　住靖江县城内新街

上两造为请求给付房租、会款、货款涉讼一案,上诉人不服吴县地方法院于中华民国十七年六月八日所为第二审更审判决,各自提起一部上诉,本院判决如下:

主文

原判决关于会款、货款及讼费部分废弃,发回吴县地方法院更为判决。

盛锦荣之上诉驳斥。

理由

本件分两部分解决之:

一、盛云章上诉部分

核阅卷宗,被上诉人所为应受判决事项之声明,系偿还店款一百零九元八角零八厘、会款四十元。其给付会款之事实则称,民国七年起会,十元一会,我填四会,原判令上诉人偿还四十九元,固属错误。即据朱世桢、姚达三之证言,一称民国六年是头会,盛锦荣是民国七年二会加入的,共填过三会,每会八块半,共填二十五元半。若要收回会本、会利,三会共收四十元零五角。一称我与盛锦荣合来一会,锦荣是民国七年第二会入会的,缴过三会,共填二十五元五角。若收回三会的会本、会利,应收四十元五角,亦与起诉原因不符。会员既不止朱世桢、桃达三、褚天庆三人,为事实关系臻于明确起见,自应传唤以外会员如杨耕章、杨秉钧等详加讯问。借资折股货款是否存在,以账簿为唯一之凭证,誊清账簿与流水账簿有无参差,未予逐一核对,已难确定给付数额。况据朱仁甫之证言,收付是伊所写,结数是盛锦荣所写,纵使结数根据于收付各账而来,亦不过实欠五十五元五角二分八厘。后添借彬记字号鸟坛烧酒二坛，原烧六十七斤，串绳二百根，三项账目既无日期可考，复无渊源可稽，何得平添至一百零九元八角零八厘之多。原审因上诉人未将账簿、会簿提出，遽认被上诉人之主张悉属真正，应认有发回更审之原因。

二、盛锦荣上诉部分

迁让房屋与给付租金本有牵连关系，两造为索还单款涉讼事件既经成立和解，由上诉人交洋二百元，田单一纸，并酒坛、酒缸、木瓶。被上诉人让交隆泰店屋，交还附抵房据，并未涉及房租如何计算，应否给付。则和解以前之租金，当然在舍弃之列，不得重新主张。和解后第八日即十四年三月二十五日，被上诉人已有将店屋内所存物件搬移净尽，呈请饬吏检收之声明，嗣因上诉人未能遵照和解契约履行，直至十五年四月始将店屋让出（见第一审承发吏报告）。而上诉人犹以生财不全为词拒绝收受，亦不清偿债务，是违约之责实在上诉人，不在被上诉人。上诉论旨不问房屋有无让交，债务曾否履行，靳靳以给付日期及和解所不及之款项为抗辩，显难认为有理。至于原判会款数额本超越上诉人之声明，即使四十九元实为四十元缮写之误，于上诉人声明之数额既未缺少，亦不得以证人之证言请求纠正。

据上论结，盛云章之上诉为有理由，盛锦荣之上诉为无理由，依民事诉讼条例第五百四十四条第一项、第五百四十五条第一项、第五百四十九条、第五百十七条，特为判决如主文。

江苏高等法院民事第二庭

审判长推事

推事

推事

中华民国十七年十一月十三日

民事　抗告

● 抗告不合法裁决

一　抗告法院无管辖权

江苏吴县地方法院民事裁决十九年抗字第六号
裁决
抗告人　朱庭熙　住靖江县西外

上抗告人与朱树云为继承涉讼一案，抗告人不服靖江县政府于中华民国十八年十二月二十七日所为之批示，提起抗告，本院裁决如下：

主文

抗告驳斥。

理由

本件抗告人与朱树云为继承涉讼，原系地方法院管辖案件，现在抗告人对于原县所为关于该案之执行批示声明不服，其抗告法院自系仍属于高等法院。抗告人向本院提起抗告殊非合法，兹为便利当事人起见，将本件移送江苏高等法院核办。

基上论结，本件抗告为不合法，兹依民事诉讼条例第五百六十三条第一项，裁决如主文。

江苏吴县地方法院民事庭
审判长推事
推事
推事

中华民国十九年二月十二日

二　抗告逾期

江苏吴县地方法院民事裁决

裁决

抗告人 林阿土住吴江县同里

上抗告人与林根昌因债务涉讼一案，不服吴江县政府驳斥假扣押批示，提起抗告，本院裁决如下：

主文

抗告驳斥。

抗告诉讼费用由抗告人负担。

理由

本院按，不服县政府之批论提起抗告，应于牌示之翌日起七日内为之，此在修正县知事审理诉讼暂行章程第三十三条第二项定有明文。本件抗告人与林根昌为债务涉讼，声请假扣押，经原县批示驳斥，并于本年四月十日牌示在案。抗告人既称于四月十二日得悉牌示，竟于同月二十九日始行具状提起抗告，显已逾期。

基上论结，本件抗告为不合法，兹依民事诉讼条例第五百六十三条第一项、第百零三条，裁决如主文。

江苏吴县地方法院民事庭

审判长推事

推事

推事

中华民国二十年五月十日

三 抗告不合程式

江苏吴县地方法院民事裁决

裁决

抗告人 李发根 住吴县唯亭

上抗告人与吴家瑞为田亩涉讼一案，抗告人不服本院民事简易庭中华民国十八年三月五日假扣押裁决，提起抗告，本院裁决如下：

主文

抗告驳斥。

抗告诉讼费用由抗告人负担。

理由

本件抗告人对于原审所为之裁决，既不请求法院书记官依其陈述作成笔录，以代提出抗告状，又不购用定式之抗告状，仅以通常用纸叙述不服原裁决之理由，经本院限期令其补正，现已逾期尚未遵行，是其抗告显属不合程式,又逾补正期限,自难认为合法。

基上论结,本件抗告为不合法,兹依民事诉讼条例第五百六十三条第一项,裁决如主文。

江苏吴县地方法院民事庭
审判长推事
推事
推事

中华民国十八年三月十八日

四　抗告不应准许

(参照第二审上诉不应准许兹从略)

五　对于命令补交审判费提起抗告

江苏吴县地方法院民事裁决十九年抗字第六九号

裁决

抗告人　郑万昌　住吴县□□□□村

上抗告人与吴滋德栈为退佃涉讼一案,不服本院民事简易庭中华民国二十年三月二十一日命令补交审判费裁决,提起抗告,本院裁决如下:

主文

抗告驳斥。

抗告诉讼费用由抗告人负担。

理由

本院按,民事诉讼条例第五百五十一条载,诉讼程序进行中所为之裁决,除本条例有特别规定外,不得抗告。本件抗告人与吴滋德栈为退佃涉讼,经原审裁决令抗告人补缴审判费,兹抗告人以所令补缴之审判费,不按诉讼价额为理由,提起抗告到院。查原审所为裁决既系在诉讼进行中,且民事诉讼条例中对该裁决并无准许抗告之特别规定,依据首开说明,自属不得抗告。

基上论结,本件抗告为不合法,兹依民事诉讼条例第五百六十三条第一项,裁决如主文。

江苏吴县地方法院民事庭
审判长推事
推事
推事

中华民国二十年四月九日

六　不服强制执行方法抗告

江苏吴县地方法院民事裁决二十年抗字第六号

裁决

抗告人　高文炳　住恩婆巷百合亭七号

　　　　高朱氏　住同上

上列抗告人与周根山抵款执行案，不服本院中华民国二十年七月十四日执行命令，提起抗告，本院裁决如下：

主文

抗告驳斥。

抗告诉讼费用由抗告人负担。

理由

查债务人不服强制执行之方法及执行时应遵守程序，如未经过裁断程序，或于发强制执行命令前，未经投案讯问者，自应依律声请或声明异议，以待法院长官之裁断，不得迳向上级法院提起抗告，业经院判著为先例（最高法院十六年上字第七号）。本件抗告人与周根山为抵款执行案不服本院民国二十年七月十四日所为拍卖命令提起抗告一案，查阅卷宗，抗告人既未经过裁断程序，又未于发强制执行命令前投案讯问，按诸上开说明，无论其所持理由是否正当，抗告人只可依法声明异议，静候院长裁断后方得提起抗告。乃计不出此，遽向本院提起抗告，殊难认为合法。

据上论结，本件抗告为不合法，爰依民事诉讼条例第五百六十三条第一项、第一百零三条，裁决如主文。

　　　　　　　　　　　　　　　　江苏吴县地方法院民庭
　　　　　　　　　　　　　　　　审判长推事
　　　　　　　　　　　　　　　　　　　　推事
　　　　　　　　　　　　　　　　　　　　推事

中华民国二十年八月三日

此外，抗告编中尚有种种限制抗告之规定，民诉条例中各本条亦设有不得抗告或不得声明不服之规定，限于篇幅，从略。

● 抗告无理由裁决

江苏高等法院民事裁决十八年抗字第七六号

裁决

抗告人 高鸿书 寓高邮城内熙和巷晏宅

上抗告人与郝宰氏田产涉讼一案,不服高邮县公署于中华民国十七年十一月二十八日所为批示,提起抗告,本院裁决如下:

主文

抗告驳斥。

抗告费用由抗告人负担。

理由

查阅原卷高邮县公署于民国十六年十月一日所为庭谕,既为代判决之形式,即不能谓非有既判力。原批示谓为试行和解固属错误,第查本件是否一事再理为一问题,即或与前诉为同一事件,依法亦应由审判衙门调查而为判决,故抗告人对于原县仍予传讯判决之批示,究无不服之可言。

基上论结,本件抗告为无理由,依民事诉讼条例第五百六十三条第一项、第百零三条,裁决如主文。

江苏高等法院民事第一庭
审判长推事
推事
推事

中华民国十八年四月九日

江苏吴县地方法院民事裁决十九年抗字第八〇号

裁决

抗告人 徐阿补 住吴县洞庭东山槎济村

上抗告人与周福昶为鱼池纠葛不服本院民事简易庭假处分裁决,提起抗告,本院裁决如下:

主文

抗告驳斥。

抗告诉讼费用由抗告人负担。

理由

本院按,假处分之声请,原为保全强制执行而设,故因请求标的之现状变更,有日后不能强制执行或甚难执行之虞者,一经声请,法院即应予以照准。本件周福昶主张系争鱼地系伊家所有,暂由伊姊即抗告人之祖母徐周氏收益使用,约明俟徐周氏亡故后过满三年,即行交还。现因抗告人有将系争鱼池出卖之说,恐日后执行困难,声请假处分,依据首开说明,原审予以照准,委无不合。至抗告人主张系争鱼池系抗告人所有,业于去年出卖与陈姓,是否属实,应俟另案诉求解决,抗告意旨殊难认为有理由。

基上论结,本件抗告为无理由,兹依民事诉讼条例第五百六十三条第一项、第百零三条,裁决如主文。

江苏吴县地方法院民事庭
审判长推事
推事
推事

中华民国二十年六月二日

● 抗告有理由裁决

江苏高等法院民事裁决十八年抗字第三四号

裁决

抗告人 严 钧 住南京下关东南饭店

上抗告人因与王顺生等执行异议涉讼一案,不服江宁地方法院于中华民国十七年十二月三日所为之执行批示,提起抗告,本院裁决如下。

主文

原批示废弃,发回江宁地方法院更为裁断。

理由

按第二人对于强制执行标的有权利者,得于强制执行终结前,向执行法院对债权人提起异议之诉。第三人提起异议之诉时,应停止其拍卖,此就民事诉讼执行规则第十一条及第四十三条规定当然之解释也。查阅原卷,本案抗告人系于十七年八月六日提起执行异议之诉,主张该项基地为其所有,提出印契及登记证明书,并验领新契各件为凭。彼时即未据抗告人声请停止拍卖,原法院亦应以职权停止,乃于诉讼进行中漫不加察一,而仍予执行。及至判(决)终结确认系争地为抗告人所有,应予启封,而执行法院已经拍卖终了,遂批示以系争地早经拍卖,实属无从启封等词,究嫌未合。不知此种拍卖因抗告人行使追及权之结果,在法律上自不谓毫无问题,无怪抗告人对于前项批示表示不服,抗告意旨不无理由。

据上论结,本件抗告为有理由,依民事诉讼条例第五百六十三条第二项,特为裁决如主文。

江苏高等法院民事第一庭
审判长推事
推事

推事

中华民国十八年二月二十日

江苏吴县地方法院民事裁决十九年抗字第二九号

裁决

抗告人 郑厚生 住靖江县西外

上抗告人与郑莲舸因借款涉讼一案,抗告人不服靖江县政府中华民国十八年九月二十六日驳斥再审之批示,提起抗告,本院裁决如下:

主文

原批示废弃,应由原县更为适法之裁判。

理由

本院按,法院对于当事人提起再审之诉之裁判,无论再审之诉是否合法,有无理由,依法应以判决行之。本件抗告人与郑莲舸为借款涉讼,经原审当庭试行和解成立,并经郑莲舸声请强制执行在案。旋据抗告人向原审提出证据,提起再审之诉,依据上开说明,原审自应依法予以判决。而原审竟以批示驳斥,显有未合。

基上论结,本件抗告为有理由,兹依民事诉讼条例第五百六十三条第二项,裁决如主文。

江苏吴县地方法院民庭

审判长推事

推事

推事

中华民国十九年五月二十九日

江苏吴县地方法院民事裁决十八年抗字第四四号

裁决

抗告人 项高棣 住江阴县杨库三段

上抗告人与秦楚成为田亩涉讼一案,不服江阴县政府于中华民国十八年九月七日所为之批示,提起抗告,本院裁决如下:

主文

原批示废弃。

本件应由江阴县政府更为适法之裁决。

理由

查裁判除应以判决行之者外,以裁决行之,不宣告之裁决并应为送达,民事诉讼条例第二百六十一条、第二百七十六条已有明文规定。此项规定与修正县知事审理诉讼暂行章程并无抵触,县政府自应准用(参照该章程第四十二条)。本件秦秋成向原县声请将抗告人现种之田予以假处分,原审准其所请,仅以批示行之,亦未送达与抗告人。依据上开说明,显非合法,该项批示既未送达,其效力即属无从发生,亦难据以执行。抗告人声明不服之后,原审复予驳斥,自有未合,应行废弃发回补行送达裁决。至假处分非因请求标的之现状变更,有日后不能强制执行或甚难执行之虞者,不得为之,亦为民事诉讼条例第六百二十七条第二项所明定。本件讼争标的现状有无变更,原审于裁决时亦须注意及之,以为假处分准驳之标准。

基上论结,本件抗告为有理由,兹依民事诉讼条例第五百六十三条第二项,裁决如主文。

江苏吴县地方法院民事庭
审判长推事
推事
推事

中华民国十八年十二月三十一日

江苏吴县地方法院民事裁决十九年抗字第二〇号

裁决

抗　告　人　杨苏氏　　住江阴县双牌镇

诉讼代理人　杨绮南　　同上

　　　　　　　唐鸣凤　　律师

上抗告人与赵云骥为房屋涉讼一案,不服江阴县政府中华民国十九年三月五日裁决,提起抗告,本院裁决如下:

主文

原裁决废弃,应由原县更为适法之裁判。

理由

本院按,法院对于诉讼事件不属受诉法院之权限或管辖,而加以驳斥之裁判,应以判决行之,民事诉讼条例第二百九十条第一项第一款已有明文规定。本件两造因房屋涉讼,原审认为不属司法衙门之权限,依据上开条文,自应以判决驳斥原告之诉,而原审竟以裁决行之,已难认为合法。又查民事诉讼系为保护私权而设,凡人民有以所有权被不法侵害诉请救济者,无论其相对人为私人或为官厅,因为解决私法上法律关系,审判衙门均应予以受理,早经解释有案(查照统字一四四号及统字一四六六号解释例)。本件抗告人以该县民众教育馆长赵云骥建造馆屋,损害伊家房屋及侵占基地,向原县起诉。赵云骥则以系遵照教育局原计划为抗辩,教育局参加诉讼,谓并未侵害抗告人房地。此种情形即系私人与官厅私法上法律关系发生纠葛,依据上开解释,本件应否由司法衙门受理,尚不无审究之余地,抗告意旨尚难谓无理由。

基上论结,本件抗告为有理由,兹依据民事诉讼条例第五百六十三条第二项,裁决如主文。

江苏吴县地方法院民事庭
审判长推事
推事
推事

中华民国十九年六月七日

江苏吴县地方法院民事裁决十九年抗字第七四号

裁决

抗告人　孙阿绍　住吴县孙家巷

上抗告人与孙锦昌等为赎田涉讼一案,不服本院民事简易庭中华民国二十年三月三十日假处分裁决,提起抗告,本院裁决如下:

主文

原裁决废弃。

本件假处分之声请驳斥。

抗告及声请诉讼费用由孙锦昌负担。

理由

查民事诉讼条例第六百二十七条第二项载,假处分非因请求标的之现状变更,有日后不能强制执行或甚难执行之虞者,不得为之。本件抗告人与孙锦昌等为赎田涉讼,业经判决确定,准由孙锦昌等向抗告人备价赎田,执行在案。嗣因抗告人另有争执,执行处暂予停止执行,孙锦昌遂以田亩一时尚难赎回为理由,向原审声请假处分,将讼争田亩准其先行耕种,原审予以照准。抗告人不服提起抗告。查抗告人受抵孙锦昌等田亩应即放赎,业经判决确定,现虽暂时停止执行,终有解决之方法。在田亩未赎回之前,仍由抗告人继续耕种,既无所谓请求标的现状变更,于日后强制执行亦无何等影响。依据首开条文,孙锦昌声请假处分显属不应准许,原审与以照准,殊有未合。

基上论结,本件抗告为有理由,兹依民事诉讼条例第五百六十三条第二项、第百十八条、第九十七条,裁决如主文。

江苏吴县地方法院民事庭
审判长推事

推事
推事

中华民国二十年五月二日

● 抗告一部有理由、一部无理由裁决

江苏高等法院民事裁决十八年抗字第二五号
裁决
抗告人 周成方 住高邮县城内井巷
上抗告人与周新惠为请求收回典田涉讼，不服高邮县政府于民国十七年十一月三十日所为之批示，提起抗告，本院裁决如下：
主文
原批示关于责成乡约雇工代种系争田亩部分废弃。
其余抗告驳斥。
理由
查抗告人在原审向周新惠诉追租款，收回典田后，毛周氏等相继向周新惠为同一之请求，其系争之田亦复相同。在此情形判决确定前，当事人既未声请假处分，审判衙门对于该田自毋庸予以处置。原审于诉讼进行中，竟将该田责成乡约代种，委有未合。关于此点，应认抗告为有理由，将该部分批示予以废弃至抗告人与周新惠典田涉讼中间，虽据周新惠具状声明情愿将田退还抗告人，旋又据抗告人两次状称周新惠仍抗不交田。而去年秋季抗告人亦未耕种收获（见十八年一月十七日乡约孙宝华报告），是事实上周新惠始终并未将该田退交抗告人，在判决未确定前，抗告人借口周新惠已有退田表示，遽欲实行耕种，声请谕禁周孝芳（另案原告毛周氏之代理人）等拦阻种田自属不应准许。原审未予照准，尚无不合，关此部分，应认抗告为无理由予以驳斥。
基上论结，本件抗告一部为有理由，一部为无理由，兹依民事诉讼条例第五百六十三条第一项、第二项，分别裁决如主文。

江苏高等法院民事第二庭
审判长推事
推事
推事

中华民国十八年二月七日

● 迟误抗告期限，声请回复原状无理由裁决

江苏吴县地方法院民事裁决
裁决
声请人即抗告人　林必昌　住吴县浒关

上声请人与顾月湖因田亩涉讼一案，声请人迟误抗告期限，声请回复原状，本院裁决如下：

主文

声请及抗告均驳斥。

声请及抗告诉讼费用由声请人负担。

理由

本件据声请人状称，声请人收到原县假扣押裁决之日，适因声请人之弟结婚在家料理一切，以致迟误抗告期限，应请准许回复原状。再声请人所借顾月湖之款，业已还清，顾月湖何能声请假扣押声请人房屋，应请废弃原裁决，更为合法裁决云云。本院按，当事人迟误不变期限而得声请回复原状者，须因不能预见或不可避之事故，民事诉讼第二百零五条已有明文规定。本件声请人以伊弟结婚为理由声请回复原状，显与上开条文所揭不能预见或不可避之事故不符，应予驳斥。本件声请既无理由，则其抗告显已逾期，亦应认为不合法。

基上论结，本件声请为无理由，抗告为不合法，兹依民事诉讼条例第二百零九条第一项、第二百十一条、第二百十二条、第五百六十三条第一项、第百零三条，裁决如主文。

江苏吴县地方法院民事庭
审判长推事
推事
推事

中华民国十八年三月一日

● 再抗告不合法裁决

江苏吴县地方法院民事裁决
裁决
再抗告人　祝月洲　住无锡县北塘祝栈巷

上再抗告人与陶廷枋为基地涉讼一案，不服本院于中华民国十九年一月十三日所为驳斥抗告之裁决，提起再抗告，本院裁决如下：

主文

再抗告驳斥。

再抗告诉讼费用由再抗告人负担。

理由

查抗告法院之裁决，以抗告为不合法而驳斥之，或以抗告为有理由而变更原判决者，对于裁决得再为抗告。若抗告法院系以抗告为无理由予以驳斥，自不得再为抗告，此观民事诉讼条例第五百五十四条第二项规定，其义自明。本件再抗告人与陶廷枋为基地涉讼一案，不服原县所为强制执行，合令向本院提起抗告，经本院审查认为无理由，裁决予以驳斥。依上述条例，显属不得再行抗告。

基上论结，本件再抗告为不合法，兹依民事诉讼条例第五百五十九条第二项、第百零三条，裁决如主文。

江苏吴县地方法院民事庭
审判长推事
推事
推事

中华民国十九年二月十八日

民事　再审

● 再审之诉不合法判决

甲　不备再审合法要件

一　再审不合程式（从略）

二　再审逾期

江苏吴县地方法院民事判决
判决
再审原告　徐祖昌　住苏州护龙街
再审被告　吴翼卿　住苏州临顿路
　　上两造为基地涉讼一案，再审原告不服本院第二审确定判决，提起再审之诉，本院判决如下：
主文
　　再审之诉驳斥。
　　再审诉讼费用由再审原告负担。
事实
　　缘两造为基地涉讼，经本院第二审判决在案，并于本年二月十五日送达判决，取有送达证书附卷。兹据再审原告状称，于本年三月二十日发现讼争基地老契一纸，足为新证据，提起再审到院。
理由
　　本院按，再审之诉应于三十日之不变期限内提起，该项期限自判决确定时起算。但当事人于判决确定后，始知再审理由或得主张之者，自其知再审理由或得主张时起算，民事诉讼条例第五百七十三条第一、第二两项已有明文规定。本件再审原告于判决确定后,本年三月二十日发现新证据,直至六月五日始行具状提起,再审之诉已逾三十日之不变期限,依据首开法条,殊难认为合法。

基上论结,本件再审之诉为不合法,兹依民事诉讼条例第五百七十七条、第九十七条,判决如主文。

江苏吴县地方法院民事庭
审判长推事
推事
推事

中华民国二十年六月三十日

三　法律上不应准许

(1) 再审之诉,非对于确定之终局判决,或视作终局判决之中间判决为之

江苏吴县地方法院民事判决十八年再年第三号

判决

再审原告　徐甫卿　住潘儒巷九十号徐源兴水木作

再审被告　周仰山　住胥门外洋桥南皇亭头松茂砖瓦行

上两造因货款涉讼一案,再审原告不服本院民事简易庭于中华民国十八年四月十三日之判决,提起再审之诉,本院判决如下:

主文

再审之诉驳斥。

再审讼费由再审原告负担。

事实

缘两造为货款涉讼一案,前经本院民事简易庭票传两造,定于本年四月十日上午十一时开庭,即就周仰山之声请由其一造而为判决,判令徐甫卿应偿还周仰山货款洋二百元零六厘。徐甫卿声明不服,提起再审之诉,请求定期传讯,另为判决云云。

理由

查民事诉讼条例第五百六十八条载,有左列各款情形之一者,得以再审之诉。对于确定之终局判决,或视作终局判决之中间判决,声明不服等语。足见未确定之判决,不得提起再审之诉,其理甚明。兹经本院调阅本年初字一一五号卷宗,声请人与周仰山为货款涉讼一案,系本年四月十三日宣告判决,十九日送达于声请人,迄今尚在二十日之不变期限内(即上

诉期限)。此项判决并未确定,按照上开条例,即不得提起再审之诉。乃声请人不明乎此,遽行请求再审,殊有未合。如声请人不服此项判决,自可依法上诉,以资救济。

据上论结,本件再审之诉显不合法,依民事诉讼条例第五百七十七条第一项暨第九十七条规定,特为判决如主文。

江苏吴县地方法院民事简易庭
推事

中华民国十八年四月二十日

江苏吴县地方法院民事判决十八年再字第二号

判决

　　再审原告　　王竹樵　　住阊门下塘街一八七号

　　再审被告　　朱应求　　住富郎中巷二一号

　　上两造为债务涉讼一案,再审原告不服本院于中华民国十八年八月二十九日所为诉讼上之和解,提起再审之诉,本院判决如下:

　　主文

　　再审之诉驳斥。

　　诉讼费用由再审原告负担。

　　事实

　　缘两造为抵款涉讼,经本院于民国十八年八月二十九日言词辩论试行和解成立,再审原告愿偿还再审被告原本银一千两,利息银五百两,兹据再审原告提起再审之诉到院。

　　理由

　　本件再审原告提起再审之诉,其理由系以利息部分已于民国十三年和解,由再审被告之父朱良承认让免,此次起诉何得再行主张利息。又再审原告所有财产抵偿各债权本银尚且不敷,已经各债权人体恤,均允让免利息,再审被告何能独异云云。其第二项理由与民事诉讼条例第五百六十八条各款,得以提起再审之诉之情形无一相符,自应毋庸置疑。其第一理由似系依据同条第十一款,所谓发见同一诉讼标的在前之和解,唯该款所谓和解,自系指审判上和解而言。本件两造虽经两次和解,其在前者系审判外之和解,依上开说明,显与该款规定不符。

　　基上论结,本件再审之诉显无理由,兹依民事诉讼条例第五百七十七条、第九十七条,判决如主文。

江苏吴县地方法院民事庭
推事

中华民国十八年九月十八日

(2) 再审之诉非主张原确定判决于自己不利,且有第五百六十八条所揭之情形

江苏吴县地方法院民事判决

判决

再审原告 吴祖泽 住苏州桃花坞

再审被告 林万兴 住苏州平江路

上两造为债务涉讼一案,再审原告不服本院民事简易庭中华民国十八年三月二日第一审判决,提起再审之诉,本院判决如下:

主文

再审之诉驳斥。

再审诉讼费用由再审原告负担。

事实

缘两造前因请求交还房屋涉讼,经本院民事简易庭判决,令再审被告交还再审原告房屋确定在案。兹再审原告以代理权欠缺提起再审,请求废弃原判决,判令再审被告交还再审原告房价四百元云云。

理由

本院按,再审之诉须主张原确定判决于自己不利,且有第五百六十八条所揭情形,此为法律所应准许要件之一,否则应认其不备再审合法要件,予以驳斥。本件再审原告前向再审被告起诉,请求交还房屋,业经判决令再审被告将房屋交还再审原告确定在案。是该判决于再审原告并无不利之处,无论代理权有无欠缺,依据首开说明,其提起再审之诉,实为法律上不应准许。

基上论结,本件再审之诉为不合法,兹依民事诉讼条例第五百七十七条第一项、第九十七条,判决如主文。

江苏吴县地方法院民事简易庭

推事

中华民国十八年五月六日

(3) 再审原告前已舍弃提起再审之诉之权利,或已撤回主张同理由之诉

江苏吴县地方法院民事判决

判决

再审原告 郭道辅 住苏州道前街

再审被告 丁根木 住同上

上两造为债务涉讼一案,再审原告不服本院民事简易庭中华民国十九年四月二十六日判决,提起再审之诉,本院判决如下:

主文

再审之诉驳斥。

再审诉讼费用由再审原告负担。

事实

缘两造前因债务涉讼一案,经本院民事简易庭判决确定,嗣据再审原告以代理权有欠缺提起再审,旋即撤回。兹复据再审原告以同一再审理由,更行提起再审到院。

理由

本院查,提起再审须未经舍弃提起再审之诉之权利,并未经撤回主张同一再审理由之诉,此为法律上所应准许要件之一,否则应认为不备再审合法要件,予以驳斥。本件再审原告前以欠缺代理权提起再审,撤回之后,兹复以同一再审理由提起再审,依据首开说明,自属不应准许。

基上论结,本件再审之诉为不合法,兹依民事诉讼条例第五百七十七条第一项、第九十七条,判决如主文。

江苏吴县地方法院民事简易庭
推事

中华民国十九年六月二日

乙　不备一般诉讼要件

(参照第一审欠缺开始本案诉讼要件兹不赘录)

● 不备再审理由判决

江苏吴县地方法院民事判决十八年再字第七号

判决

再 审 原 告　　王阿末　　住武进迎春乡东绛村
　　　　　　　　王阿培　　住同上
诉讼代理人　　庄曾笏律师
再 审 被 告　　王上林　　住武进迎春乡东绛村
　　　　　　　　王阿福　　住址同上

上两造为基地涉讼一案,再审原告不服本院于中华民国十七年十一月三十日所为第二审判决,提起再审之诉,本院判决如下:

主文

再审之诉驳斥。

诉讼费用由再审原告负担。

事实

缘两造为基地涉讼,经武进县政府判决后,再审被告向本院提起上诉。经本院限期谕令再审原告预缴勘费,以便前往勘验,再审原告迄未遵缴足。于民国十七年十一月三十日由再审被告一造辩论而为判决,将原判决废弃,确认讼争地为再审被告所有,并禁止再审原告妨害建筑。现在判决早已确定,再审原告以前诉讼程序未经勘验为理由,提起再审之诉到院。

理由

本院按,当事人发见未经斟酌之证据,或得使用之者,得以再审之诉对于确定终局判决声明不服。发见云者,谓前诉讼程序不知有此证据,现始知之得使用云者。谓前诉讼程序虽知有此证据,而不能利用,现始利用之也。若在前诉讼程序已知有此证据,且有利用之可能,因当事人自己之过失致法院不予斟酌,自不能为提起再审之诉之理由。本件两造因基地涉讼,本院于前诉讼程序中,限期令再审原告预交勘费,以便前往勘验,再审原告迄未遵行。当经本院不予勘验,迳行判决,乃再审原告于判决后复提起再审之诉,此种情形与所谓发见未经斟酌,或得使用之证据有别。依据上开说明,显不能作为再审之理由。

基上论结,本件再审之诉为无理由,兹依民事诉讼条例第五百七十七条第一项、第九十七条,判决如主文。

江苏吴县地方法院民事庭

审判长推事

推事

推事

中华民国十八年六月十九日

江苏吴县地方法院民事判决二十年再字第一号

判决

再审原告 姚鸿奎 住苏州阊门外

再审被告 陈仁卿 住苏州阊门外马路

杨新源 住同上

上两造为保证债务涉讼一案,再审原告不服三审确定判决,提起再审

之诉,本院判决如下:

主文

再审之诉驳斥。

再审诉讼费用由再审原告负担。

事实

缘再审被告陈仁卿前因再审被告杨新源凭再审原告为中保向其借款,系以中华旅社凭折作抵,届期不还,诉经本院判决,令再审原告应代杨新源偿还陈仁卿洋肆百零捌元,再审原告上诉至第三审法院,判决败诉确定在案。兹据再审原告状称,该案诉讼迄未知悉,于本年六月十八日始由杨新源交到该案判决,且于同日发现该案抵押品中华旅社给与杨新源之坐俸会议,拟仍在杨新源处,实可证明陈仁卿、杨新源串同朦蔽。前案判令再审原告代还债务,殊难甘服云云,提起再审之诉到院。

理由

本件再审原告提起再审之理由,第一点似根据民事诉讼条例第五百六十八条第四款,当事人于诉讼未经合法代理之规定。第二点似根据同条第十二款,所谓发现未经斟酌之证据。但本院查阅前案各审送达文件之送达证书,受送达人栏内均有再审原告之签名或图章,而第二、第三两审之上诉,亦系再审原告自行递状声明。再审原告托词不知前案讼事,希图推翻成案,殊难认为有理由。至于陈仁卿在前案始终主张,仅有中华旅社立与杨新源凭折作抵,至于中华旅社立与杨新源之合同,杨新源方面在前审或称遗失,或称已交陈仁卿。唯再审原告既不于前案出而主张保证债务之不存在,提出反证以资证明,则保证债务之成立毫无疑义。无论中华旅社之合同在陈仁卿处,抑在杨新源处,或已遗失,均属无关紧要。纵使再审原告所称该合同现存杨新源处并非虚语,而杨新源凭折抵借之契约依然存在,再审原告保证债务之责任,仍不能脱离关系。是此项新证据即经斟酌,再审原告亦不能受较有利益之裁判,其提起再审亦非法律所许可。至杨新源并非前案之当事人,再审原告对之提起再审之诉,依法尤属不合。

基上论结,本件再审之诉一部为不合法,一部为显无理由,兹依民事诉讼条例第五百七十七条、第九十七条,判决如主文。

江苏吴县地方法院民庭

审判长推事

推事

推事

中华民国二十年七月二十四日
江苏吴县地方法院民事判决十九年地再字第二号
判决
再审原告　顾云荪　住苏州王枢密巷十七号
再审被告　鲍燮卿　住苏州临顿路善耕桥
　　　　　　顾裕坤　住吴县光福大街

上两造为股款涉讼一案，再审原告不服本院民庭中华民国十八年八月二十六日第一审判决，提起再审之诉，本院判决如下：

主文
再审之诉驳斥。
再审诉讼费用由再审原告负担。

事实
缘两造前于民国十七年间曾合股开办机器工场，立有合同各执。十八年废历二月，再审被告无意营业，将股份归并与再审原告，言明由再审原告分期偿还再审被告洋壹千壹百贰拾伍元及按月壹分之利息，立有议据为凭。后因届期再审原告未将款洋交还，双方议明再审原告愿将引擎一架全部及旧汽缸一只，共计原价洋壹千贰百柒拾元，抵销该项股款。当于同年废历五月间，由再审原告立与再审被告抵销单一纸为凭。嗣再审原告向再审被告起诉，以十八年废历五月间所立抵销单乃出于胁迫，请求判决维持十七年之合同，撤销十八年所立之抵销单。经本院于十八年七月二十七日判决驳斥再审原告之诉后，再审被告亦向再审原告起诉，请求依照十八年废历二月间所立议据偿还股本及利息，亦经本院十八年八月二十六日判决，令再审原告如数清偿，两判决均已确定。兹据再审原告状称，十八年七月二十七日之判决既认抵销单为有效，自可照单将引擎汽缸抵销，而再审被告竟根据在后之判决，将引擎汽缸以外物件请求查封，殊有未合云云。

理由
本院按，当事人发见同一诉讼标的在前之确定判决，或得使用之者，得以再审之诉对于确定之终局判决声明不服，民事诉讼条例第五百六十八条第十一款已有明文规定。本件再审原告提起再审之诉，似即根据该条款，但该款必以两确定判决之标的相同为限。本件两造两次涉讼在前之诉讼标的为请求撤销抵销单，在后之诉讼标的为请求偿还股款标的，既已不同，则再审原告依据上开条款提起再审之诉，显难认为有理由。唯再审被告对于再审原告就引擎汽缸以外之财产请求强制执行，再审原告认为再审被告违反抵销单之约定，尚得提起执行异议之诉，自无待言。

基上论结，本件再审原告之诉为显无理由，兹依民事诉讼条例第五百七十七条第一项、第九十七条，判决如主文。

江苏吴县地方法院民事庭
推事

中华民国十九年四月二日

江苏吴县地方法院民事判决十九年初桑字第一号

判决

再审原告　徐阿二　住苏州胥门外北马路桥桑园里

再审被告　陈滨源　住苏州胥门外北马路桥大街

上两造为货款涉讼，本院判决如下：

主文

再审之诉驳斥。

再审诉讼费用由再审原告负担。

事实

缘两造为货款涉讼，业经本院于本年七月二十五日试行和解成立，兹据再审原告以前审代理人未得其同意擅行和解为理由，提起再审之诉到院：

理由

本院查，再审原告在前审于本年七月十四日所递之委任状，系委任朱润律师为代理人，其权限项下载，"授以同条例第八十五条但书所列事项全权代理"云云。是该代理人自有和解之权，再审原告竟以未得其同意为理由提起再审，意欲推翻和解，显难认为有理由。

基上论结，本件再审之诉为无理由，兹依民事诉讼条例第五百七十七条第一项、第九十七条，判决如主文。

江苏吴县地方法院民事简易庭
推事

中华民国十九年九月十日

● 具备再审理由与原判决内容相同判决

江苏吴县地方法院民事判决

判决

再审原告　吴光华　住苏州桃花坞

再审被告　李鸣岗　住苏州护龙街

上两造为债务涉讼一案,再审原告不服本院中华民国十八年五月二十日第二审确定判决,提起再审之诉,本院判决如下：

主文

原第二审判决废弃。

上诉驳斥。

再审及原第二审诉讼费用,由再审原告负担。

事实

再审原告声明请求废弃原第一、第二两审确定判决,判令再审被告返还再审原告借款洋七十元。其陈述略称,再审被告前借再审原告洋七十元,系林兴发作中,屡催不付,不得已向钧院简易庭起诉。再审被告竟勾串林兴发谓该款已得再审原告同意,拨抵再审原告短欠吴阿根之债务,审讯结果,再审原告遂致败诉。经再审原告提起上诉,于言词辩论日期再审原告因事外出,堂弟吴招弟未受再审原告之委任,遽行到庭辩论,因不谙本案内容,因未尽攻击防御之能事,上诉又被驳斥。查再审原告实未允其拨抵,第二审之代理权既有欠缺,依民事诉讼条例第五百六十八条第一项第四款,自得提起再审云云。

再审被告声明请求驳斥再审之诉。其答辩略称,再审原告于第二审言词辩论虽未到庭,但既经其弟代为到庭辩论,与其本人到庭殊无二致。如果并未经再审原告委托,断无自行冒充代理人之理,本件显无再审理由。至于本案再审被告所借再审原告七十元之款,业经会同原中林兴发交与再审原告之债权人吴阿根,事前系再审原告主张拨抵,有林兴发可证,而再审原告空言否认,殊无理由云云。

理由

本件再审原告于第二审言词辩论日期,系由林兴发到庭辩论,查核卷宗并无委任状。而本院讯据林兴发,亦称未受再审原告之委任,是其代理权显有欠缺。原第二审未依职权调查遽行判决,依据民事诉讼条例第五百六十八条第一项第四款规定,显有再审之理由,原第二审判决自应予以废弃。

关于本案再审被告虽曾向再审原告借洋七十元,但再审原告已托原中林兴发通知再审被告将该款交与吴阿根,藉以拨抵再审原告所欠吴阿根之债务。嗣经再审被告将该款如数交与吴阿根,由吴阿根出具收据交由再审被告收执,既据再审被告提出收据,并据吴阿根及原中林兴发到庭证明属实,而再审原告对于积欠吴阿根百余元之债款到期未偿亦无争执。

可见再审被告所称实属信而有征，原第一审驳斥再审原告之诉，原第二审驳斥上诉，均无不当。

基上论结，本件再审为有理由，本案上诉为无理由，兹依民事诉讼条例第五百十七条、第百零三条、第九十七条，判决如主文。

江苏吴县地方法院民事庭
审判长推事
推事
推事

中华民国十八年八月四日

● 具备再审理由与原判决内容不同判决

江苏吴县地方法院民事判决

判决

再审原告 吴鸿铭　住苏州临顿路

再审被告 顾高氏　同上

上两造为田产涉讼一案，再审原告不服本院民事简易庭中华民国十九年二月五日第一审判决，提起再审之诉，本院判决如下：

主文

原判决废弃。

再审被告之诉驳斥。

再审及前诉讼程序诉讼费用，由再审被告负担。

事实

再审原告声明应受如主文之判决。其陈述略称，再审被告前向钧院起诉请求判令再审原告偿还货款六十元，当时再审原告出外，再审原告堂弟吴鸿发未受再审原告之委托，迳行到庭代行答辩，因其不明事实辩论，结果再审原告竟受败诉之判决，所有判决亦由吴鸿发收受。现在判决确定，再审原告于本年三月二十日得悉前情，自应依法声请再审。至再审原告所欠再审被告货款，业于十七年八月十六日会同吴必达、林根生交与再审被告之夫顾贵荣，有吴必达、林根生可证。再审被告何能以其夫亡故希图抵赖，请求驳斥再审被告之诉云云。援用吴必达、林根生之证言为证。

再审被告声明请求驳斥再审之诉。其答辩略称，吴鸿发系再审原告之堂弟，苟未受再审原告之委托，何能到庭答辩，显见吴鸿发系有权代理，不能为再审之理由。至再审原告所欠再审被告之货款，如果已交再审被告之夫，何以再审被告之夫不载入账簿，证人所称各节，殊不足信云云。

理由

本院按，当事人于诉讼未经合法代理者，得以再审之诉对于确定之终局判决声明不服，民事诉讼条例第五百六十八条第四款已有明文规定。本件再审被告前以再审原告积欠货款，请求判令再审原告偿还，嗣由再审原告堂弟吴鸿发到庭代为答辩，审理结果认再审被告之请求为正当，判令再审原告偿还再审被告货款洋六十元。查阅卷宗，原审对于吴鸿发是否有权代理，并未加以调查，亦无再审原告之委任状。兹经本院传讯吴鸿发据称，当时实未受再审原告之委托，因亲属关系前来应讯云云。则吴鸿发系无权代理殊甚明显，依据首开法条，再审原告请求再审自属有理。至前审系因吴鸿发主张再审原告业将货款还清，仅提出店内账簿为凭，认为片面记载不足为凭，兹经再审原告举出付款见证吴必达、林根生到庭证明属实。该证人吴必达且系再审被告之伯父，其证言自可采信，再审被告仅以账簿未曾记载，遽谓款既收到，殊不知收款之后漏未记载，亦属事所恒有，安知非再审被告之夫漏记之故。其主张判令再审原告偿还货款，殊无理由，前审判决自难折服。

基上论结，本件再审之诉为有理由，兹依民事诉讼条例第九十七条，判决如主文。

江苏吴县地方法院民事简易庭
推事

中华民国十九年四月三十日

民事　特别诉讼

证书诉讼程序

● 原告之诉有理由判决

江苏吴县地方法院民事判决
判决
原　告　林国俊　住吴县唯亭
被　告　何赓荣　同上
上两造为证书涉讼一案，本院判决如下：
主文
被告应偿还原告洋二百元。
被告得于通常诉讼程序行使其抗辩权。
本判决应予假执行。
诉讼费用由被告负担。
事实
原告声明请求判令被告偿还洋二百元。其陈述略称，被告于本年二月十日曾付原告二百元期票一纸，内载三个月为期，现在逾期已久，屡催不付，不得已提起证书诉讼，请求判令给付云云。提出证书为证。

被告声明请求驳斥原告之诉。其答辩略称，原告提出支票确系被告出立，唯该款已由被告伙友吴志高交与原告管账之薛荣卿收受，薛荣卿当时声称期票不在店内，故未交与被告，有吴志高、薛荣卿可证云云。
理由
本院按，请求给付可代替物或有价证券之一定数量，若能以证书证其请求之原因事实者，得提起证书诉讼，民事诉讼条例第五百八十三条已有明文规定。本件原告提起证书诉讼，其提出之支票既为被告所承认，现已逾期，自应判令被告如数偿还。至被告所称款已清偿，系举证人以资证明，此种证据方法非在证书诉讼所应准许，应认其抗辩为不合法，予以驳斥。兹依民事诉讼条例第五百九十四条第一项、第五百九十三条、第九十七条,判决如主文。

江苏吴县地方法院民事简易庭
推事

中华民国十九年八月五日

江苏吴县地方法院民事判决

判决

原　告　林国俊　住吴县唯亭

被　告　何赓荣　同上

上两造为证书涉讼一案,业经保留判决确定,本院判决如下:

主文

前判决除保留被告权利部分外维持。

前判决关于保留被告权利部分撤销。

事实

原告声明应受判决之事项与主文所揭示同。其陈述略称,被告前因积欠原告货款二百元,出与原告期票一纸,约期三个月,现已逾期,自应如数偿还。被告串通其表弟吴志高妄称该款业已还清,实无采信之价值,前判决并无不当,应予维持云云。

被告声明请求废弃前判决,驳斥原告之诉。其答辩略称,二百元期票之款业已托由吴志高交与原告管账,薛荣卿、有吴志高可证,原告何能再向被告催偿云云。

理由

本件原告主张被告欠伊货款二百元,既经提出期票为凭,被告对于该期票亦无争执。其所持为抗辩之理由者,不外以该款已托吴志高交与原告管账薛荣卿而已,本院讯据薛荣卿极端否认,而吴志高又系被告之表弟,其所称款已交还,自有偏袒之嫌。且款既还清,自应将期票收回,被告何以延至数月迄未向之索取,空言抗辩,殊难置信。前判决判令被告偿还,尚无不合。

基上论结,本件原告之诉为有理由,兹依民事诉讼条例第五百九十五条第二项前段,判决如主文。

江苏吴县地方法院民事简易庭
推事

中华民国十九年九月十日

督促程序

● 支付命令

江苏吴县地方法院支付命令十九年支字第二八号

债权人 张蓉荪 住阊门外同乐坊

债务人 谈斌荣 住鸭蛋桥堍

上列债权人以债务人延欠债款洋四十五元,声请发给支付命令到院,核与民事诉讼条例第五百九十六条至第五百九十九条各规定相符。应即命令债务人谈斌荣于本件命令送达后十五日内,给付债权人洋四十五元,并赔偿督促程序费用洋七角五分。如逾期不偿,又不于期内以书状或言词来院提出异议,则债权人即得声请宣示强制执行此令。

江苏吴县地方法院民事简易庭
推事

中华民国十九年九月十八日

● 宣示支付命令得为强制执行裁决

江苏吴县地方法院民事裁决十九年支字第二八号

裁决

债权人 张蓉荪住阊门外同乐坊

债务人 谈斌荣住鸭蛋桥堍

上列债权人为十九年支字第二八号支付借款一案,声请就支付命令宣示强制执行,本院裁决如下:

主文

本院民国十九年支字第二八号支付命令得为强制执行。

理由

本案债权人前以债务人不还借款请发支付命令,经本院于本年九月十八日照准,命令债务人向债权人给付洋四十五元,并赔偿督促程序费用在案。兹复据债权人声请宣示得为强制执行前来,查与民事诉讼条例第六百零六条第一项前段规定相符，自应照准，特此裁决如主文。

本件声明异议期间为十五日。

江苏吴县地方法院民事简易庭
推事

中华民国十九年十月二十九日

● 债务人逾期提出异议裁决

江苏吴县地方法院民事裁决十九年初字第六一三号
裁决
异议人 许水生 住吴县光福镇小巨角
　　　　 许小弟 住同上

上异议人与洽升泰为货款涉讼，对于本院民事简易庭中华民国十九年十月二十四日宣示支付命令得为强制执行之裁决提出异议，本院裁决如下：

主文

异议驳斥。

理由

查民事诉讼条例第六百零七条第一项载，宣示强制执行之裁决送达后十五日内，债务人仍得提出异议。同条第二项载，前项期限为不变期限，提出异议逾此期限者，法院应以裁决驳斥之。本件异议人与洽升泰为货款纠葛，经洽升泰声请发给支付命令后，复经本院依法宣示支付命令得为强制执行。该裁决系于本年十一月三日送达异议人收受，取有送达证书附卷，兹异议人竟于同月二十二日始行具状提出异议到院，依据上开条文显已逾期，应予驳斥，特为裁决如主文。

江苏吴县地方法院民事简易庭
推事

中华民国十九年十一月二十七日

● 声请宣示支付命令得为强制执行不合法裁决

江苏吴县地方法院民事裁决十八年声字第八号
裁决
债权人 汪承志 住苏州甫桥西街六十四号

债务人　孙聚松　住车坊乡二十七都四图陈华浜

　　上两造为债务纠葛一案,债权人声请宣示支付命令得为强制执行,本院裁决如下:

　　主文

　　声请驳斥。

　　理由

　　查支付命令所揭期限已满后,发该命令之法院固应依债权人之声请,宣示支付得为强制执行。但宣示前经债务人提出异议者,则其声请即不得予以照准,此观民事诉讼条例第六百零六条第一项规定,其义甚明。本件债务人孙聚松对本院本年五月十三日所发支付命令业已提出异议,依据上开说明,该项支付命令自不能再予宣示得为强制执行,应将声请驳斥特此裁决。

江苏吴县地方法院民事简易庭
推事

中华民国十八年七月十日

保全程序

● 假扣押之声请不合法裁决

江苏吴县地方法院民事裁决十九年假字第一二二号

裁决

　　声请人　朱王氏　住苏州葛百户巷九号

　　上声请人与朱炳如为养赡费涉讼声请假扣押,本院裁决如下:

　　主文

　　声请驳斥。

　　声请诉讼费用由声请人负担。

　　理由

　　本院按,得为假扣押之声请,以就金钱请求或得易为金钱请求之请求为限,此在民事诉讼条例第六百十二条已有明文规定。本件声请人对朱炳如起诉请求判令给付特定之田亩以资赡养,兹因朱炳如有出抵该田之说,声请□□□予以假扣押,声请人对于本案之请求既为特定田亩,显非金钱请求或得易为金钱请求之请求,依据上开条文,其声请假扣押显有未合。声请人如有保全强制执行之必要,自可□□民事诉讼条例第六百二十七条声请假处分,本件声请应予驳斥,特为裁决如主文。

江苏吴县地方法院民事简易庭
推事

中华民国十九年十一月十三日

● 假扣押之声请无理由裁决

江苏吴县地方法院民事裁决十六年声字第五号
裁决
债权人 沈叶氏 住东中市中和栈
债务人 倪阿二 住道前街龙兴馆
上债权人声请就债务人之不动产予以假扣押,本院裁决如下:
主文
声请驳斥。
理由
本院按,假扣押非有日后不能强制执行或甚难执行之虞者,不得为之,为民事诉讼条例第六百十四条第一项所明定。自本条规定推之,如债权人有相当之担保物权,或其声请假扣押之标的另经官厅之强制执行者,日后均无难于执行之虞,应不许为假扣押。查债权人声请假扣押倪阿二所有坐落吴境半十九小南亭一图道前街龙兴馆内平屋二间一披,已于民国十五年一月二十九日因徐彬生与倪阿二货款案内实施查封,并布告拍卖在案。该债权人对于倪阿二如有抵押权,或其他权利正可向执行法院声明,而对于业经强制执行之财产复行声请假扣押,按诸上开说明,不能认为有理,应予驳斥,特为裁决如主文。

江苏吴县地方法院民事简易庭
推事

中华民国十六年十一月十九日

● 假扣押之声请有理由裁决

江苏吴县地方法院民事裁决十九年假字第一二一号

裁决

声请人　徐马幼娥　住上海南阳桥大华里

上列声请人与徐锤甫因债务纠葛，声请假扣押，本院裁决如下：

主文

徐锤甫所设立徐慎德栈本年租款及其田亩又王洗马巷三十七号住宅，在价额七千元限度内应与假扣押，徐锤甫得提供担保洋七千元，声请停止或撤销假扣押。

理由

查民（诉）条例第六百十二条内载，因就金钱请求或得易为金钱请求之请求，为保全强制执行，得声请假扣押。第六百十四条第一项载，假扣押非有日后不能强制执行或甚难执行之虞者，不得为之等语。可见假扣押之声请，只须（一）其请求为金钱请求或得易为金钱请求之请求，（二）逆料日后有不能执行或执行困难之虞之场合，即得为之。本案据声请人状称，声请人系徐锤甫之妻，徐锤甫曾借声请人洋一万三千余元，现在徐锤甫置声请人于不顾，并将家产托人兜卖，日后执行实有困难之虞，请求将徐锤甫所有王洗马巷住宅及本年租息田亩，一并予以假扣押云云到院。其请求显系一种金钱请求，既据债权人释明请求原因，核与上述条例所揭可为假扣押之条件均无不合，应即照准。唯本案已经判决，声请人之诉一部业已驳斥，扣押之范围自应缩小。至于方法，应先尽本年租款扣押，如不敷，次及田亩次及房屋，以免债务人受意外损失。兹并依同条例第六百十九条记明，债务人得提供声请，停止撤销假扣押之金额于主文，特为裁决如上。

江苏吴县地方法院民事庭

推事

中华民国十九年十一月十九日

江苏吴县地方法院民事裁决

裁决

声　请　人　张孝友栈　开设苏州濂溪坊

诉讼代理人　费春祥　住同上

上列声请人与沈漠生因欠租纠葛，声请假扣押，本院裁决如下：

主文

债务人沈漠生所有开设盘门外大马路口同大吉药店生财准予假扣押。

债务人得提供大洋壹百零壹元小洋二千四百六十八角，声请撤销或停止假扣押。

理由

本件据声请人状称,声请人所有本城盘门外大马路坐北朝南上下房屋二间,于清宣统三年由已故沈子珍(债务人之父)央中立据租赁开设同大吉药店,按月房租大洋四元四角立(甲字)折支取,至甲寅年十月分起减让房租按月小洋四十角,至今历年积欠租金共小洋二千四百六十八角。又民国十年(辛酉)七月因推广营业,复央中立据租赁声请人所有同上路口朝南洋台门面二进房屋,计上下四间,言定按月租金大洋四元另行立(乙字)折支取历年积欠租金大洋一百五十三元(均双方在场结算无误)。除甲字租折押租大洋念贰元乙字租折押租大洋三十元外,总共结欠大洋壹百零壹元,小洋二千四百六十八角。查债务人沈漠生狡滑成性,暗中将同大吉药店生财召卖,已立草据,声请人现始查觉,与伊追索租金,一味油滑,用种种拖延手段,显见其心不良,即报告警局。又为民事实谓无如之何,渠将同大吉生财召卖立据成交得款之后,势必携款他往,如展转诉追,讼案了结,必无财产以供执行,为此情急声请将上述药店生财先行假扣押,以待起诉判决执行之需云云到院。其请求显系一种金钱请求,既据声请人释明请求原因,核与民事诉讼条例第六百十二条、第六百十四条相符,应予照准,并依第六百十九条记明债务人得提供声请停止撤销假扣押之金额于主文,特为裁决如上。

江苏吴县地方法院民事简易庭
推事

中华民国二十年三月二十七日

江苏吴县地方法院民事裁决

裁决

声 请 人 徐宝鋆 住浙江兰溪永昌镇

诉讼代理人 倪 絅律师

上列声请人与生春祥火腿店等因存款纠葛,声请假扣押,本院裁决如下:

主文

许光祖经理之生春祥火腿店生财货款物在价值伍百元限度内准予假扣押。

本裁决应于债权人提供担保洋贰百元后执行。

生春祥火腿店得提供担保洋五百元,声请停止或撤销假扣押。

理由

查民诉条例第六百十二条内载，因就金钱请求或得易为金钱请求之请求，为保全强制执行，得声请假扣押。第六百十四条第一项载，假扣押非有日后不能强制执行或甚难执行之虞者，不得为之等语。可见假扣押之声请，只须（一）其请求为金钱请求或得易为金钱请求之请求，（二）逆料日后有不能执行或执行困难之虞之场合，即得为之。本案据债权人声称，债权人前向许光祖经理之阊门生春祥火腿店存款五百元，迭经提取不付，业经起诉。查该店内容甚为空虚，异日执行实有困难之虞，请求将该店生财货物予以假扣押云云到院。其请求显系一种金钱请求，既据债权人释明请求原因，核与上述条例所揭可为假扣押之条件均无不合，应即照准，并依同条例第六百十八条第二项、第六百十九条，裁决如上。

江苏吴县地方法院民事简易庭
推事

中华民国十九年二月二十八日

● 命债权人起诉裁决

江苏吴县地方法院民事裁决

裁决

声请人 刘咏台 住苏州

上声请人与刘正官因存款假扣押一案，声请命令刘正官于一定期限内起诉，本院裁决如下：

主文

刘正官应于接受本裁决后十五日内向本院起诉。

理由

按本案尚未系属者，命假扣押之法院应依债务人声请，命债权人于一定期限内起诉，民事诉讼条例第六百二十一条第一项已有明文规定。本件刘正官与声请人因存款纠葛，前经本院裁决，将声请人所有慕家花园遂园房屋装折在价值七千元范围内假扣押在案。兹据声请人状请令刘正官于一定期间内起诉，依据首开法条，自属正当，特为裁决如主文。

江苏吴县地方法院民庭
推事

中华民国二十年七月二十八日

● 声请撤销假扣押无理由裁决

江苏吴县地方审判厅民事裁决十六年杂字第一四号
裁决
声请人 陆稚良 住吴县文衙弄
上声请人与汪志鹏为保证债务假扣押一案,声请撤销假扣押,本厅裁决如下：
主文
声请驳斥。
声请费用由声请人负担。
理由
按债务人得声请撤销假扣押之裁决者,应以假扣押之原因消灭或其他命假扣押之情事变更为限,此民事诉讼条例第六百二十二条第一项已有明文规定。本件声请人与汪志鹏为保证债务假扣押一案,其声请撤销假扣押之裁决理由不外两点,(一)谓声请人所欠英美烟公司货款洋二千四百六十元,曾将吴慎言借据一纸及鲍炳楠会据三纸交与保证人汪志鹏,托其转押四百元先交公司。(二)谓声请人所开振裕义记洋货号生财货物,系向方志川租赁之物云云。查该声请人究竟有无交付借据等件之事,及汪志鹏能否以该借据等抵押现金代偿债款,均乏相当之证明。纵如该声请人所称,亦不过消灭四百元之少数债务而已,核与上开条例之规定已有未合。至于假扣押之生财货物,如果确系向方志川租赁而来,亦与上开条例情事变更之情形不符。在方志川自可提起执行异议之诉以资救济,乃该声请人援引上开条例声请本厅撤销假扣押裁决,实难认为有理由,应予驳斥。声请费用依同条例第一百十八条、第九十七条,由声请人负担,特为裁决如主文。

江苏吴县地方审判厅民庭
推事

中华民国十六年三月十六日

● 假处分之声请不合法裁决

江苏吴县地方法院民事裁决十九年假字第一七四号

裁决

声请人　朱安兰　住吴县唯亭镇
　　　　　翁鹤高　同上
　　　　　王见盘　住无锡县城内
　　　　　吴福廷　住吴县唯亭镇
　　　　　顾云祥　同上
　　　　　黄茂涛　同上
　　　　　顾允甫　同上
　　　　　姜筱峰　同上
　　　　　姜筱亭　同上

诉讼代理人　潘承锷律师
　　　　　　　潘家本律师
　　　　　　　潘家中律师

上声请人与沈乾伯等为债务涉讼一案,声请假处分,本院裁决如下:

主文

声请驳斥。

声请诉讼费用由声请人负担。

理由

本院按民事诉讼条例第六百二十七条第一项载,因就金钱请求以外之请求保全强制执行,得声请假处分。第二项载,假处分非因请求标的之现状变更,有日后不能强制执行之虞者,不得之。本件声请人前以沈乾伯等延欠款项起诉,请求判令如数偿还,则其诉讼标的显为金钱之请求。兹声请人复以沈乾伯等所开米行内之米谷有腐朽之虞,及发见有被窃取之情弊、请求予以假处分,将该项米谷先行出卖,代价存案备领等情到院。查与上开条文所谓请求标的现状变更之情形殊不符合,声请人如果恐米谷霉烂,不妨与沈乾伯等商酌将该项米谷出卖,将卖价暂行提存银行。如已声请假扣押,亦可与债务人联名声请撤销假扣押,以便出卖而资救济。所请假处分于法不合,应予驳斥,兹依民事诉讼条例第一百十八条、第九十七条,裁决如主文。

　　　　　　　　　　　　　　江苏吴县地方法院民事庭
　　　　　　　　　　　　　　　　　　　　　　推事

中华民国二十年二月四日

● 假处分之声请无理由裁决

江苏吴县地方法院民事裁决十九年假字第一一三号
裁决
  声 请 人 潘侣虞 住吴县蔡汇河头
  诉讼代理人 童玉麟 住同上
上声请人与刘菊人为粮串纠葛,声请假处分,本院裁决如下:
主文
本件声请驳斥。
声请诉讼费用由声请人负担。
理由
  查因就金钱请求以外之请求为保全强制执行,得声请假处分。但假处分非因请求标的之现状变更,有日后不能强制执行或甚,难执行之虞者,不得为之,民事诉讼条例第六百二十七条,已有明文规定。故假处分之目的,系在保全请求标的之强制执行而设,至于请求标的之根本问题,不能以假处分解决之。本件据声请人状称,声请人买受吴王氏田亩,内有吴典记户计田四十五亩另三厘,被刘菊人私向该县经造冒取易知单,朦完槽粮得来印串。又向吴县政府朦请填给城隍庙户第一百九十五万九千九百七十一号,十七年新验契纸实属有碍声请人产权,声请人于周禹言与丁熙春为拆屋涉讼一案,业经到案陈明经过情形在案。请求将该案关系人刘菊人提出吴典记民国十六年业田十五亩另三厘之印串扣留,给予声请人具领,并请将刘菊人提出之新验契涂销云云。查该吴典记粮串是否声请人所有,以及该串应否由声请人收回,新验契应否作废,自应另案诉求解决。声请人竟行声请假处分,依据上开说明,显有未合,应予驳斥,特为裁决如主文。

               江苏吴县地方法院民事简易庭
                     推事
中华民国十九年十月三十一日
江苏吴县地方审判厅民事裁决十五年声字第一号
裁决
  声 请 人 吴鹤亭 住吴县蠡口施梗
  上法定代理人 吴袁氏 住同上
  上诉讼代理人 章世钧律师

上声请人为与吴洪亭鱼池涉讼一案,声请假处分,本厅判决如下:
主文
声请驳斥。
理由
查民事诉讼条例第六百二十七条第二项载,假处分非因请求标的之现状变更,有日后不能强制执行或甚难执行之虞者,不得为之等语。本案声请人与吴洪亭为鱼池涉讼,以池内所养鱼只恐被吴洪亭售卖,致有不能强制执行之虞,请以法定代理人吴袁氏为起鱼售卖之管理人云云。则不啻请以该池鱼由声请人自行售卖,况此项池鱼纵被吴洪亭售卖,其价洋若干,而于本案判决后亦不患无执行之方,核与上开条例实有未符。声请人声请假处分,自难认为有理由,应予驳斥,特为裁决如主文。

江苏吴县地方审判厅民庭
推事

中华民国十六年二月八日

● 假处分之声请有理由裁决

江苏吴县地方法院民事裁决十九年假字第一二九号
裁决
声请人 朱王氏 住苏州葛百户巷
上两造为赡田涉讼,声请假处分,本院裁决如下:
主文
朱炳如所有坐落湘城区陆巷镇岸头村鱼池头高田十亩、江东高田十亩半、北海西岸高田四亩六分、北海东岸低田八亩、姚郎低田一亩、东半义高田八亩半内,应留出十四亩,不得设定移转或变更。

理由
本件据声请人状称,朱炳如系声请人之夫,对于声请人不肯遵判给付赡养费,现已另案请求拨提田十四亩收益以资生活。查朱炳如共有田四十二亩六分(详见主文),闻有伪作出抵之说,为免除标的现状变更,致日后不能强制执行之虞,请求予以假处分云云到院。核与民事诉讼条例第六百二十七条规定尚无不合,应予照准,特为判决如主文。

江苏吴县地方法院民事简易庭
推事

中华民国十九年十一月二十五日

江苏吴县地方法院民事裁决十九年假字第一六四号

裁决

声请人 曹善珍，住上海新闸桥酱园弄

上声请人与余福庆为基地纠葛，声请假处分，本院裁决如下：

主文

吴境一都六图即胥门外鸿生火柴公司南河沿系争基地一方，计地九分八厘七毫，余福庆应暂停建筑房屋。

理由

本件据声请人状称，声请人有吴境一都六图即胥门外鸿生火柴公司南河沿基地一方，计地九分八厘七毫。历年完纳漕粮，户名为聚兴公记，执有契据可证。该地曾租与鸿生公司堆放火柴材料，讵余福庆擅在该地建筑房屋三间，现正加工日夜赶造，其围墙行将造好，经声请人托人阻止，悉置不理，若待法律解决，必被造成房屋变更现状，致日后不能强制执行。事已急迫，恳请准予假处分，禁止余福庆在该基地上建筑云云。本院核与民事诉讼条例第六百三十三条规定相符，应予照准，特为裁决如主文。

江苏吴县地方法院民事简易庭
推事

中华民国二十年一月十六日

江苏吴县地方法院民事裁决十五年声字第十三号即十六年杂字第一号

裁决

债权人 陈文鹭　住陈墓中市

债务人 陈文鹤　住同上

　　　　　高胜良　住周庄镇

上两造为收租纠葛，声请假处分，本院补充裁决如下：

主文

声请人应于收受本裁决后十五日内，向本案管辖法院求就前吴县地方审判厅民事简易庭民国十五年十一月二十六日假处分之当否为裁决。

理由

按民事诉讼条例第六百三十二条第一项规定，请求标的所在地之初级审判厅为假处分之裁决者，同时应定期限命债权人向本案管辖法院，求就假处分之当否为裁决等语。查债权人陈文鹭声请假处分，经前吴县地方审判厅民事简易庭于民国十五年十一月二十六日裁决照准，原裁决未定债权人向本案管辖法院请求裁决之期限。揆诸上开条文，未免疏漏，应

由本院以职权另为定期之裁决,如主文。

江苏吴县地方法院民事简易庭
推事

中华民国十六年十一月八日

● 撤销假处分之声请无理由裁决

江苏吴县地方法院民事裁决十五年声字第十三号即十六年杂字第一号

裁决

债权人 陈文鹭 住陈墓中市

债务人 陈文鹤 住同上
　　　　 高胜良 住周庄镇向家浜

上两造为收租纠葛,债务人对于前吴县地方审判厅民事简易庭民国十五年十一月二十六日所为假处分之裁决请求撤销,本院裁决于下:

主文

声请驳斥。

理由

据民事诉讼条例第六百三十二条第一项载,由请求标的所在地之初级审判厅为假处分之裁决者,同时应定期限命债权人向本案管辖法院求就假处分之当否为裁决。又第二项载,债权人逾前项期限不求本案管辖法院之裁决者,初级审判厅应依声明撤销假处分之裁决等语。是法院依声明撤销假处分之裁决,须具备(一)于假处分之裁决内,明定债权人向本案管辖法院请求裁决之期限。(二)债权人逾原裁决所定之期限,未向本案管辖法院请求裁决者,始得为之。若初级法院之假处分裁决内漏未定此期限,□□后得依声明或依职权另定请求裁决之期限,不得视为债权人之迟误。债务人亦不能因本案已经高、地两厅判决,债权人未向管辖法院请求裁决为理由,遂认以后无裁决假处分当否之法院,并据为撤销假处分之原因。盖关于假处分之规定,依民事诉讼条例第六百二十八条准用第六百十五条第二项规定,本案管辖为第一审法院,本案系属于第二审者,以第二审法院为管辖法院。若本案第二审法院业因送达判决而终结,或本案系属于第三审法院者,依诉讼法上之原则,仍以本案前曾系属之第一审法院为假处分声请之管辖,前后法条规定至为明了。查本案债权人陈文鹭声请假处分,业经前吴县地方审判厅民事简易庭于民国十五年十一月二十六日裁决照准,原裁决未定债权人向本案管辖法院请求裁决之期限,自属疏漏。除以裁决另定债权人求此裁决之期限外,声请意旨以陈文鹭在地方管辖起诉,并不遵照规定请求管辖法院就假处分之当否重为裁决,视为抛弃假处分之主张,并以陈文鹭在高、地两厅均受败诉之判决,以后更无裁决假处分当否之法院等语。按诸上开说明,不能认为有理由,应予驳斥,特为裁决如主文。

江苏吴县地方法院民事简易庭

推事

中华民国十六年十一月八日

● 撤销假处分之声请有理由裁决

江苏吴县地方法院民事裁决十八年声字三九号

裁决

  声　　请　　人　郁祖荫　住苏州杨安浜
  声请人即上法定代理人　郁侯氏　住同上
  声　　请　　人　郁沈氏　住同上

上列声请人与郁绍曾等为遗产纠葛,声请将本院于中华民国十八年一月十日所为之假处分裁决撤销,本院裁决如下:

主文

原裁决撤销。

理由

查假处分之原因消灭或其他命假处分之情事变更者,债务人得声请撤销假处分之裁决,此观民事诉讼条例第六百二十二条第一项、第六百二十八条各规定其义甚明。本件声请人前与郁绍曾等因请求交还遗产及物件涉讼,郁绍曾等曾经声请假处分,裁决照准在案。兹据声请人状称,原假处分声请人郁绍曾现已亡故,业经马仲良将诉撤回,请予撤销假处分等情前来。本院调查声请人所称各节尚属实在,依据上开条例,自应予以照准,特为裁决如上。

江苏吴县地方法院民事庭

推事

中华民国十八年六月八日

公示催告程序

● 声请公示催告有理由裁决

江苏吴县地方法院民事裁决
裁决
声请人 林怀萱 住苏州十全街
上声请人因亡失证券，声请公示催告，本院裁决如下：
主文
本件声请照准。
理由
本院按，无记名证券或只由里书人签名以为里书之指示证券，得由最后之执有人为公示催告之声请，民事诉讼条例第六百五十五条第一项已有明文规定。本件声请人以执有之无记名证券于本年五月三日由沪到苏遗落于火车内，提出证券缮本声请公示催告，核与首开条文尚属相符，应予照准，爰为裁决如上。

江苏吴县地方法院民事简易庭

推事

中华民国十九年六月一日

● 禁止发行人支付命令

江苏吴县地方法院命令
发行人 吴鸿发 住苏州东中市
案据林怀萱以执有该发行人所发行之天字第四十一号二百元无记名证券亡失，声请公告催告，业经本院照准，开始公示催告在案。兹据林怀萱声请对于该发行人为禁止支付之命令，核与民事诉讼条例第六百六十三条第一项规定相符合，亟令仰该发行人知照，如有持该项证券前来支取，该发行人不得支付。慎勿违误，特此命令。

江苏吴县地方法院民事简易庭

推事

中华民国十九年六月三日

● 声请除权判决有理由判决

江苏吴县地方法院民事判决
判决
声请人 林怀萱住苏州十全街
上声请人因亡失证券，声请除权判决，本院判决如下：
主文
吴鸿顺于民国十九年三月一日所发行天字第四十一号二百元之无记名证券无效。
事实
缘声请人于民国十九年三月一日收受吴鸿顺所发行天字第四十一号二百元无记名证券一张，嗣于同年五月三日亡失，声请公示催告，经本院裁决照准。在相当期内并无呈报权利之人，兹据声请人声请除权判决到院。
理由
本件声请人前因亡失无记名证券，声请公示催告，业经本院照准公示催告在案。现在呈报权利之期限届满，并无呈报之人、声请人声请除权判决，核与民事诉讼条例第六百四十一条第一项规定相符。经本院传唤声请人到庭辩论，结果声请人所称各节尚属实在，应认其主张为有理由。

基上论结，本件声请为有理由，兹依民事诉讼条例第六百六十一条第一项，判决如主文。

江苏吴县地方法院民事简易庭

推事

中华民国十九年六月三日

● 不服除权判决不合法判决

江苏吴县地方法院民事判决
判决
原　告 赵克谦　住苏州平江路
被　告 林怀萱　住苏州十全街

上两造为证券纠葛，原告提起不服本院民事简易庭中华民国十九年六月三日除权判决之诉，本院判决如下：

主文

原告之诉驳斥。

诉讼费用由原告负担。

事实

缘被告前以亡失无记名证券依法声请公告催告暨除权判决，经本院先后裁判在案。其除权判决之要旨，并经于本年六月三日登报布告，兹据原告提起不服除权判决之诉到院。

理由

查不遵守公示催告之布告期间者，凡该判决效力所及之利害关系人固得提起不服除权判决之诉，但以此为理由应于自知除权判决时起算三十日之不变期限内提起，民事诉讼条例第六百四十九条第一项第二项前段已有明文规定。本件据原告状称，被告声请宣示证券无效，于原告实有不利益之处，兹查悉钧院并未遵守民事诉讼六百五十九条之呈报期限，遽为除权判决，殊难甘服。原告于本年九月五日始悉除权判决，自应请求废弃除权判决，驳斥被告之声请云云。本院查核原告系于本年十一月一日具状起诉到院，按之首开说明，其起诉已逾三十日不变期限无疑。

基上论结，本件原告之诉为不合法，兹依民事诉讼条例第六百五十条、第五百七十七条第一项、第九十七条，判决如主文。

江苏吴县地方法院民事庭
推事

中华民国十九年十二月三日

人事诉讼程序

一　婚姻事件

● 离婚之诉不合法判决

江苏吴县地方法院民事判决十八年地字第一二五号

判决

原　　　告　张凤英　住阊门申衙前八十三号
诉讼代理人　屈心长律师
被　　　告　狄仁兆　住江阴申江镇,寄寓苏州高墩巷六号

上两造为离婚涉讼一案,本院判决如下:

主文

原告之诉驳斥。

诉讼费用由原告负担。

事实

缘原告系被告之妻,被告乃江阴县人,住该县申江镇,向在苏州高墩巷六号,以攻琢玉器为业。兹原告以屡受被告虐待不堪同居为理由,对被告提起离婚之诉到院。

理由

本院按,离婚之诉专属夫之普通审判籍所在地之地方法院管辖。又普通审判籍依住址定之,民事诉讼条例第六百二十八条第一项、第十五条第一项已有明文规定。住址之意义应以永居之意思,住于一定处所而为生活之本据,亦经解释在案(参照七年一月二十日抗字第一号判例)。本件据被告供称,家在江阴县申江镇,有母及弟,并未析产,所有房屋田亩亦均在原籍。被告以攻琢玉器为业,故在苏州玉器作附近租屋居住,以便谋生云云。是该被告生活之本据仍在江阴县,其在苏州居住虽已历有年所,但系为便利其职业起见,尚难指为全生活之中心。换言之,即不能认为被告之住址。依据上开条文,本院并无管辖之权。

基上论结,本件原告之诉为不合法,兹依民事诉讼条例第九十七条,判决如主文。

江苏吴县地方法院民事庭
推事

中华民国十八年六月二十九日

● 离婚之诉无理由判决

江苏吴县地方法院民事判决十八年初字第一五〇号

判决

原　　　告　吴少琴　住苏州临顿路四百十号
上诉讼代理人　章世炎律师

被　　　告　陆伟鼎　住苏州临顿路四百十号

上两造为离婚涉讼一案，经检察官汪润苣庭陈述意见，本院判决如下：

主文

原告之诉驳斥。

诉讼费用由原告负担。

事实

于民国八年冯媒嫁与被告为妻，初尚相安，唯因家无恒产，仅恃陆氏义庄年贴三百余元，难于度日，遂由原告担任私立学校教员，借资补助。上年生产后虽因事繁辞职，而家中井臼、缝纫、哺乳等事，仍由原告一人独任，被告毫不体谅、凶暴成性、浪费无度。前数年起又吸食鸦片，家用益窘，任意攫取家中衣物变卖，渐至家无长物，偶向劝阻，返遭辱骂。义庄津贴因扣还债款，每月平均仅有廿余元，一家数口（原告所生女现年十岁、男年五岁）支持维艰。而被告自上年四月间又辞去教席，专事游荡，沉溺鸦片，非至下午三时不能起来，半夜归来，非至天明不肯入睡。累次婉劝，戒绝数次依然复染，在戒烟期内对于原告百般蹂躏，应对稍迟，斥责立加，甚至用刀猛戳台，而裂立一洞，痕迹犹存。本年三月间偶因细故大肆蛮横，竟将房内箱子阁板打倒在地，并声称如敢阻止，即行痛打，肆口谩骂。旋又逐日磨刀，故示威吓，致原告生命日陷危机，实属不堪同居，请予判准离异。并将长女素馨归由原告教养，庶几相倚终老，不致失所云云。

被告声明请求驳斥原告之诉。其答辩意旨略称，被告与原告幼年在校肄业时相识，因文字而生感情，结婚迄今已十年有余，生有子女，夫妇感情素笃。被告家中每年义庄津贴三百九十元，何谓家无恒产。现因还债，每月仍有廿余元之收入，将来债务还清，月款尚可增加，一家四口已足敷衍。被告暂时赋闲，一旦谋得枝栖，用度当更宽裕。被告前此因病吸烟，现已戒断，原告所称被告质卖家中物件，任意詈骂，磨刀威吓，均系虚伪之词。自被告赋闲家居，原告按日发给被告钱三百文零用，不许多费。而平日义庄津贴按月均归原告一人经手，原告实受他人唆使请求离婚，非其本意，应予驳斥云云。

理由

本院按，本件原告请求与被告离婚，无非以被告甘自堕落不愿扶养为理由。查被告虽曾吸食鸦片，现在已经戒绝，即原告亦无异词，是被告已有改过自新之趋向。且被告一向充当学校教员，辞职亦仅数月，何能以其现在偶尔赋闲，前此曾染嗜好，遽指为自甘堕落。被告家中虽无恒产，子女教育费有义庄担任,住宅亦由义庄借用,而义庄津贴每年三百九十元,现因偿还债款每月平均尚有廿余元进款,大小四口勉强当可衍敷。且此项津贴向交原告开销,原告按日交付被告钱三百文以供零用,为原告所自认之事实。被告既以家政完全付诸原告经管,其重视原告可知,自非不顾家计专事浪费者可比。至原告所称被告任意辱骂,磨刀威吓各节,本院质之原告所举证人,即被告之兄陆煌鼎据称,并无其事,空言主张,殊难置信。总之,被告赋闲家居,用度拮据,难免交相责难,此亦常有之事。原告若顾念与被告十年夫妇之情,幼稚儿女尚待教养,暂时忍耐,家室自有和谐美满之望。倘以目前处境不佳,便生离异之想,不但于法无据,揆之情理,岂能谓合。

基上论结,本件原告之诉为无理由,兹依民事诉讼条例第九十七条,判决如主文。

江苏吴县地方法院民事庭
推事

中华民国十八年八月二十日

江苏吴县地方法院民事判决十八年地字第一四七号

判决

原　　告　宋掌金　住苏州北寺后面下殿九号门牌

被　　告　宋金猫　住长境一都六图西津桥乡宗板上

上两造为离婚涉讼一案,经检察官汪润苍庭陈述意见,本院判决如下:

主文

原告与被告之婚姻准予离异。

诉讼费用由被告负担。

事实

原告声明应受如主文之判决。其陈述意旨略称,原告于民国十六年由父母作主,招赘被告为夫。成婚以后被告不务正业,专事游荡,好吃懒做,性情恶劣。迭次规劝,触伊之怒,夫妇感情因之不洽,时相吵闹。原告被其惯行殴打,有被告嗣父母(即原告养父母)可证。至本年阴历五月初四日被告顿起歹心,在房内手持菜刀自刎咽喉,当经□婆宋华氏、邻人宋根泉到场目睹其事。讵料被告存心不良,声称原告谋害亲夫,割伤其咽喉,有意栽害。又有伊母宋张氏、伊胞兄宋金狗等帮同加害,唤警拘原告解案发押,有刑事案卷可考,又有十八年刑事一〇七五号钧院检察处送达不起诉处分书为凭。似此对待原告,为日方长,原告懦弱妇女,以后势必被其毒害。夫妻之间恩断义绝,难以同居,此次被诬,幸蒙法官贤明未成冤狱。乃被告由更生医院回里,伊兄宋金狗邀同流氓至家中,将原告之母殴打成伤,被告既视原告如眼中之钉,应请准予判决离异云云。

被告声明请求驳斥原告之诉。其答辩意旨略称,被告于十一岁入嗣大伯宋银泉,专做出外收鸡生意,谨慎自守,并不游荡。大伯抱养一女即原告,于民国十六年由大伯作主将原告与被告完姻成为夫妇,其时被告廿岁,成婚之后原告与被告不睦,恶感暗结,绝无夫妻之情,早生离婚之念。被告因经济困难,倘若离异何能再娶,故未如其愿。原告于本年六月间遂出毒心,居然欲杀害被告,用刀斫伤被告咽喉,嗣经检察官认系被告自刎,不予起诉。姑不且论现在原告竟提起离婚之诉,如果原告能与被告另娶一室,被告亦允与之脱离,否则被告不愿与之离异云云。

理由

本件被告与原告平日不睦时常争闹,为两造所不争之事实。至本年六月十一日被告颈项所受刀伤,据被告在本院及检察处均称,系原告有意谋害。讯之原告则称,系被告故意诬栽泄愤。本院查核检察处对宋掌金伤害案不起诉卷宗伤单载,宋金毛(即原告宋金猫)咽喉有刀伤一处,约长三寸左长,右短侧重,左边创口经医缝合。据称喉管断,气管未伤,察其形势,系自刎所致。检察官根据伤单并证人宋根泉、宋华氏到庭证明,当时原告并未与被告同在房内各供,予以不起诉处分。查被告不务正业,时向原告索取钱款,不遂其欲,即行殴打,习以为常,业经被告嗣父宋银泉、嗣母宋鲁氏到庭陈述明确。则原告所称不堪同居,已属信而有征。此次被告持刀自刎,竟诬指原告杀害,其居心尤属叵测,其对于原告显已恩断义绝。原告请求判准离异,自系正当,而被告仅以无力再娶为抗辩理由,殊无可采。

基上论结,本件原告之诉为有理由,兹依民事诉讼条例第九十七条,判决如主文。

江苏吴县地方法院民事庭
推事

中华民国十八年八月十四日

● 离婚之诉有理由判决

江苏吴县地方法院民事判决十九年地字第一五〇号

判决

原　　　　告　潘定宝　住吴县洞庭东山

上诉讼代理人　高文麒律师

被　　　　告　陈裕明　住吴县洞庭东山

上诉讼代理人　胡士楷律师

上两造因离婚及请求给付抚慰金及生活费，妆奁等涉讼一案，经检察官莅庭陈述意见，本院判决如下：

主文

原告与被告之婚姻准予离异。

被告应给付原告慰抚金洋三百元，并将原告嫁时妆奁、衣饰、器具返还原告。

原告其余之诉驳斥。

诉讼费用由两造平均负担。

事实

原告声明请求判准原告与被告离异，判令被告给付原告生活赡养费洋四千八百元，慰藉金洋一千元及返还赠嫁之妆奁、衣饰、器具。其陈述略称，原告于民国十五年凭媒叶潘氏嫁与被告为妻，过门后被告迭次将原告殴打遍体鳞伤，致患咯血之症。及本年阴历五月十九日被告复借故诘以数年由翁所给之另用费存放何处生息为由，将原告由床上拳足交施打至地下，遍体鳞伤，当时不省人事，晕蹶至数小时之久。被告之嫂见原告已失知觉，推唤不醒，守至天明，往唤原告之舅母贺氏到来帮同施救。及至醒转，咯血不止，原告至此知夫妇恩情断绝，万难同居，为保全生命计，由父兄照料赴沪就医。经中医马介梅诊得臂部、肋部受伤，损及肺络咯血颇剧，复经西医吴中士诊得殴伤咯血，发现青肿，有方单可证。依前大理院判例，夫妇间故意伤害有不能同居之事实，即可请求离异。而原告生活衣、食、住三者至少每月需赡养费洋十元，每年需洋一百二十元，自二十一岁起至六十岁止终身四十年，约需用赡养费洋四千八百元。此次身体损伤、精神上受莫大之痛苦，须慰藉金洋千元以资慰恤，所有原告出嫁之妆奁、衣饰、器具均在被告处，为原告日用必需品、应请返还等语。并提出诊断书三纸为证。

被告及其代理人声明请求驳斥原告之诉。其答辩略称，被告并无殴打原告之情事，而原告提起离异之诉，其根据则为被告殴伤原告以致咯血，提出医生诊断书三纸为证。但私人证据自不敌法院证据之确实，当时若果被告殴伤，原告自应向法院起诉检验请求离异，原告不于当时行之，而于事后以私人诊断书三纸作离异之证明,何足凭信。且医生所开之诊断书与该医生所称诊断经过甚为含混,殊不能据以证明被告有殴伤原告情事。原告诉请离异显无理由,其余附带请求亦不能成立,自无待言云云。

理由

本院按,诉讼拘束发生后,原告不得将诉变更,民事诉讼条例第二百九十八条已有明文规定。本件原告以离婚之诉变更为别居之诉,被告表示不同意,原告引民事诉讼条例第六百七十二条第一项规定为抗辩。查该条项所载均属同种类之诉讼程序,至别居之诉乃系通常诉讼程序,自不能与同居之诉相持并论。原告变更诉讼之声请应予驳斥,兹特先为说明。至本件原告之诉有无理由,应以被告有无虐待原告之事实为断。本院讯据被告虽不认有殴打原告之情事,唯查证人叶子建供称:"原告自嫁与被告之后,常来我家哭诉,这次原告说她男人半夜在房内打她成伤,其手上的伤我看见的,身上有无伤痕我因不便察看,故不知道。"医生吴中士之证言称:"本年六月十八日原告来院看病,报称被人打伤,验查之下有青斑伤痕。"医生马介梅之证言称,"本年六月十七日原告来看病,左肋有皮青不□并吐血"各等语。核与各该医所开诊断书内容均属相符,其证言自属可信。本院为慎重起见,并将原告送往福音医院鉴定,据称:"原告来院后曾吐血一次,痰内无结核杆菌,体温正当。来院时右臂上部尚有紫青色,若原告在未与被告相殴打前从未吐血,则此次吐血系受打伤所致。"再与叶子建所称:"原告在未结婚前并无咯血病。"医生马介梅所称,"此病不是老病"各等语互相参证,足征原告之咯血确为被告殴伤所致。是原告所主张之事实,实有确切之证明。原告过门不久,被告竟殴伤原告成疾,显属已臻不堪同居之程度,原告请求与被告离异,不得不谓为有理由。本件离婚之原因,既因被告殴伤原告所构成,则被告对于原告自应给以相当之抚慰金,唯原告请求数额竟达千元,按其情节究嫌过钜,兹由本院斟酌情形定为三百元以昭允洽。至于此项三百元之抚慰金,已足维持原告相当期间之生活,原告诉请判令被告给付四千八百元之赡养费,亦难认为有理由。又查离婚之妇无论由何原因,其妆奁应随其携去,早经著为判例(大理院六年上字一一八七号判例)。本件既准两造离异,则原告所存于被告处之妆奁、衣饰、器具,被告自应如数返还,原告此项请求认有理由。

据上论结,本件原告之诉一部有理由,一部无理由,兹依民事诉讼条例第九十八条,判决如主文。

江苏吴县地方法院民庭

推事

中华民国十九年十月十一日

● 同居之诉有理由判决

江苏吴县地方法院民事判决十九年地字第一七五号

判决

原　　　　告　　袁根大　　住吴县旺家村

上诉讼代理人　　夏喆甡律师

被　　　　告　　袁陈氏　　住吴县十四都五图西安村

上两造因请求同居涉讼一案，经检察官莅庭陈述意见，本院判决如下：

主文

被告应与原告同居。

诉讼费用由被告负担。

事实

原告及其代理人声明应受如主文判决。其陈述略称，原告于民国十四年娶被告为妻，民国十七年被告将原告之母殴打因而涉讼。嗣经当庭试行和解成立，内容即原告承认将被告领回，被告亦情愿随原告回家同居。不料被告和解之后，虽暂时与原告同居，复于民国十九年以刑事告诉，认原告妨害婚姻及遗弃，旋经侦查结果认为原告犯罪嫌疑不足，予以不起诉处分各在案。讵自涉讼后，被告绝不至原告家中，屡接不回，并委托代理人函致被告，迄今月余仍不回家。查夫妇有同居义务，乃被告常住母家，殊属违反义务，请求判令被告与原告同居云云。提出和解笔录及不起诉处分书各一纸为证。

被告声明请求驳斥原告之诉。其答辩略称，民国十七年与原告涉讼和解后，回夫家住一月余，因原告另有妻室，被告常遭虐待不堪同居，故回母家不愿再与原告同居云云。

理由

本件被告于民国十七年向原告提起离婚之诉，业经本院试行和解成立，乃被告至原告家仅住月余，本年五月原告丧父，被告回夫家二、三日，仍归母家，迄今未返，业经被告自认。查夫妇相互间负有同居义务，原告判令被告同居自属正当，被告虽以常受虐待为抗辩，纯属空言无据，显难成立。

基上论结，本件原告之诉为有理由，并依民事诉讼条例第九十七条，判决如主文。

江苏吴县地方法院民事庭

推事

中华民国十九年九月二日

二 嗣续事件

● 确认立嗣成立之诉不合法判决

江苏吴县地方法院民事判决

判决

原　告　顾鸿兴　住苏州阊门外

被　告　顾昌顺　同上

上两造为请求确认立嗣成立及偿还债务涉讼一案，本院判决如下：

主文

原告之诉驳斥。

诉讼费用由原告负担。

事实

缘原告起诉请求判令被告偿还债款一千二百元，并确认原告系被告之兄林志兴之嗣子。旋原告于言词辩论日期，对于债务部分自愿舍弃其主张。被告则以确认立嗣成立系属嗣续事件程序，不能与债务案件行同种之程序，请求驳斥原告之诉。

理由

本院按，对同一被告合并提起数宗诉讼，须以受诉法院俱有管辖权，且得行同种之诉讼程序者为限，此观民事诉讼条例第二百八十八条规定其义自明。本件原告对于债务部分既于言词辩论舍弃其主张，自应本于舍弃为原告败诉之判决（参照民事诉讼条例第四百五十五条）。至确认立嗣成立部分系属特别诉讼程序，应依特别诉讼程序另行提起，原告竟与普通诉讼程序合并提起，依据首开说明，自难认为合法。

基上论结，本件原告之诉一部为无理由，一部为不合法，兹依民事诉讼条例第九十七条，判决如主文。

江苏吴县地方法院民事庭

推事

中华民国十九年二月五日

● 确认立嗣成立之诉有理由判决

江苏吴县地方法院民事判决十八年地字第一四八号
判决
原　　　　告　倪星山　住金墅乡华阳庙陆巷港
上诉讼代理人　周毓镛律师
参　加　人　倪增寿　住金墅乡
　　　　　　　　倪火生　住同上
　　　　　　　　倪坤山　住同上
上诉讼代理人　宋铭銎律师
被　　　　告　倪王氏　住金墅乡
　　　　　　　　倪水金　住同上
上诉讼代理人　谢燮钧律师

上两造为确认立嗣成立涉讼一案，经检察官吕一侯莅庭陈述意见，本院判决如下：

主文

确认原告为倪小山之嗣子。

诉讼费用由被告负担。

事实

原告声明请求确认原告为倪小山之嗣子。其陈述略称，原告之曾祖永隆生有五子，原告系次房学天之孙，有兄弟三人。被告倪王氏系四房于天第三子阿三之妻，阿三只有一子，即被告倪水金。前因五房念吾之子小山故后无子，并未立嗣，所有小山遗产由阿三自行取去，归其代管。兹经亲属会全体一致议决，将原告出继小山为嗣子，并立有议据，呈奉钧院批准备案。所有小山遗产自认由原告承受，乃该被告倪王氏竟违抗众议拒不交出，声称欲以其独子水金嗣与小山为子，显非合法，请求确认原告为倪小山之嗣子云云。提出议据一纸为证。

被告声明请求驳斥原告之诉。其答辩略称，被告倪王氏之夫兰泉即阿三，曩因五房夫弟小山病逝乏嗣，曾经亲族会议将长子士福承继小山遵制成服，事在前清光绪三十三年，为原告所自认（见十八年初字第一八五号）。嗣产涉讼判决，所有小山遗产及丧葬费用皆由被告家负担料理，执业迄今二十三载之久。嗣士福夭殇，复经亲族会议将次子水金承继，亦为两造所不争之事实，见前案笔录。小山遗产有经其自行出抵在外，由被告出资赎回耕种,执业历有年,所有粮串为凭。前因原告侵占宅基阻种田亩,经被告分别起诉,先后判决原告均已败诉。今复勾串不良分子妄称亲族会议,伪造继书,朦请备案,意图觊觎被告应得之遗产,殊无理由,请予驳斥云云。提出牌位一具、意旨单一纸为证。

理由

本院按,无子者,又无依法为其择继之人,即应由亲族会议依照法定次序为其立继,业经九年九月十六日统字一四〇八号解释在案。本件被告主张于民国四年出继倪小山为嗣子,虽据被告所举证人倪阿狗等证明实有其事,又据被告提出本主、意旨单为证。唯查该被告系属独子,独子不得出继为现行律明定,且系倪小山之堂侄,又与兼祧之条件不合,此项立继于法颇属不合。本院讯据两遗族长倪增寿等,均系当时并未与闻,被告对于已经亲族会议一节亦无何等证明,则当时仅被告倪水金之父有将被告倪水金出继倪小山之意思,并未经过亲族会议明甚。此项不合法立嗣,自无仍予维持之理。至于原告既非独子,于倪小山分属堂侄昭穆相当,业经亲族会议通过出继为倪小山嗣子,其立嗣自系合法成立。至被告曾为倪小山料理丧葬支出费用,仍得另向原告诉求返还自不待言。

基上论结,本件原告之诉为有理由,兹依民事诉讼条例第九十七条,判决如主文。

江苏吴县地方法院民事庭
推事

中华民国十八年八月十九日

● 确认立嗣成立之诉无理由判决

江苏吴县地方法院民事判决十八年地字第六三号

判决

原　　　　　　　告	郁祖荫　住苏州阊门外杨安浜
法 定 代 理 人	郁侯氏　同上
诉 讼 代 理 人	张一鹏律师
	张光彝律师
	王　昭律师
被　　　　　　　告	郁绍曾　住苏州阊门外杨安浜
被告即上法定代理人	马仲良　住苏州山塘云公会
	朱马氏　住苏州杨安后衖

上共同诉讼代理人	周毓镛律师
被　　　　　告	包马氏　住苏州夏侯桥
	王新畲　住苏州五深泾
参　　加　　人	王庆云同上
	王鹏云同上
	王鹤云同上
	王鸰云同上
	王素贞同上
上共同法定代理人	王新畲
诉　讼　代　理　人	宋铭鋆律师

上两造因确认立嗣成立,撤销遗嘱确认立嗣无效涉讼一案,经检察官吕一侯莅庭陈述意见,本院判决如下:

主文

原告之诉驳斥。

诉讼费用由原告负担。

事实

原告代理人声明请求确认原告为郁马氏之兼祧承重孙,撤销被告等串捏之遗嘱,确认郁绍曾承继郁马氏无效。其陈述意旨略称,原告高祖郁焕章生三子,长子贤、次子良、三子康,子贤无子,子良生二子,长云圃、次云翔。云圃出嗣子贤,所生二子,长福来(即福兰)、次福山。福来即原告之父云翔,无子,福山又回继云翔。不久福山又故,福来遂兼祧云圃、云翔两房,则原告为云翔之嗣孙毫无疑义。民国十七年阳历十二月二十五日祖母马氏(即云翔之妻)身故,奉曾祖母沈氏(即子良继室)之命以兼祧承重孙名义成服,不料二十六日忽见报载潘承锷律师受任郁马氏及其孙绍曾法律顾问,并为郁马氏证明遗嘱通告。查原告族中并无绍曾其人,正深骇异,乃大殓之日,竟有被告马仲良挟有绍曾其人出头干预,其为串捏遗嘱,紊乱宗祧,欺负孤寡,觊觎非分,显然可见。且原告之祖父云圃虽因已出继大房子贤为后,非同父周亲,但以云翔早故,福山幼殇,族中又无昭穆相当之人可以承继,而子良一房几已绝嗣,故祖母马氏(云翔妻)、冯氏(云圃妻)商得同意,禀承曾祖母沈氏(子良妻)以福兰兼祧云翔为子。今马氏身故,原告当然随祧,若不由原告兼祧,则对于子良一支可告无憾,对于子贤一支不将付于缺如。福兰故当时所发讣告,有遵例兼祧字样,迄今历七年。上年祠堂落成,兼祧祖父云翔亦有伸主,由原告奉位送入,亲族共见,马氏亦表同情,可见马氏对于原告之继承早经认为确定。今遗嘱意旨完全变更,决非遗嘱人之本意可想而知。且见立者均为马家一门之私人,无非自谋私利,何能为公正之证明。钧院驳斥其备案,批示谓于法不合,洵属允当。提出讣文一纸、谢帖一纸、柬帖一纸为证。

被告郁绍曾、马仲良、朱马氏代理人声明请求驳斥原告之诉。其答辩意旨略称,原告起诉捏称福兰兼祧云翔,试问兼祧始于何年月日?有何证据?而被告则有反证证明福兰并无兼祧之事实。查民国二年大、二、三房分析合同内载,福来随嗣为老大房长孙,可为福兰并示兼祧之证明。盖老人房子贤无子、老二房子良生两子,即云圃、云翔,而云圃既久经出嗣,于老大房其长子福来已不能兼祧远同曾祖之叔云翔为后。又查老二房子良侧室徐氏殁于民国十四年,绍曾以承重曾孙列名彼祖荫列为祖免曾侄孙,有旧讣为证,宝莲寺所藏十四年意旨簿均有同类登载。又民国二年分据载,小二房提洋五百元下附"因无子女提款办领"之括弧,实为各房公认二房抱领之表示,此皆被告绍曾取得身份确据。又遗嘱为郁马氏生前亲立呈请备案,非第三者所能妄争云云。提出分产合同钞本、嗣据、协议据、遗嘱钞本、丧讣各一份,意旨单、墓碑字样各一纸,抄户口册一纸为证。

被告王新畬及参加人代理人声明驳斥原告之诉,其答辩意旨略称,郁马氏生前所立遗嘱不但有律师证明,即郁沈氏亦在场眼见,参加人按照遗嘱受赠财产,原告何得主张撤销云云。

理由

本件原告法定代理人郁侯氏于起诉时声明,确认原告为郁马氏之兼祧承重孙,撤销被告等所立遗嘱,并确认郁绍曾承继郁马氏无效嗣,即变更声明请求判准祖荫、绍曾并继郁马氏(见十八年一月十日诉状)。又于十八年二月四日言词辩论日期请求仍按起诉时之声明,其第一次之变更请求已经被告同意,至第二次系以并继之声明变更为独继子,被告之防御及诉讼之终结均不甚碍,且被告于是日并无异议,而就新诉为关于诉讼标的之辩论,自应视为同意。依照民事诉讼条例第二百九十八条第一项但书及同条第二项准其变更,乃被告于续行辩论日期,又反对其变更殊属无谓,兹特先予说明。

本院案(按),独子不得出继,为承继法上之一大原则。至兼祧之制则属例外。律载,如可继之人亦系独子,而情属同父周亲,两相情愿者,取具阖族甘结,亦准承继两房宗祧云云。是兼祧者必以同父周亲为条件之一,其限制甚严。若非然者,只可依照无子者,许令同宗昭穆相当之侄承继之例,由五服以内递推而至于远房及同姓者择立为嗣(三年上字一四九号)。本件原告是否郁马氏之嗣孙,应以原告之父福兰能否兼祧云圃、云翔两房为断。而福兰能否兼祧云圃、云翔，又以云圃、云翔是否同父周亲为先决问题。查云圃、云翔虽系亲兄弟，唯云圃早已出继子赘为嗣，依照院判，"本系同父周亲，而业经出继远房者，不能仍为同父周亲，即不得再准其回而兼祧"之先例（六年上字五一号），则福兰依法自不能兼祧云圃、云翔。且原仅称云翔嗣子福山亡故时，曾由福兰抱头而已，此外又无其他确切证据，则福兰生前事实上亦并未兼祧无疑。福兰既非云圃之兼祧子，则福兰之子（即原告）即失其为云翔及郁马氏嗣孙之根据，虽民国十年福兰亡故时原告发帖，于不孝孤子郁祖荫之上加以遵例兼祧字样，亦不能谓其已取得云翔及郁马氏嗣孙之身份，其请求确认为郁马氏嗣孙一节，殊难认为有理由。又查凡自己或其直系卑属并无承继权之人，不能告争承继，即亦不能主张他人之承继为无效或可以撤销，早经院判著为先例。原告对于郁马氏并无承继之权，已如上述，则郁绍曾之承继郁马氏是否合法，以及郁马氏名义所立遗嘱是否真实，原告均属不得过问，其请求撤销遗嘱及确认郁绍曾承继郁马氏无效，均难认为有理由。再原告既非郁马氏之嗣孙，则郁马氏之姑郁沈氏即非原告之直系尊亲属，原告已有其母郁侯氏为法定代理人，仍列郁沈氏为法定代理人，亦有未合。

基上论结，本件原告之诉为无理由，兹依民事诉讼条例第九十七条，判决如主文。

江苏吴县地方法院民事庭
推事

中华民国十八年四月二十三日

● 废继之诉无理由判决

江苏吴县地方法院民事判决十九年地字第一六八号
判决
原　　　　告　吴潘氏　住苏州街道观前二十六号
上诉讼代理人　章世炎律师
被　　　　告　吴传颐　住苏州富郎中巷四十三号
上诉讼代理人　杨荫杭律师
上两造因废继涉讼一案，经检察官莅庭陈述意见，本院判决如下：
主文
原告之诉驳斥。
诉讼费用由原告负担。

事实

原告及其代理人声明请求判令废止被告与原告并原告之先夫承继关系,并令负担讼费。其陈述意旨略称,被告十岁时入嗣原告,经原告延师教读,近因被告有荡检失礼及不孝情事,不得已于本年二月间诉求判准废继。嗣经当庭和解,但言明被告须回原告家中,而被告迄今不回,只于算账时回家,不及数小时即行走避,路中相遇亦不称呼,足见两方感情全失。日前被告向原告起诉请求确认嗣子权利,尤足见其忤逆不孝,原告所有财产系亲手自□,并非其嗣父遗产,绝对不容被告妄自主张,请求准予废继云云。

被告代理人声明请求为如主文之判决。其答辩意旨略称,前原告对被告提起废继案,业经当庭和解,并言明由被告生父回苏,将送回赔礼。但被告生父还在青岛当时,虽拟于本年四月间回苏,旋因事中止,因此被告未便即归。又被告得知原告添立吴应权为嗣子,应权曾有越分之主张,被告恐日后受意外之损失,故向法院提起确认嗣子权利之诉,请求于原告百年后与应权平等分析财产,并为前途上进起见,请求原告给付教育费及嗣产处分之同意权,其目的全在对付应权,原告应认为不孝,实出误会。现距和解时期不久,原告何能又提起废继之诉云云。

理由

查现行律例,继子不得于所后之亲,听其告官别立。所谓不得于所后之亲者,即指于所后之亲不为圆满生活而言,如果其所后之亲所主张之废继原因,确系应归责于继子之事由,而察其事由,又确于家庭之和协有重大之妨碍,且双方恩意不能复冀保全,固应准予废继。否则已定之承继关系,即不容辄徇其请轻易废继,业经院判著为先例(参照七年十月十三日上字九七一号判决例)。本件被告为原告之嗣子,原告前对被告诉求判准废继,业经当庭和解在案。在和解前被告有无不得于其所后之亲之原因,此时自可置之不问,所应审究者,和解成立以后,被告有无不得于其所后之亲之原因而已。兹据原告所述废继原因约有二端,一被告对原告起诉,二被告现仍逗留其本生父家迄不回归此两点。是否达于不得于所后之亲之程度,实为本案最重要之关键。查被告于和解成立后,本案未发生前,虽向吴应权及原告起诉,其主张要旨一请求确认兄弟财产平等分析,二请求给付教育费,三请求确认嗣产处分同意权。审究其请求之用意,无非为原告添立嗣子吴应权,恐原告有所偏袒,而影响于嗣产,此亦人情之常。姑无论其请求是否有理,要不能认为不得于所后之亲,自不得以之为废继之原因。至前案和解时言明,被告由其生父送回原告家赔礼了事,虽被告之生父因远在青岛，未能即时回苏履行前约。原告于本年六月四日为立嗣犹向本院声请备案，是其当时仍有以被告为嗣子之意思，自备案之日起至今为时仅一阅月有余，要难就此短促期间而推知被告决计不归。故就此点而论，亦不能认为被告有不得于其所后之亲之原因，依据上开法例，原告主张殊难认为有理由。

据上论结，本件原告之诉为无理由，兹依民事诉讼条例第九十七条，判决如主文。

江苏吴县地方法院民事庭
推事

中华民国十九年八月十二日

三　亲子关系事件

● 宣示失权之诉有理由判决

江苏吴县地方法院民事判决
判决
原　告　吴增寿　住吴县浒关
　　　　　吴林氏　同上
被　告　吴昌顺　同上

上两造为请求宣告行亲权人停止财产管理权涉讼一案，经检察官莅庭陈述意见，本院判决如下：

主文

被告对于其子吴进生之财产应停止其管理权。

诉讼费用由被告负担。

事实

原告声明应受判决之事项与主文所揭示同。其陈述略称，原告生有二子，长子昌达、次子即被告。长子昌达已故无子，曾立被告长孙进生为嗣。被告素有烟瘾兼好赌博，将其分受财产浪费殆尽，近来复将其子承继昌达之遗产田数十亩卖去一半，供其挥霍。循此以往，原告之孙进生将来教养之费必发生困难，屡戒不悛，不得已请求宣告被告停止对于进生之财产管理权云云。援用证人吴宝书、刘应瑞之证言为证。

被告声明请求驳斥原告之诉。其答辩略称，被告系因病吸烟现已戒断，亦无赌博情事，前次卖田系因家用并无浪费，原告主张殊无理由，应予驳斥云云。

理由

本院按,父母滥用其对于子女之权利时,其最近尊亲属或亲属会议得纠正之。纠正无效时,得请求法院宣告停止其权利之全部或一部,民法第一千零九十条已有明文规定。本件被告素日吸烟嗜赌,经原告屡戒不悛,已据证人被告母舅刘应瑞、被告叔祖吴宝书证明属实。且被告于去年卖田五十亩,两、三月之间费用殆尽,已经被告自认。问其用途,则称一部还债,一部家用。查被告家口不多,用项简单,而所称还债一节,又不能说明所还何债,其抗辩殊难认为有理。依据首开法条,原告请求自属正当。

基上论结,本件原告之诉为有理由,兹依民事诉讼条例第九十七条,判决如主文。

江苏吴县地方法院民庭
推事

中华民国二十年八月三日

四 禁治产事件

● 声请宣告禁治产有理由裁决

江苏吴县地方法院民事裁决

裁决

声请人 顾王氏 住苏州胥门外

上声请人因声请宣告禁治产一案,经检察官莅庭陈述意见,本院裁决如下:

主文

顾福铸应准禁治产。

声请程序费用由顾福铸负担。

理由

本件据声请人顾王氏状称,伊夫顾福铸病后精神耗弱,每易被人愚弄,将家中田产贱价、典卖殆尽。似此情形,后患何堪设想,请依声请宣告禁治产云云。经本院还任医师详细鉴定结果据称,顾福铸实系病后精神衰弱,不具完全智能。且本院讯问顾福铸之时,观其举止殊异常态,语言亦无伦次,核其情节与民法第十四条第一项规定尚属相符,应与照准。

基上论结,本件声请为有理由,兹依民事诉讼条例第七百十三条第一项,裁决如主文。

江苏吴县地方法院民事简易庭
推事

中华民国十九年二月三日

● 不服禁治产宣告之诉无理由判决

江苏吴县地方法院民事判决
判决
原　告　顾福铸　住苏州胥门外
被　告　顾王氏　同上
上原告对本院民事简易庭中华民国十九年二月三日禁治产之宣告提起不服之诉,经检察官莅庭陈述意见,本院判决如下:

主文
原告之诉驳斥。
诉讼费用由原告负担。

事实
缘被告前以原告精神耗弱声请宣告禁治产,经本院裁决照准在案。兹据原告以并无精神耗弱为理由提起不服之诉,请求撤销宣告禁治产之裁决。被告答辩原告精神耗弱业经医师鉴定明确,原告之诉并无理由,应予驳斥云云。

理由
本件原告病后精神耗弱,前经本院简易庭选任医师鉴定,结果认为确系精神耗弱。该鉴定书所叙原告病状及精神衰弱情况至为详尽,此次本院讯问原告所答语言多半错误,察其情状实不具完全之智能,原裁决尚无不当,原告主张撤销宣告禁治产并无理由。

基上论结,本件原告之诉为无理由,兹依民事诉讼条例第九十七条,判决如主文。

江苏吴县地方法院民事庭
推事

中华民国十九年二月十九日

● 声请撤销禁治产有理由裁决

江苏吴县地方法院民事裁决
裁决
声请人 顾福铸 住苏州胥门外

上声请人为声请撤销禁治产,经检察官莅庭陈述意见,本院裁决如下:

主文
原裁决撤销。
声请程序费用由声请人负担。

理由
查依民法规定得声请禁治产之人,于禁治产之原因消灭后,得声请撤销禁治产,民事诉讼条例第七百三十一条已有明文规定。本件声请人前因精神耗弱,本院依声请宣告禁治产在案。兹声请人以现在旧病全愈精神回复,提出医院诊断书为证,请求撤销禁治产。本院选任医师鉴定结果,认为精神已回复常人状态,鉴定人当庭所述亦复如是。且察核声请人举动、语言均无常人非异,依据首开条文,声请人声请撤销禁治产自属正当。

基上论结,本件声请为有理由,兹依民事诉讼条例第七百三十四条第一项,裁决如主文。

江苏吴县地方法院民事简易庭
推事

中华民国二十年六月八日

五 宣告亡故事件

● 声请公示催告失踪人呈报其生存有理由裁决

江苏吴县地方法院民事裁决
裁决
声请人 吴昌顺 住苏州盘门内

上声请人因声请宣告亡故一案,声请公示催告,本院裁决如下:

主文

本件声请照准。

理由

本件据声请人状称,声请人之叔于民国五年出外,曾于民国九年二月二日来信一封,自后即无音信,早已风闻因病亡故。声请人家中仅有妻室并无子嗣,所有财产承继诸关系无由确定,久而滋惑,甚为非计,请求先行催告失踪人呈报,其尚生存如在相当期内并无呈报,即请宣告失踪人亡故云云。本院查本件失踪人失踪既满十年,声请人声请公示催告,核与民事诉讼条例第七百三十九条,宣告亡故得为公示催告之规定尚无不合,应予照准,特为裁决如主文。

江苏吴县地方法院民事简易庭
推事

中华民国十九年五月三日

● 声请宣告亡故有理由裁决

江苏吴县地方法院民事判决

判决

声请人 吴昌顺 住苏州盘门内

上声请人因声请宣告亡故一案,经检察官莅庭陈述意见,本院判决如下:

主文

吴星梅之亡故日时系在民国九年二月二十七日午前十时。

事实

缘声请人前因伊叔吴星梅失踪十年,声请公示催告呈报其生存,经本院裁决与准公示催告在案。迄今已逾呈报期限,并无呈报之人,声请人声请宣告失踪人亡故到院。

理由

本院案(按),失踪人失踪满十年后,法院得因利害关系人之声请如死亡之宣告,民事诉讼条例第八条第一项已有明文规定。本件讯据声请人供称,声请人之叔吴星梅于民国九年二月二日自汉口旅馆曾来一函,此函为最后之音信,该函内叙述身患疾病。同月二十八日该处报纸曾载,是月二十七日午前十时有病人年约五十余岁落河身死,一则所载形貌、年岁确与声请人之叔无异。声请人之叔素有神经衰弱之症,时发时愈,必系病发坠河身死。此报系由友人寄来，声请人前往寻访无着，迄今十年毫无踪影，公示催告亦无呈报其生存之人，其系亡故无疑。本院传讯失踪人邻居均称，传闻失踪人业已亡故，而查讯该报所载落河身死之人之状貌，确与失踪人状貌相符，则失踪人于民国九年二月二十七日上午十时落河身故无疑。声请人声请宣告亡故，依据首开条文，应认为有理由，特为判决如主文。

江苏吴县地方法院民事简易庭
推事

中华民国十九年十二月二十日

其　他

● 声请推事回避无理由裁决

江苏吴县地方法院民事裁决十九年声字第一五号
裁决
声　请　人　　锺焕祥　住苏州学士街
　　　　　　　　陆孟达　住苏州天官坊
诉讼代理人　伍澄宇律师
上声请人与张李当为账款涉讼一案，声请推事回避，本院裁决如下：
主文
声请驳斥。
声请诉讼费用由声请人负担。
理由
本院按，民事诉讼条例第四十三条第二款，所谓推事执行职务，足认其有偏颇之虞者，系指推事于诉讼之结果有利害关系，或与当事人有交谊，或有嫌怨等，足使人疑其为不公平之审判者而言。本件声请人声请推事回避，其理由不外三点：（一）案件延搁经年尚未办结。（二）声请人主张由会计师核算，则开庭征求被告之同意。（三）被告主张由商会核算，并不开庭征求声请人同意，遽予照准。查本件乃系账款涉讼，账簿繁多，事实未臻明了，一时自难终结。且自收案迄今继续进行，并无间断，声请人以此指摘殊无理由。至于账簿如何核算,乃属诉讼指挥,原无在在须得当事人同意之必要。声请人主张由会计师核算,原办推事以会计师必须将簿据带至上海事务所核算,诸多不便,遂函托苏州总商会指定熟悉商情之人到院核算,亦属折中办法。声请人指为有偏颇之虞,尤属误会。

基上论结,本件声请为无理由,兹依民事诉讼条例第百十八条、第九十七条,裁决如主文。

江苏吴县地方法院民事庭
审判长推事
推事
推事

中华民国十九年五月十六日

● 声请移转管辖不合法裁决

江苏吴县地方法院民事裁决十五年声字第五七号

裁决

声请人 孙效卿 住吴县黄埭镇西市

上声请人为与孟岱锺债务涉讼一案,声请移转管辖,本院审查,裁决如下:

主文

声请驳斥。

声请费用由声请人负担。

理由

查声请人与孟岱锺因债务涉讼一案,业经原审县知事于本年七月十二日判决,无论原县知事对于孟岱锺有无法律上应行回避之原因,以及其土地管辖是否错误,自应提起上诉以资救济。该声请人声请移转管辖,实属于法不合,故予驳斥。声请费用合依民事诉讼条例第一百十八条、第九十七条,由声请人负担,特为裁决如主文。

江苏吴县地方法院民庭
审判长推事
推事
推事

中华民国十五年八月二十七日

● 声请宣告破产有理由裁决

江苏吴县地方法院民事裁决十九年破字第一号
裁决
声请人　叶景亭　住苏州葑门吴衙场十八号

上声请人声请宣告破产，本院核其所提出之债务数额表及财产目录，与债权人朱增庭等之陈述，认定声请人确有停止支付之状况，兹特裁决如下：

宣告叶景亭为破产人。

叶景亭之停止支付系民国十九年九月九日。

选定本院书记官沈维宗为破产管财人。

破产人财产均予查封。

所有破产人之债务人不得对于破产人为债务之清偿。又占有属于破产财团物件之人，亦不得对于破产为物件之交付。债权人须于本年十一月五日以前，携带证据账簿来院呈报，债权人集会定于本年十一月五日下午一时在本院开会。

江苏吴县地方法院民庭
推事

中华民国十九年九月十八日

刑事　第一审

关于公诉

● 被告声请停止羁押无理由驳回裁定

江苏吴县地方法院刑事裁定十九年杂字第一〇号
裁定
被　告　唐培安　在押
上被告因帮助聚众赌博案声请停止羁押，经本院咨询检察官意见，裁定如下：
主文
本件声请驳回。
理由
按案件在第二审上诉期限内，关于停止羁押，应由第一审法院咨询检察官意见裁定，此在刑事诉讼法第八十五条有明文规定。本件被告唐培安因帮助濮银虎聚众赌博一案，业经本审判处徒刑六月并科罚金百元在案。兹据该被告以母病请求停止羁押前来，经咨询检察官意见，以既经判处罪刑，无论其母患病是否属实，均不足为停止羁押理由。所见尚属正当，本件声请应予驳回，特为裁定如主文。
本件抗告法院为江苏高等法院，抗告期限七日，自送达裁定后起算。
中华民国十九年四月二十六日

江苏吴县地方法院刑庭
推事

● 被告声请停止羁押照准裁定

江苏吴县地方法院刑事裁定十九年杂字第七号

裁定

  被告 周杨氏,在押

  上被告周杨氏因妨害家庭案,业经本院谕知无罪,复由检察官提起上诉在案。兹据该被告以在所生病,具保声请停止羁押前来,经调查属实,并经咨询检察官意见,准复称该被告既系患病属实,自属可许。合依刑事诉讼法第七十五条第一项,命该被告于缴纳保证金五百元后,即予停止羁押,特为裁定如上。

  中华民国十九年四月六日

江苏吴县地方法院刑庭
推事

● 推事声请延长被告羁押期间裁定

江苏吴县地方法院刑事裁定十九年声字第三五号

  裁定

  声请人 本院推事

  被告 赵黑鱼 杨在春,在押

  上列被告因绑匪案件,兹由本院推事以被告羁押期间将满,尚有继续羁押之必要,声请延长羁押期间。本院核与刑事诉讼法第七十三条第一项规定相符,应依同法第二项准予延长羁押二月,特此裁定。

  中华民国十九年六月十七日

江苏吴县地方法院刑庭
推事

  附声请书

江苏吴县地方法院声请书

  被告 赵黑鱼,杨在春,在押

  上列被告因绑匪案件羁押在所,于六月十六日届满三月。查本案调查尚未完备,该被告赵黑鱼实有继续羁押之必要,合依刑事诉讼法第七十三条第一项声请裁定。

  此致

本院刑庭

推事

  中华民国十九年六月十五日

● 推事声请再延长被告羁押期间裁定

江苏吴县地方法院刑事裁定十九年杂字第九五条
裁定
声请人 本院推事
被　告 朱月波　在押

上列被告因强盗杀人一案，于民国十八年四月二十六日执行羁押，经迭次延长后又已届满二月。既据声请人以调查尚未完备，实有继续羁押之必要，合依刑事诉讼法第七十三条第二项，准将该被告羁押期间再延长二月，特此裁定。

中华民国十九年四月五日

江苏吴县地方法院刑庭
推事

附声请书
江苏吴县地方法院声请书
被　告 朱月波　在押

上列被告因强盗杀人一案于民国十八年四月二十六日执行羁押，经迭次延长后又已届满二月。查本案调查尚未完备，该被告尚有继续羁押二月之必要，合依刑事诉讼法第七十三条第二项，声请裁定。

此致
本院刑庭

推事

中华民国十九年四月三日

● 再开言词辩论裁定

江苏吴县地方法院刑事裁定十九年地字第三四五号
裁定
被　告 汪全生　男，年二十五岁，四川人，住吴县唯亭镇

上列被告因过失致人死一案，经同院检察官提起公诉，本院于辩论终结后，裁定如下：
主文
本件应再开言词辩论。

理由

查刑事诉讼法第三百零三条载,辩论终结后遇有必要情形,法院得命再开辩论。本件前经本院于三月十二日宣告辩论终结,定于同月十八日下午一时宣告判决。兹查本件尚有应行调查之证据未经调查完备,特依上开法条再开辩论,爰为裁定如主文。

中华民国十九年三月十日

江苏吴县地方法院刑庭

推事

● 被告心神丧失停止审判裁定

江苏吴县地方法院刑事裁定十九年停字第六号

裁定

被　告　顾五宝　十九岁,住北街烧饭

上被告因窃盗施强暴一案,经检察官提起公诉,本院裁定如下:

主文

本件停止审判。

理由

查刑事诉讼法第三百零五条第一项载,被告心神丧失或因疾病不能出庭者,应停止审判之程序等语。本件被告因窃盗及施强暴一案在押,所犯精神病甚深,系属心神丧失。核诸上开法条,应将本件诉讼停止审判,特为裁定如上。

中华民国十九年三月七日

江苏吴县地方法院刑庭

推事

● 被告所在不明停止审判裁定

江苏吴县地方法院刑事裁定十九年停字第四号

裁定

被告　魏宗璜　所在不明

上列被告因诈欺取财一案,经检察官提起公诉,本院裁定如下:

主文

本件停止审判。

理由

查刑事诉讼法第三百零七条载,被告所在不明者,应停止审判之程序等语。本件被告魏宗璜因诈欺取财一案,于发觉后潜逃无踪,系属所在不明。核诸上开法条,应将本件诉讼停止审判,特为裁定如主文。

中华民国十九年五月八日

江苏吴县地方法院刑事简易庭
推事

● 谕知科刑判决

一　死刑及褫夺公权判决

江苏吴县地方法院刑事判决十九年地字第八二一号

判决

被　　　告　石来生　所在不明

　　　　　　　王金氏　女,年二十三岁,吴县人,住渡村南城头

指定辩护人　吴允中律师

上列被告因杀人一案,经检察官起诉,本院判决如下:

主文

王金氏共同豫谋杀人,处死刑,褫夺公权无期。

石来生部分停止审判。

事实

缘王金氏系王发财之妻,与住居同村之石来生奸通有年,因碍于其夫,早蓄谋杀之心。本年五月九日(即废历三月二十二日)王发财由沪佣工回家,微闻其事,常相争吵。同月二十六日彼此又发生口角,王金氏即于翌日(即废历四月十一日)夜间与石来生一同潜逃来苏,预备赴沪。不料二十八日在胥门与其嫂金江氏相遇,翌日(即废历四月十三日)将其劝送回家。石来生亦于先一日雇船回家,因偕逃未成,愈增谋杀之心。当王金氏返家之日,石来生即于夜间身怀利刃,由王金氏开放后屋向东侧门,将其引进藏匿楼上卧房床后隔壁弄内,并由石来生先将王发财之叔王子明卧房房门扣住。约十一时许,王金氏起与石来生谋议,王发财睡中似有所闻,欲下床诘问,石来生即持刃向王发财猛戳,王金氏则抱住王发财致不能抵抗,共受刀伤八处,胃肠流出。王发财一手捧住肚肠,一手坚握王金氏,将其托往王子明卧房门外竭力呼救。讵王子明素患重听,并因房门

业已被扣,迨用力拉脱门轴,石来生已乘机带刀逃逸,仅将王金氏一人执住。随即唤集邻居王晓全(即王孝泉)、周阿炳及金江氏、吴仁保、孔大小弟并地保查金盛等到场,当时王发财尚能言语谓,由王金氏抱住,石来生所戳云云。即经周阿炳、孔大小弟等星夜雇船,将王发财送往本城博习医院医治无效,延至三十日下午即行殒命,将尸运回。翌日由该管公安第八分局函请派员检验,并将王金氏解送本院,经检察官率吏前往验明,填书附卷,侦查终结。认石来生、王金氏依刑法第四十二条均犯同法第二百八十四条第一项第一款之罪,提起公诉。

理由

检察官起诉要旨略称,讯据王金氏供认与石来生姘识同逃苏州不讳,对于共同谋杀王发财虽供词支吾。但据在公安第八分局所供,氏回家晚饭后与丈夫睡觉,半夜起来解溲,不知石来生何时潜至床后。他与氏说要做死氏夫,氏说不可,其时丈夫在床上听见,下来两下相打。氏即拉住丈夫的手,不料石来生将刀猛戳氏夫肚肠拖出来,石来生即将刀带走。去年石来生常常要做死氏夫的话。又在本处供,阿公(即王子明)的房门是石来生扣牢的,半夜我起来解溲,后来我男人又起来解溲,石来生就杀他各等语。是王金氏早知石来生有谋杀王发财之心,当夜王金氏又先与石来生接谈,并于石来生行凶之时抱住王发财,且知王子明之房门由石来生所扣,其二人同谋石来生,由王金氏开放后门引进可以断言。且质之证人查金盛,金江氏、周阿炳、王晓全、吴仁保、孔大小弟等,均一致供明王发财未死前曾谓,由王金氏抱住,被石来生所戳。核与王金氏在第八分局所供,我拉住丈夫的手等语相符。王金氏果非同谋,何以不帮助王发财抵抗石来生,而反拉住其夫,俾石来生易于行凶,是谋杀情节更属显然云云。

被告抗辩要旨略称,四月十二日到苏州来同石来生一起,是我出来时在木渎碰到石来生,一起到苏州,不到上海去,来看眼睛的。十三日下半日到家时,男人在屋里,就是这天夜里石来生来杀我男人的,我先困了,没有开门的事。男人同石来生怎的动起手来,我困了不晓得,困时解了溲的,半夜里没有起来解溲同石来生说话。我先困,困着了听得男人喊救命,到我起来石来生就逃了,没有解劝。我靠男人吃饭,那里还肯拉住他的手,阿叔的房门是石来生扣牢的,我不是男人拖到阿叔那里去的,是我去喊叔公的。这天夜里我房里没有灯,我同男人困一床,我困里边,是两头困的云云。

前开犯罪事实,依下列证据得以认定之:

(一)查被告王金氏与石来生姘识有年,业已自白不讳。此次与石来生一同潜逃,由木渎搭轮来苏,预备赴沪,不特被告在公安第八分局业已供述明确,并经其嫂金江氏具结证明。被告来苏帮人,由其劝送回家等情属实,是被告与石来生因恋奸情热相约同逃,已为不可掩之事实。乃被告犹诿称在木渎碰到石来生,一起到苏州,不到上海去,来看眼睛的云云,显系事后翻异之词,不足采信。

(二)又查被告与石来生姘识后,石来生早有谋杀其夫之心,此次因偕逃未成,其谋杀之心尤为坚决。此观诸被告在公安第八分局所供,去年"石来生常常有要做死氏夫的话","在苏州的时候,氏回渡村时,石来生曾对氏说,你回去也好,我给颜色把你们看"各等语,固可予以认定。而被告对于石来生早有谋杀其夫之心,实有其所明知,据此亦足以完全证明。

(三)至此次被告经金江氏于五月二十九日由苏劝送回家后,石来生即于当日夜间携带利刃,藏匿王发财住房床后之隔壁弄内,并将王子明之房门先行扣住。至十一时许始侵入房内,用刀将王发财杀伤八处各等情。质诸被告并不否认,对于开放后门引进石来生及事先谋议共同下手各节,虽坚不吐实,但查其在侦查中业已供明,石来生由毛厕东边上去的,阿公的房门是石来生扣牢的,半夜我起来解溲后,我男人又起来解溲,石来生就杀他等情不讳。核与其在公安第八分局所供,氏回家晚饭后与王发财睡觉,半夜起来解溲,不知石来生何时潜至床后,他与氏说要做死氏丈夫,氏说不可等语,尚相符合。是被告于半夜时曾起身,与石来生谋议杀害其夫情节,已极明显。乃被告至本审时,竟否认有于半夜起身解溲之情事,自系虚言翻异,不足采信。果如被告辩称因先已睡觉并不知情,亦未于半夜起床,则石来生之侵入其家,何以知系由后门毛厕东边而进。而王子明之房门,又何以知系由石来生所扣,更何由预知石来生业已藏匿在家,并先与之接谈。凡此种种,实足以断定被告与石来生共同杀害王发财,确系出于豫谋为无可疑。并以上述被告明知石来生早有谋杀其夫之心,互相参证,则被告此次之犯意与石来生之犯意显属一致,尤可不待烦言而解矣。

(四)查已死王发财顶心有利刃戳伤一处,斜长六分,宽一分,深二分,皮破血污。腮门有利刃戳伤一处,斜长一寸三分,宽二分,深三分,皮破血污。额颅有利刃戳伤一处,斜长三分,宽一分,深二分,皮破血污。右肩井有利刃戳伤一处,斜长五分,宽二分,深八分,皮破血污。右手心连食指本节有利刃戳伤一处,斜长一寸二分,宽二分,深三分,皮破血污。胸膛有利刃戳伤一处,横长一寸,宽四分,深八分,皮破肉缩血污。肚腹有利刃戳伤一处,斜长二寸四分,宽一寸三分,深透内部皮肉,卷缩血污。胃肠均流出。脑后有利刃戳伤一处,斜长一寸,宽二分,深三分,皮破血污。委系生前被人连戳八刀,戳伤肚腹,胃肠流出身死,业经本院检察官率吏前往验明填书在卷。肚腹一伤业已深透内部,全身共被戳伤八处之多,其杀害当时早具有致死之决心,固无待论。且查被告与其夫王发财同睡一床,房内并无灯火,已据被告供明在卷。石来生深夜侵入其房内将王发财连戳八刀,王发财右手心连食指本节并有刀伤一处,足征当时已有争夺之情事,其间为时已久,尤可不言而喻。被告岂有充耳不闻,毫无觉察之理。况在黑暗之中,石来生尤无从容下手之可能,参以被告在侦查中供称,半夜我起来解溲后,我男人又起来解溲,石来生就杀他云云,则当时被告确以起身已无疑义。又查王发财身躯伟大,决非一人之力所能杀害,该被告在公安第八分局既已供认,其时丈夫在床上听见下来,两下相打,氏即拉丈夫的手,不料石来生将刀猛戳氏夫,氏夫肚肠拖出,石来生即将刀带同逃走等情不讳。复经本院传讯证人查金盛、金江氏、王晓全等均一致供明,王发财未死前曾谓,由王金氏抱住,被石来生所戳。查金盛并称,看见王发财此时还能说话,他向我说是石来生用刀戳的,是他女人捏住他的手。如不是女人捏住他的手,他不曾被石来生戳到这样云云。核与被告在公安第八分局所供,氏即拉住丈夫的手等语,适相符合。是被告当时业已共同实施加害,证据亦极确凿,如果被告并无谋害其夫之心,何以不帮助王发财抵抗石来生,而反拉住其夫,俾石来生易于行凶,是其共同谋杀情节更属显然。

据上论断,被告王金氏共同预谋杀人证据已臻明确,核其犯罪之原因目的及其心术均属毫无可恕,应依刑法第四十二条、第二百八十四条第一项第一款处死刑,并依刑法第二百九十二条、第五十六条、第五十七条第三项,无期褫夺公权。除被告石来生在逃未获,系属所在不明,应依刑事诉讼法第三百零七条停止审判程序外,爰依刑事诉讼法第三百十五条为判决,如主文。

本案经本院检察官吕文钦莅庭执行检察官之职务。

本案上诉法院为江苏高等法院,当事人如有不服,应于判决书送达后翌日起十日内,以书状叙述不服理由,向本院提起上诉。

中华民国二十年七月二十八日

江苏吴县地方法院刑庭

推事

二　无期徒刑判决

江苏上海地方法院刑事判决十九年地字五五四号
判决
被　　　告　王福广　男,年三十九岁,盐城人,业粪行,住香烟桥七二弄十二号
选任辩护人　黄绍裳律师
被　　　告　王万奎　男,年四十二岁,盐城人,业粪行,住高郎桥草棚
指定辩护人　周　域律师
上列被告因杀人案经检察官提起公诉,本院判决如下:
主文
王福广共同预谋杀人处无期徒刑,褫夺公权无期,王万奎无罪。
事实
缘王福广与王万奎系堂兄弟、王福广以捡粪为业,曾因窃粪事被王葆山看见告知戴如藻,彼等已不免怀恨于心。嗣王福广又因与王葆山争开粪行嫉妒成仇,王福广既系戴如藻党徒,彼此商量遂伏杀机。本年二月二十八日晚间八、九时左右,先由施福林往王葆山处谈话,窥探其在家与否。话毕施福林出门、王福广与戴如藻、刘六罐子各带手枪,同时乘势一拥而入王葆山家中,首由刘六罐子连开四枪向王葆山轰击以致倒地,其时施福林、朱子香均立于门外,即由朱子香连呼尚未打死,王福广闻言遂开一枪后,复由戴如藻连开两枪向王葆山射击因而毙命。适王葆山之妻王施氏在旁,即将戴如藻用力拖住,王福广极力为之挣脱,王施氏力不能敌因之松手,彼此遂得一齐逃逸。事后经地保凌云生报由本院检察官验明,王葆山左膀、左胁肋、右后胁肋及脊背等处均有枪痕,委系生前枪伤身死,填格附卷。旋由警区陆续将施福林、朱子香等获案,经检察官侦查认定施福林、朱子香及在逃之王福广、戴如藻、刘六罐子等均犯刑法第二百八十四条第一项第一款之罪,先后诉由本院判处施福林、朱子香罪刑,王福广、戴如藻、刘六罐子等均因所在不明停止审判各在案。嗣复由侦缉队将嫌疑人王万高、王万奎、王佩山、凌三林子辗转拿获,遂由凌三林子将在逃之王福广指拘到案,送由检察官侦查。除凌三林子、王佩山、王万高等均无犯罪行为,未予起诉外,认定王福广、王万奎系犯刑法第二百八十四条第一项第一款之罪,一并提起公诉。

理由

查已死之王葆山尸体，经本院检察处检察官验明左膀有枪子擦伤一处，皮破血结。左胁有枪子伤一处，量围圆六分，枪子未出，创口焦黑色有血污。后右胁肋有枪子伤一处，枪子由仰面心坎透出，进子处量围圆六分，出子处量围圆八分，创口均焦黑色，俱有血污。脊背中有枪子伤一处，枪子由仰面左胁肋透出，进子处量围圆六分，出子处量围圆八分，创口均焦黑色，俱有血污。委系生前枪伤身死，有验断书为证。本案被告王福广与在逃之戴如藻、刘六罐子共同用枪将王葆山击毙及事前与戴如藻预谋各等情，迭经开庭研讯，王福广则坚不承认。然查王福广在侦只队到案初供供明，如何与戴如藻商量，意在用枪将其击毙，如何与戴如藻、刘六罐子向王葆山开四枪，我开一枪，戴如藻开两枪，以致王葆山毙命云云。据此其为共同预谋用枪将王葆山击毙，已成不可掩之事实，自未便任其事后狡赖希图卸责。且查王福广于王葆山被枪杀以后，始而逃至吴淞，继而逃至泗泾，如果无极端不得已之情形，在王福广又焉能置粪行营业于不顾，尤足证明其畏罪远飏，情节显然。是王福广系犯共同预谋杀人之罪，毫无疑义。唯查王福广犯罪之远因由于王葆山指其行窃，已先受有重大之刺激，犯罪之近因由于与王葆山争开粪行，竞逐末利所致，实亦迫于生计使然，其情究属不无可悯，依法酌减本刑三分之一。王福广应依刑法第七十七条、第七十九条第二项、第四十二条、第二百八十四条第一项第一款第五十六条、第五十七条第三项、第二百九十二条处断。其被告王万奎究应负刑事责任与否，当以王葆山被杀之当时王万奎有无在场，及其事前有无共同预谋情事以为断。讯据王万奎供称，实不知情，王葆山于被杀之际固未在场，且事前亦未预闻其事。而在王施氏当庭则供称，伊夫王葆山被人枪杀，此时王万奎在门口伸颈观望各等语。经向王施氏诘问，从前认识王万奎否，则答以从前并不相识，现于获案后始行认识。核与王万奎所供，王施氏在警察局内方才与我认识一语恰相符合，可知王施氏当庭所供王万奎在门口伸颈观望，原系急不择言，自难凭信。况王葆山被杀之时，在王施氏已惊慌之不暇，更焉有有人在外伸颈观望，尚能认得清楚看得真确之理。且检阅本案各项卷宗，王施氏先后供词，非但从无一语涉及王万奎在场，即王福广到案初供，亦仅称朱子香、施福林立于门外，并未牵涉王万奎其人，是王万奎并不在场极臻显著。至王万奎事前有无共同预谋一节，查王葆山被王福广等用枪击毙候国历二月二十八日即废历二月初一日，王福广于国历四月一日即废历三月初三日始到伊兄王万奎家中，告起打死王葆山之事，即此一点适足为王万奎并无预谋之反证。如果王万奎于事前预谋,何以事隔月余尚须王福广告知情由,又何以王福广逃走之际,王万奎亦未与彼偕行,足见王万奎实无共同预谋杀人犯意,不辩自明。原起诉理由认为侦查明白确系共犯,自有未合。虽王福广在王万奎家中谈话之际,有王万奎之弟王万高听见,迨王福广出走后,王万奎向王万高说起不可告知他人,在王万奎无非兄为弟隐,亦属人情之常,断不能执此遽行认定其事前有共同预谋之事实,予以论科,致滋冤滥。此外又无其他相当证据,足资认定其有犯罪之证明,是王万奎应依刑事诉讼法第三百十六条,谕知无罪,特为分别判决如主文。

本件经检察官徐鹤龄莅庭执行检察官之职务。
本件上诉法院为江苏高等法院,上诉期限自送达判决书后十日。
中华民国十九年八月十一日

江苏上海地方法院刑庭
推事

三 有期徒刑及羁押日期准予折抵暨没收判决

江苏吴县地方法院刑事判决十九年地字第五五号

判决

被　　告　贾正义　男,年四十八岁,镇江人,住养育巷业商

指定辩护人　李振霄律师

上列被告因杀人案经检察官提起公诉,本院判决如下:

主文

贾正义杀人一罪处有期徒刑二十年,褫夺公权无期。裁判确定前羁押日数以二日抵徒刑一日。

铁刀一把、秤锤一个、铁锯一柄没收。

事实

缘贾正义向在县属养育巷开设贾恒泰玻璃店,近因营业衰落忧忿过度,以致精神耗弱类似病疯。去年废历八月间曾经其妻贾鲁氏将其送入福音医院医治,月余出院后,复愤其妻花费过多,时常殴打。其妻遂避往他处暂住,店事由其堂弟贾松山料理。松山以贾正义不类常人,曾用锁练禁其自由,所售货款亦捎不与使用。贾正义因此衔根,遂于本年一月十四日夜间两相争吵,后乘松山睡热,用自己所有秤锤将其头部击伤身死,并用铁锯分尸三段,下部腿脚则截成细块置罐煮熟,所有骨殖十八件,大、小腿骨六根,盛以席包置于桌下。嗣经巡警以其行迹可疑,前往搜查,发觉前情,报经本院检察官莅验属实,侦查终结,依法提起公诉。

理由

查已死买松山经检察官验明,右额角有刃伤两处,一长四分,一长五分,皮破血结。左太阳连接左颧有铁器伤一处,皮肉坚肿紫红血痂。右眉有刃伤一处,长七分,宽二分,皮开血结。两胯环至合面齐腰部均被截下,量周围二尺四寸,皮肉齐截筋骨显露干血黏结,以下体凑合痕迹相符。两膝齐合面膝湾均被砍下,皮肉略缩,并臁肋及两脚均无存在,仅有大小腿骨六根,零星骨十八块,委系生前铁器击伤,将死后复被支解尸体,填具检验书在卷。并据贾正义在侦查庭自白,他(贾松山)时常打我,把我锁起来,十五(废历十二月)那天晚上十二时我用秤锤打他头部一下,他就气喘了,再打一下他就死了。死了之后因为没有得吃,就用锯玻璃架子的锯把他的腿锯下来,煮熟当餐吃的。于杀人及支解尸体各情既言之凿凿,核与检验情形亦尚相符,犯罪事实自属真确无疑。兹应审究者,即被告犯罪当时是否心神丧失是已。查被告于犯罪前曾以疯病在福音医院医,出院时尚未痊愈,固经福音医院证明在卷。唯被告出院尚在玻璃店内工作,起居饮食亦未尽失常态,不过时与其妻争吵,业经邻佑等证明无异。即犯罪以后羁押看守所,迭经本院饬所调查有无心神丧失之言语行动,据报入所以来安静如常,并无异状。且查击杀当时系争吵后,乘贾松山睡熟始行下手,是其杀人之时心神并未达于丧失程度,自可断定。虽于本审审判时翻异前供,不认有用秤锤击杀贾松山,并迭称系冤鬼将他弄死云云。然查前后所供既不一致,显有畏罪形迹,尤足为非心神丧失之反证,其不得遽以心神丧失脱免刑罚,自不待言。唯据其妻贾鲁氏陈述,他(贾正义)在店内卖东西,先很好的,后就不大好了。证人周学明述称,贾松山用铁练将他(贾正义)锁过的,足见被告所称贾松山把我锁起来之语尚非虚伪,而其心神究与常人不同,已达耗弱程度亦可概见。查心神耗弱人之行为应减轻本刑,刑法第三十一条第二项既有明文规定,本件被告自应准予减轻以符法意。至执行完毕以后应否再施监禁处分,则应届时依其情节以为裁定,并予说明。

据上论结,被告贾正义杀人一罪,应依刑法第二百八十四条第一项第二款、第三十一条第二项、第八十四条、第七十九条第二项后段、第二百九十二条、第五十六条、第五十七条第四项、第六十四条、第六十条第二款、刑事诉讼法第三百十五条,判决如主文。

本案经检察官赖淦苢莅庭执行检察官之职务。

本件上诉法院为江苏高等法院,上诉期限十日,自送达判决后起算。

中华民国十九年五月八日

江苏吴县地方法院刑庭
推事

江苏吴县地方法院刑事判决十七年地字第三一四号

判决

被　　　　告　李云桂　年四十五岁,男,吴县人,住五龙桥葛庄米业

上选任辩护人　沈兆九律师

上列被告因伤害一案,经同院检察官提起公诉,本院判决如下:

主文

李云桂伤害人致重伤一罪,处有期徒刑三年。判决确定前羁押日数,准以二日抵有期徒刑一日。

事实

缘李云桂与李云保均系李云生同父异母之胞兄,早经析产分居。李云生从事游荡不务正业,屡向两兄告贷无已,故为两兄所不齿。本年六月二十二日(即旧历五月初五日)李云生向李云桂之妻擅借云桂皮袍一件质钱花用,嗣后李云桂知悉,以其行窃更衔忿恨。迨至七月二日(即旧历五月十五日)李云生又以需款孔急,至院属葛庄地方李云桂家中,欲将从前朱姓抵押屋价自己应分部分归两兄,由两兄给款应用。乃李云桂、李云保均坚执不允致生口角,李云生当用手叉住李云保咽喉倒地,李云保亦用手抓住李云生咽喉项颈互相揪扭,李云桂在旁目睹忿极,即在墙角手取石灰一把,乘李云生不备之际向其两目猛擦,以致李云生两目均不能启视。比时李云生负痛怀恨,声称欲放火烧毁李云桂等房屋,李云桂等闻言,恐其实行,即将云生手腕用铁练锁住,因云生抵抗,致其两肘、左乳上、右乳下、右肩甲、右后肋各处均有拖擦微伤。翌日李云桂等见李云生两目伤势颇重,将铁练卸去抬送博习医院医治,李云生右目现已失明,经该处地保知悉其事,报告该管公安分局拘获李云桂呈解吴县公安局,函送到院检察官验明。李云生两眼胞有石灰擦伤,皮烂红色。两眼睛有石灰擦伤,红赤色不明。咽喉、项颈、肩甲两手腕各处均受伤属实。填单附卷,侦查完备,声请豫审。经豫审推事裁决,除李云生右肩甲、两手腕各处所受拖擦伤、铁练伤,认为被告行为不成立犯罪外,以李云桂犯刑律第三百十三条第二款罪名,送由检察官认犯刑法第二百九十五条之罪提起公诉。

理由

核阅侦查卷宗,被告李云桂到案之初据供,我们兄弟三人我最大、次是云保、小的云生,他常来借钱不绝。今年他在阊门荡了三个月,我们兄

弟二人常周济他的。五月初五日他一个人在家,关了前后门扒进我房偷去绉纱皮袍,并且要我出一百多元钱,说将他的房子并归我,我是不要的。十五日晚七、八时在自己家中,我同云保两人打他的,因他先把云保一把咽喉叉住,人跌倒了,我慌极了,就在地下捏了一把撒他的,一看是石灰,就把他送到医院医治,一只眼睛坏了,一只还有一半好的等语。李云保供亦相同(详见侦查卷第八至第十页)。并据该被告在豫审中供称,李云生咽喉项颈上都是他同云保相扯时弄伤的。证人尤清泉在豫审中亦谓,云生对我说云桂用石灰将他眼睛弄瞎的,他与云保相扭,云保亦回手的云云(详见豫审卷第二十六及第三十四页)。复据被害人李云生迭供,该被告一人以石灰加害其两目无异,所有李云生两眼除两眼睛石灰擦伤,咽喉项颈擦损血结情形,亦经检察官验明属实。则该被告乘李云生与李云保互扭不备之际,用石灰将其两目擦伤,自属罪证确凿,无可掩蔽。兹该被告抗辩要旨约有三点:(一)谓以墙根土撒李云生后,见土内含有石灰,是未注意应以过失论。(二)谓李云保咽喉被叉,稍缓救援必至受害,系属正当防卫。(三)谓李云生受伤程度仅只减衰视能,应包括于刑法第二百九十三条伤害之中,不在重伤之列云云。查泥土抑或石灰撒入他人目内,均足以使目受伤,该被告对于此种事实岂得谓非明知,又岂得谓为无意使其发生,核与刑法第二十六条规定犯罪之故意要件相符,自不能以过失论,此其抗辩无理由者一。又查李云生与李云保互相揪扭,且李云生咽喉项颈均被李云保擦伤,而李云保毫无伤痕可验,该被告乘其互扯不备之际,以石灰擦伤李云生两目,尚何防卫之可言,此其抗辩无理由者二。再李云生两目经本院一再令其视物,左目尚能辨物识字,右目则已无视能,按诸刑法第二十条第一款,毁败一目能视之重伤规定相合,该被告主张为刑法第二百九十三条之伤害,显有未当,此其抗辩无理由者三。

综上论结,李云桂伤害李云生致重伤一罪,应依刑法第二条前段、第二百九十五条第一项处以有期徒刑三年。判决确定前羁押日数,准以同法第六十四条以二日抵有期徒刑一日。爰依刑事诉讼法第三百十五条,判决如主文。本案经本院检察官吴超、王黻裳先后莅庭执行检察官之职务。

对于本判决如有不服,应自送达之翌日起十日内,向本院提出书状叙述不服理由,上诉于江苏高等法院。

中华民国十七年九月二十九日

江苏吴县地方法院刑庭
推事

四　拘役及谕知缓刑判决

江苏吴县地方法院刑事判决十七年初字第七六号

判决

被告　胡文藻　男,年二十八岁,江西人,住乌鹊桥弄二号,无业

上列被告因侵占案件,经本院检察官提起公诉,本院判决如下:

主文

胡文藻连续侵占一罪,处拘役二十日,缓刑三年。

事实

缘胡文藻与彭徐氏同居素识,本年八月三十一日(即阴历七月十七日)彭许氏将衣服五件托送洗染店洗染,胡文藻当即送去。后数日彭许氏交与洗衣费二元八角,嘱其往取,胡文藻遂将此款私行用去。越数日胡文藻又另向友人处借洋二元余,将衣服从洗衣店取出,送往当铺当洋六元五角花用,与彭许氏避不见面。至本月七日为彭许氏寻获,扭送市公安局,转解本院,经检察官侦查起诉。

理由

按胡文藻连续侵占自己持有之他人所有钱财、衣服,系经彭许氏当庭指供,并据被告胡文藻一一自白不讳,证据已属明确。核其所为实犯刑法第七十五条、第三百五十六条第一项之罪,唯观其犯罪后之态度颇知自悔,兹依第七十七条减本刑二分之一,依刑法第二条、刑法施行条例第三条、比较刑律第三百九十一条之刑,自系刑法为轻,处以拘役二十日。后查该被告未曾受拘役以上刑之宣告,爰依同法第九十条宣告缓刑三年,兹据刑事诉讼法第三百五十条,判决如上。

本案经同院检察官孙希衍莅庭执行检察官之职务。

中华民国十七年九月十五日

江苏吴县地方法院刑事简易庭

推事

五　罚金及谕知罚金易科监禁判决

江苏吴县地方法院刑事判决十七年地字第三八七号

判决

被　　告　段汉如　年三十一岁,男,安徽太湖县人,住吴县花驳岸,无业

　　　　　吴连玉　年三十二岁,男,安徽宿县人,住吴县花驳

岸,无业

上指定辩护人 顾恩霈律师

右列被告等因行使伪造货币一案,经同院检察官提起公诉,本院判决如下:

主文

段汉如收受后方知伪造通用银行券而仍行使一罪,处罚金一百五十元。如无力完纳,准以一元折算一日易科监禁。判决确定前羁押日数,准以一日抵罚金一元。

伪造五元银行券两纸没收。

吴连玉无罪。

事实

缘段汉如、吴连玉均在第十七军服务,嗣因缩编遣散来苏居住花驳岸地方,相距甚近,故相熟识。段汉如于本年九月(即旧历八月)间向吴连玉之妻吴侯氏借洋十元应用,旋赴芜湖谋事未成,回苏乏资遂向其友王春山挪借洋二十元,内有现洋十元,中国银行五元钞票两纸。讵该项钞票系属赝物,段汉如回苏后即已知悉,故于十一月十五日(即旧历十月初四日)上午十二时身边无钱,将衣毯等件质洋七元四角以为购物之用,而留此五元伪钞票两纸,于是日下午六时送交吴侯氏以偿前债。吴侯氏收后即交其夫吴连玉,吴连玉不知伪票,于是晚持往护龙街李蓉伯所开裕泰衣庄内购买棉被胎一床、假华丝葛夹裤一条,共计价洋四元八角,当给与五元伪钞票一纸。经李蓉伯令店伙持往附近钱庄看视发现伪票,与吴连玉互相口角,由岗警闻知将吴连玉拿获,起出五元伪钞票两纸,带至西区署,并由吴侯氏寻获段汉如扭交警察,一并解送苏州市公安局函转到院。检察官侦查完备,以吴连玉犯刑法第二百十二条第一项前段之罪、段汉如犯刑法第二百十二条第一项后段之罪,提起公诉。

理由

本案被告等有罪无罪部分,应分别论断于后:

(一)关于被告段汉如有罪部分 查在吴连玉身畔起出之伪造中国银行五元钞票两纸,系由该被告在芜湖向友人王春山借来,交给吴连玉之妻吴侯氏偿债之物,已据该被告在侦查中暨本院一再供认,而此项伪票仅只两纸以外并无搜获。复核阅伪票与真票亦不过微有差异,非细加辨识不易分别,该被告谓为此项伪票系向王春山所借,收受之初不知为伪,尚属实情。唯收受以后在该被告身畔藏有多日,且该被告由芜返苏途次断无不□此膺钞票使用,而专用王春山借给之现洋十元之理。况该被告抵苏后吴连玉,吴侯氏夫妇并未索偿,此为该被告所自供。并据供称交给吴侯氏钞票之日上午十二时需款购物,当将衣毯等件质洋七元四角应用等语。查是日上午该被告尚持执该项钞票在手,既不知其为伪,吴侯氏之债又无须急于偿还,何以不以该项钞票购物,乃竟将衣毯等件质洋应用。由此而论,是该被告在交给吴侯氏以前,已明知该项钞票为伪造,尤可显见。该被告既已知为伪票而仍以之偿债,核其所为实与刑法第二百十二条第二项罪名相当,但谓该被告收受以前即知为伪造,应成立该条第一项后段之罪,究嫌无据。

（二）关于被告吴连玉无罪部分　查伪造中国银行五元钞票两纸系由段汉如交给该被告之妻吴侯氏偿债,由吴侯氏收后交给该被告,该被告当时即持以出外讲买棉被胎、假华丝葛夹裤,对于此种事实该被告与段汉如供词均属一致。且经李蓉伯发觉伪票,由岗警将该被告拿获后,该被告之妻吴侯氏即将段汉如扯送警察,如果此项伪票为该被告与段汉如串通行使,则吴侯氏何能将段汉如自行扯案,即此一端已足证明该被告不知此项钞票为伪造之物。至该被告与吴侯氏在侦查中所供段汉如交给钞票情形虽有不符,但查吴侯氏供称,段汉如向伊借用现洋十元,与段汉如供词无异。及所称段汉如交给钞票后,其夫当即持以出外购物之语,亦与该被告供词相同。是该被告既不知此项钞票为伪造,自难谓为有行使伪造通用银行券之故意,当然不能以刑法第二百十二条第一项前段予以论罪。

综上两部分论结,段汉如收受后方知伪造通用银行券而仍行使一罪,应依刑法第二百十二条第二项处以罚金一百五十元。如无力完纳,准依同法第五十五条第二第三项以一元折算一日易科监禁。判决确定前羁押日数,并准依同法第六十四条以一日抵罚金一元。伪造五元银行券两纸,更依同法第二百十六条第六十条第二款没收。吴连玉应依刑法第二十四条谕知无罪。爰依刑事诉讼法第三百十五条、第三百十六条、第三百二十条,判决如主文。

本案经本院检察官王觳裳莅庭执行检察官之职务。

对于本判决如有不服,应自送达后十日内向本院提出书状,叙述不服理由,上诉于江苏高等法院。

中华民国十七年十二月十二日

江苏吴县地方法院刑庭

推事

六　有期徒刑并科罚金判决

江苏吴县地方法院刑事判决十九年地字第二六三号
判决
被　　告　林镜忠　即林第书，又名培富，男，年六十六岁，福建人，住阊门外西濠街二百十三号水果公所内，业商
选任辩护人　夏鼎瑞律师
上列被告因侵占，业经检察官提起公诉，本院判决如下：
主文
林镜忠侵占一罪处有期徒刑六月，并科罚金一百元。罚金如不完纳，以二元折算一日易科监禁。裁判确定前羁押日数，以二日抵徒刑一日或以一日抵罚金一元。
事实
缘林镜忠系苏州三山水果公所之管理人，所有该所之公产均归管理收益。历年以来对于经管事项既未报告同帮，又无收支账目足资稽核。民国八年、十八年竟将该所所有南濠街五十四号及仙工里十三号之房屋两所，擅行盗卖于唐、金两姓。经驻沪福建三山水果公所商帮查悉，向本院提起自诉，审理结果以不合自诉规定，送由检察官侦查起诉。
理由
本件被告抗辩要旨略称，苏州三山果桔公所系由三山青果公栈所收，其资金完全出于林、洪、程三姓，为一种私人团体之集合，与上海南帮所组之水果公所绝不相联。告诉人既非林、洪、程三姓之子孙，自属无权告诉。况苏州果桔公所地粮仅有二分，所有十三号及五十四号之房屋均系祖遗之产，有粮串可为凭证等语。但经本院调阅三山水果公所与被告等因产权涉讼案卷宗，被告致三山水果公所函内有在沪同人提议粮串一节，以使苏沪双方共策进行等语，足征苏沪公所本有联络关系，该被告人等以被告盗卖公产依法告诉，自属毫无不合。且查苏州公所公产甚多，本为被告所不争之事实，被告辩称公所地粮仅有二分云云，自系捏饰之词不足置信。被告于民国三年间曾将南濠街五十四号店屋盗卖于人，旋经备价赎回，业由本院传唤证人黄文园、黄玉富、江一南等到案供明属实，算为公产，而复何疑。至仙工里十三号房屋，据诉人述称，该屋右边墙上原有三山会馆界石一块，已为被告毁去云云，亦经本院民庭履勘属实。更就被告于民事诉讼判决以后，竟与金士英进行和解，情愿将房价五百元分期拨还之情形互相参证。则该十三号之房屋亦属公产，已可证明。该被告因情虚而和

解,其事实尤为明显,乃被告以管理人之资格,竟敢擅将上项公产连续盗卖于人,则其应负刑事责任自不待言。

据上论述,合依刑法第七十五条、第三百五十七条第一项、第五十五条二、三两项、第六十四条、刑事诉讼法第三百十五条,为判决如主文。

本案经检察官汪润苍庭执行检察官之职务。

本案上诉法院为江苏高等法院,上诉期限自判决送达后为十日。

中华民国十九年七月二十六日

江苏吴县地方法院刑庭
推事

七　并合论罪判决

江苏吴县地方法院刑事判决十九年地字第六号

判决

被　　　　告　潘诵芬　男,年三十五岁,徽州人,住施相公衖

上选任辩护人　屈心长律师

被　　　　告　吴小弟　男,年四十三岁,吴县人,住木渎地保

上选任辩护人　朱　润律师

上列被告因杀人妨害自由及鸦片诈财案,经检察官提起公诉,本院判决如下:

主文

潘诵芬共同伤害人致死一罪,处有期徒刑七年,褫夺公权八年。又贩卖鸦片一罪,处有期徒刑二年,并科罚金二百元。应执行徒刑八年,褫夺公权八年,罚金二百元,其余部分无罪。

吴小弟诈财一罪,处有期徒刑四月,裁判确定前羁押日数,均以二日抵徒刑一日。罚金如不完纳,以一元折算一日易科监禁。

事实

缘潘诵芬素常贩卖鸦片与已死濮德卿同在西华居住,民国十八年阴历九月十九日面交濮德卿大洋一百十三元,嘱其来苏购买鸦片,行至中途遗失。濮德卿不敢回家,遂往木渎告知其长子濮才虎(原在木渎做工),由濮才虎于同月二十日赴西华转告其弟濮水泉,往晤潘诵芬商筹归还办法。旋由潘诵芬带同在逃之毛兴宝于廿一日与濮才虎、朱瑞虎、吾阿四等乘船同往木渎停泊卢妃桥畔,潘诵芬与濮德卿会晤结果,命濮德卿先筹现款五十元限日归还。廿二日晨间由朱瑞虎、吾阿四先回西华筹款,濮德卿一人暂留船上。讵朱瑞虎等走后,潘诵芬、毛兴宝共同追问失款原因,将濮德

卿咽喉捏伤以致气闭身死。次日濮水泉得信前往摇尸，又被地保吴小弟诈去洋十三元。嗣以其父身死不明，不愿棺殓，报经巡警转报本院检查验明伤痕，侦查结果以被告潘诵芬与在逃之毛兴宝依刑法第四十二条，共犯刑法第三百十六条第一项、第二百八十二条第一项之罪。潘诵芬又犯禁烟法第六条之罪。吴小弟系犯刑法第三百六十三条第一项之罪之重大嫌疑，一并提起公诉。

理由

本案分二部判断于下：

（一）潘诵芬部分　本部分复分三项论之：(1)贩卖鸦片。查被告潘诵芬虽不承认有贩卖鸦片情事，然经证人吾阿四、朱瑞虎等到案供述，均称被告贩卖烟土。此次着濮德卿持洋百十三元确系前来苏州胥门买土的，经隔别讯，几众口一词。则被告平素贩卖鸦片，自应认为真实可信。虽据辩称该款系还汪锦昌的，有汪锦昌可证。质之汪锦昌亦称曾借伊百元属实，然据所呈借据既非十八年九月到期，安有债人送款之必要。且汪锦昌家住胥门，核与朱瑞虎所称濮德卿代赴胥门买土之言正相吻合，是关于贩土一点，汪锦昌亦颇涉有嫌疑，则其证言自属不足采取。(2)妨害自由。按刑法第三百十六条之妨害自由罪，以私禁或以其他非法方法剥夺人之行动自由者为成立要件。本件被告之妨害自由罪是否成立，自以具此要件与否以为断定。据濮水泉在本审陈述，我姐夫（即朱瑞虎）来说须拿五十元才肯将船摇回，并无潘诵芬扣留濮德卿之语。虽吾阿四述词有潘诵芬不许他（濮德卿）回去，须拿钱来才放他走云云。然据朱瑞虎在本审陈述，第二天早上潘诵芬在卢妃桥叫老头子即（濮德卿）回去取五十元，老头子自己不肯走，我同吾阿四去拿的，此系被害人亲属所说之语，自堪征信。据此观察，则濮德卿之留木渎显系出于自愿，尚难谓被告有私禁或其他非法方法剥夺其行动自由之行为，关于该部分之犯罪嫌疑，应认为不能证明。(3)杀人。查已死濮德卿经检察官验明咽喉中间有指痕一个，围量七分，红色血癍。近颏处有指痕二个，一个围量七分半，一个围量六分，俱皮损紫红血癍。近下有磕碰伤一处，围量一寸四分，紫红血癍。左膀碰擦伤一处，长七分，阔二分，红色血癍。肚腹近下有磕碰伤一处，围量一寸一分，紫色血癍。致死之由系捏伤咽喉气闭身死，填具检验书在卷。质之被告潘诵芬，虽不承认有与毛兴宝共同将濮德卿捏伤致死情事，并称廿二日上午九时即搭轮来苏，是晚宿于裕丰旅馆，有汪锦昌及刘源为证。然查汪锦昌有卖土嫌疑，其言不足采取，已于(1)项说明。至刘源所称潘诵芬是日曾投宿该栈，虽经提出来宾簿、旅客捐票存根为证。但查来宾簿并无警局查核印章,且有拆订痕迹。而捐票存根登记潘姓一页,又系另行黏好,并非原页,业经检察官查验明确。且均系调验循环簿并无潘姓其人,以后始行提出之件,其有串饰嫌疑尤可概见,此项反证自属均无可采。况据该被告述称,钱在何处丢的,他(濮德卿)自己也说不清,有时说在光福丢掉的,有时说在木渎航船上丢掉的,则被告于朱瑞虎等回西华以后,与毛兴宝共同追问濮德卿失款原因,因陈述含混,将其咽喉捏伤致死,自堪断定。否则朱瑞虎等离木渎时濮德卿并无异状,决不至逾时即死。虽据被告辩称,濮德卿当时腹泻,曾命朱瑞虎伴其如厕,并请求查验濮德卿存案裤衫,以为并非捏伤之反证。然经本审讯据朱瑞虎述称,濮德卿他未泻肚,亦无陪去大便之事。复经查明存案裤衫,并无腹泻痕迹,则其主张显属空言,要难征信。虽地保吴小弟曾称,于廿二日下午九时见濮德卿尚卧病卢妃桥畔,并报经该处公安分局饬警萧日宣代请医生质之,萧日宣亦称曾代请医生未获属实。然经本审函据第二公安分局局长陆杰覆称,并无饬警请医之事,而萧日宣所述,我在那里站岗,吴小弟说有人生病,我就去请颜医生不在家,病人我未看见等语。按之经验上法则,亦殊难置信。盖以站岗警士并未看见病人,决无遽听地保之言去请医生之理。而吴小弟又系共同被告,依法无证人资格,则其所言自亦均不足采取。反证既不足采,而濮德卿死后曾经验有伤痕数处,其致死之由系捏伤咽喉气闭所致,又经验断有如上述,尤难任被告饰词狡赖,唯其致死之由既系捏伤所致,现在尚无确切证据,足证当时有杀死决心,自应仍以伤害致死论罪。关于此点应依刑事诉讼法第三百二十条,变更起诉法条处断。

(二)吴小弟部分　被告吴小弟虽不承认有诈取濮水泉大洋十三元情事,然经濮水泉迭次指证,地保说派人看守要去费用十三元,有朱瑞虎等可证。质之朱瑞虎、吾阿四均称,地保要钱属实,则其诈财罪之成立,自亦无可狡展。

据上论结,被告潘诵芬应依禁烟法第六条、刑法第七十五条、第四十二条、第二百九十六条、第三百零三条、第五十六条、第五十七条第二项、第五项、第五十九条第一项、第六十九条、第七十条第三款、第五十五条第二、第三、第四项、第六十四条、刑事诉讼法第三百十五条、第二百十六条。被告吴小弟应依刑法第三百六十三条第一项、第六十四条、刑事诉讼法第三百十五条分别处断。除毛兴宝所在不明,依刑事诉讼法第三百零七条停止审判外,特为判决如主文。

本案经检察官王黻裳莅庭执行检察官之职务。

本件上诉法院为江苏高等法院,上诉期限十日,自送达判决后起算。

中华民国十九年四月二十九日

江苏吴县地方法院刑事庭
推事

八 从一重处断判决

江苏吴县地方法院刑事判决十九年地字第三五四号
判决

被　　　告　吴巧泉　男,年三十六岁,吴县人,住三都十六图树下浜,帮工

陈阿大　男,年六十一岁,吴县人,住四都九图吴丝泾浜,种田

陈根和　男,年二十九岁,余同上

陈水生　男,年二十五岁,余同上

陈水根　男,年二十三岁,余同上

曹和尚　男,年二十六岁,余同上

曹阿火　男,年二十二岁,余同上

选任辩护人　吴允中律师

徐土泉在逃

上被告等因妨害自由及伤害等罪并合一案,经检察官提起公诉,本院判决如下:

主文

吴巧泉共同略诱未遂一罪,处有期徒刑六月。共同伤害一罪,处罚金一百元。并执行之罚金如未完纳,以二元折算一日易科监禁。裁判确定前羁押日数,以二日抵徒刑一日,或以一日抵罚金二元。

陈阿大、陈根和、陈水生、陈水根、曹和尚、曹阿火共同略诱未遂一罪,各处有期徒刑三月。共同伤害一罪,各处罚金三十元。并执行之罚金如未完纳,各以二元折算一日易科监禁。裁判确定前羁押日数,各以二日抵徒刑一日,或以一日抵罚金二元。

纸马一纸没收。

徐土泉部分停止审判程序。

事实

缘吴巧泉佣于吴小弟家产有年余,因见吴小弟之媳吴吴氏孀居无子,久欲赘为吴吴氏之后夫。本年八月六日(即废历闰六月十二日)吴巧泉以解雇在即恐失所望,遂约同陈阿大、陈根和、陈水生、陈水根、曹和尚、曹阿

火及不知姓名等共二十余人，于夜间携带鲜肉、纸马、鞭炮等物前往吴小弟家，由吴巧泉作内应开门，让陈阿大等入内当将纸马等物陈列桌上，并燃放鞭炮，欲将吴吴氏强制成婚。吴吴氏坚拒不从，由吴小弟潜往报知地保徐纪寿、村长徐文秀及吴吴氏之胞兄吴宝泉等前来制止，而吴巧泉等仍蛮横不去无可理喻，不得已乃由吴宝泉将其妹吴吴氏带回家中暂避，期免肇祸。讵甫行至吴丝泾浜，吴巧泉等忽赶上拦阻，并将吴宝泉等殴打成伤。后徐文秀大声喝止，吴巧泉等始行散去。旋由吴小弟、吴吴氏、吴宝泉等检同当夜遗下之纸马一纸，向本院检察处具状告诉。侦查结果认吴巧泉等实犯刑法第四十二条、第三百十五条第一项、第三百二十条第一项及第二百九十三条第一项之罪，并以所犯第二百九十三条第一项及第三百十五条第一项之罪，应依同法第七十四条之规定，从一重处断，起诉到院。

理由

上述犯罪事实已据告诉人吴小弟等到案指供明确，吴宝泉左额角有磕碰伤一处，皮微破略有血结，亦经本院检察官饬吏验明填单在卷。关于略诱部分，并有呈案之纸马一纸堪以作证。更参照证人徐纪寿、徐文秀前后之陈述，实足以证明被告吴巧泉等当时确有共同略诱及共同伤害之情事。吴巧泉虽以索款争执等语以为辩解，不特与证人之陈述不相符合，已难认为真实。果如辩解所云，则被告尚居住吴小弟家中，必欲索款何时不可，何必定在深夜，又何以必须纠邀多人，更无携带纸马等物之必要，凡此种种均足以证明其辩解为非真实。陈根和在侦查中坚不供认，至审判中忽又自承伴送吴巧泉至吴小弟家，前后陈述判若两人，谓非狡饰其又谁信。陈阿大虽经杨惠如到案证明，该日住宿其家，然查陈阿大与杨惠如系属亲戚，此项证言本难采信。且陈阿大之在场共同实施，业经徐文秀等证明属实，自难任其幸逃法网。曹阿火辩称在岳母周王氏家云云，业经本院依法传唤该周王氏，竟避不到案，头系徒托空言不足凭信。他如被告陈水生、陈水根、曹和尚等之在场共同实施，不特经告诉人及证人等指陈历历，且查该告诉人等本与该被告等毫无嫌怨，如当时实无共同实施略诱及伤害情事，告诉人等何至以此相诬。审核本案前后情节，吴巧泉因欲强制吴吴氏与自己成婚，致与吴小弟发生冲突，旋因经人阻止未能达其目的，始追至吴丝泾浜将吴宝泉等殴打成伤，其间犯意本属各别。证诸吴宝泉在侦查中供称，因为我不肯听他们抢去，所以他们打我的云云。则其应独立论罪，尤无可疑。唯查被告陈阿大等侵入吴小弟住宅，实为实施略诱之方法，依法应从一重处断，起诉书认被告等所犯刑法第二百九十三条第一项之罪,系犯同法第三百七五条第一项之罪之结果,应从一重处断,固与本案实不相符合。而对于被告等犯刑法第三百二十条第一项之罪,认为应独立论科,其法律上之见解亦未免违误,自应予以变更。又查被告陈阿大等依前开事实固属共同正犯,唯按其犯罪原因究属听人纠邀,衡情不无可悯,自应予以酌减。至被告吴巧泉初欲强制他人与自己成婚,因未遂所欲又复逞凶殴人,核其犯罪之原因及心术,均属无可宥恕,应即处以较重之刑。

　　据上论述,除被告徐土泉所在不明,应依刑事诉讼法第三百零七条停止审判程序外。被告吴巧泉共同略诱未遂一罪,应依刑法第四十二条、三百十五条第四项、第四十条上半段,减处有期徒刑六月。共同伤害一罪,应依刑法第四十二条、第二百九十三条第一项,处以罚金一百元并合论罪,依同法第六十九条、第七十条第八款并执行之。被告陈阿大、陈根和、陈水生、陈水根、曹和尚、曹阿火共同略诱未遂一罪,依刑法第四十二条实犯同法第三百十五条第四项之罪。其侵入吴小弟住宅之所为,系实施略诱之方法,应依同法第七十四条之规定,仍从较重之第三百十五条第四项处断,并依同法第四十条上半段、第七十七条、第八十七条第一项递减本刑,于所减之范围内各处以有期徒刑三月。又共同伤害一罪,应依刑法第四十二条、第二百九十三条第一项、第七十七条,各减处罚金三十元。罪系并合,依同法第六十九条、第七十条第八款并执行之。各该被告之罚金如未完纳,依同法第五十五条二、三两项,各以二元折算一日易科监禁。裁判确定前羁押日数,依同法第六十四条各以二日抵徒刑一日,或以一日抵罚金二元。纸马一纸系供犯罪所用之物,依同法第六十条第二款没收。爰依刑事诉讼法第三百二十条、第三百十五条,分别判决如主文。

　　本案经检察官锺清莅庭执行检察官之职务。
　　本案上诉法院为江苏高等法院,上诉期间自判决书送达后十日。
　　中华民国十九年九月二十四日
江苏吴县地方法院刑庭
推事

江苏吴县地方法院刑事判决十九年地字第四七二号
判决
　　被　告　陆培卿　男,年四十四岁,吴县人,住黄泥浜,农
　　上列被告因妨害公务,案经检察官提起公诉,本院判决如下:
主文
　　陆培卿损坏公务员职务上掌管之文书,处有期徒刑四月。裁判确定

前羁押日数,以二日抵徒刑一日,缓刑三年。

事实

缘陆培卿与殷明本因债务涉讼一案,经本院执行处书记官沈唯宗下令率吏张怀林于本年十月十一日前往黄泥渡村查封。查陆培卿住屋因其家人将门卸下藏匿,以致未能施封而回。同月十四日原吏张怀林复令同该管巡警陈义徐东良、地保董阿荣,前往该处实施查封,讵陆培卿情急抗拒,与张怀林争闹、当将张怀林所持之印封布告撕破。经在场巡警将陆培卿带案,交由本院执行处,连同撕破印封布告送经检察官侦查起诉。

理由

被告陆培卿虽不承认有抗拒查封、撕破印封布告等情,然经本审讯据张怀林陈述,十月十四日我到他(陆培卿)家查封,他不许封,那地保也帮他,不给查封,后来陆培卿将布告封条撕破的。核与巡警陈义在侦查庭所述,第二次我和姓张的弟兄、张怀林、董阿荣四个人到陆培卿家去查封的,承发吏张怀林方才将封条拿出来要封,陆培卿不准他封,拖拖拉拉将封条撕破了等语相符,且系当场经警扭住之现行犯,并有撕破之印封、布告等存案为证,犯罪事实自属真确,要非该被告所能空言狡赖。又被告于承发吏依法执行职务时实施强暴,且已撕破该吏职务上所掌管之文书,实犯二项罪名,应从一重处断。唯乡愚无知致触刑章,审按情节不无可原,应予依法酌减本刑二分之一论科。又被告前未犯罪,爰刑核与缓刑要件尚无不合,并予依法宣告缓刑。

据上论结,应依刑法第一百四十二条第一项、第一百四十四条、第七十四条、第五十一条第三项、第七十七条、第八十一条第六十四条、第九十条第一款、刑事诉讼法第三百十五条,判决如主文。

本案经本院检察官吕文钦莅庭执行检察官之职务。

本件上诉法院为江苏高等法院、上诉期限十日,自判决送达后起算。

中华民国十九年十月三十一日

江苏吴县地方法院刑庭
推事

九　连续数行为犯同一之罪判决

江苏吴县地方法院刑事判决十九年地字第九八号

判决

被　　告　赵魁章　男,年二十一岁,湖州人,住濂溪坊,业读书

指定辩护人　夏鼎瑞律师

上列被告因强奸及略诱案,经检察官提起公诉,本院判决如下:

主文

赵魁章连续强奸一罪,处有期徒刑七年,褫夺公权十年。又意图营利略诱未满二十岁女子脱离享有亲权之人一罪,处有期徒刑三年,应执行徒刑八年,褫夺公权十年。裁判确定前羁押日数,以二日抵徒刑一日。

事实

缘赵魁章于去年废历六月间,经佣妇沈徐氏介绍与陈王氏之女陈阿宝订婚未果,因相认识。同年十月不记日期赵魁章商得陈阿宝同意(现年未满十六岁),前往本市园东饭店奸宿数宵。至十一月间复起意诱卖,乃以制购衣饰为名,将陈阿宝诱往上海,卖与英租界爱文义路堂子内为娼,得洋三百六十元。嗣经高桂云寻获,于本年二月二十八日将陈阿宝带回苏州交与陈王氏。遂由陈王氏将赵魁章扭交公安局,送经本院检察官侦查起诉。

理由

查被告赵魁章于去年十月间商得陈阿宝同意,前往园东饭店奸宿数宵,并于同年十一月以制购衣饰为名,将其诱往上海卖与堂子内为娼,得洋三百元等情,业据自白不讳。其在园东饭店奸宿一点,核与被害人陈阿宝陈述既相吻合,事实自无疑义。唯查陈阿宝现年十七岁,系五月二十四日出生,扣至去年十月尚未满十六岁,此不唯有陈王氏述词可据,即证人沈徐氏亦称,陈阿宝去年十六岁,今年十七岁,核与陈王氏所述属虎之语亦相符合。是被告奸宿之时,虽已得被害人同意,然陈阿宝既未满十六岁,依刑法第二百四十条第二项规定,仍应以强奸论罪。且已奸宿数宵,系属连续犯罪。至将陈阿宝带赴上海价卖,既以购制衣饰为名将其诱去,显系施用诈术自属略诱。且据陈阿宝述称,卖在爱文义路得价三百六十元,核其述词尚属始终一致,且系被害人亲身经历之事,自尚可信。唯陈阿宝被卖之后,又经转卖至法界自来火街瑞福里四六号,并经高桂云在该处设法将其回复自由带来苏州,不唯陈阿宝言之历历如绘,即高桂云迭次述词亦属相符。其第二次之价卖是否被告之所为,于罪质颇有关系。质之被告,既绝对不认有第二次价卖事实,而被害人陈阿宝前在公安局陈述"隔了三天仍由赵魁章诱我逃走,允在二马路等候,我亦应允逃出去,又被将我转卖于法租界自来火街瑞福里妓院内,得洋五百元"。核与其在本院述词,"他(赵魁章)拿钱去了以后,没有来过","这次是那女人同那保人领我去的,赵魁章没有看见",亦不相符。且妓院目的全在营利,以三百六十元购来之人转手即卖五百元,亦难认无此事实。现在既无确据,足认被告有转卖行为,关于该部分应不再行论罪。

据上论结,被告赵魁章连续强奸一罪,应依刑法第二百四十条第二项、第七十五条、第二百五十二条、第二百五十三条、第五十六条、第五十七条第二项、第五项处断。又意图营利略诱未满二十岁之女子脱离享有亲权之人一罪,应依刑法第二百五十七条第二项处断。依同法第六十九条并合论罪,并依第七十条第三款定其执行。裁判确定前羁押日数,依第六十四条折抵,特为判决如主文。

本案检察官吕文钦莅庭执行检察官之职务。

上诉法院　江苏高等法院

上诉期限　十日自送达判决后起算

中华民国十九年三月二十七日

江苏吴县地方法院刑庭
推事

十　加重本刑判决

江苏吴县地方法院刑事判决十九年地字第四二四号

判决

被　告　顾云峰　男,四十一岁,吴县人,住尹山乡塘墩里,种田

上列被告因伤害尊亲属,案经检察官提起公诉,本院判决如下:

主文

顾云峰施用足以致死之方法而伤害直系尊亲属一罪,处有期徒刑九月。裁判确定前羁押日数,准以二日抵有期徒刑一日。

事实

缘顾云峰系顾叶氏之子,素不务正滥费无度,所有遗产几为化尽。本年九月十四日顾云峰又复拆屋图卖,经其母顾叶氏劝阻不听,当将其母两膀用划板殴打成伤,以致磕伤左眉,并欲将其母拖入河中,经邻人吴荫祥前往解救,始免于祸。旋由顾叶氏来院诉请验明伤痕,经检察官侦查起诉。

理由

查顾叶氏左眉近上有磕伤一处微青色,两膀各有木器伤一处,略肿青红色,业经本院检察官饬吏验明,填具伤单在卷。被告顾云峰经其母顾叶氏当庭指陈后,对于右开犯罪事实亦已俯首自承,核其犯罪原因虽系由于家务纠葛,其情不无可原。然竟因细故遽向其母行凶,其罪殊无可逭。核其所为实犯刑法第二百九十四条第一项之罪,依同法第二百九十八条第

一项加重本刑二分之一,于所加之范围内处以有期徒刑九月。裁判确定前羁押日数,依同法第六十四条准以二日抵有期徒刑一日,特依刑事诉讼法第三百十五条为判决,如主文。

本案经检察官赖淦苾庭执行检察官之职务。

本案上诉法院为江苏高等法院,上诉期间自判决送达后十日。

中华民国十九年十月六日

江苏吴县地方法院刑庭

推事

江苏吴县地方法院刑事判决十九年地字第二二二号

判决

被　　告　周汉文　男,年二十三岁,吴县人,住太平桥,业农

选任辩护人　姚元桂律师

　　　　　　　陈　宾律师

上被告因伤害尊亲属致死一案,经检察官提起公诉,本院判决如下:

主文

周汉文伤害直系尊亲属致死一罪,处有期徒刑十年,褫夺公权十二年。裁判确定前羁押日数,以二日抵徒刑一日。

事实

缘已死周鸿德系周汉文之曾祖,现年八十一岁,与周汉文同居。本年四月十四日因争食粉团发生口角,周汉文当将周鸿德扭跌倒地,同时周鸿德手把门闩,以致该门闩随手倒下压伤其左脚面并左臀接连左脚均有跌垫伤痕,兼因年老血衰,越四日即行身死。经检察官验明伤痕填单附卷。认被告系犯刑法第二百九十八条上半段关于第二百九十三条第一项加重之罪,提起公诉。

理由

查已死周鸿德经检察官验明,左脚面有压伤一处,围量二寸二分,红色血癞。左臀接连左腿有跌垫伤一处,围量五寸四分,紫红血癞。委系生前年老血衰跌地受伤身死,填具检验书在卷。质之被告虽称系自己跌伤,不认有扭跌情事,然查本案被害人周鸿德于四月十四日跌倒受伤后,至十八日身死,由被告棺殓了事。嗣被报纸揭载,被告因争吃粉团与周鸿德发生口角,致将周鸿德殴打致毙等情。经吴县公安局依法侦查,讯据被告述称,废历三月十六日民与曾祖周鸿德因吃粉团争论,即将曾祖扭跌倒地,其时曾祖手把门上,此门随倒伊身上,当时左腿上稍有肿伤卧床四日而死等语,核与报载情形及检察官检验结果均尚相符。是周鸿德之跌地受伤

由于被告行为所致,自属真确之事实,要非空言所能狡赖。虽据辩称他系自己跌的有工人张松年可证,然经本审讯据张松年述称,我在那里吸水烟,周汉文走进,他(周鸿德)走出去碰跌的。不唯核与被告前此自白扭跌情形显相冲突,即与被告现所供述自跌之语亦不相符,且经质之被告并不承认有相碰之事实,足见张松年之证言意在回护,要无采取之价值。况周鸿德跌倒受伤之后,卧床四日即已身死,并经验明委系生前年老血衰跌地受伤身死等情有如上述,则跌伤以后中间并无有责行为之介入,亦属显著。即其跌伤与死之间因果关系完全联络,尤为明确,且被害人系被告之曾祖,现年八十一岁,其年老血衰一跌即足致死之情形,自为被告所能预见,现既发生致死结果,即难脱免加重刑责。关于此点,应依刑事诉讼法第三百二十条,变更起诉法条处断。

据上论结,应依刑法第二百九十六条、第十四条第一项第二款、第二百九十八条第一项后段、第三百零三条、第五十六条、第五十七条第一项、第二项、第四项、第六十四条,判决如主文。

本案经检察官赖淦苾庭执行检察官之职务。
本件上诉法院为江苏高等法院,上诉期限十日,自送达判决后起算。
中华民国十九年六月二日

江苏吴县地方法院刑事庭
推事

十一　减轻本刑判决

江苏吴县地方法院刑事判决十九年地字第七四号
判决
被　　告　朱玉春　男,年二十五岁,沛县人,住盘门外,业卖草
指定辩护人　周毓镛律师
上被告因强盗及鸦片一案,经检察官提起公诉,本院判决如下:
主文
朱玉春共同强盗一罪,处有期徒刑三年六月,褫夺公权五年。又贩卖鸦片一罪处有期徒刑一年,应执行徒刑三年六月,褫夺公权五年。裁判确定前羁押日数,以二日抵徒刑一日。
事实
缘朱玉春素日贩卖鸦片与已死匪类李传金熟识,民国十八年废历十一月间因贩卖鸦片行至震泽,适与李传金相遇,当听从李传金纠约前往吴溇,并有匪徒孔某等五、六人结伙携械乘船来会。即于十二月初三日夜间

共同前往南浔西北七、八里之黄姑塘地方，由朱玉春看船，李传金等侵入朱金元家劫取棉被六条、银镯二副，遁至里震泽小桥塊分赃。朱玉春分得棉被一条，携至苏州裕昌公典当洋捌元壹角。本年二月二日被吴县公安局查获，并搜出当票一纸，连同被告送经本院检察官侦查起诉。

理由

被告朱玉春现虽不认有贩卖鸦片，及听从李传金纠约共同前往南浔行劫得赃典当情事。然查该被告曾在公安局自白，去年十一月二十六日我在震泽第一楼吃茶，李传金约我到吴溇，孔某等五、六人来一条船，我们下船在石桥塊开船至南浔北面七、八里某湾停船上岸。在河西黑水门他们打进门去，叫我看船。约十余分钟老百姓鸣锣，他们就下船，带的二条被、一付银镯，李传金、刘与和各人开一枪，开船的天亮至里震泽二里小桥塊，分我一条被，当在裕昌等语。核与其在侦查庭所述贩卖鸦片及听纠行劫得赃典当等情亦尚相符，且经搜出裕昌公典丝棉被当票一纸，计洋捌元壹角，扣押在案。并由本审嘱托吴兴县政府调查据覆，去年旧历十二月初三日黄姑塘朱金元家被劫，计失棉被六条、银镯二双，伊家系黑水墙黑添大门住南浔西北七、八里等语属实。虽被劫日期与被告所述略有异同，以及赃物数目并行劫时情形（据事主言乡人没有鸣锣，盗匪没有放枪）微有出入，然查被告所述十一月二十六日系在震泽会遇李传金之日期，自不足为十二月初三日并未行劫之反证。且强盗获案后，对于行劫日期及赃物多少往往不肯据实陈述，为审判上所当发见之事。其所述棉被二条、银镯二付，自属故意隐匿以多报少，否则共同上盗者既有六、七人之多，被告系一看船之人，何以独能分得棉被一条。且已当洋捌元壹角，故关于赃物数额要以事主之言较为确实可信。至被告所述老百姓鸣锣，李传金等放枪一点，核与事主所言虽未能吻合，然强盗心虚或闻他音以为鸣锣事主惊惶，或虽放枪竟未之闻，亦为心理上常有之现象，要难以此脱免罪责。盖被告果未有共同前往行劫情事，何以所述南浔七、八里黑水门以及劫得赃物棉被、银镯等物，均与实际情形相符。又何以至公判庭以后，对于前此自白一味否认，并不能陈述相当理由，其为情虚畏罪，尤属显然。且既共同上盗，守护盗船，以为后方警备，并经分得赃物，有如上述，则其共同正犯罪责亦难免解。唯查听纠行劫情尚可恕，关于强盗部分，应予酌减本刑二分之一处断。

据论上结，应依刑法第四十二条、第七十七条、第三百四十八条第一项、第三百三十八条第一、第三、第四款、第三百五十五条、第五十六条、第五十七条第五项、第八十一条、第八十九条、禁烟法第六条、第二条、刑法

第七十五条、第六十九条、第七十条第三款、第六十四条、刑事诉讼法第三百二十条、第三百三十五条，分别判决如主文。

本案经检察官汪润苣庭执行检察官之职务。

本件上诉法院为江苏高等法院，上诉期限十日，自送达判决后起算。

中华民国十九年六月十六日

江苏吴县地方法院刑庭
推事

江苏吴县地方法院刑事判决十九年地字第四六四号

判决

被　　告　顾金寿　男，年四十四岁，吴县人，住沈泾港，业农

指定辩护人　谢翰藩律师

上列被告因杀人一案，经检察官提起公诉，本院判决如下：

主文

顾金寿杀人一罪，处有期徒刑六年，褫夺公权六年。裁判确定前羁押日数，以二日抵徒刑一日。

事实

缘顾金寿早年丧偶，仅余一子名根福，与之同居。顾金寿素有痴病，其子常加约束，心中不免怀恨。民国十九年八月二十二日（即废历六月二十八日）夜九时，其子在外纳凉，旋即回家睡觉，翌日忽告不见，邻人及亲友初不知其已为乃父所杀害，咸疑根福系往上海姑母家闲玩。直至九月二日下午四时别处放牛人在顾金寿田内割草，始发见田内埋有尸首一具，微露腹部，当由该图地保薛增福来院报验，经本院检察官督同检验吏前往苣验填单附卷。传由顾根福母舅李水根及姑母吴顾氏、婶母顾薛氏认明死者即系顾根福，复往死者卧房中查勘勘后，该房卧床上篾席一条，左边一头，并夏布帐子左边帐上，及搜出该尸生前所穿白洋布短衫裤一套，均有血迹，虽经用水洗濯，尚未完全销灭，当将该物予以扣押。并由第九分局第一分驻所将顾金寿获案呈送县公安局转解来院，经检察官侦查终结，认顾金寿犯刑法第二百八十二条之罪，提起公诉。

理由

卷查已死顾根福尸首裸体掩埋，上、中、下唇右边连右腮有刀伤一处，斜长八分，宽二分，深三分，皮破血凝。右边门牙砍落二个。血痂肚腹平有坐压伤一片，参差不齐，难量分寸，紫青色血痂。脑后有刀伤一处，砍去皮肉一块，创口卷缩有血污，量径长二寸深抵骨，骨未损，肌肉血管均已砍断。流血过多，全身肤色发变，委系生前被人杀伤脑部要害身死，死后移

尸灭迹埋葬土内，业经本院检察官饬吏验明，填具检验书在卷。讯据被告顾金寿虽坚不承认有杀害其子之情事，但查其子顾根福于八月二十二日尚与顾薛氏同在门外纳凉，已据顾薛氏到案供明。此次发现尸体亦经李水根、吴顾氏、顾薛氏一致认明确系顾根福，而顾根福卧床上篾席一条，左边一头，夏布帐子左边帐上及搜出该尸生前所穿白洋布短衫裤一套，均有血迹，虽经用水洗濯，血迹尚未销灭。复经本院检察官前往勘验属实，并将该项证物予以扣押在案。该被告与其子根福同居一处别无他人，本为被告所是认，其子根福死后，所有房中之卧具衣服又均染有血迹，足征在家为被告所杀害，事后移尸他处，其情节已甚明显。况查顾根福尸体虽经被告用土填埋，仍系赤身裸体并无衣服，业经检验明白填单在卷。顾根福生前所穿白洋布短衫裤既在被告家内所搜出，又均染有血迹，则顾根福实为被告所杀害，尤无可疑。顾根福于八月二十二日夜间纳凉回家睡觉后，翌日即不见人，证以吴顾氏在侦查中供称，我在外面有人告诉我说是被他父亲金寿杀掉了，我不相信。到上海亲眷处寻找，都找不到，就问痴子（指顾金寿）侄儿那去了，痴子说死掉了。我问怎么死了，他说二十九日死的，死就死了等语。则顾根福确于八月二十三日（即旧历后六月二十九日）被害身死，据此已堪断定。被告辩称，我儿子他自己死的，夜间死在自己的田内云云，不特与上述检验情形不相符合，且经本院诘以如何他头上有刀伤呢，则又诿称系跌伤的，显系空言狡饰，不足凭信。唯查被告于杀死顾根福后，对于染有血迹之卧具，衣服尚知用水洗濯，固难认为业已达于心神丧失之程度。但其素患神经病，既据薛增福、李水根、吴顾氏、顾薛氏、顾水泉等到案一致供明，有毛病的，一时好一时歹，我们都不敢到他家去的，因为他要他人等情属实。复经本院检察官将该被告送交福音医院鉴定，鉴定结果亦认被告确系患有神经病，但不十分沉重等语，出具鉴定书到院。是其心神已达耗弱程度殊为明显，依法自可予以酌减。又查被告将顾根端杀死以后，仅裸体埋于田内，腹部又腹微露于外，核其情节，自于杀人外又触犯遗弃尸体之罪。唯查其遗弃行为意在灭迹，实为因杀人之结果而生之罪，依法应从一重处断。关于此部虽未经检察官提起公诉，并与应执行之刑尚无重大关系，然既未于侦查笔录记载明确，而遗弃与杀人行为又极联络意思，亦属一致，显系同一犯罪事实，自无不可加以审判之理。

据上论述，被告顾金寿杀人及遗弃尸体之所为，实犯刑法第二百八十二条第一项、第二百六十二条第一项之罪。唯遗弃尸体系杀人之结果，依刑法第七十四条从较重之第二百八十二条第一项处断，并依同法第三十一条第二项前段、第八十四条、于该条项本刑上减轻二分之一为五年以上、二十年以下有期徒刑,于减轻之刑范围内处以有期徒刑六年。并依同法第二百九十二条、第五十六条、第五十七条第五项,褫夺公权六年。裁判确定前羁押日数,依同法第六十四条准予折抵徒刑。至该被告于徒刑执行完毕或免除后,应否施以监禁处分,须视届时情节如何,再予确定,合并说明。特依刑事诉讼法第三百十五条为判决,如主文。

本案经检察官□清苕庭执行检察官之职务。
本案上诉法院为江苏高等法院,上诉期限自判决书送达后十日。
中华民国十九年十一月十三日

江苏吴县地方法院刑庭
推事

江苏吴县地方法院刑事判决十九年地字第三四六号
判决
被　　　告　刘宝夫　男,年五十四岁,泰州人,住横泾区澈庄,摇船
　　　　　　　陈根宝　男,年十六岁,兴化人,住东山杨湾,摇船
　　　　　　　陈光全　男,年三十九岁,余同上
指定辩护人　胡士楷律师

上被告等因强盗案,经检察官提起公诉,本院判决如下:
主文
刘宝夫、陈光全共同结伙三人以上携带凶器强盗二罪,各处有期徒刑三年六月,褫夺公权五年。各执行有期徒刑五年,褫夺公权五年。

陈根宝共同结伙三人以上携带凶器强盗二罪,各处有期徒刑一年九月,褫夺公权二年。执行有期徒刑二年,褫夺公权二年。

上裁判确定前羁押日数,均以二日抵有期徒刑一日。

船一只、铁练条一根、连锚一支、木桅柱一根、竹桅柱一根、断木桅柱一根、布帆一面、木舵一个,均没收。

事实
缘刘宝夫、陈根宝、陈光全均以摇船捕鱼为业,本年六月十六日(即废历五月二十日)在三山附近之太湖中与在逃之孙大祥、袁才、孙大宝、孙小儿子、杨顺福、王三等多人先后伙劫杨梅船二支,得赃俵分各散。刘宝夫因三山保卫团追捕甚急,下水逃逸至屯湾村河滩地方,经地保张吉安瞥见,以其形迹可疑,当即扭往该管公安第七分驻所。据其供出陈光全、陈根宝、袁才、王三均系伙犯,复经该所率警曾同保卫团赶赴各要港严密侦缉,旋在杨湾镇之周家河头将陈根宝、陈光全拿获,呈由第六分局连同盗

船一支及赃物多件解送吴县公安局，函转到院。经检察官侦查终结，认刘宝夫等均犯刑法第三百四十八条第一项关于第三百三十八条第一项第四款之罪，起诉到院。

理由

上述犯罪事实已据被告刘宝夫自白不讳，所有被害人周顺宝、王益初亦经本院传唤到案供明被抢属实。地保张吉安见其衣服潮湿，就日光中曝晒形迹可疑，将其逮捕，其为现行罪犯至为明显。且查该被告于废历三月二十日即已入孙大祥船中摇船，业经载明侦查笔录。兹犹辩称被逼摇船，显系避重就轻，不足凭信。被告陈根宝、陈光全之被逮本系共犯刘宝夫所指供，所有抢劫情形该被告等在公安局业已供明，即在侦查中亦已供认分得赃洋衣服等情不讳，唯以被袁才迫而摇船等语以为辩解。但至审判中竟一反其侦查中之陈述，并否认有为袁才摇船之情事，显系事后翻异毫不足采。该被告等于实施抢劫之时，据刘宝夫供称并有柴刀二柄、尖刀一柄，是其携带凶器实行强盗已无可疑。唯查被告等伙同抢劫，保属听人纠邀，不无可原，陈根宝未满十六岁，依法又应予以累减。

据上论述，被告刘宝夫、陈光全共同结伙三人以上携带凶器强盗之罪，应各依刑法第四十二条、第三百四十八条第一项、第三百三十八条第一项三、四两款、第七十七条、第三百五十五条、第五十六条、第五十七条第五款、第六十九条、第七十条第三款、第六款、第六十四条处断。被告陈根宝共同结伙三人以上携带凶器强盗二罪，应依刑法第四十二条、第三百四十八条第一项、第三百三十八条第一项三、四两款、第七十七条、第三十条前段、第八十七条第一项、第三百五十五条、第五十六条、第五十七条第五项、第六十九条、第七十条三、六两款、第六十四条处断。船支等件，依刑法第六十条第二款没收。爰依刑事诉讼法第三百十五条，为分别判决如主文。

本案经检察官赖淦莅庭执行检察官之职务。
本案上诉法院为江苏高等法院，上诉期限自送达判决书后十日。
中华民国十九年九月二十七日

江苏吴县地方法院刑庭
推事

十二 未遂罪及其同犯判决

江苏吴县地方法院刑事判决十九年地字第一六二号

判决

被　告　许水根　男,年四十二岁,吴县人,住沙河塘,业农

　　　　　徐荣富　男,年三十六岁,南京人,住沙河塘,业小商

上被告因窃盗案,经检察官提起公诉,本院判决如下:

主文

许水根、徐荣富共同毁越墙垣窃盗未遂一罪,各处有期徒刑三月。裁判确定前羁押日数,以二日抵徒刑一日。

事实

缘许水根、徐荣富于本年四月十日傍晚共同在院属北寺后门掘毁墙垣,拟入内行窃,当被寺僧发觉,赶至竹园将其捕获,送经公安局转送检察官侦查起诉。

理由

查被告许水根等虽不承认有共同掘毁北寺墙垣拟入内行窃未遂情事。然经该寺僧人从兴述明,有个客师听见挖洞告诉我们,我们就出去,看见他们(被告)已经到竹园里了,竹园是有围墙的,外边人走不进来,是七点钟抓的,东西没有偷到等语。于被告等挖墙行窃未遂各情,言之确凿可据。且系闻声追赶,在竹园内捕获之现行犯,尤难任其空言饰卸。唯行窃既属未遂,应予依法减轻本刑二分之一,又被告等迫于生计致触刑章,论情亦可矜悯,并予递减本刑二分之一处断。

据上论结,应依刑法第三百三十八条第一项第二款、第二项、第三十九条、第四十条前段、第七十七条、第八十七条第一项、第六十四条,判决如主文。

本案经检察官王懃裳莅庭执行检察官之职务。

本件上诉法院为江苏高等法院,上诉期限十日自送达判决后起算。

中华民国十九年四月二十八日

　　　　　　　　　　　　　　　江苏吴县地方法院刑庭

　　　　　　　　　　　　　　　　　　推事

十三　教唆犯判决

江苏吴县地方法院刑事裁决十七年地字第二八五号

判决

被　告　陈斌　年二十四岁,男,宿迁县人,住吴县养育巷,业市公安局公役

　　　　　汪英生,年三十二岁,男,吴县人,住府前街,业香烟店

上列被告因盗用公印一案,经同院检察官提起公诉,本院判决如下:

主文

陈斌盗用公印未遂一罪,减处有期徒刑六月。判决确定前羁押日数,准以二日抵有期徒刑一日。

汪英生教唆盗用公印未遂一罪,减处有期徒刑四月。

事实

缘陈斌系苏州市公安局广告处公役,汪英生在公安局附近开设慎昌烟纸店,彼此相识。本年八月十一日(即旧历六月二十六日)有美郎牌香烟公司陈阿荣携来金城烟公司皇宫牌广告一千二百张,托汪英生送至公安局广告处加盖许可张贴图记,汪英生意图免纳税款从中取利,乃教唆陈斌潜将公安局广告处许可张贴图记窃出,私自加盖,并许给陈斌酬金一元。陈斌为利所动,即于是日午后七时乘广告处人员散值之后,竟将图记窃出,存放汪英生店内,预备次日(即星期日)加盖。旋被西区警署署长侦悉,于当日晚间率同长警在汪英生店内搜获许可张贴图记一颗、墨油一罐、皇宫牌香烟广告一千二百张,并将汪英生、陈斌拿获,解由市公安局一并移送到院。检察官侦查完备,以汪英生犯刑律第二十条第一项、第二百四十六条第一项、第二百五十条之罪。陈斌犯刑律第二百四十六条第一项、第二百五十条之罪,提起公诉。

理由

查被告汪英生如何教唆被告陈斌将公安局广告处钤盖香烟广告许可张贴图记窃出,以为盗盖香烟广告之用,并许给陈斌酬金一元,以及在汪英生店内搜出前项图记一颗、金城烟公司皇宫牌广告一包、墨油一罐各情,业据各该被告等供认不讳。且被告汪英生在公安局暨侦查中均谓,搜出之香烟广告,系居住铁香炉之美郎牌香烟公司老司务陈姓(即陈阿荣)所寄,乃在本院忽谓系陈斌寄来,如果当时确系陈斌所寄,则该被告被获之初何以不供陈斌,而必曰美郎牌香烟公司老司务陈姓其人。再如陈阿荣所供与汪英生向不认识,则汪英生何以知有陈姓老司务,又何以知陈姓老司务系在铁香炉地方之美郎牌香烟公司之内。是此项香烟广告明系陈老司务即陈阿荣交给该被告之物,该被告教唆陈斌盗用公安局广告处许可张贴广告图记,更属信而有征。足见陈阿荣所供与该被告向不认识,广告一包系直接交与陈斌之语显非真实。该被告抗辩谓,是日伊出外买货,并无教唆陈斌盗用公印情事,空言推诿,岂足凭信。唯查此项图记该被告等尚未盖用,自应以未遂论罪。

据上论结,陈斌盗用公印未遂,系犯刑法第二百三十五条第二、第三项之罪。汪英生教唆盗用公印未遂，系犯刑法第二百三十五条第二、第三项之罪，应各依刑法第四十条减轻本刑二分之一。并依刑法施行条例第三条规定、与刑律第二百四十六条第一项、第二百三十九条第一项之刑比较重轻，自系刑律为重。依刑法第二条、第三百三十五条、于三个月以上二年六个月以下有期徒刑范围内，陈斌处有期徒刑六个月，汪英生处有期徒刑四个月。陈斌判决确定前羁押日数，并依刑法第六十四条准以二日抵有期徒刑一日。爰依刑事诉讼法第三百十五条，判决如主文。

  本案经本院检察官吴超苾庭执行检察官之职务。

  对于本判决如有不服，应自送达之翌日起十日内，向本院提出书状，叙述不服理由，上诉于江苏高等法院。

  中华民国十七年九月十五日

江苏吴县地方法院刑庭
推事

十四　帮助犯判决

江苏吴县地方法院刑事判决十九年地字第四六七号

判决

被　　告　张丁氏　女，年念一岁，常州人，住阊门外南阳里底东海里十八号，帮佣

　　　　　华雨顺　男，年四十八岁，江阴人住黄埭镇，种田

上列被告因妨害婚姻一案，经检察官提起公诉，本院判决如下：

主文

张丁氏有配偶而重为婚姻一罪，处有期徒刑二月。华雨顺帮助有配偶而重为婚姻一罪，处有期徒刑二月。裁判确定前羁押日数，均准以二日抵徒刑一日。

事实

缘被告张丁氏为张茂荣之妻结褵已久，因不甘于贫苦，夫妇间勃谿时生，本年八月一日遂由江阴潜逃黄埭，姊夫华雨顺家声言自愿改嫁。当由华雨顺伴同前往常州张百狗家托其为媒，即于同月十五日由华雨顺写立婚书，取得财礼一百十六元，嫁与谢荣仁为妻，事后同来苏州居住。唯张茂荣自妻逃无着，曾托人暗访，本月十日接得友人耿涛寻获该氏通知后，遂亟来苏诉由公安局，转解到院。经检察官侦查终结，提起公诉。

理由

本院讯据被告张丁氏供称，我是后六月初七日逃出来的，二十一日改

嫁与姓谢的,拜过天地,红帖是姊夫写的(现扣押在案)。又称我自己出来的,钱姊丈拿去了各等语。是其重婚罪责,据此已无可卸。至被告华雨顺复将其如何作媒,如何写帖,如何得洋,供认历历,罪证亦属明确。虽张丁氏之重婚系出于自愿,然华雨顺既明知其为有夫之妇,乃复为之寻找媒人,写立婚书,写行改嫁,并得受财礼一百十六元之多。其于实施犯罪行为之际,为直接及重要之帮助,尤属毫无疑义,应依法处以正犯之刑。

综上论结,张丁氏部分应依刑法第二百五十四条、第六十四条处断。华雨顺部分应依同法第四十四条第一项、第三项后段、第四十五条第一项、第二百五十四条、第六十四条处断。庚帖两份虽系供犯罪所用之物,然已属于谢荣仁所有,依同法第六十二条第一项后段,应不没收。爰依刑事诉讼法第三百十五条分别判决,如主文。

本件经本院检察官钱豫苤庭执行检察官之职务。

如有不服,得于接收判决后十日内,上诉于江苏高等法院。

中华民国十九年十月三十一日

江苏吴县地方法院刑庭

推事

十五　犯罪在刑法施行以前新旧刑比较轻重判决

江苏吴县地方法院刑事判决十七年地字第三一二号

判决

被　　　　告　张芝标　年三十二岁,男,盐城县人,住吴县阊门外胡家墩业送木料

上指定辩护人　宋铭仁律师

上被告因强盗一案,经检察官提起公诉,本院判决如下：

主文

张芝标强盗一罪,处有期徒刑四年,褫夺公权全部五年。判决确定前羁押日数,准以二日抵有期徒刑一日。

事实

缘张芝标于本年七月二十三日下午在院属广济桥堍附近小弄内途遇褚氏,见该氏戴有金耳圈一副,以其年老可欺,且别无行人,遂乘其不备将耳圈抢夺在手,当被该氏扭住,张芝标因脱免逮捕,即将该氏左手大指咬伤,该氏负痛释放,张芝标乃乘间逃逸。褚氏大呼救命,时适附近有水木作工人正在造屋,工人吴水泉闻声出视,知为盗劫,并见张芝标将耳圈弃掷路旁,上前将张芝标扭住,旋被张芝标用力挣脱奔逃。适值该处岗警亦

闻声追至，见其跃入河中藏身水内，遂被缉获，连同赃物解由苏州市公安局转送到院。检察官验明褚氏左手大拇指咬伤一处，皮损血结，填单在卷，侦查完备，声请预审。经预审推事裁决认张芝标犯刑律第三百七十三条第三款罪名，送交检察官以犯刑法第三百四十三条之罪提起公诉。

理由

本案被告张芝标抗辩要旨以在河内浴身被获，坚不承认有强盗褚氏耳圈情事。然查该被告如何抢夺褚氏耳圈，褚氏扭住不放，该被告如何咬伤其手指逃逸，如何将耳圈抛掷路旁，如何跃入河内图逃就捕各情，业据被害人褚氏到案诉明，并有证人吴水泉及警察张心甫先后在预审公判中供述前情无异，褚氏手指伤痕亦经检察官验填伤单可凭。且在该被告身畔皮夹内搜出水浸当票三张，更足为跃河图逃之证，则该被告抢夺褚氏耳圈因脱免逮捕，当场对于褚氏施强暴胁迫咬伤手指情形，自属证据确凿，岂托词浴身所可掩饰。核其所为依刑法第三百四十三条第一项、第三百四十七条规定，实犯刑法第三百四十六条第一项之罪，唯其伤害行为系属强盗之一种，结果应依刑法第三百零二条、第二百九十三条第一项、第七十四条、从一重处断。合依刑法施行条例第二条第一款与刑律第三百七十三条第三款之刑比较轻重，刑律之刑为重，依刑法第二条前段、第三百四十六条第一项，处以有期徒刑四年，并依同法第三百五十五条、第五十七条第五项、第五十六条，褫夺公权全部五年。判决确定前羁押日数，准依同法第六十四条以二日折抵有期徒刑一日。爰依刑事诉讼法第三百十五条、第三百二十条，判决如主文。

本案经本院检察官王黻裳莅庭执行检察官之职务。

对于本判决如有不服，应自送达之翌日起十日内向本院提出书状，叙述不服理由，上诉于江苏高等法院。

中华民国十七年九月二十九日

江苏吴县地方法院刑庭
推事

● 谕知无罪判决

江苏吴县地方法院刑事判决十九年地字第三九九号

判决

被　　　　告　唐金福　男，四十岁，淮阴人，住宜兴，业宜兴法警长
　　　　　　　曾喜云　男，三十七岁，淮安人，住宜兴，业宜兴县法

警

田师曾　男，三十二岁，江都人，住宜兴，业宜兴县法警

上选任辩护人　屈心长律师

上列被告因渎职嫌疑一案，经检察官提起公诉，本院判决如下：

主文

唐金福、曾喜云、田师曾均无罪。

理由

查被告唐金福等之要求贿赂罪是否成立，应以各该被告犯罪事实能否证明为断。据上诉人丁丙南诉称，因犯鸦片案押解来苏，由被告等在监狱里将我提出来，走过一条长的巷子，他们就对我要用，我就问他们要多少钱，他们说最少要二十块钱一个人，三个人共要六十块，如果没有钱，就要照惯例上镣铐了。我就请他们通融到和桥地方去想法子，他们说这个不行，现在先将镣上起来再说，到了和桥想到法子再开镣，不然还要加铐呢。到了和桥碰见张卓人，向他借六十块钱给三个警察，他问我身边有多少钱，我说我只有六块钱，他说我替你和他们商量去，他就和法警商量，有许多时候，法警他们最少每人要十块。后来因为没有钱不能成功，他们又将我手上铐起来的，后来在轮船上吃蛋炒饭的时候，没有上铐等语。质之被告等均不承认有前项情事，传讯证人张卓人虽称确有其事，然据称丁丙南是我叫蛋炒饭给他吃的，吃饭时也上了铐，与告诉人所供颇不相符。张卓人在告诉人困于罪刑之时，仍叫饭与告诉人同餐，情谊何等关切，何至当吃饭时有无开铐尚漫为词说，是其证言显非事实已可概见。且据证人王梦生供，在监内提出告诉人时，我在候审处看见，是唐金福叫田师曾上镣铐，是在候审处上的等语。则告诉人所称在候审处上镣，到和桥后又上铐等语，亦实不足置信。况本院传讯证人徐麟生、周筱龙均供述，当日在船上与法警及告诉人同舱，是镣铐都上了，并没有听见法警问告诉人要六十块钱的话云云。则被告所称并无向告诉人要求贿赂情形，已有相当反证，又告诉人所犯鸦片案，亦系被告田师曾、曾喜云等当场抓获，曾喜云一人当时因执行逮捕，曾被告诉人用头将其胸部撞有伤痕，经另案判处告诉人罚金百元确定在案。兼之告诉人身充律师，当被告等押解告诉人时，在途中手铐足镣并用，在颜面愈觉难堪，告诉人受此重大刺激，不无挟恨控告嫌疑。因之告诉人所诉各节愈难凭信，被告等之犯罪嫌疑应认为不能证明。

据上论结，应依刑事诉讼法第三百十六条为判决，如主文。

本件经检察官赖淦苾庭执行检察官之职务。
中华民国十九年十一月三日

江苏吴县地方法院刑庭
推事

● 专科没收判决

江苏吴县地方法院刑事判决十九年地字第一五八号
判决

被　　　　告　　徐玉新　男，年二十五岁，浙江人，住上海，业卖布

毛和生　男，年二十八岁，温州人，余同上

上指定共同辩护人　　王　昭律师

上列被告因伪币案，经检察官提起公诉，本院判决如下：

主文

徐玉新、毛和生无罪。

伪币十四枚没收。

理由

按意图供行使之用而收集伪造之通用货币者，应科以伪造货币之刑，刑法第二百十一条第二项固经著有明文。但是否具此故意，则以有无证据以为断定。本件被告徐玉新、毛和生于本年四月七日在陆墓经过，由商团将其捕获，送经公安第八分局，在徐玉新身畔搜出假币十二元（内有外国货币十元）、真币二元，毛和生身畔搜出假币二元（内有外国货币一元），均经扣押在案。其有犯罪嫌疑固属重大，但质之被告均称，系在常州卖布换来，不知系假的，并非意图行使而收集。虽诘以系何钱店换来，被告不能举其店名，其嫌疑似仍难解免，然查扣押伪币中，除前清宣统银币三枚，现在仍不失通用效力，应以刑法上通用货币论外，其余十一元均系外国货币，在社会习惯上虽尚可与国币通行，然现行刑法上对于外国货币既无处罚专条，则从意图供行使之用而收集外国货币，除合于诈财条件应另论罪外，自难与刑法上通用货币视同一律，此征之三民主义痛论外国货币之经济侵略及刑法删除第二次修正案外国货币论罪专条之旨趣要无可疑。而诈财罪之成立，又以有被害主体之存在为要件，被告徐玉新等行经陆墓，据称系迷途所致，虽属词出一面，然查商团将被告等函送公安局，仅称拿获嫌疑徐玉新、毛和生二名，并未载有行使伪币情事，即本审讯据被告等

陈述,亦不承认有行使事实,关于诈财一点尚难成罪,亦自毫无疑义。姑无论其是否意图供行使之用而收集,既系法无处罚明文,按之刑法第一条,要无论罪根据。此就搜获被告等外国货币部分言之,至在其身畔所获伪造宣统货币三元,其是否意图供行使之用而收集,既乏确切证据足资认定,尚难遽论以刑法第二百十一条第二项之罪。关于该部分之犯罪嫌疑亦应认为不能证明。唯伪币究系禁违物品,应予依法没收。

据上论结,应依刑法第六十条第一款、第六十一条,刑事诉讼法第三百十六条,分别判决如主文。

本件经检察官王黻裳莅庭执行检察官之职务。

上诉法院为江苏高等法院,上诉期限十日,自送达判决后起算。

中华民国十九年四月二十八日

江苏吴县地方法院刑庭
推事

● 累犯由检察官声请更定刑期裁定

江苏吴县地方法院刑事裁定十九年声字第二五号

裁定

声请人 本院检察官

被 告 王尚文 男,年二十四岁,湖南人,读书

上声请人因被告反革命暨妨害公务案件,先后判决确定,声请定其应执行之刑,本院裁定如下:

主文

王尚文前判加入反革命团体,处有期徒刑二月。又判对于公务员依法执行职务时实施强暴罪,处有期徒刑一月,应执行有期徒刑二月二十日。裁判确定前羁押日数,仍照原判准予折抵。

理由

按刑法第七十二条内载,并合论罪有二裁判以上者,依第七十条之规定定其应执行之刑等语。本件被告王尚文前犯加入反革命团体,罪经江苏高等法院判处有期徒刑二月,裁判确定前羁押日数准予折抵。又犯妨害公务罪,经本院判处有期徒刑一月,先后确定在案。兹由声请人声请定其应执行之刑到院,合依刑法第七十条第三款应定执行有期徒刑二月二十日。裁判确定前羁押日数,仍照原判准予折抵。爰依刑事诉讼法第四百九十八条第二项,裁定如主文。

中华民国十九年四月十七日

江苏吴县地方法院刑庭

推事

江苏吴县地方法院刑事裁定十九年地声字第三二号

裁定

声请人 本院检察官

被 告 洪水泉 即洪金泉,男,年三十二岁,吴县人,住娄门

上声请人因被告累犯鸦片一案,于裁决确定后发觉,声请更定其刑,本院裁定如下:

主文

洪水泉累犯帮助意图营利以馆舍供人吸食鸦片一罪,处有期徒刑六月,并科罚金三十元。又累犯连续吸食鸦片一罪,处有期徒刑四月,并科罚金二十元。应执行徒刑六月,罚金四十元。

理由

按裁判确定后发觉为累犯者,依前条之规定更定其刑,此在刑法第六十七条第一项著有明文。本件被告洪水泉即洪金泉于去年七月曾因开设烟馆及吸食鸦片罪判处徒刑六月,罚金二十元。于本年二月十二日执行完毕释放。复于同年四月八日因帮助开设烟馆及连续吸食鸦片案被警查获,送经本院审理,结果关于帮助开设烟馆一罪,依禁烟法第十条第二条、刑法第四十四条、第七十七条、第八十七条第一项,递减本刑二分之一,处有期徒刑三个月,并科罚金三十元。其连续吸食鸦片一罪,依禁烟法第十一条、刑法第七十五条,处有期徒刑二个月,并科罚金二十元,并依同法第七十条第三款、第五款、第八款,定执行徒刑四月,罚金四十元。罚金如不完纳,依同法第五十五条第二、第三项以一元折算一日,易科监禁。裁判确定前羁押日数,依同法第六十四条,以二日抵徒刑一日。确定后送监执行中发觉为累犯,由检察官依法声请更定其刑到院。经本院讯问被告,据述累犯同一之罪属实,自应依法更定其刑,以符法意。唯查原审对于被告之犯罪,以迫于生计情尚可悯,曾依法递减本刑二分之一处断在案。故此次更定其刑,仍依原审论旨以示矜恤。至罚金如不完纳之折易监禁额数,以及裁判确定前羁押日数之折抵标准,应仍照原判办理,并予说明。

据上论结,应分别依刑事诉讼法第四百九十八条第一项、刑法第六十七条第一项、第六十六条第二项前段、禁烟法第十条、第十一条、第二条、刑法第四十四条第一项、第三项前段、第七十七条、第八十七条第一项、第七十五条、第六十九条、第七十条第三、第五、第八款,裁定如主文。

本件抗告法院为江苏高等法院,抗告期限五日,自送达裁定后起算。
中华民国十九年五月二十八日

　　　　　　　　　　　　　　　　江苏吴县地方法院刑庭
　　　　　　　　　　　　　　　　　　　推事

● 拘役以下案件被告经传不到,不待其陈述迳行判决

江苏吴县地方法院刑事判决十八年初字第七九七号

判决

被　告　吉吴氏　女,年三十三岁,杨州人,住钱万里桥,茶馆
　　　　吕福胜　男,年三十六岁,吴县人,住西园隔壁,工
　　　　钱　元　男,年五十岁,海州人,住茅山塘,农
　　　　许恩波　男,年五十一岁,杨州人,住钱万里桥,工
　　　　蔡广山　男,年三十四岁,同上

上列被告因赌博案,经检察官提起公诉,本院判决如下:

主文

吉吴氏意图营利供给赌博场所一罪,处有期徒刑一月。

吕福胜、钱元、许恩波、蔡广山共同赌博财物一罪,各处罚金十元。罚金如无力完纳,准以一元折算一日易科监禁。

赌具等件照单没收。

事实

缘吉吴氏住钱万里桥,开茶馆为业,与被告吕福胜等相识。本年十一月二十八日吉吴氏意图营利,供给赌博场所,招集吕福胜、许恩波、蔡广山、钱元等四人,在其茶馆内共同赌博财物。被市公安局阊区署派警拿获,连同赌具等件一并送由市公安局,转解本院检察官侦查起诉。

理由

查上述事实业据被告吉吴氏、吕福胜等自白前情不讳,核其所为,被告吉吴氏系犯刑法第二百八十条之罪,唯系因贫出此犯罪情状,尚可悯恕,依刑法第七十七条减处有期徒刑一月。吕福胜、钱元、许恩波、蔡广山系犯刑法第四十二条、第二百七十八条之罪,各处罚金十元。罚金如无力完纳,均依同法第五十五条二、三两项以一元折算一日易科监禁。裁判确定前均未羁押,毋庸折抵。吕福胜经合法传唤无故不到。爰依刑事诉讼法第三百十一条、第三百十五条,判决如主文。

本案经检察官吕文钦莅庭执行检察官之职务。

本件上诉法院为本院刑事合议庭,上诉期间自判决书送达后十日。
中华民国十八年十二月七日
江苏吴县地方法院刑事简易庭
推事

● 变更起诉法条判决

江苏吴县地方法院刑事判决十九年地字第一九九号
判决
被　　　　告　朱阿六　男,年三十五岁,吴县人,住黄埭西庄,种田
　　　　　　　　朱阿泉　男,年三十二岁,余同上
　　　　　　　　朱荣虎　男,年二十七岁,余同上
上选任辩护人　夏鼎瑞律师
上列被告因杀人未遂案,经检察官提起公诉,本院判决如下:
主文
朱阿六施用足以致重伤之方法而伤害旁系尊亲属一罪,处有期徒刑八月。朱阿泉帮助朱阿六施用足以致重伤之方法而伤害人一罪,处有期徒刑六月。朱荣虎帮助朱阿六施用足以致重伤之方法而伤害人一罪,处有期徒刑三月。裁判确定前羁押日数,均以二日抵徒刑一日。凶刀一柄没收。
事实
缘朱阿六系朱应泉之胞侄,本年四月二十八日朱应泉之寡弟媳朱李氏因向朱应泉索还租米互相口角,朱应泉之妻朱徐氏疑系朱阿泉之父朱振华所唆使前往吵闹,朱阿六、朱阿泉及朱荣虎遂同往朱应泉处动手行凶。朱阿泉当将凶刀一柄递与朱阿六,砍伤朱应泉额颅及额角两处,朱阿泉、朱荣虎均在场帮助,经朱徐氏报告公安局第五分局将朱阿六获案,连同凶刀一柄送由吴县公安局转解本院。检察官侦查认朱阿六触犯刑法第二百八十三条第三项关于第二项之罪,朱阿泉依刑法第四十四条第三项但书共犯同条项之罪,朱荣虎依刑法第四十四条第一项共犯同条项之罪,起诉到院。
理由
查朱应泉头颅有快利物伤一处长约六分,又右额角有快利物伤一处,系三角形长约一寸,均皮破血污,业经本院检察官饬吏验明填单在卷。被告朱阿六等虽均不认有加害情事,但查朱阿泉殴伤朱应泉之头部,已据该

被告在公安局及侦查中自白不讳。即朱李氏在侦查中亦称,我看见是阿六和阿泉打的,刀是他们自己的云云。核与本案事实完全相符,其犯罪证据已极明显,自难任其翻异。被告朱荣虎虽辩称在场劝解,然既据朱徐氏及朱应泉到案指供确凿,核与朱徐氏当日赴局报告之情形亦属吻合,其为在场帮助亦可无疑。被告等举出图董马元仁为证,不特不利于被告,且据其陈述,他们打是朱应泉妻朱徐氏喊我的,我与朱徐氏同去的,我去已打停止了。我去看见朱阿六、朱阿泉、朱荣虎三人在场上的,朱应泉是困在朱阿泉的爷铺上,他头上有血的,朱徐氏来喊我,告诉我说是他三人打的云云。及足以证明当时实有殴打及被告等加害之情事,其应负刑责自无待言。唯查被告等之行凶本由于朱徐氏之吵闹,是否具有杀意尚难确切证明。更以朱应泉之伤势而论,其无杀人故意亦甚明显,故该被告等之持刀行凶,虽足以致人于重伤,依法尚难使负杀人未遂之责。

据上论述,合依刑事诉讼法第三百二十条将起诉书状所载,犯罪适用之法条予以变更。被告朱阿六施用足以致重伤之方法而伤害胞叔朱应泉一罪,实犯刑法第二百九十四条第一项之罪,依同法第二百九十八条第二项加重本刑三分之一,处以有期徒刑八月。被告朱阿泉帮助朱阿六施用足以致重伤之方法而伤害朱应泉一罪,依同法第四十四条第一项、第二百九十四条第一项、第四十五条第二项、第四十四条第三项但书,处以有期徒刑六月。朱荣虎帮助朱阿六施用足以致重伤之方法而伤害朱应泉一罪,依同法第四十四条第一一项、第二百九十四条第一项、第四十五条第二项、第四十四条第三项前段,减处有期徒刑三月。裁判确定前羁押日数,依同法第六十四条各以二日抵徒刑一日。凶刀一柄系供犯罪所用之物,依同法第六十条第二款没收。爰依刑事诉讼法第三百十五条为判决,如主文。

本件经本院检察官赖淦苈庭执行检察官之职务。
本案上诉法院为江苏高等法院,上诉期间自判决送达后十日。
中华民国十九年六月五日

           江苏吴县地方法院刑庭
               推事

江苏吴县地方法院刑事判决十七年地字第三八七号
判决
  被   告 曹张氏 年二十一岁,女,宝山县人,住曹家庄,业农
  上指定辩护人 顾恩需律师
上列被告因伤害一案,经检察官提起公诉,本院判决如下:

主文

曹张氏因过失致人死一罪，处有期徒刑一年八月。判决确定前羁押日数，准以二日抵有期徒刑一日。

事实

缘曹张氏系曹小毛之妻于本年四月间随夫至院属金山浜地方，开山取石赁屋而居。该处有曹八金者，系自泰兴县来购石料，于十月十九日（即旧历九月初七日）下午三时因酒醉经过曹张氏门口，误行闯入其卧房内。适曹张氏正在便溺，厉声诘问来此何事，曹八金当自退出逃跑，曹张氏乃从后追赶，追至山上互相吵骂，曹八金仍向前行，曹张氏复在后追赶不已，以致曹八金跌入路旁石坑（即石宕）内，碰擦右后胁肋及腰下等处受伤甚重。经曹小毛出资，先后嘱周宝春、杨三麻子、张华荣等乘船将曹八金送至本城博习医院及闵姓伤科处医治无效，延至是月二十三日（即旧历九月十一日）因伤身死，由该管公安分局拘获曹张氏解送吴县公安局函转到院。一面报请检察官往验，当验明曹八金尸身右眼胞有举伤一处，围量三寸，红色血癍。心坎近下有铁器伤一处，围量三寸八分，青紫血癍。右后胁肋有碰擦伤二点，上一点直长五分，下一点直长四分，阔均一分，余俱红色血癍。腰下有擦伤一处，围量一寸五分，皮损血癍。委系生前因伤身死，填具检验书附卷。侦查完备，以曹张氏犯刑法第二百九十六条之罪，提起公诉。

理由

本案已死之曹八金右后胁肋及腰下各有碰擦伤痕，以及委系生前因伤身死，业经检察官验明，填具检验书附卷，固无疑义。所应审究者即其右眼胞之拳伤，心坎近下之铁器伤，是否为被告曹张氏所击而已。查阅侦查卷宗，据该被告供称，初七日下午三时曹八金来我房内，当时在马桶上，就问他啥事，他就心虚跑了，我亦出来随他走的。我说为何事到我房间，他说管我鸟事，他在前跑，我在后跑，他在转弯处跌到宕内去了，我未敲他的。并据地保张长庆供称，曹八金同他石厂内人吃了酒，到山前去白相，他跑差了到曹张氏家内，曹张氏刚上马桶，就当他窃贼追出来，他跑逃到石宕处跌下去了。又据周宝春供称，没有打架，那一日他（即指曹八金言）到曹小毛娘子（即指曹张氏言）房间来，小毛娘子喊了他就跑，因此跟上去寻他，他就跌了。又据王占三供称，我船刚到那处，听见人说有一个人跌在宕内了，我就去查看的，当时曹小毛女人在场的。又据曹八金之兄曹路坤及其子曹小张均谓，听说曹八金是酒醉跌到宕里的各等语（详见侦查卷第二七、第三十、第三一、第五十、第五二、第一一八页）。本院复传讯证人杨三麻子供称,听说曹八金走到曹张氏房里,曹张氏在马桶上,他走了曹张氏追问他,他跌在石坑里的。金山浜多少人都说是跌的,没有听说是打的。证人张华荣供称,曹八金到曹张氏房里我不知道,这天下午四点钟有人喊我,说有个同乡客人(即指曹八金言)跌下石坑里了。我看时他们已经把他拉上来了,以后我闻工人说他同曹张氏淘气,跌下石坑的。他半边身子湿的,我同他换衣服,尚有酒气,没有听说打他的话。证人张长庆供称,曹八金吃了酒走到曹张氏家里,听说同曹张氏相骂,他逃跌下石坑去的。曹张氏追出门口,我闻山上人说没有打他云云。质之该被告供词,亦与侦查中相同。是曹八金因酒醉误入该被告卧房内,互相吵骂,曹八金在前逃跑,该被告在后追赶,以致跌入石坑受伤身死,并无殴打情形,极为显然。则曹八金右眼胞一伤是否该被告拳击,抑系跌伤,其心坎近下铁器一伤,是否该被告持铁器所殴,抑系跌时被铁器撞伤,均属无从证明,安能以理想之推测,遽断定为该被告所击,使负故意伤害人致死罪责。唯曹八金既属酒醉,又已退出该被告卧房逃走,且路旁石坑,据证人张华荣供称,有几丈宽,复易目见乃该被告穷追不已,以致曹八金失足跌入石坑受伤死,是该被告过失之咎要不能辞。曹张氏因过失致人死一罪,应依刑法第二百九十一条第一项处以有期徒刑一年八月。判决确定前羁押日数,准依同法第六十四条,以二日抵有期徒刑一日。爰依刑事诉讼法第三百十五条、第三百二十条,判决如主文。

本案经本院检察官孙希衍莅庭执行检察官之职务。

对于本判决如有不服,应自送达后十日内,向本院提出书状叙述不服理由,上诉于江苏高等法院。

中华民国十七年十二月十三日

江苏吴县地方法院刑庭
推事

● 起诉权消灭,谕知免诉判决

江苏吴县地方法院刑事判决十七年地字第二七八号

判决

被　　　　告　任明根　年四十一岁,男,句容县人,住吴县胥门,业剃头

上选任辩护人　汪云章律师
　　　　　　　张　鼎律师

上列被告因和诱一案,经检察官提起公诉,本院判决如下:
主文
本件免诉。
事实
缘任明根向在本城胥门地方开设剃头店,因陈阿根之妻陈林氏又名阿猫现年二十四岁,向来不安于室。本年七月二十四日(即旧历六月初八日)早晨陈林氏托词出外买菜逃逸无踪,陈阿根即以任明根拐匿其妻扭报该管警所,解送苏州市公安局函转到院。检察官侦查完备,以任明根犯刑律第三百四十九条第二项之罪,提起公诉。
理由
按刑事诉讼法第二百四十三条内载,案件有下列情形之一者,犯罪之起诉权消灭,(四)犯罪后之法律已废止其刑罚者。又同法第三百十七条内载,法院认为案件有下列情形之一者,应谕知免诉之判决,(一)起诉权已因第二百四十三条第一款至第四款情形消灭者各等语。本案被告任明根,检察官以犯刑律第三百四十九条第二项之和诱罪起诉。本院讯据告诉人陈阿根供称,其妻陈林氏年龄已有二十四岁,查现行刑法和诱二十岁以上之妇女并无处罚明文,是该被告犯罪后之法律业经废止其刑罚,其起诉权自属消灭。爰依上开刑事诉讼法第三百十七条第一款谕知免诉,特为判决如主文。
本案经本院检察官王黻裳、孙希衍先后莅庭执行检察官之职务。
中华民国十七年九月十四日

江苏吴县地方法院刑庭
推事

江苏吴县地方法院刑事判决十七年地字第二八九号
判决
被　告　俞仁南　年三十四岁,男性,吴江县人,住黎里镇,业农
　　　　　顾王氏　年二十六岁,女性,同上
上列被告等因妨害家庭一案,经检察官提起公诉,本院判决如下:
主文
俞仁南与有夫之妇相奸一罪,处有期徒刑八月。本判决确定前羁押日数,准以二日抵有期徒刑一日。其余部分免诉。
顾王氏有夫之妇与人通奸一罪,处有期徒刑四月。本判决确定前羁押日数,准以二日抵有期徒刑一日。

事实

缘俞仁南与顾阿荣之妻顾王氏向住吴江县属黎里镇地方,彼此通奸有年,初为顾阿荣所不知。迄至本年六月四日(即旧历四月十七日)顾王氏因恋奸情热,背夫逃至俞仁南家内,旋由俞仁南带同顾王氏至常熟县上塘桥地方其叔家内姘度。嗣后又将顾王氏带同来苏,在虎邱附近地方赁屋居住,经顾阿荣之父顾福生寻获报警,带案解到院。顾阿荣以奸拐等情告诉,检察官侦查完备,以俞仁南犯刑律第二百八十九条第□□□□、第二百八十九条之罪,提起公诉。

理由

查被告俞仁南、顾王氏通奸有年,及顾王氏逃至俞仁南家内由俞仁南将顾王氏先后带至常熟上塘桥院属虎邱地方姘度情形,均据各该被告自认不讳,并据本夫顾阿荣到案告诉俞仁南与有夫之妇相奸一罪,应依刑法第二条第二百五十九条前段、第二百五十六条后段,处以有期徒刑八月。顾王氏有夫之妇与人通奸一罪,应依刑法第二条第二百五十九条前段、第二百五十六条前段,处以有期徒刑四月。本判决未确定前羁押日数,均准依同法第六十四条以二日抵有期徒刑一日。至被告俞仁南和诱二十岁以上之妇女,在现行刑法上并无处罚明文,关于此部分自应谕知免诉。爰依刑事诉讼法第三百十五条、第三百十七条第一款及第二百四十三条第四款,判决如主文。

本案经本院检察官孙希衍莅庭执行检察官之职务。

对于本判决如有不服,应自送达判决之翌日起十日内,向本院提出书状叙述不服理由,上诉于江苏高等法院。

中华民国十七年九月六日

江苏吴县地方法院刑庭
推事

● 告诉乃论之罪撤回告诉,谕知不受理判决

江苏吴县地方法院刑事判决十九年地字第三九六号

判决

被　告　袁仁生　男,年三十七岁,吴县人,住小孙家浜,业农

上列被告因强奸案,经检察官提起公诉,本院判决如下:

主文

本件公诉不受理。

事实

缘袁仁生与袁大根依属同堂兄弟，本年八月十九日夜间袁仁生潜入袁大根夫妇房内与袁陆氏行奸，曾经察觉扭交其父带回，并以强奸等情向本院检察处具状告诉。侦查起诉后，袁大根等旋于辩论终结前，声请撤回告诉。

理由

查刑事诉讼法第二百十九条第一项载，告诉乃论之罪，于第一审辩论终结前，得撤回其告诉等语。本件被告袁仁生犯刑法第二百四十四条第一项之罪，依同法第二百五十二条规定须告诉乃论。告诉人袁大根等既于辩论终结以前声请撤回告诉，按照上开法条，自应予以准许。爰依刑事诉讼法第三百十八条第三款，特为判决如主文。

中华民国十九年九月十七日

江苏吴县地方法院刑庭
推事

● 告诉乃论之罪未经告诉，谕知不受理判决

江苏吴县地方法院刑事判决十九年初字第五〇〇号

判决

被　　告　杨　慧　男，年三十五岁，吴县人，住上塘，业商

上列被告因伤害案，经检察官提起公诉，本院判决如下：

主文

本件公诉不受理。

事实

缘杨慧与吴灵芝比邻而居，本年八月十七日下午四时许吴灵芝之六岁子筱官在杨慧家游戏，误将杨慧之花瓶碰碎，被杨慧所骂，哭诉乃父，双方误会由口角继以扭打，结果吴灵芝面部被杨慧抓伤少许，当经岗警一并扭解公安局转送到院。经检察官侦查完备，认杨慧犯刑法第二百九十三条第一项之罪，提起公诉。

理由

本院按，刑法第二百九十三条第一项之伤害罪，依同法第三百零二条规定须告诉乃论。本件被告杨慧与吴灵芝因细故扭打，致将吴灵芝面部抓伤，虽据该被告供认不讳，并经检察官验明吴灵芝伤痕属实。然查阅侦查卷宗，并未经吴灵芝依法告诉，而讯据吴灵芝亦供称，当时系出误会被

岗警扭局解院,实不欲杨慧受刑事处分而伤邻谊等语。本件既未经被害人依法告诉,自应谕知不受理,合依刑事诉讼法第三百十八条第三款,特为判决如主文。

中华民国十九年八月十六日

　　　　　　　　　　　　　江苏吴县地方法院刑事简易庭

　　　　　　　　　　　　　　　　　　　推事

● 对于共犯之一人撤回告诉,对于他犯谕知不受理判决

江苏吴县地方法院刑事判决十九年北字第五四一号

判决

被　告　王金国　男,年二十七岁,泰县人,住朱家庄,雕花

　　　　　王虎根　男,年三十一岁,吴县人,住虎邱,业工

　　　　　吴赵氏　女,年二十五岁,泰兴人,住朱家庄

上列被告因妨害婚姻及自由一案,经检察官提起公诉,本院判决如下:

主文

王金国、吴赵氏部分公诉不受理。

王虎根私禁剥夺人之行动自由一罪,处有期徒刑二月。裁判确定前羁押日数,准以二日抵有期徒刑一日。

事实

缘被告王金国先寄寓于告诉人吴瑞卿家,饱暖思淫,久之遂与其妻吴赵氏通奸。嗣被告诉人察觉,令其迁去,奈被告恋奸情热,本月二日嘱令曾明德诱叫吴赵氏出外,借便率往虎邱王虎根家叙旧。夜经告诉人探悉,赶向曾明德追究,曾明德急往嘱该氏归家。讵王虎根友令被告及该氏逃去,致告诉人邀同张子清、李百龄及路遇之曾明德等同至王虎根家寻索,王虎根以人不在我家,声言来者非善,咸予扣留。翌晨经人调解,始告无事。该氏亦即情虚言归,当经告诉人一并扭由公安局解案。经本院检察官侦查终结,除王金国、曾明德和诱部分免予置议外,分别提起公诉。旋告诉人于辩论终结前,声请对于该氏部分撤回告诉前来。

理由

查告诉乃论之罪,于第一审辩论终结前,得撤回其告诉。又告诉乃论之罪,对于共犯之一人撤回告诉者,其效力及于其他共犯。本为刑事诉讼法第二百十九条第一项及第二百二十条所明定。本件被告王金国与吴赵

氏通奸事实，迭据吴赵氏自白不讳（见公安局及侦查笔录），是其触犯刑法第二百五十六条之罪，毫无容疑。唯依同法第二百五十九条第一项之规定，须告诉乃论，现告诉人既于辩论终结前，声请对于吴赵氏部分撤回告诉，依照上开规定，其效力自应及于其他共犯（王金国）。至被告王虎根在公判庭虽自称，"只看见四个人到我家来找"及"说和是我师父王顺棠说的"云云，此外则坚不吐实。然查其在侦查庭供称，"吴瑞卿找女人找到我家，已经夜里两点钟，我叫他坐一坐，他说找王金国，王金国已经走了。我说夜里打门吓坏人家小孩，叫他明天一同出去讲讲好，后来由师父出来讲的"等语。对于犯罪事实固已自白不讳，而吴瑞卿、曾明德等复将其如何关禁，如何说和，指供历历（见侦查笔录十一十五三十二页），证据确凿，殊无狡赖之余地。

总上论结，除关于王金国、吴赵氏部分，合应依刑事诉讼法第二百十九条第一项、第二百二十条、第三百十八条第三款，谕知公诉不受理外，关于王虎根部分，应依刑法第七十四条、第三百十六条第一项、第六十四条、刑事诉讼法第三百十五条，判决如主文。

本件经本院检察官吕文钦莅庭执行检察官之职务。

当事人如有不服，得于判决送达后十日内，上诉于江苏高等法院。

中华民国十九年十二月二十九日

江苏吴县地方法院刑庭
代理推事

● 被告死亡谕知不受理判决

江苏吴县地方法院刑事判决十九年地字第三一一号

判决

被　告　沈阿才　年二十六岁，男吴县人，住杨家桥，业农

右被告因伤害人致死一案，经检察官提起公诉，本院判决如下：

主文

本件不受理。

事实

缘沈阿才与唐兆纶素不相识，本年三月十一日（即旧历二月二十日）午间唐兆纶因来院属杨家桥地方听堂唱，路过陆兴泉田地，沈阿才及在逃之陆阿法疑系窃盗，共同殴打，唐兆纶因伤倒地，陆兴泉闻讯赶至扶之不起，即通知地保张金传。迨陆兴泉偕同张金传回至田内，而唐兆纶已被沈

阿才、陆阿法移弃太湖滩上，距离水浜里许，陆兴泉、张金传不见唐兆纶，以凶手陆阿法、沈阿才均在地保朱少甫图内，同去报告朱少甫。行至杨家桥头，适与沈阿才相遇，上前将沈阿才扭至朱少甫处，同送至该管公安局讯明释放。翌日唐兆纶之弟唐兆林与朱少甫、胡金标等乘船寻太湖滩上，发见唐兆纶卧在草中，尚有生气不能言语，抬至船上摇回，延至夜半气绝身死，即将尸身移至陆阿法家，报请本院检察官莅验，填具检验书附卷。侦查完备，以沈阿才、陆阿法其犯刑律第三百十三条第一款之罪，提起公诉。本院正传审间，兹据看守所长报称沈阿才患病身故，复由检察官验明属实，填具检验书，函送到院。

理由

按现行刑事诉讼法第三百十八条第五款规定，被告已死亡者，法院应谕知不受理之判决。本案被告沈阿才既经病故，由检察官验明属实，自应依照上开刑诉法谕知不受理。至被告陆阿法在逃，迭拘未获，系属所在不明，除依刑事诉讼法第三百零七条规定停止审判之程序外，特为判决如主文。

中华民国十七年九月二十七日

江苏吴县地方法院刑庭

推事

● 对于被告无审判权，谕知不受理判决

江苏吴县地方法院刑事判决十九年地字第五三九号

判决

被　告　汪亮卿　男，年四十岁，徽州人，住通关桥下塘七号
　　　　孙阿山（即孙阿三）　男，年六十岁，阜宁人，拉车
　　　　魏阿荣　男，年二十五岁，吴县人，住五泾浜，卖西瓜子
　　　　马阿二　男，年三十六岁，吴县人，住同里，商
　　　　冯洪园　男，年三十二岁，吴县人，住通关桥七号
　　　　僧心安　男，年三十一岁，徐州人，住观音阁
　　　　欧桂生　男，年二十五岁，湖北人，炊事兵
　　　　王吉清　男，年二十四岁，徽州人，炊事兵

上列被告等因鸦片窃盗寄藏赃物等罪一案，经检察官提起公诉，本院判决如下：

主文

汪亮卿寄藏赃物一罪，处拘役十五日。帮助开设馆舍供人吸食鸦片一罪，处有期徒刑六月，并科罚金二十元。吸食鸦片一罪，处有期徒刑二月，并科罚金十元。应执行有期徒刑六月，罚金三十元，拘役十五日。罚金如不完纳，以一元折算一日易科监禁。裁判确定前羁押日数，以二日抵有期徒刑一日或拘役一日。

孙阿三、魏阿荣、马阿二、僧心安吸食鸦片一罪，各处有期徒刑二月，并科罚金十元。罚金如不完纳，各以一元折算一日易科监禁。裁判确定前羁押日数，各以二日抵有期徒刑一日。

冯洪园无罪。

欧桂生、王吉清公诉不受理。

扣押之烟具等物照单没收焚毁。

事实

缘汪亮卿自己吸食鸦片，并在通贵桥下塘七号秦阿三所开之烟馆内充当伙友，曾寄藏驻苏陆军第一百二十五团，现已开革之炊事兵欧桂生、王吉清共同在该团所窃取之军装等物，经该团特务员到骏，于本年十一月二十三日邀同公安局第三分局三第分驻所巡官，率警前往秦阿三之烟馆查抄。适有烟犯孙阿山（即孙阿三）、魏阿荣、马阿二、僧心安等正在该烟馆内吸食鸦片，因而拿获连同同居之冯洪园及扣押物件解回团部，函送公安局转解来院，经检察官侦查终结提起公诉。

理由

查本案被告孙阿山、马阿二已自白吸烟不讳，自无疑义。魏阿荣、僧心安虽狡不吐实，然既经军警当场捉获，且在团部供认吸食鸦片不讳，断难容其空言狡展。汪亮卿吸食鸦片业据自认，唯对帮助开设烟馆及寄藏赃物等事则翻供图赖。查该被告曾在侦查庭供称，帮助秦阿三开设烟馆，又在团部供称，寄藏欧、王两兵所窃来之赃物等情不讳，罪证已属明确，自难任其再行翻异。被告冯洪园因同居而被逮，叠经研讯尚无吸烟确证，未便遽令负责。至欧桂生、王吉清二人虽系开革之士兵，然其犯罪之发觉实在未革之先，且其革除之原因即为发觉其窃盗军装等物而起，依陆军审判条例第十八条但书之规定，本院未便予以审判。

依上论结，汪亮卿寄藏赃物一罪，应依刑法第三百七十六条第二项处断。帮助开设烟馆一罪，应依禁烟法第十条、第二条、刑法第四十四条第一项、第三项处断。吸食鸦片一罪，应依禁烟法第十一条处断。并合论罪依刑法第六十九条、第七十条第三、五、八各款，执行有期徒刑六月，罚金三十元，拘役十五日。孙阿山、魏阿荣、马阿二、僧心安吸食鸦片一罪，应各依禁烟法第十一条处断。被告等罚金如不完纳，各依禁烟法第二条、刑法第九条、第五十五条二、三两项，各以一元折算一日易科监禁。前羁押日数，各依禁烟法第二条、刑法第九条、第六十四条，准予折抵。扣押之烟具等物，依禁烟法第十四条没收焚毁。

冯洪园依刑事诉讼法第三百十六条谕知无罪。欧桂生、王吉清依同法第三百十八条第六款谕知不受理，爰为判决如主文。

本件经检察官汪士成莅庭执行检察官之职务。

本案上诉法院为江苏高等法院，当事人如有不服，于判决送达后十日内，向本院提起上诉。

中华民国十九年十二月二十五日

江苏吴县地方法院刑庭
推事

关于自诉

● 自诉不合法驳回裁定

江苏吴县地方法院刑事裁定十九年自字第二四一号

裁定

自诉人 叶和尚　年二十一岁，住河更上南泥巷，余未详

被　告 李云香　住齐门外烧人弄，同上

　　　　 沈祝卿　住河更上南泥巷，未详

　　　　 沈玉卿　住河更上沈家角，未详

上列被告等因诬告嫌疑一案，经自诉人叶和尚提起自诉，本院裁定如下：

主文

自诉驳回。

理由

按被害人提起自诉限于（一）初级法院管辖之直接侵害个人法益之罪，（二）告诉乃论之罪，此在刑事诉讼法第三百三十七条有明文规定。本

件自诉人叶和尚状诉被告李云香等诈财未遂挟嫌诬告等情,核其前后所为,不无诬告即诈财之方法,应依刑法第七十四条从一重处断。诈财既属未遂,应依诬告论罪。查刑法第百八十条之诬告罪,其被害之法益为国家之审判权,既非初级法院管辖之直接侵害个人法益之罪,亦非告诉乃论之罪,自不得提起自诉。合依刑事诉讼法第三四三条第二款,裁定如主文。

中华民国十九年八月二十九日

江苏吴县地方法院刑庭

推事

江苏吴县地方法院刑事裁定十九年自字第二七四号

裁定

自诉人 陈吴氏 女,年二十二岁,吴县人,住白马涧秧田巷

被 告 陈二宝 男,年未详,吴县人,住萧家湾

　　　　 陈桂生 男,年未详,余同上

上列被告因遗弃一案,经自诉人提起自诉,本院裁定如下:

主文

自诉驳回。

理由

查被害人得向该管法院提起自诉,以初级法院管辖之直接侵害个人法益之罪为限。又直系尊亲属、配偶或同财共居亲属之间不适用自诉规定,为刑事诉讼法第三百三十七条第一项第一款及第三百三十九条所明定。本件自诉人自诉阿翁陈桂生及丈夫陈二宝拒绝回家蓄意遗弃,请求讯办,以儆凶顽等情。姑无论所诉属实与否,尚待证明,而既与陈桂生同财共居,陈二宝谊属配偶,其不得提起自诉自极明显。况所诉遗弃罪名,按之刑法第三百十条第一项、刑事诉讼法第八条,亦非初级管辖,乃自诉人竟提起自诉,殊属误会。

综上论结,除依法通知检察官以已经告诉□□□刑事诉讼法第三百四十三条第一项第二款,裁定如主文。

中华民国十九年九月二十日

江苏吴县地方法院刑庭

推事

江苏上海地方法院刑事裁定二十年自字第二七八号

裁定

自诉人 张根根 年二十九岁,江苏人,住闸北宝山路二二九号

被 告 浦琪秀 住闸北新疆路四四八号

上列被告因妨害自由案，经自诉人提起自诉，本院裁定如下：

主文

本件自诉驳回。

理由

查同一案件经检察官侦查终结者、不得再向法院自诉、刑事诉讼法第三百四十一条第一项定有明文、本件自诉人所诉各节、业经本院检察官于二月二十三日侦查终结在案、该自诉人于三月六日复行提起自诉、显不合法、应依刑事诉讼法第三百四十三条第一项第二款、为裁定如主文、

中华民国二十年三月十四日

江苏上海地方法院刑庭

推事

江苏吴县地方法院刑事裁定十九年自字第三三一号

裁定

自诉人　吴水生　即谢水生，住张家巷二号，余不详

被　告　姚锦仙　住阊门外同安坊五号，余不详

上列自诉人因被告妨害安全一案，提起自诉，本院裁定如下：

主文

本件自诉驳回。

理由

按自诉之程序，违背起诉之规定者，应以裁定驳回之，此在刑事诉讼法第三百四十三条第一项第三款有明文规定。又自诉除本章有特别规定外，准用前章第二节及第三节关于公诉之规定。而前章第二节关于起诉应以书状记载犯罪事实、起诉理由及所犯之法条，又经同法第二百五十八条第一项第二款著有明文。是依前开准用结果，凡提起自诉必须记载所犯法条，否则系属违背起诉之规定，应以裁定驳回，法文规定自极明确。本件自诉人以被告妨害安全等情提起自诉，并未记载所犯法条，按之上开规定，显已违背起诉之规定，应予驳回。除依法通知检察官以已经告诉论外，特为裁定如主文。

中华民国十九年十二月八日

江苏吴县地方法院刑庭

推事

● 撤回自诉谕知不受理判决

江苏吴县地方法院刑事判决十九年自字第一二九号

判决

自诉人　钦根大　男,年四十一岁,吴县人,住浒关乡钦梗上,种田
被　告　钦根和　男,年二十九岁,住同上
　　　　　钦范氏　女,年六十二岁,住同上
　　　　　范春泉　男,年六十岁,吴县人,萧家湾,种田
　　　　　范根宝　不详

上列被告因伤害案,经钦根大提起自诉及附带民事诉讼,本院判决如下:

主文

本件自诉不受理。

附带民事诉讼移送民事庭审判。

事实

缘钦根大以钦根和等共同伤害等情,向本院提起自诉及附带民事诉讼,旋于辩论终结前声请撤回自诉。

理由

查自诉于第一审辩论终结前得撤回之,为刑事诉讼法第三百四十七条第一项所明定。本件自诉人钦根大以钦根和等犯刑法第二百九十三条第一项之罪,自向本院起诉。兹据自诉人于辩论终结以前声请撤回,核与上开规定尚属相符,应予准许。又查伤害罪依刑法第三百零二条之规定须告诉乃论,本件自诉既经撤回,应依刑事诉讼法第三百四十四条六、七两款、第三百五十七条、第三百十八条三、四两款,为谕知不受理之判决。关于附带民诉,依刑事诉讼法第五百十条,移送民事庭审判。特为判决如主文。

中华民国十九年六月十九日

　　　　　　　　　　　　　　江苏吴县地方法院刑庭
　　　　　　　　　　　　　　　　　　推事

● 自诉人经传不到以撤回论,谕知不受理判决

江苏吴县地方法院刑事判决十九年自字第五六号

判决

自诉人 杜春芳 男,年三十三岁,沭阳人,住第三监狱,看守
被　告 胡万铃 男,年二十四岁,北平人,住第三监狱,看守

上列被告因伤害案,经杜春芳提起自诉,本院判决如下:

主文

本件自诉不受理。

事实

缘杜春芳与胡万铃同在第三监狱充当看守,本年四月二日因细故口角,继互揪扭,致杜春芳右腮被胡万铃用指抓伤一条,并跌破额皮擦损右手心皮内少许,遂由杜春芳自诉到院。经传该杜春芳复无故不到,应予判决。

理由

查刑事诉讼法第三百四十七条第二项载,自诉人经传唤无正当理由不到者,以撤回自诉论。本件自诉人杜春芳向本院自诉后,既经传唤无故不到,依照上开条文,自应以撤回自诉论。兹刑事诉讼法第三百四十七条第二项、第三百四十四条第七款、第三百五十七条、第三百十八条第三款,判决如主文。

中华民国十九年四月十九日

江苏吴县地方法院刑事简易庭
推事

● 自诉谕知科刑判决

江苏吴县地方法院刑事判决十九年初字第二二一号

判决

自　诉　人 陆薛氏 女,四十岁,崑山人,住吴县真义乡十一图外泾村
上自诉代理人 胡士楷律师
被　　　告 汪永生 男,二十九岁,吴县人,住舟直区三官堂,业农
右　辩　护　人 谢翰藩律师

上列被告因伤害尊亲属一案,经自诉人提起自诉,本院判决如下:

主文

汪永生加暴行于尊亲属一罪,处有期徒刑二月,缓刑二年。

事实

缘自诉人有女阿大,于民国九年赘入被告为婿,平日感情尚佳。本年

八月七日被告欲将其妻带出,致与自诉人口角,被告即掌自诉人耳光,并殴打其背部、腿部等处。经自诉人提起自诉到院。

理由

本案询据被告虽不承认有殴打自诉人情事,但被告如何欲将阿大抢走,如何掌自诉人耳光,不但自诉人陈述历历,即讯之长工罗金大亦供同前情无异。被告虽辩称,他追出来在廊下跌了一跤,阶沿上碰伤的,并举有自诉人之翁陆祥福为证。但据陆祥福供称,汪永生同陆薛氏争吵那天,我因着不看见等语,是其对于本案事实全未与知,被告之反证自难成立。查自诉人虽称背部有红色伤痕,腿部有青色伤痕,然既未经依法验明填单附卷,自难遽认为真实。但当时互相争吵,被告确有加暴行于自诉人之情事,已属炯然无疑,其刑事罪责自难脱免。唯查该被告未曾犯罪处受刑,核与缓刑要件尚属相符,应予宣告缓刑二年。又在裁判宣告前并未受有羁押,自可毋庸折抵。

据上论结,应依刑法第二百九十三条第二项、第三百零二条、第十六条第一项、第九十条第一款、刑事诉讼法第三百十五条,判决如主文。

本件自判决送达后十日内,得上诉于本院刑事合议庭。

中华民国十九年九月十九日

江苏吴县地方法院刑事简易庭

推事

江苏吴县地方法院刑事判决十七年自字第一号

判决

自　诉　人　吴陶氏　女,年三十七岁,吴县住蠡口施埂上,业农

右代理人　章世钧律师

被　　　告　吴洪亭　男,年十九岁,吴县住蠡口施埂上,业农

　　　　　　吴芳亭　男,年三十二岁,同上

上选任辩护人　张恩灏律师

上被告因毁损案件,经吴陶氏提起自诉,本院判决如下:

主文

吴洪亭共同毁损他人所有物一罪,处拘役十五日。

吴芳亭共同毁损他人所有物一罪,处拘役十五日。

事实

缘吴陶氏于本年阴历六月初七日价买被告吴洪亭房屋一间、厢房半个,该厢房与吴洪亭住屋毗连处有门墙一个,卖契载明归得主自行砌墙堵塞。嗣吴陶氏于同月十六日雇工筑塞以清界限,讵被告等于同月二十九日

及七月九日先后将墙毁损净尽，吴陶氏向其理论无效，遂自向本院起诉。

理由

按被告吴洪亭、吴芳亭对于毁损吴陶氏之墙均坚不承认，并以本年阴历六月初八日即吴洪亭卖屋之次日，曾有洋一百五十元凭杨荣堂交与吴陶氏之夫荣亭代为保存，以备日后安葬父柩之需，乃吴陶氏意图吞没，故将所砌之墙自行拆毁等词以为抗辩。讯据被告吴洪亭、吴芳亭均供称，因为吴陶氏之夫荣亭诚实可靠，所以没有问他要凭据交钱时，是我们弟兄与杨荣堂三人同去。而证人杨荣堂则供称，是我同吴芳亭两个人，吴洪亭没有去，因为卖去了房子，心中气闷不高兴去。据吴陶氏供，他们说存洋钱的事，无凭无据完全瞎说，墙是他们来拆毁的。综上所供，被告抗辩事实全属子虚。即以退一步言，果如被告所云，何以不于毁墙之日即行告诉，乃于吴陶氏告诉之后，经本院第一次传讯尚避不到庭，直至第二次传审始提出抗辩。其为事后捏饰，希图避就，情迹显然。且证人杨志泉、费仁义供明，被告等先后两次毁损吴陶氏之墙，均经到场劝阻无效。是吴洪亭、吴芳亭共同毁损吴陶氏之墙，证据已属明确。核其所为，均犯刑法第四十二条、第三百八十二条之罪，应各处拘役十五日。兹据刑事诉讼条例第三百十五条，判决如上。

中华民国十七年九月七日

江苏吴县地方法院刑事简易庭

推事

● 自诉谕知无罪判决

江苏吴县地方法院刑事判决十九年自字第三九号

判决

自　诉　人	吴宝昌	男，年五十八岁，吴县人，住桃花坞
代　理　人	胡士楷律师	
	夏鼎瑞律师	
	吴惠宾	男，年三十四岁，吴县人，住同上
被　　　告	邵子刚	男，年三十六岁，宁波人，住五洲药房
	邵子芳	男，年二十七岁，同上
	黄肇基	男，年七岁，吴县人，住同上
上代理人	谢翰藩律师	
上代理人	张一澧律师	

上列被告因诈财嫌疑,经自诉人提起自诉,本院判决如下:
主文
邵子芳无罪。

邵子刚、黄肇基部分不受理。

事实

缘王寿卿于去年四月间凭中傅振华以五洲药房作抵,向吴宝昌借洋壹千元,同年十一月间又加洋贰百元。复于本年一月间将该号房屋卖与吴宝昌,立有绝卖字据。二月二十二日吴宝昌向五洲药房收取房租,经该店经理邵子刚、伙友邵子芳,以产系黄肇基出租之业,拒绝付款吴宝昌,遂以邵子刚等共同诈财提起自诉。旋于辩论终结前对于邵子刚、黄肇基部分声请撤回,即经咨询检察官意见,分别判决。

理由

查上开事实讯诸自诉代理人吴惠宾供称,我去量房屋,他(指邵子芳)出来招待。我去查对租折,由他承认无异。我去收房租,是他付给我。十月份的房租是他店内写,其余都是自己写。我们成立此项买卖契约完全凭他一句话,并且还要劝我们买房子等语。质之邵子芳坚不供认,一再驳诘,矢口不移。查该被告在契约上既非中保,在事实上又未从中接洽,均经自诉代理人供认无误,果如自诉代理人所云,我们成立此项买卖契约,完全凭该被告租折无误之一语,则立契约当时何以不邀该被告作中作保,以贯彻其诚实信仰之主张,已属疑问。即核对十月份记账笔迹,亦与该折吴惠宾前后所写笔势一致相符,再比对该店总清簿付房租日期及数目,与吴宝昌所执租折绝不相符,尤足见该被告并无付给房租及写租折之嫌疑。虽据共同被告傅振华供称,去年四月初六日王寿卿同邵子芳来看我,要我作中卖房子,四月二十四日王寿卿一人又来,要我作中卖房子云云。兹姑不论王寿卿所在不明,无从证实,即使果有其事,自四月二十四日以后,该被告之犯意是否连续,更属无从证明,应依刑事诉讼法第三百十六条谕知无罪。被告黄肇基、邵子刚部分既据撤回自诉,核与刑事诉讼法第三百四十七条第一项相符,应予照准。被告傅振华、王寿卿除已由同院检察官侦查终结,依同法第三百四十六条之规定,不得提起自诉,依第三百四十三条第一项第二款,另以裁定驳回外,爰为判决如主文。

本件上诉法院为本院刑事合议庭,上诉期间自判决书送达后十日。

中华民国十九年五月十九日

江苏吴县地方法院刑事简易庭
推事

刑事　第二审

● 谕知管辖错误判决

江苏吴县地方法院刑事判决十九年上字第四六号

判决

上　诉　人　蒋景先　男，年二十四岁，上海人，住江湾，业电报生

选任辩护人　张一鹏律师

上列上诉人因被诉伪造文书诈财一案，不服无锡县政府中华民国十九年三月三十一日第一审判决，提起上诉，本院判决如下：

主文

本件管辖错误，应移送江苏高等法院审判。

事实

缘蒋景先于民国十八年十月间诈称伊妻顾秀余与前民政厅长缪斌有戚谊，代杨古白运动南汇公安局长取得大洋千元，迨交款以后杳无消息。经杨古白催促多次，始于同年十一月二日书立存条一纸，载明于同月二十九日凭条提取，交杨古白收执。届期仍无着落，杨古白乃于十二月四日将蒋景先扭赴无锡公安分局，以款项纠葛未予受理。至同月五日蒋景先伪造杨古白收据，主张该款已如数归还，经无锡县政府审理终结，以伪造收据系诈财结果，依刑法第七十四条、第二百二十四条、第三百六十三条，判处蒋景先徒刑一年，罚金五百元，并令返还杨古白大洋一千元。蒋景先不服，上诉到院。

理由

按原审事件应属地方管辖者，以高等审判厅为管辖第二审，此在县知事审理诉讼暂行章程第三十条第二款著有明文。本件上诉人蒋景先因被诉伪造文书及诈财一案，经第一审依刑法第七十四条、第二百二十四条、第三百六十三条判处罪刑在案。按之县知事审理诉讼暂行章程第四十二条、刑事诉讼法第九条、第十四条第一款、第十五条第一项、第十六条规

定,无论其伪造文书是否系诈财结果,抑应独立论罪,既经原审援引刑法第二百二十四条以为判决,则依上开说明及司法院院字第一一二号解释,其第二审应归高等法院管辖,自极明确。虽原审于刑法第五十一条第一项规定重轻之次序急于注意,误以同法第三百六十三条为重因而宣告诈财罪刑,不无疏忽,然经依同法第七十四条、第二百二十四条以为论罪之根据,则其事件之应属地方管辖,要无可疑。乃上诉人竟向本院提起上诉,自属错误,应依刑事诉讼法第三百七十九条、第三百十九条,判决如主文。

本件经本院检察官蔡鼎成莅庭执行检察官之职务。

中华民国十九年五月二十六日

江苏吴县地方法院刑庭
审判长推事
推事
推事

江苏高等法院刑事判决十九年诉字第一六二〇号

判决

上 诉 人 潘祝侯 男,年五十一岁,南汇县人,住连碧华桥,业教书

闵殿伯 男,年四十一岁,南汇县人,住连碧华桥,业农

陆惠桃 男,年四十二岁,南汇县人,住连碧华桥,业地保

上选任辩护人 杨昌炽律师

上例上诉人等因诈欺一案,不服南汇县政府民国十九年十二月十九日第一审判决,提起上诉,本院判决如下:

主文

本件管辖错误,应移送上海地方法院为第二审审判。

理由

查刑事诉讼法第八条第七款载,刑法第三百六十三条之诈欺及背信罪系属初级管辖,依现行适用修正县知事审理诉讼暂行章程第三十条第一款规定,原审事件属初级管辖者,自应以该管地方法院为第二审管辖。本案上诉人潘祝侯、闵殿伯、陆惠桃所犯共同诈欺,原审均依刑法第三百六十三条分别判决,依前开条文,其上诉第二审不属本院管辖已属明显。上诉人等向本院上诉系属管辖错误,合依刑事诉讼法第三百十九条、第三百七十九条,爰为判决如主文。

中华民国二十年五月二十日

　　　　　　　　　　　　　江苏高等法院刑事第一庭
　　　　　　　　　　　　　　　　　审判长推事
　　　　　　　　　　　　　　　　　　　　推事
　　　　　　　　　　　　　　　　　　　　推事

● 原审认上诉不合法驳回裁定

江苏吴县地方法院刑事裁定十九年杂字第四〇号
裁定
上诉人　顾云峰　男,年四十二岁,吴县人,住尹山塘墩里,种田
　　上列上诉人因被诉伤害尊亲属一案,不服本院中华民国十九年十月六日第一审判决,提起上诉,本院裁定如下:
主文
　　上诉驳回。
理由
　　查当事人得舍弃其上诉权,而舍弃上诉权者丧失其上诉权,此在刑事诉讼法第三百六十六条、第三百七十条第一项已有明文规定。本件上诉人顾云峰因伤害尊亲属案,业经本院判决终结,该上诉人于谕知判决时,当庭以言词声明甘服,表示舍弃上诉权之旨,亦经记明笔录各在案。按诸上开规定,其上诉权已经丧失至为明显,兹上诉人犹复提起第二审上诉,于法自属不合,应依刑事诉讼法第三百七十七条第一项予以驳回,特为裁定如主文。
　　本案抗告法院为江苏高等法院,抗告期限为五日,自送达裁定后起算。
　　中华民国十九年十月十六日
　　　　　　　　　　　　　　　　江苏吴县地方法院刑庭
　　　　　　　　　　　　　　　　　　　　　　　推事

江苏吴县地方法院刑事裁定十九年杂字第四四号
裁定
上诉人　吴柏和　男,三十三岁,无锡人,住南濠街,帮伙
　　　　　　胡宝生　男,十六岁,同上,学徒
　　上列上诉人等因被诉伤害一案,不服本院刑事简易庭中华民国十九年十月二十日第一审判决,提起上诉,本院裁定如下:

主文

上诉驳回。

理由

查刑事诉讼法第三百六十三条前半段,上诉期限为十日,自送达判决书起算。本件上诉人等均于本年十月三十日收到本院判决书,至十一月十一日始具状声明上诉,核计时间已逾上诉期限二日,应依刑事诉讼法第三百七十七条第一项,特为裁定如主文。

中华民国十九年十一月十四日

江苏吴县地方法院刑事简易庭
推事

● 上诉不合法驳回判决

江苏吴县地方法院刑事判决十八年上字第二六号

判决

上诉人　章永如　男,年五十岁,江阴县人,住德顺乡鸭子圩,业农
　　　　　章玉年　男,年二十一岁,同上

上列上诉人因章玉年伤害案,不服江阴县政府中华民国十八年二月二十七日第一审判决,提起上诉,本院判决如下:

主文

上诉驳回。

事实

缘顾文彩在江阴县政府状诉沈卓臣、顾章氏、章玉年等伤害一案,经该县判决章玉年轻微伤害顾文彩,处罚金二十元,并于本年三月十八日将判决送与章玉年收受。章玉年遵纳罚金二十元后,复与其父章永如于同年四月二日向原县提起上诉。

理由

按刑事诉讼法第三百十八条第一项载,当事人对于下级法院之判决有不服者,得上诉于上级法院。又同法第三百五十九条载,被告之法定代理人、保佐人或配偶为被告利益起见,得独立上诉。又同法第三条载,本法称当事人者,谓检察官自诉人及被告各等语。可见对于刑事判决得提起上诉者,应以检察官、自诉人、被告及被告之法定代理人、保佐人或配偶为限。本件上诉人章永如并非原判决当事人,其子玉年现已二十一岁,又不能为玉年之法定代理人或保佐人。原判决处玉年罚金二十元,上诉人

章永如乃对之不服，偕同玉年提起上诉，按照前开规定，自属不合。而上诉人章玉年对于原判决虽有上诉之权，然按刑事诉讼法第三百六十三条规定，亦应于接受判决十日内提起上诉。兹查原卷上诉人章玉年与其父永如共同提起上诉日期为本年四月二日，而上诉人接受判决则在本年三月十八日，是其上诉显已逾前开之十日期限，亦难认为合法。

据上论结，本件上诉系为不合法，应依刑事诉讼法第三百八十三条，判决如主文。

本件上诉法院为江苏高等法院，如有不服，得于判决送达后十日内，以书状叙述理由，向本院提起上诉。

中华民国十八年六月十八日

江苏吴县地方法院刑庭
审判长推事
推事
推事

江苏高等法院刑事判决十九年诉字第一六七四号

判决

上诉人　卢阿荣　即长脚阿荣，男，年三十一岁，青浦县人，住小闸桥，业工

　　　　姚阿海　男，年三十九岁，松江县人，住泗泾，业工

　　　　顾阿补香　男，年二十八岁，松江县人，住泗泾，业农

上列上诉人等因强盗杀人一案，不服青浦县政府民国二十年五月一日所为覆审判决，提起上诉，本院判决如下：

主文

上诉驳回。

理由

按惩治盗匪暂行条例第三条第一项规定，凡依本条例判处死刑者，由该管司法机关审实后，附具全案报由高等法院院长，于十日内转报省政府核办，俟得复准后执行。第三项规定，高等法院院长对于所属司法机关审判之案认为有疑误者，得于转报时附具意见书。第六条第一项规定，省政府对于法院或兼理司法事务之县公署之报告，认为有疑误时，得饬令再审或派员会审或提交高等法院复审各等语。是凡依惩治盗匪暂行条例判处死刑之案件，既有呈报复核等特别程序之规定，自不许当事人依照普通程序提起上诉。本案上诉人卢阿荣、姚阿海、顾阿补香等既经原审认定其共犯行劫杀人罪，依惩治盗匪暂行条例第一条第十二款均判处死刑，纵令案

有疑误,亦只能由本院院长于转报省政府时附具意见,该上诉人等所提起之上诉自系于法不合。除依上开规定,将本案转送省政府复核外,合依刑事诉讼法第三百八十三条,判决如主文。

中华民国二十年五月三十日

江苏高等法院刑事第一庭
审判长推事
推事
推事

江苏高等法院刑事判决十九年诉字第一五九〇号

判决

上诉人　孔怀洪　男,年三十八岁,安徽合肥县人,住闵行,无业

上诉人因强盗及私盐一案,不服青浦县政府民国二十年四月十四日所为覆审判决,提起上诉,本院判决如下:

主文

上诉驳回。

理由

查修正复判暂行条例第十一条第一项规定,复判处刑重于初判时,被告得提起上诉。本案上诉人孔怀洪初判认为私枭聚众持械伤人致死,处无期徒刑,褫夺公权无期。又贩卖私盐,处有期徒刑四年。应执行无期徒刑,褫夺公权无期。复审判决认为持械共同强盗未遂,处有期徒刑十二年,褫夺公权十四年。又贩卖私盐,处有期徒刑四年。应执行有期徒刑十四年,褫夺公权十四年。是复审判决处刑并不重于初判,依照前开条文,自不得提起上诉,本件上诉显难认为合法。

综以上论结,合依刑事诉讼法第三百八十三条,特为判决如主文。

中华民国二十年五月十三日

江苏高等法院刑事第一庭
审判长推事
推事
推事

江苏高等法院刑事判决十九年诉字第二二七号

判决

上诉人　江苏高等法院检察官

被　告　徐海澜　男,年五十岁,如皋县人,住白蒲,读书

曹星如　男,年三十二岁,如皋县人,住曹家堡,农

上诉人 曹舒卿 男,年五十八岁,如皋县人,住林梓区,农

上被告因被诉窃盗嫌疑,案经如皋县政府于中华民国十八年十一月日第一审判决后,本院检察官以原告诉人呈诉不服提起上诉,曹舒卿对于诬告部分亦声明不服,本院判决如下:

主文

上诉驳回。

事实

缘曹舒卿原以勾串盗锯车轴等情,状诉徐海澜、曹星如等于如皋县政府,经该县依法审理于民国十八年十一月日(原判漏未载明某日)判决,谕知徐海澜、曹星如无罪,并认定曹舒卿犯诬告罪,判处有期徒刑三月。曹舒卿于经过上诉期间后提起上诉,并呈由本院检察官提起上诉到院。

理由

按刑事诉讼法第三百六十三条载,上诉期限为十日,自送达判决书后起算,其逾期上诉自为法所不许。卷查本案经如皋县政府审理判决后,即将判决正本送达告诉人,于民国十八年十二月一日午时收受,有送达证书附卷。其上诉期间扣算至同月十一日届满,乃呈诉人及上诉人曹舒卿延至同月十二日始向原县政府具状声请上诉,显已逾期。本件上诉均应认为不合法,依刑事诉讼法第三百八十三条予以驳回,特为判决如主文。

中华民国十九年四月四日

江苏高等法院刑事第一庭
审判长推事
推事
推事

● 被告上诉无理由驳回判决

江苏高等法院刑事判决十九年诉字第三〇三号

判决

上 诉 人 周阿产 男,年四十六岁,无锡县人,住钱桥,种田

指定辩护人 李振霄律师

上诉人因共同强盗案,不服无锡县政府中华民国十八年十月二日第一审判决,提起上诉,本院判决如下:

主文

上诉驳回。

事实

缘周阿产听从业经正法之朱阿大纠约伙同徐全大、丁根大、朱英弟及在逃之朱阿宝、朱大块头、朱小块头等,于民国八年五月一日即阴历四月初二日夜间分持刀棍同至孔山湾地方曹荣氏家,越墙入内。曹荣氏闻声喊救,朱阿宝即用刀背将该氏头颅偏左击伤,周阿产复用被褥将该氏揿压吓禁声张,遂由朱阿大等分投各房抢劫衣服、单契等物,分赃逃散。当经曹荣氏报由无锡县公署勘验,并先后将朱阿大、徐全大、朱英弟、丁根大拿获,分别判处罪刑确定在案。旋经无锡县公安局将周阿产拿获解送无锡县政府,经该县依法审理,判处罪刑。周阿产不服,提起上诉到院。

理由

本案上诉人周阿产听从业经正法之朱阿大纠约,伙同徐全大、丁根大、朱英弟等携带凶器,于夜间越墙侵入曹荣氏家抢劫衣服等物各情,业经该上诉人在原审迭次供认不讳,并经同案共犯朱阿大、徐全大、丁根大于前此到案时分别指供在卷。而其所供抢劫情形,又核与上诉人自白供词尚相符合,其犯罪事实甚属明了。虽上诉人在原审所供抢劫曹荣氏家系在民国七年四月,与朱阿大等所供民国八年四月之语微有不符,然以年代久远之故,致上诉人将年甲记错,亦所恒有,不能以此而遂任其狡卸。原审认上诉人犯刑法第四十二条、第三百四十八条第一项、第三百三十八条第一项第一款、第二款(原判漏引第二款)、第三款、第四款之罪,依同法第二条前段(原判未引明该条前段)处以有期徒刑十年,并依同法第三百五十五条、第五十六条、第五十七条第四项(原判误写为第三项)褫夺公权无期。裁判确定前羁押日数,准依同法第六十四条折抵。论罪科刑尚无不合理,虽原判援引刑法第二条时未引明该条前段,直接依刑法处断,竟与犯罪时之刑律比较轻重。又赘引惩治盗匪法以及援引刑法第三百三十八条第一项各款时,漏引该条第二款。援引同法第五十七条第四项时,误写为第三项,稍嫌疏忽。然于罪刑出入无关,上诉人之上诉意旨纯以空言攻击原判不当,并否认有犯罪事实,不能认为有理由。

依以上论断,本件上诉合依刑事诉讼法第三百八十四条予以驳回,特为判决如主文。

本件经本院检察官孙希衍莅庭执行检察官之职务。

本件上诉法院为最高法院当事人,对于本判决如有不服,应于送达判决书之翌日起十日内,以书状叙述不服理由,向本院提起上诉。

中华民国十九年四月二十六日

江苏高等法院刑事第一庭

审判长推事
推事
推事

● 被告上诉无理由,驳回谕知缓刑判决

江苏吴县地方法院刑事判决十九年上字第九三号

判决

上诉人即被告　黄介眉　男,年三十三岁,吴县人,住阊门外祥安公旅馆,无业

选任辩护人　屈心长律师

上列上诉人因伤害案,不服本院刑事简易庭中华民国十九年八月五日第一审判决,提起上诉,本院判决如下:

主文

上诉驳回。

黄介眉缓刑二年。

事实

缘黄介眉于本年七月九日在祥安公旅馆与其妻黄周氏因事争吵互相揪扭,将其妻殴成微伤。经黄周氏诉由本院刑事简易庭,判处黄介眉伤害罪刑,黄介眉不服上诉。

理由

查上诉人黄介眉与其妻黄周氏因事争吵互相揪扭,业在原审及本院供认不讳。黄周氏右肩甲有咬伤一处微红色,左肘擦损浮皮少许结薄痂,又腿有垫伤一处青色,左膝下外旁有碰伤一处微青色,亦经本院检察官饬吏验明,填具伤单在卷。讯据上诉人虽仅自承揪扭属实,否认有加害情事。但查黄周氏之伤业经验明有据,而其受伤之原因又系由于揪扭,其间因果关系极为联络,断非上诉人空言所能否认。原审认上诉人触犯《刑法》第二百九十三条第一项之罪,处以拘役二十日并无不当。上诉人状称有茶房王阿二目睹情形可以作证,经本院依法传讯据称,打时并未看见,其不得据此为上诉人有利益之反证自甚明显,乃上诉人竟欲借此引为上诉之理由,殊不足采。唯查上诉人与黄周氏系属夫妇,初因细故口角,继因揪扭致伤,情节尚轻,且在前又未曾受拘役以上刑之宣告,依法自可谕知缓刑。

据上论述,合依刑事诉讼法第三百八十四条、刑法第九十一条第一

款,为判决如主文。

本件经检察官钟清莅庭执行检察官之职务。

本件上诉法院为江苏高等法院,上诉期限自判决书送达后十日。

中华民国十九年九月二十九日

江苏吴县地方法院刑庭
审判长推事
推事
推事

● 被告上诉无理由而原判确有不当改判判决

江苏高等法院刑事判决十九年诉字第二三四号

判决

上　诉　人　臧小苇　男,年二十六岁,铜山县人,业剃头,住车站

指定辩护人　李振霄律师

上诉人因杀人案,不服铜山县政府中华民国十八年十月三十日第一审判决,提起上诉,本院判决如下:

主文

原判决撤销。

臧小苇杀人一罪,处无期徒刑,褫夺公权无期。

事实

缘臧小苇与姜孙氏比邻而居,姜孙氏夫死子幼生活为难,以其西屋两间对换臧小苇门面两间,开饭店度日,因与臧小苇感情甚洽,姘识多年。臧小苇亦将其剃头陆续所得工钱四五百吊用去,嗣姜孙氏因子已长大,丑声不可外传,遂与臧小苇断绝往来。臧小苇即移至东车站居住,一与姜孙氏见面即遭辱骂,并有着人打死之言。迨至去年七月四日即废历五月二十八日夜二更时候,臧小苇又到姜孙氏家续奸,被姜孙氏骂为小偷,一时忿恨即取出身畔小刀将姜孙氏戳伤身死,经姜孙氏之子眼见,报由姜孙氏之兄孙继标诉请铜山县政府验明尸身,审理判决。臧小苇不服,上诉到院。

理由

本案上诉人臧小苇前往姜孙氏家内续奸,因被姜孙氏骂为小偷,一时忿恨用刀将姜孙氏戳死等情,业经迭次在原审供认不讳。该姜孙氏尸身左乳、左胁肋、左肩甲、脊背中、左、右后胁肋等处均有尖刃戳伤,皮卷肉

缩,血污委系生前受刃伤身死,亦经原审验明填单附卷。并据尸子姜天祥供称,民将睡觉,只听民母说是小偷,他(指上诉人)说不是的。又听民母一声娘嗳,就被杀了,他将篱笆撕开就跑走了等语。是上诉人杀死姜孙氏证据已属明确,上诉意旨空言饰卸罪责,自难成立理由。唯察核案情,该上诉人始因姜孙氏家贫,将门面对换使其开店度日,后与之姘识多年,用去工钱不少。此次前往续奸,又被姜孙氏辱骂,一时忿恨起意杀人,其罪虽难解免,而情实有可原,自不妨贷其一死。原审判决遽依刑法第二百八十二条第一项处以死刑,未免过重,上诉意旨攻击原判决不当,不得谓全无理由。

综以上论断,合依刑事诉讼法第三百八十五条第一项,将原判决撤销更为判决。上诉人臧小苇杀人之所为,应依刑法第二百八十二条第一项处以无期徒刑,并依同法第二百九十二条、第五十七条第四项、第五十六条,褫夺公权无期。既处无期徒刑,裁判确定前羁押日数,无庸折抵,特为判决如主文。

本件经本院检察官孙希衍莅庭执行检察官之职务。

本件上诉法院为最高法院,当事人对于本判决如有不服,应于送达判决书之翌日起十日内,以书状叙述不服理由,向本院提起上诉。

中华民国十九年四月八日

江苏高等法院刑事第一庭

审判长推事

推事

推事

江苏高等法院刑事判决十九年诉字第二九五号

判决

  上 诉 人 李敖其 男,年二十四岁,溧阳县人,瓦匠,住金坛西桥巷

  选任辩护人 陈 宾律师

  上 诉 人 陈蔡氏 女,年四十岁,金坛县人,住梓树巷

  指定辩护人 李振霄律师

上列上诉人因杀人案,不服金坛县政府中华民国十八年七月二十一日第一审判决,提起上诉,本院判决如下:

  主文

原判决关于李敖其、陈蔡氏部分撤销。

李敖其预谋杀人一罪,处死刑,褫夺公权无期。

陈蔡氏无罪。

事实

缘李敖其向与孙吴氏通奸,迨孙吴氏嫁后,欲刺死其夫孙六金以泄忿。嗣经孙六金之舅钱洪了头设席调停,事始中寝。至去年废历二月间,李敖其两次对孙吴氏等声言,此人(指孙六金)不死,死则好弄你家去了云云。后遂与孙六金结识赁屋同住,陈蔡氏即其邻居之一,时孙吴氏亦因与孙六金不和,避回其干娘家中度日。及至五月二日即废历二月三十三日夜间,李敖其又带枪上丸及酒往孙六金处闲谈劝食,迨其半醉之际,用刀向其咽喉、头部等处猛砍,惧其不死,复以小铁椎击伤头额,挫刀戳入已断之食、气管,直穿颈后,打入床板。陈蔡氏闻声前往探视,李敖其禁其声张,并随由其房门走出,拟逃往其妹夫江春华家内藏匿。适遇其妹江李氏归宁,坚约同回,在路被警拘获,连同陈蔡氏、孙吴氏及陈许章等一并解送金坛县政府审理判决。李敖其、陈蔡氏不服,上诉到院。

理由

本案被害人孙六金尸身致命囟门有刀伤一处,量横长五分,宽一分。又近下有参差横斜刀伤,量围长二寸七分。眉间近上有横长刀伤一处,量横长九分,宽二分深,均抵骨,骨未损,皮均开卷缩血污。眉间有刀痕带伤一处,量斜长六分,宽不及分,皮微损紫红色坚硬。致命咽喉接连食、气管有刀伤一处,量横长二寸六分,左、右各宽二分,中宽一寸八分,深透内食、气管俱断,皮开卷缩血污。又用挫刀钉入咽喉内用力拔出,量长二寸一分,血污。右手腕有磕伤一处,量横长八分,宽一分,紫红色坚硬。委系生前被杀身死,已由原审验明填单附卷。上诉人李敖其初与孙吴氏通奸,后因孙吴氏为被害人所娶,怀恨在心,起意谋杀等情,业据其在公安局一度承认。迨后原审研讯,亦迭将如何杀死被害人之情形,历历供述不讳。且经陈蔡氏述称,我听得哼声后,由衖内草屋进去,看见铜匠(即被害人)的头上咽喉有刀伤数处,李敖其怕他不死,又拿挫刀戳进去,榔头是打在脑门上的。核与陈许章转述上诉人告知,"他(指上诉人)说孙六金被伊弄死,我问他怎样弄死,他说先用菜刀砍颈项,后用榔头敲脑壳,最后拿挫刀戳颈"等语,亦属相符,是上诉人谋杀被害人之证据已极明确。至其抗辩意旨虽称,伊于五月一日即废历三月二十二日即与徒弟陈许章搭轮船往劈桥找伊妹夫江春华,至二十三日面托杨瓦匠、李瓦匠荐举工作未成,二十四日晚回家即被获的云云,并经叶文炜、李瓦匠即李苏根、杨瓦匠即杨连庚等到案作证,果属实情,何以迭将杀人之事完全供认。而其所称被苦打逼招等语,又系空言难以取信。况经陈许章证明该上诉人系于杀人后,同伊到劈桥谋工,因恐临时被拿,所以暂避云云,更足以见其反证不实,不能采取。唯其所犯杀人罪既系出于预谋,自应依刑法第二百八十四条第一项第一款处断,原审判决认为犯同法第二百八十二条(漏引第一项)之罪,已属未合。且其用榔头敲脑,用挫刀戳颈,均属杀人之加工行为,不能独立论罪。原审遽另科以第二百八十四条罪刑,又漏引何项、何款法条,均有违误。至上诉人陈蔡氏系证明李敖其杀死孙六金之人,据其所称,夜半闻孙六金哼声、铺板声,进去观看,及天要亮我起来小溲各等事,均属常情,既无积极之证据及犯罪之原因以资参证,原审乃以推测之词,遽认为其亦有帮助行为,依刑法第四十四条第三项、第七十七条,处以有期徒刑一年,尤属武断。

综以上论断,陈蔡氏上诉意旨系有理由。李敖其上诉意旨虽无理由,而原判决确有不当,合依刑事诉讼法第三百八十五条第一项,将原判决关于李敖其、陈蔡氏部分撤销,由本院更为判决。李敖其预谋杀死孙六金一罪,应依刑法第三百八十四条第一项第一款,处以死刑,并依同法第二百九十二条、第五十七条第三项、第五十六条,褫夺公权无期。既处死刑,裁判确定前羁押日数无庸折抵。陈蔡氏犯罪嫌疑不能证明,应依刑事诉讼法第三百十六条谕知无罪,特为判决如主文。

本件经本院检察官孙希衍莅庭执行检察官之职务。

本件上诉法院为最高法院,当事人对于本判决如有不服,应于送达判决书之翌日起十日内,以书状叙述不服理由,向本院提起上诉。

中华民国十九年四月二十三日

江苏高等法院刑事第一庭
审判长推事
推事
推事

● 被告上诉有理由,谕知无罪判决

江苏高等法院刑事判决十九年诉字第二八四号

判决

上 诉 人 俞子卿 男,年三十六岁,奉贤县人,住六十一图,泥水匠

指定辩护人 李振霄律师

上诉人因强盗案,不服奉贤县政府中华民国十七年十二月十八日第

一审判决，提起上诉。前经本院判决后，又上诉最高法院，发回本院更为审理，判决如下：

主文

原判决撤销。

俞子卿无罪。

理由

原审认本案上诉人俞子卿犯强盗罪，系以共犯胡金楼即孙金楼之供述及事主吴云祥、吴徐氏之指认为根据。本院查胡金楼民国十六年十一日在原县述称，我立在吴徐氏房门口外边，还有十几人均在门外看望，相识的有李阿美、俞子卿空手（下略）等语。厥后上诉人自行投案，提讯胡金楼又据述称，这子卿实在没有抢吴云祥家东西，我前次庭供他去抢，是我胡说的。质之上诉人坚称，因向胡金楼讨钱口角有仇，胡金楼有意挟嫌冤累各等语。则是胡金楼前词所述，门外十几人见有俞子卿在内之言，已难采取。至事主吴云祥所述，四月初九夜被盗抢劫时候看见俞子卿手拿单刀一把，同胡金楼在西次间屋里。吴徐氏亦称，四月初九夜被盗抢时，俞子卿来到房里，手拿单刀云云。无论与胡金楼前供所称，俞子卿在门外空手之情形不符，且该上诉人未到案之先，吴云祥则称进内之盗六人内有三人认识，看明是严贞祥、朱金楼、胡金楼。而吴徐氏则称，进房强盗二个不识的，后面一个看明是胡金楼，均未指供有上诉人俞子卿在内。可见吴云祥、吴徐氏事后辨认上诉人入房行劫，显难征信。虽上诉人提出反证，谓是年正月初十日到上海在王家码头徐文记作场做泥水，直至六月间其父寄信来说诬为强盗始行回家投案，其证人朱根火、倪木生、张阿根经第一审讯问后，现经本院饬传无着，尚难证实其事。然既无积极证据，足以证明有犯罪嫌疑，所有反证自可毋庸置议。原审认上诉人犯共同结伙侵入强盗罪，依刑法第三百四十八条处以徒刑八年，采证殊有未合，上诉意旨攻击原判不当，难谓全无理由。

据以上论断，合依刑事诉讼法第三百八十五条第一项、第三百十六条，撤销原判，谕知无罪，特为判决如主文。

本件经本院检察官孙希衍莅庭执行检察官之职务。

中华民国十九年四月二十二日

江苏高等法院刑事第一庭

审判长推事

推事

推事

● 被告上诉一部有理由、一部无理由，分别改判驳回判决

江苏高等法院刑事判决十九年诉字第二五二号
判决
上　诉　人　陈子路　男，年三十六岁，如皋县人，帮工，住石庄
指定辩护人　陆象如律师
上诉人因放火损坏案，不服无锡县政府中华民国十八年七月二十五日第一审判决，提起上诉，本院判决如下：
主文
原判决关于放火罪刑及执行刑部分撤销。
其他之上诉部分驳回。
事实
缘陈子路曾在毛陈氏家佣工，因事被歇，颇有恨心。去年五月十七日即废历四月初九日夜十时毛陈氏老屋被火焚烧，越二日傍晚陈子路在毛陈氏田内将桑树砍折二、三十株，为王双全所见，走告毛陈氏前往看明时，陈子路已经他去，仅拾得其常用斧头一柄。当即报由梅村商团分会派遣司务长华振率队往查，当于夜间在毛陈氏屋上将陈子路捉获，解由商团公会转解无锡县政府讯办。
理由
本案上诉人陈子路因被辞工怀恨，将毛陈氏田内桑树砍折二、三十株，业经王双全到案证明，该上诉人亦已在原审供认不讳。是证据已属明确，原审判决关于此部分，依刑法第三百八十二条处以有期徒刑六月，裁判确定前羁押日数准依第六十四条折抵，尚无不合。至放火部分，虽据该商团公会呈县原文内据梅村分会原呈，有陈子路自认前日毛姓之火亦由彼与阿二所纵等语。然嗣后迭经研讯，该上诉人坚不供承。且此外又无他项证据以资佐证，自不得以该分会呈内有此一语，即断定该上诉人确有放火事实。况据上诉人在本院供指，该分会所供系被打的。该司务长华振亦述称，拿住时是将他手捆起云云。则该上诉人即果有在分会供有放火之事，但是否因刑逼供亦滋疑窦，乃原审判决遽依刑法第四十二条、第一百八十七条第一项，处以有期徒刑七年，显有未当。
综以上论断，本案上诉意旨关于放火部分系有理由，应依刑事诉讼法第三百八十五条第一项，将原判决关于放火罪刑及执行刑部分撤销。其他之上诉部分系无理由，爰依同法第三百八十四条驳回，特为判决如主文。

本件经本院检察官孙希衍莅庭执行检察官之职务。

本件上诉法院为最高法院,当事人对于本判决如有不服,应于送达判决书之翌日起十日内,以书状叙述不服理由,向本院提起上诉。

中华民国十九年四月十四日

江苏高等法院刑事第一庭

审判长推事

推事

推事

● 检察官提起上诉判决

江苏高等法院刑事判决十九年诉字第三〇九号

判决

上　诉　人　上海地方法院检察官

被　　　告　陈竹生　男,年二十七岁,盐城县人,住上海,小沙渡卖鱼

指定辩护人　谢燮钧律师

上诉人因被告强盗嫌疑案,不服上海地方法院中华民国十七年六月十九日第一审判决,提起上诉。经本院判决后,复由被告上诉于最高法院。发回本院更为审理,判决如下:

主文

原判决撤销。

陈竹生无罪。

理由

按本案被告陈竹生被诉强盗嫌疑,虽据被告于王谈保卫团被逮之初自认,听纠上盗分赃两元不讳,并经事主萧其章、张阿二一再指认。然检阅卷宗,关于被告自白情形,仅由王谈保卫团于民国十七年五月九日呈复第一审检察处文内叙有据。被告供称去抢劫之日实由大观子教我一同下乡,到陆正大花园将人家门弄开,一共四人,大观子与另一人进去抢得衣被,于第二日由大观子分我二元,我于行劫时站在门口持蜡烛,于同去时带铁棍之语。经本院令饬上海地方法院调取该团讯问被告时所制之笔录,旋据该院呈复称,王谈保卫团于十七年因发生事故,由闸北保卫团解散收缴旧枪三支,并未收到何种卷宗云云。是该项呈文内所叙被告之供词,并无笔录可资参证。而查其文内所称,李寿海来至职团陈明、萧其章

等被盗事实，及盗之声音年貌，又经李寿海到庭否认其事。又该文内所称，班长刘书元因见陈竹生形迹可疑，年貌相合，因带团讯问，并非同大观子打架到团被扣云云。亦与刘书元在本院所述，见陈竹生与一人打架打到团内来的，听说为小褂事之语，显不相符。则该项呈文内所叙述之事实，亦生疑问。而被告对于该呈文内所叙之供词，又矢口不承。此外又无他佐证足以证明其与事实相合，自难据以为唯一之罪证。至于事主萧其章、张阿二对于盗匪人数，时称六人，时称十余人。侵入方法时称仅大门有门，住屋无门，时称撬门入室。报案之人先称为王老板，经本院传讯王老板又称蔡小弟报案，其述词已不尽相吻合，则其指认已难免不无错误。且当被告被捉之时，据刘书元供称，先由陆正大花园来报案说后二月二十九日被抢，我去调查得张阿二、萧其章问悉情形。又见陈竹生与一人打架，旁边一个人说不是好人，后来他们打到团内，叫萧其章等来认出陈竹生是为盗的等语。是该团于被告打到团内之时，即逆知为强盗而通知事主来团指认，反置扭打之事于不问，则行此种指认，更难凭信。原审认为犯罪嫌疑不能证明，谕知该被告无罪，本无不合。唯查现在刑事诉讼法业已施，原判所引用之刑事诉讼条例早经废止，断难予以维持。是上诉人之上诉虽无理由，然原判所引用之法律既有未当，自应由本院予以纠正。

依以上论断，合依刑事诉讼法第三百八十五条第一项，将原判决撤销。另依同法第三百十六条，谕知陈竹生无罪，特为判决如主文。

本件经本院检察官朱文焯莅庭执行检察官之职务。

中华民国十九年四月二十八日

江苏高等法院刑事第一庭
审判长推事
推事
推事

江苏高等法院刑事判决十九年诉字第二五七号

判决

  上　诉　人　本院检察官
  被　告　人　钟佳才　男，年三十岁，合肥县人，卖糖，住武进鸣凰镇
  指定辩护人　费廷璜律师

上被告人因强盗赌博一案，经武进县政府于中华民国十八年六月十八日判决后，由检察官提起上诉，本院判决如下：

主文

原判决关于赌博罪刑部分撤销。

钟佳才以赌博为常业一罪，处有期徒刑一年，并科罚金三百元。裁判确定前羁押日数，以二日抵有期徒刑一日。罚金如无力完纳，准以一元易科监禁一日。

其他之上诉部分驳回。

事实

缘钟佳才不务正业，常借赌博进款度日。民国十五年八月三十一日下午三时许，武进县属鸣凰镇地方突来盗匪二、三十人，先劫警察派出所，后劫亦济典等商店十二家，经武进县政府咨令协缉，未获赃盗。至民国十七年十月二十日始由亦济典伙计程天赐，以盗犯钟佳才装作乞状来镇等情，报经商团将钟佳才拘获，解送该县政府审理。结果认定钟佳才犯以赌博为常业一罪，依法科刑，谕知强盗部分无罪。于上诉期限经过后，呈请复判，当由检察官提起上诉到院。

理由

本案关于强盗部分虽据程天赐、吴焕明在原审均指，鸣凰镇被劫时，曾见被告钟佳才拿长枪在街上行走云云。然查该镇被劫系在民国十五年八月三十一日，是时即据亦济典经理魏景澄等到案供述被劫情形，并未称有被告其人。如果程天赐等确曾眼见被告在场，何以不向魏景澄等告知，直至民国十七年十月二十日始向商团报告，则其所供显难凭信。况该程天赐迭经本院票传不到，而吴焕明又复变称我看见他与强盗同走，未看见拿枪云云，足见前供不能采取尤堪断定。原审以被告人强盗行为不能证明，依刑事诉讼法第三百十六条谕知无罪，实无不合。至赌博部分既经该被告自白，在赌场上要钱度日等语，则事实自可无疑。唯察核案情尚不甚重，原审遽处以刑法第二百七十九条最高度徒刑，殊未允协。上诉意旨关于此部分攻击原判决不当，不得谓全无理由。

综以上论结，合依刑事诉讼法第三百八十五条第一项，将原判关于赌博罪刑部分撤销，更为判决。钟佳才赌博为常业，应依刑法第二百七十九条处以有期徒刑一年，并科罚金三百元。裁判确定前羁押日数，准照刑法第六十四条折抵。罚金如无力完纳，准依刑法第五十五条二、三两项，以一元易科监禁一日。其他之上诉部分系无理由，应依刑事诉讼法第三百八十四条予以驳回，特为判决如主文。

本件经本院检察官朱文焯莅庭执行检察官之职务。

本件上诉法院为最高法院，当事人对于本判决如有不服，应于送达判决书之翌日起十日内，以书状叙述不服理由，向本院提起上诉。

中华民国十九年四月十五日

江苏高等法院刑事第一庭
审判长推事
推事
推事

● 原告诉人不服呈由检察官提起上诉判决

江苏吴县地方法院刑事判决十八年上字第八九号
判决

  上　　诉　　人　本院检察官
  附 带 民 诉 原 告　孙金氏　女，年五十岁，无锡人，住双河上会龙桥业农。
  被告即附带民诉被告　孙叙安　男，年六十五岁，无锡人，住双河上，开糟坊。
  被　　　　　　　告　顾邹氏　女，年六十九岁，无锡人，住双河上。

  上被告等因毁损等罪一案，于无锡县政府中华民国十八年八月十九日第一审判决（庭谕代判）后，原告诉人孙金氏声明不服，呈由本院检察官提起上诉，并附带提起民事诉讼，本院判决如下：

  主文

  原判决撤销。

  孙叙安窃盗一罪，处罚金十元。如未完纳，以一元折算一日易科监禁。

  孙叙安应将长窗四扇返还孙金氏。

  其余上诉及附带民事诉讼部分均驳回。

  事实

  缘孙叙安与孙金氏之夫近山为嫡堂兄弟，近山有分受双河上之房屋四间，向租与孙叙安开设糟坊。孙金氏因欲自用，屡向索讨，孙叙安延不肯迁。直至民国十七年经孙金氏登报警告，请求该管公安分局押迁后，始行接收。见门之窗格已被孙叙安取去，遂以孙叙安毁损、窃盗等情，向原县具状告诉，并附带提起民事诉讼请求赔偿。审理结果认孙叙安犯罪嫌疑不能证明，谕知无罪。孙金氏不服，呈由本院检察官提起上诉，并对于附带民事诉讼，亦不服上诉。

  理由

  被告孙叙安对于本案不特坚不供认，并以我于十二年春季还他的，还他时房屋没有坏的等语,以为辩解。但查告诉人孙金氏因被告积欠租金盘踞房屋,曾于民国十七年十一月间托由律师李宗唐代表警告限期迁屋,偿清租金,有孙金氏呈案民报可证。被告对于此项警告既未声明异议,是其辩解各节已难认为真实。且查该屋长窗四扇业经原审饬警查明,确在顾姓屋内,该被告事前既延不肯迁一再盘踞,事后又复短少窗格,其间因果关系亦至为联络。则长窗四扇确为被告乘间所窃取,寄存顾姓屋内,情节已甚明显,自难任其空言否认。至该屋本由顾姓所出典,然在未告赎前,顾姓自属无权过问。被告竟不待孙金氏前往点收,擅将窗格置于顾姓屋内,依法自难解免刑责。孙金氏对于此部呈诉不服,不能认无理由。唯关于毁损部分,讯据被告孙叙安非特始终不认,即质诸孙金氏亦不能提出确据以资证明,徒托空言,自不足采。且经原审饬警查明,实因久年失修以致损坍不堪,亦不能证明被告孙叙安确有毁损情事,依法自难令负刑责。原审谕知无罪,并无不合,孙金氏对于此部一并呈诉不服,实难认有理由。被告顾邹氏于法警下乡调查时并未在家,该项赃物是否为顾邹氏知情藏匿,实无证明方法。且查孙金氏在原审具状告诉时,既未列顾邹氏为共同被告,原审对于顾邹氏亦未加以裁判,乃于上诉时竟指顾邹氏有收藏赃物之嫌疑,列为共同被告,显不合法,应即予以驳回。至附带民诉部分,既已证明长窗四扇为孙叙安所窃取,应即判令返还。关于毁损部分,孙叙安并无罪责可言,自难令负赔偿之责。

据上论述,本件上诉不能认为毫无理由,应依刑事诉讼法第三百八十五条第一项、刑法第三百三十七条第一项、第五十五条二、三两项、刑事诉讼法第三百八十四条、第五百零九条,为判决如主文。

本件经检察官孟洲莅庭执行检察官之职务。

本件上诉法院为江苏高等法院,上诉期限自判决书送达后十日。

中华民国十九年十月二十七日

江苏吴县地方法院刑庭
审判长推事
推事
推事

● 自诉案件上诉判决

江苏吴县地方法院刑事判决十九年上字第一三六号

判决

上诉人即被告　周永祥　男,年二十六岁,吴县人,住光福镇,业农

自　诉　人　何少泉　男,年三十六岁,余同上

代　理　人　朱　润律师

上列上诉人因毁损窃盗等罪并合一案,不服本院刑事简易庭中华民国十九年十月二十八日第一审判决,提起上诉,本院判决如下:

主文

上诉及附带民事诉讼上诉均驳回。

事实

缘上诉人周永祥有坐落吴境二十二都十二图地字圩则田三亩,于今春价押于自诉人何少泉耕种,旋因悔约,诉经本院民庭试行和解成立,限上诉人于今年五月三十日还洋二百零三元回赎,否则田归自诉人耕种五年。届期上诉人无力清偿,当由自诉人凭同乡长地保等丈量收种,各无异言。讵上诉人忽于废历又六月二十五日将自诉人车基捣毁,复于同历八月十二日窃取小船一只,并割去熟稻七分。经自诉人提起自诉并附带民诉,诉由本院刑事简易庭,依法判处罪刑,并判令上诉人赔偿损失及交还船只各在案。上诉人不服上诉。

理由

本院讯据上诉人周永祥供称,我把田车打坏了,船也是我拿的,所以他告我等语,对于犯罪事实业已尽情自白,所有当时窃稻情形复经自诉人到案指攻历历,是其犯罪证据已极明显。虽该上诉人在本院坚以自诉人典洋二百元,业于六月初七日(指废历)偿还等语,以为辩解。但讯据自诉人则极力否认,该上诉人果有交款事实,当时何以不将典契收回。而于原审审理时,对于付款事实不特缄默不言。对于自诉人请求赔偿损失,且已自承应赔洋十二元。凡此种种,揆诸常理均属不经。且经本院调阅民事执行卷宗,据其自称,"是丈母家拿一百八十元,余者二十元是自己借来的。"据其丈母金吴氏所称,交洋日期则在六月初三四(均见执行卷),核与上诉人上诉状所称废历五月二十九日向何少泉交款取回收据云云,非特前后矛盾,已露破绽。且在五月二十九日款尚无着,交于何有,足征此项辩解显非真实,不足采信。证人周掌生在本院之供述虽与上诉人不无利益,然上诉人对于款项之来源,以及金吴氏交款之日期均有不符,已如上述,则此项证言依法亦难予以采取。上诉人于和解成立后,既未按照和解内容履行偿款,自诉人将该田实行耕种本属有据,乃事隔多日上诉人竟将自诉人之车基予以捣毁,并窃去小船、熟稻等物,则其应负毁损及窃盗之

罪责，尚复何疑。原审认上诉人触犯刑法第三百八十二条第一项及第三百三十七条第一项（原审漏引第一项）之罪，依同法第六十九条、第七十条第五款定其应执行之刑，并依同法第五十五条二、三两项，谕知易科监禁之期间。关于附带民诉部分，该上诉人犯罪事实业已证明属实，原审判令赔偿自诉人损失洋十二元及交还小船一只，衡情引法两无错误。上诉人请求撤销原判，更为判决，上诉意旨殊难认为有理由。

综上论结，本件上诉及附带民事诉讼上诉均无理由，应予驳回，特依刑事诉讼法第三百八十四条、第五百零九条前半，为判决如主文。

当事人如有不服，得于接收判决书后十日内，上诉于江苏高等法院。

中华民国十九年十二月二十七日

江苏吴县地方法院刑庭
审判长推事
推事
推事

江苏吴县地方法院刑事判决十九年上字第八九号

判决

自诉人即附带民诉原告　夏嘉发　男，年七十八岁，吴县人，住外跨塘

　　　　　　　　　　　　夏锦亭　男，年四十七岁，余同上

代　理　人　朱　润律师

　　　　　　　周庆高律师

上　诉　人　即　被　告　卫申甫即夏申甫男年四十三岁吴县人住外跨塘农

上列上诉人因伤害、毁损等罪并合一案，不服本院刑事简易庭中华民国十九年七月二十九日第一审判决，提起上诉，本院判决如下：

主文

原判决关于卫申甫罪刑部分撤销。

卫申甫毁损一罪处罚金十五元。如未完纳，以一元折算一日易科监禁。裁判确定前羁押日数，以一日抵罚金一元。其余部分无罪。

附带民事诉讼部分之上诉驳回。

事实

缘卫申甫即夏申甫为夏嘉发之堂侄，夏嘉发有陆业官田二亩，坐落西二十二都一图庆字圩内，又有潘业官田五分五厘，坐落尺字圩内，建有房屋、船舫。本年六月三十日夏兴发嘱托卫申甫面向回赎，致与夏嘉发发生

冲突,当将其田秧二亩概行拔去,船舫亦被拆毁。夏嘉发遂以卫申甫、夏兴发共同伤害、毁损等情,向本院刑事简易庭提起自诉,并附带提起民事诉讼请求赔偿损害。审理结果认卫申甫犯刑法第二百九十三条第一项、第三百八十二条之罪,依第六十九条论科,并判令赔偿夏嘉发损失洋四十元在案。卫申甫声明不服,提起上诉到院。

理由

查本案上诉人卫申甫拔去夏嘉发之田秧二亩,业在原审自白不讳,并在本审辩称,因为伯伯打我三把掌,我把他柴罗弄坏的。是其毁损他人所有物之情形,实已供证明确,原审认为触犯刑法第三百八十二条之罪,判处罚金十五元自属允当。上诉人辩称,拔秧、拆船均系乃弟根林所为云云,不特与该上诉人在原审自白情形不符,且经本院传讯夏根林又避不到庭,其为空言饰卸,尚复何疑。唯查上诉人对于伤害夏嘉发部分,非特始终否认,即质之证人金梅皋、沈锦亭亦均称不知其事,而夏嘉发之伤又系磕碰所致,业经验明填单在卷,是夏嘉发之受伤是否为上诉人所加害,尚属无以证明。乃原判仅以夏嘉发伤验属实,及被害人指证明确等语,遽为谕知科刑之判决,殊嫌率断。上诉人关于伤害部分提起上诉,其上诉论旨尚非毫无理由。至夏嘉发之田二亩,既因上诉人拔禾荒废,则因此所受之损害,自应由上诉人负担赔偿之责任。关于赔偿数额,讯诸上诉人、被害人及证人所供,金称二亩田要还二十余元租,按诸普通主佃各半之惯例,则原判命其赔偿四十元,委无不当。乃上诉人谓已向民庭提起赎田之诉,将来如果判归自己,则被上诉人所控事实不成问题,更无赔偿之可言,据为上诉之论据,殊无理由。

综上论结,合依刑事诉讼法第三百八十五条第一项、刑法第三百八十二条、第五十五条二、三两项、第六十四条、刑事诉讼法第三百七十九条、第三百十六条、第三百八十四条,为判决如主文。

本件上诉法院为江苏高等法院,上诉期限自送达判决后之翌日起十日。

中华民国十九年九月十五日

江苏吴县地方法院刑庭

审判长推事

推事

推事

● 原告诉人呈诉不服，被告亦提起上诉判决

江苏高等法院刑事判决十九年诉字第二二六号
判决

上　诉　人	本院检察官

　　　　　　　朱玉环　男，年三十岁，萧县人，种田，住马庄。

选任辩护人　赵勋肃律师

被　告　人　马立贤　年二十七岁，萧县人，村长，住马庄。
　　　　　　　冠开明　年三十岁，萧县人，种地，住朱平庄。
　　　　　　　朱　更　年二十四岁，萧县人，种地，住马庄。
　　　　　　　朱　桂　年二十三岁，萧县人，种地，住马庄。
　　　　　　　杨　群　年三十岁，萧县人，种地，住马庄。

　　上列上诉人朱玉环因杀人案，不服萧县政府中华民国十八年十一月二十九日第一审判决，提起上诉。原告诉人祁殿元及弟祁殿陞，亦对于马立贤等部分呈由检察官提起上诉，本院判决如下：

主文

　　上诉驳回。

事实

　　缘朱玉环之妹王苗姐即老王于去年八月十五日在田中拾豆，适祁殿元之子祁文勋从其地经过，一时性欲冲动，拉住王苗姐欲行奸污。事为王苗姐之弟朱玉容所见，高声呼救，朱玉环得悉，即鸣知村长马立贤并随带地方公用之快枪一枝，从后追至沙河村地方，将祁文勋扭获，沿途痛殴，最后竟开枪将其击毙。经祁殿元以朱玉环、马立贤、冠开明、朱更、朱桂、杨群等共同行劫等情，诉经萧县政府验明尸身，审理判决，认定朱玉环犯杀人罪，依法科刑，谕知马立贤、冠开明、朱更、朱桂、杨群无罪。朱玉环不服提起上诉，原告诉人祁殿元之弟祁殿陞，亦以原县未判处马立贤等罪刑，呈由检察官上诉到院。

理由

　　本件已死伤祁文勋尸身，腰后枪子伤一处，对穿透过子由左眼出，进子处量围圆三分，出子处量围圆八分，皮肉焦黑色。左膀木器伤二处，均量长一寸五分，宽八分，血癬紫红色。右膀木器伤一处，量斜长一寸七分，宽一寸，血癬紫红色。右后胁枪子伤一处，量围圆三分，深透内子在内，皮肉焦黄色。业经原县验明填单附卷。上诉人朱玉环在原审即供认开枪，

将被害人祁文勋击伤,核与被害人之父祁殿元及证人王绍彬之供亦属相符。唯其杀人之原因,据该上诉人抗辩意旨虽指祁文勋系为拉户(即绑票之意),然已经王绍彬声明祁文勋确是好人(据王绍彬在原审供词),何以尚不相信。况祁文勋是时仅有一人,且无携带何等凶器,更不能遽即指以为匪。据朱玉容在县所供,再参以王苗姐所述有人(指上诉人)将其褂子撕破等语,显见该上诉人朱玉环将王苗姐拉住,确系欲行奸污,自可无疑。原审判决依刑法第二百八十二条第一项,处有期徒刑十五年,并依同法第二百九十二条、第五十七条第四项、第五十六条,褫夺公权无期。裁判确定前羁押日数,依同法第六十四条折抵,尚无不合。至祁殿陞呈由检察官上诉部分,查兼理司法之县署所为之判决,依县知事审理诉讼暂行章程第二十五条规定,仅限于告诉人始得向检察官呈诉不服。本案祁殿陞系祁殿元之弟既非本案之告诉人,虽于原审传讯之时曾由祁殿元委任到庭陈述,而亦不得因此谓其有独立上诉之权。纵后祁殿元亦补具上诉状到院,但已在上诉期限经过以后,自难认为合法。

综以上论结,朱玉环上诉部分系无理由。祁殿陞、祁殿元呈诉部分系属违背法律上之程式。合依刑事诉讼法第三百八十四条、第三百八十三条,分别予以驳回,特为判决如主文。

本件经本院检察官孙堵福曜莅庭执行检察官之职务。

本件上诉法院为最高法院,当事人如有不服,应于判决书送达后翌日起十日内,具状叙述不服理由,向本院提起上诉。

中华民国十九年四月三日

           江苏高等法院刑事第一庭
             审判长推事
                推事
                推事

● 被告经传不到,不待其陈述迳行判决

江苏高等法院刑事判决二十年诉字第一六二一号

判决

  上 诉 人 邵宝怀 男,年三十六岁,浙江宁波人,住址不详,业五金店伙

  选任辩护人 胡锡安律师

上列上诉人因鸦片一案,不服上海地方法院民国二十年一月三十一

日第一审判决，提起上诉，本院判决如下：

主文

原判决关于抵刑部分撤销。

邵宝怀裁判确定前羁押日数，以二日抵徒刑一日。

其余上诉驳回。

事实

缘邵宝怀于本年一月二十三日下午八时由沪携带鸦片烟土二十五两又烟膏半盒，意图运往宁波贩卖，行经浦东太古码头驳船上，被上海市公安局水巡队查获，连同人证一并解送上海地方法院，经检察官侦查起诉。

理由

查上诉人邵宝怀在沪携带鸦片烟土、烟膏等物行经太古码头驳船上，被水巡队查获，是为不争之事实。其抗辩意旨无非谓该项鸦片由友人李子青托带，李子青住在汉口法租界日新里云云。当经本院函托汉口地方法院查明，日新里一带并无李子青其人居住在内，足征上诉人抗辩所称显系饰词不足凭信。该上诉人携带鸦片至二十五两之多，据供自己又向不吸烟，其为意图贩卖而持有，自属毫无疑义。原审因其偶触刑章情堪悯恕，爰依禁烟法第六条、刑法第九条、第七十七条、第五十五条第二、第三、第七等项（第七项系赘文）、第六十四条、禁烟法第十四条，减处有期徒刑六月，并科罚金八十元。并谕知罚金易科羁押折抵之标准及没收鸦片等物。论罪科刑尚无不当，上诉意旨饰词狡辩，殊难认为有理由。唯查上诉人在原审谕知判决后即予保释，羁押期间不过十余日，以之折抵徒刑已无余数，何能再抵罚金。原判除谕知以二日抵徒刑一日外，又谕知或以一日抵罚金一元，自有未合。上诉意旨虽未攻击此点，亦应加以纠正。

综上论结，合依刑事诉讼法第三百八十五条第一项、第三百八十四条、刑法第六十四条，将原判决关于抵刑部分撤销重行谕知。其余上诉驳回。再本案上诉人经一再传唤，始终避不到庭，自得依刑事诉讼法第三百八十二条不得其陈述，迳行判决如主文。

本件经本院检察官朱文焯莅庭执行检察官之职务。

本件上诉法院为最高法院，当事人对于本判决如有不服，应于送达判决书之翌日起十日内，以书状叙述不服理由，向本院提起上诉。

中华民国二十年五月二十日

江苏高等法院刑事第一庭

审判长推事

推事

推事

● 被告犯罪之起诉权消灭,谕知免诉判决

江苏高等法院刑事判决十九年诉字第三〇〇号
判决
  上 诉 人 江苏高等法院检察官
  被   告 黄竹堂 男,年五十四岁,东台县人,住冯家庄靠产
  选任辩护人 章世钧律师
  上被告因诈欺嫌疑案,经东台县政府于中华民国十九年一月十一日判决后,复由本院检察官以原告诉人呈诉不服提起上诉,本院判决如下。
主文
  原判决关于黄竹堂诈取税契款项部分撤销。
  黄竹堂关于诈取税契款项部分免诉。
  其余之上诉驳回。
理由
  按本案被告黄竹堂被诉诈取庞锦墀二五库券洋五十元一节,虽据原告诉人庞锦墀在原审状称,民国十六年十月间县委黄竹堂募办续发二五库券事,伊又将民唤去云本庄库券事宜归伊承募,迫民立出捐洋五十元。(中略)民遵谕筹洋五十元交黄收去,向去(恐系取字之误)收条,黄云县有正式库券发给为凭。彼时亦有庄头、包殿熊、张声明在场见闻知情,迨后向伊追取此券,(中略)均不归给。又供称,我承认二五库券五十元是民国十六年十月初七日交的钱,凭同张声明交黄竹堂大洋五十元,张声明也交库券洋二十五元把他等语。然质之证人张声明则又称,我承认库券洋二十五元,是陈加旺经手劝募的,那时他(指黄竹堂)不当乡董了,他没有劝募过我的二十五元,是交与陈加旺手收去的,黄竹堂没有收我洋钱。庞锦墀是出了大洋五十元,听说是交与黄竹堂收去,我没有在场看见云云。是原告诉人庞锦墀所称,因被告于民国十六年经募二五库券,曾凭同张声明交洋五十元,与被告之事实根本上已不能成立。且查原告诉人庞锦墀在原审告诉时并状称,于民国九年十月间又洋三十三元及抄契一纸托被告代为投税,至今钱契均未退还。如果此项状词系属实在,则被告对于原告诉人早已丧失信用,岂有仅凭被告承办库券之空言,复以五十元交与被告,而不问其索取收据之理。准此论断,则原告诉人庞锦墀所称交五十元与被告之事,虽经证人包殿熊到庭证明属实,亦难凭信。原审对于此部分

认为犯罪嫌疑不能证明，依刑事诉讼法第三百十六条谕知黄竹堂无罪，并无不合。检察官对于此部分据原告诉人呈诉不服，提起上诉，不能谓为有理由。至于被告被诉税契款项部分，既据原告诉人在原审所具供状均称，系民国九年阴历十月初十以洋三十三元及抄契一张托被告代为投税，至今钱契均未退还等语，是其所诉犯罪事实尚在刑律有效时代。而原告诉人之具状告诉系在民国十八年十二月九日，依当时有效之刑律第三百八十二条第一项、第六十九条第一项第四款之规定，其起诉权在刑法施行以前已因时效期满而消灭，无论其所诉是否属实，自应依刑事诉讼法第二百四十三条第一款、第三百十七条第一款，谕知免诉之判决，方为合法。乃原审竟认为犯罪嫌疑不能证明，一并谕知黄竹堂无罪，实属违误。检察官对于此部分，据原告诉人呈诉不服提起上诉虽无理由，然原判既有未当，自应由本院予以纠正。

依以上论结，合依刑事诉讼法第三百八十五条第一项后段，将原判决关于黄竹堂诈取税契款项部分撤销。另依同法第二百四十三条第一款、第三百十七条第一款，谕知黄竹堂关于诈取税契款项部分免诉。其余之上诉，依同法第三百八十四条予以驳回，特为判决如主文。

本件经本院检察官金鹤年苣庭执行检察官之职务。

中华民国十九年四月二十四日

江苏高等法院刑事第一庭
审判长推事
推事
推事

● 被告死亡谕知不受理判决

江苏高等法院刑事判决十九年诉字第二三六号

判决

上　诉　人	唐阿盘	男，年三十五岁，无锡县人，住白石山西山海里农
	张洪记	男，年二十四岁，无锡县人，住胥山湾，种田
	庄听福	男，年三十岁，武进县人，住雪堰桥，种田
	刘阿品	男，年四十二岁，无锡县人，住胥山湾，种田
	杨纪法	即杨纪发，男，年二十岁，无锡县人，住胥山湾，种田
指定辩护人	费廷璜律师	

上列上诉人因共同强盗案，不服无锡县政府中华民国十九年一月十四日第一审判决，提起上诉，本院判决如下：

主文

原判决关于唐阿盘罪刑部分撤销。

唐阿盘之公诉不受理。

其余之上诉驳回。

木棍三根没收。

事实

缘唐阿盘与住居短沟上之孀妇俞周氏素相认识，民国十八年十一月十三日即阴历十月十三日夜间，唐阿盘因疑俞周氏与其雇工曹阿炳有暧昧情事，即约同张洪记、庄听福、刘阿品、杨纪法及在逃不知姓名者一人，分持木棍、木片、小刀、电筒前往俞周氏家捉奸，由不知姓名之人捐门入内，将俞周氏捆缚殴打，并劫去银洋、衣饰等物。当由俞周氏报经第十七区区长转报无锡县政府，经该县派员履勘，拾获盗犯遗留木棍三根缴案。并验明俞周氏右眼胞相连面颊有硬柴击伤一处，青红色肿胀。脊背近左有火烫伤一处，皮肉焦黑色。左臀有重叠硬柴击伤一处，青红赤色肿胀。左手大指有硬柴伤一处，青红色肿胀。两手腕近上有绳缚痕两道，赤色微肿，填具伤单附卷。旋由无锡县警察大队将庄听福拿获解送到县，并据唐阿盘、张洪记、刘阿品、杨纪法等先后自行投案，依法审理，分别判处罪刑。唐阿盘、张洪记、庄听福、刘阿品、杨纪法等不服，提起上诉到院。

理由

本案上诉人张洪记、庄听福、刘阿品、杨纪法等上诉意旨，虽只承认听从上诉人唐阿盘之纠约，于十一月十三日夜间阻止俞周氏之私奔，而不承认有抢劫情事。然检阅笔录，据上诉人庄听福在原审供称，我与俞周氏素不认识，十月十三日张洪记来喊我，去将一个女人打一顿。吃过夜饭，张洪记、刘阿品、唐阿盘、王培宜、我及不知姓名一个共六人去的。大家没有涂面，我拿一块木片，刘阿品拿一把秤星，小刀只有五寸长，王培宜拿着电筒，先由逃在上海一人捐门进去，女人问谁，他说野丈夫来了，一把抓住女人发髻，女人将十块钱、一付金环、小衣包一个交与张洪记、王培宜两人。事后洪记叫我到街上吃酒，纪发给我大洋两元，不知什么钱。当时同去六人，电筒纪发、培宜两人均有，金环纪发拿去。又证人李昌大供称，十三夜半我闻狗咬手里拿门闩追出庙门，看见杨纪发、王培宜两人向旁一避停半个钟头，张洪记、杨纪发、王培宜三人来敲门，我去开门，他们说来斋老爷。纪发拿一把小刀，有四、五寸长，对我一扬，王培宜拿一个包、一个电筒，将衣包放在门口铺上,至天明趁快船走的,未有钱给我,不知他们抢劫,后来歇脚各等语。而俞周氏所受伤痕及其家被抢情形,又经原审勘验明白,分别填具履勘表及伤单,并经政务警长吴正荣于履勘当时查明,系因捉暧昧之事而入,见财起意,具文呈复各在卷。是该上诉人张洪记、庄听福、刘阿品、杨纪发等共同结伙三人以上,携带凶器于夜间侵入俞周氏家抢劫财物之所为,实已众证确凿,自不容任其狡卸。原审认上诉人张洪记、庄听福、刘阿品、杨纪法等均犯刑法第四十二条、第三百四十八条第一项、第三百三十八条第一项(原判漏未引明第一项)第一款、第三款、第四款之罪,复以其系因捉奸而起,其犯罪情状尚可悯恕,依同法第七十七条于所犯本刑上减轻二分之一,各处以有期徒刑三年六月。并依同法第三百五十五条、第五十六条、第五十七条第二项、第五项(原判漏未引明第五项),各褫夺公权七年。裁判确定前羁押日数,均准依同法第六十四条折抵,论罪科刑尚无不合。虽原判援引刑法第三百三十八条各款时漏未引明该条第一项,援引同法第五十七条时漏未引明该条第五项,不免疏略,然于罪刑出入无关。唯履勘时所拾获之木棍三根,系供犯罪所用之物,原判未予宣告没收,稍有未合。上诉人张洪记、庄听福、刘阿品、杨纪法等之上诉意旨,纯以空言饰辩,不能认为有理由。至于上诉人唐阿盘既据原县呈称,于本年三月四日下午六时在所病故,则其犯罪主体已不存在,自应由本院将该部分撤销改判。

依以上论结,合依刑事诉讼法第三百八十五条第一项,将原判决关于唐阿盘罪刑部分撤销。另依同法第三百十八条第五款,谕知唐阿盘之公诉不受理。其余之上诉,依同法第三百八十四条予以驳回。木棍三根,依刑法第六十条第二款没收。特为判决如主文。

本件经本院检察官钟尚斌莅庭执行检察官之职务。

本件上诉法院为最高法院,当事人对于本判决如有不服,应于送达判决书之日起十日内,以书状叙述不服理由,向本院提起上诉。

中华民国十九年四月八日

江苏高等法院刑事第一庭
审判长推事
推事
推事

● 原审无管辖权判决

江苏高等法院刑事判决十九年诉字第一六八〇号
判 决
上 诉 人 钱凤林 男,年三十一岁,启东县人,住长安镇,种田
选任辩护人 宋钧培律师
上诉人因内乱嫌疑一案,不服启东县政府中华民国二十年一月三十一日之庭谕,提起上诉,本院判决如下:
主文
原庭谕撤销。
理由
查刑法第一百零四条之罪,其第一审之管辖权属于高等法院,刑事诉讼法第十条第一款业有明文规定。本案上诉人钱凤林经原县认为犯刑法第一百零四条之罪,依上开规定,该县即无管辖第一审之权。况依特别法优于普通法之原则,在暂行反革命治罪法施行有效期间内,刑法中之内乱罪章当然停止其效力。而反革命案件依关于取销特种刑事临时法庭办法第一款规定,亦应由高等法院依通常程序受理第一审。乃原县竟自行受理,而判上诉人以内乱罪刑,显属不合。除暂行反革命治罪法业于本年三月一日危害民国紧急治罪法施行之日废止,依危害民国紧急治罪法第七条第一项,本件当归临时法庭审判外,合依刑事诉讼法第三百八十五条第一项,将原庭论撤销,特为判决如主文。
本件经本院检察官金鹤年莅庭执行检察官之职务。
中华民国二十年五月三十日

江苏高等法院刑事第一庭
审判长推事
推事
推事

● 原审未为管辖错误之谕知,第二审自为第一审判决

江苏吴县地方法院刑事判决十八年地字第四一号
判 决
上 诉 人 曹阿六 男,年三十一岁,吴县人,住西津桥香油村,

药业

陆水源 男,年五十岁,吴县人,住木渎金山浜,杂货业

上选任辩护人 唐慎坊律师

上列上诉人因持有爆裂物一案,不服本院刑事简易庭中华民国十七年七月二十四日第一审判决,提起上诉。经本院判决后,又上诉于高等法院,发回更审。本院判决如下:

主文

原判决撤销,本件应由本院自为第一审判决。

陆水源未受允准持有爆裂物一罪,处罚金十元。如不能完纳时,以一元折算一日易科监禁。

曹阿六教唆陆水源持有未受允准之爆裂物一罪,处罚金十五元。如不能完纳时,以一元折算一日易科监禁。

火药一包没收。

事实

缘曹阿六曾在苏州区硝磺局请准购买硝磺制造火药,声明在金蕉高山为开山之用,嗣将火药十包,每包计重二斤二两及火药线若干条寄存陆水源处,托其代售。本年五月十日经苏州硝磺局派员会同公安局派警前往陆水源家搜出前开火药十包,六月十四日又在陆水源处搜出火药线一包,移送本院检察官。诉经本院刑事简易庭,判处曹阿六拘役十五日,陆水源拘役十日。火药没收。曹阿六、陆水源均不服,提起上诉,由江苏高等法院发还更审到院。

理由

查曹阿六以火药十包寄存陆水源托其代售各情,业据被告等供认不讳,该被告陆水源售卖此项火药,确未得有允准,其应构成犯罪毫无疑义。被告曹阿六请准购买硝磺系作开山之用,乃竟制成火药,寄托未受允准之陆水源代售,亦属罪有应得。辩诉意旨以购买得有允准,即可售卖为理由,实难认为正当。至硝磺局在陆水源处起出火药十包、火药线一包,虽系两次,然讯系一次寄存,自不发生连续或并合犯罪之问题。唯刑法业经施行,应依刑法第二条前段适用刑法第二百零一条第一项之刑处断。查刑法该条项之罪,依刑事诉讼法第八条第一款但书规定,第一审管辖权属于地方法院,是因事物管辖之关系,应依刑事诉讼法第三百八十五条第三项将原判决撤销,自为第一审之判决。陆水源系犯刑法第二百零一条第一项之罪,处罚金十元。曹阿六系属教唆犯,依刑法第四十三条第二项、第二百零一条第一项,处罚金十五元。如不能完纳时,依刑法第五十五条

第二、三两项,均以一元折算一日易科监禁。火药一包,依刑法第六十条第一款第二款没收。其余火药九包及火药线一包,未经硝磺局送案,无法没收。特为判决如主文。

本件经本院检察官吕一侯苢庭执行检察官之职务。

当事人如有不服,得自本判决送达后十日内,向本院提出书状,叙述不服理由,上诉江苏高等法院。

中华民国十八年三月二十二日

江苏吴县地方法院刑庭
审判长推事
推事
推事

刑事 第三审

● 原审认上诉不合法驳回裁定

江苏吴县地方法院刑事裁定十九年杂字第五一号
裁定
上诉人 祝宝泉 男,年四十二岁,无锡县人,住后祝巷业商。
被 告 郑涌泉 男,年六十四岁,无锡县人,住杨家圩郑巷上。
　　　　 郑敏甫 男,年三十三岁,余同上
　　　　 郑永良 男,年五十九岁,余同上
　　　　 郑敦甫 男,年五十九岁,余同上
　　　　 郑耀裕 男,年四十岁,余同上

上列上诉人因自诉妨害名誉一案,不服本院刑庭中华民国十九年十一月四日第二审判决,提起第三审上诉,本院裁定如下:
主文
本件上诉驳回。
理由
查初级法院管辖案件,其最重本刑为一年以下有期徒刑拘役或专科罚金之罪者,经第二审判决后,不得上诉于管辖第三审之法院,此在刑事诉讼法第三百八十七条已定有明文。本件上诉人祝宝泉自诉被告郑涌泉等妨害名誉一案,原第一审认被告郑涌泉等触犯刑法第三百二十五条第一项之罪,各处罚金一元。郑涌泉等不服上诉,业经本院将原判决撤销,谕知郑涌泉等均无罪各在案。此项案件第一审管辖权,依刑事诉讼法第八条之规定,本属于初级法院,其最重本刑一、二两项,又均为六月以下或一年以下有期徒刑、拘役或罚金。依照上开规定,自在不得提起第三审上诉之列,兹上诉人于收受本院第二审判决书后,犹复提起上诉,显难认为合法。

据上论结,本件上诉应依刑事诉讼法第三百九十七条第一项,予以驳回,特为裁定如主文。

本件抗告法院为江苏高等法院,抗告期限为五日,自送达裁定后起算。

中华民国二十年一月九日

江苏吴县地方法院刑庭
审判长推事
推事
推事

江苏吴县地方法院刑事裁定十九年杂字第二一号

裁定

上诉人　钱序耕　男,年三十岁,无锡人,住北下乡,业农

上列上诉人因钱仁林等被诉诈财并附带民诉一案,不服本院中华民国十九年四月二十八日第二审判决,提起上诉,本院裁定如下:

主文

本件关于刑事部分上诉驳回。

理由

按当事人对于下级法院之判决有不服者,得上诉于上级法院,此在刑事诉讼法第三百五十八条固有明文规定。但所谓当事人者,谓检察官、自诉人及被告,亦经同法第三条著有明文。是凡不服判决提起上诉,必当事人始得为之,法文规定极为明确。本件上诉人钱序耕以诈欺等情告诉钱仁林等,并提起附带民诉一案,业经原审及本审先后判决在卷。关于附带民诉一部,该上诉人系正当当事人,其提起上诉尚属合法,应候上级法院裁判外。至刑事部分该上诉人并非当事人,按之上开说明,自无提起上诉之余地。乃上诉人于此有所误会,竟一并提起上诉,其不合法自属显然,应依刑事诉讼法第三百九十七条第一项予以驳回,特为裁定如主文。

本件抗告法院为江苏高等法院,抗告期间五日,自送达裁定后起算。

中华民国十九年五月二十二日

江苏吴县地方法院刑庭
审判长推事
推事
推事

● 上诉无理由驳回判决

江苏高等法院刑事判决十九年上字第三九号

判决

上诉人 黄贤元 男,年三十岁,仪征县人,住仪征县

上诉人因和奸案,不服镇江地方法院中华民国十九年六月十四日第二审判决,提起上诉,本院判决如下:

主文

上诉驳回。

理由

按刑事诉讼法第三百六十三条规定,上诉期限为十日,自送达判决后起算。又仪征至镇江地方法院程期为二日,若逾期上诉,自为法所不许。本案上诉人黄贤元因犯相奸案,经仪征县政府第一审判决后,即将判决正本于本年五月十一日送达于上诉人收受,由上诉人在送达证书内签有十字花押附卷可稽。其上诉期限并加仪征县至镇江地方法院程期扣算,至五月二十三日即已届满,乃上诉人之上诉状延至五月二十四日始到达镇江地方法院(经该院在上诉状上盖有戳记为凭),显系逾期。原审认上诉人之上诉为不合法,依刑事诉讼法第三百八十三条予以驳回,并无不合。上诉人上诉意旨谓,该上诉状已于五月二十二日在仪征县用快信寄出云云,自难认为有理由,应依同诉讼法第四百零八条第一项予以驳回,特为判决如主文。

中华民国十九年八月五日

江苏高等法院刑事第三庭

审判长推事

推事

推事

江苏高等法院刑事判决二十年上字第六号

判决

上诉人 闻国柱 男,年二十四岁,泰县人,住姜堰市,业商

上诉人因伤害案,不服镇江地方法院中华民国二十年五月三十日第二审判决,提起上诉,本院判决如下:

主文

上诉驳回。

事实

缘闾国柱于民国十九年十一月六日即废历九月十六日傍晚,闾与其祖母国柱与闾朱氏因晚餐口角互扭倒地,用脚将闾朱氏踢伤。旋闾朱氏诉经泰县县政府,饬吏验明闾朱氏左额角有跌碰伤一处,微有红肿。左臁肋旁有脚跌伤一处,红色微肿,填单附卷。并传闾国柱到案讯悉前情属实,认闾国柱犯伤害直系尊亲属罪。闾国柱不服上诉,经镇江地方法院审理判决,闾国柱复不服,提起上诉到院。

理由

本案上诉人闾国柱之上诉意旨,无非以伊并无与其祖母闾朱氏口角致伤情事。且证人王妈、王厚禄均系闾朱氏助虐之人,其证言不足取信,为其唯一不服之主张。查阅卷宗上诉人将闾朱氏揪扭倒地用脚乱踢,以其受有微伤等情,匪特经被害人闾朱氏迭次指证历历,并有伤单可证。而且经当时在场目睹之证人王妈、王厚禄在原审及第一审证明属实,是上诉人确有加害行为,已属无可诿卸。原判以第一审认上诉人犯伤害直系尊亲属罪,依刑法第三百九十三条第一项、第二百九十八条第一项前段,加重本刑二分之一处以拘役三十日。并以其未经羁押,毋庸折抵,为无不当。将其上诉驳回,尚无不合。上诉意旨纯系空言狡辩,殊难认为有理由。

依上论结,本件上诉合依刑事诉讼法第四百零八条第一项予以驳回,特为判决如主文。

中华民国二十年八月二十九日

江苏高等法院刑事第二庭
审判长推事
推事
推事

● 上诉发回更审判决

江苏高等法院刑事判决十九年上字第一九号

判决

上　诉　人　吴连元　男,年二十一岁,吴县人,住西白塔子巷

选任辩护人　朱辅成律师
　　　　　　陶见山律师

自　诉　人　吴潘氏　年四十四岁,吴县人,住东大园九号

上诉人因妨害自由案，不服吴县地方法院于中华民国十九年三月八日第二审判决，提起上诉，本院判决如下：

主文

原判决撤销。

本件发回吴县地方法院更为审判。

理由

查阅原卷，上诉人吴连元之故父仲梅与吴潘氏之故夫伯英、吴丁氏之故夫叔贤，系同胞兄弟，均为吴朱氏所出。吴朱氏故后，吴潘氏将其所遗之西白塔子巷住屋出卖，事为上诉人等所知，即乘该屋腾空之时迁入居住。经吴潘氏劝阻无效，遂以侵入住宅等情向第一审自诉，经讯据上诉人供认搬入居住属实，唯主张该屋应归三房共有云云。一、二两审以吴潘氏因遗产纠葛与吴丁氏涉讼，上诉人母吴严氏曾经到案作证，经前江苏高等审判厅判令吴潘氏、吴丁氏平均分析吴朱氏遗产。而和解状内亦声明，遗产内提出一百十五亩交吴丁氏管业，其余情让之田房、基地及典股等均归吴潘氏所有等语。因之认定上诉人对于该屋并无共有权，依法处以罪刑尚非无据。然查上诉人之母吴严氏于吴潘氏同吴丁氏涉讼之时，虽曾到场作证，而对于诉讼并未依法参加，则依民事诉讼通例，自不生拘束之效力。究竟上诉人对于该屋有无共有关系，自应先将民事法律关系之证据调查明确，依照刑事诉讼法第三百十二条办理后，始得断定上诉人之犯罪是否成立。原审不此之察，遽行判决，殊不足以昭折服。再查本案吴潘氏自诉吴连元及吴严氏、吴启元共同侵入住宅系告诉乃论之罪，该吴潘氏在第一审既对于吴严氏、吴启元部分声明撤回告诉，则依刑事诉讼法第二百二十条规定，其效力当然应及于上诉人。唯第一审事实系认为撤回自诉，究竟其实情如何，原判决概不论及，尤属未尽审判之能事。

综以上论结，本件合依刑事诉讼法第四百零九条第一项、第四百十三条，判决如主文。

中华民国十九年四月二十一日

江苏高等法院刑事第一庭

审判长推事

推事

推事

刑事 抗告

● 抗告之程序违背规定驳回裁定

江苏高等法院刑事裁定十九年抗字第四六号

裁定

抗告人 陆象贤 男,年五十五岁,崇明县人,住三桥乡

上抗告人因伪造文书嫌疑案,于崇明县政府审理中提起抗告,本院裁定如下:

主文

抗告驳回。

理由

查抗告须对于县政府批谕有所不服方得提起,本件抗告人陆象贤以该案业经崇明县不为起诉,不应再行传讯,并非对于批谕有所不服,已属违背抗告程序。况该抗告人被诉伪造文书嫌疑一案,原县于上年十二月三十日为不起诉处分后,即经王乐善即王曾鲁黏呈里排执照声请再议,原县批准续传集讯,于法尚无不合。本件抗告合依刑事诉讼法第四百二十二条予以驳回,特为裁定如主文。

中华民国十九年四月三十日

江苏高等法院刑事第一庭
审判长推事
推事
推事

● 抗告无理由驳回裁定

江苏高等法院刑事裁定十九年抗字第三九号

裁定

抗告人 沈映泉 年六十五岁,无锡县人,住上海南市大码头沈元来号

上抗告人因被诉伪造文书等罪嫌疑一案,不服无锡县政府之拘提,提起抗告,本院裁定如下:

主文

抗告驳回。

理由

查本案原县因陆庠生具诉抗告人沈映泉伪造文书等情,票传于本年三月二十日审理,既经代收传票人沈元来油号具函声明,该抗告人结伴往天台处等敬香,传票无从寄往等语。是其临讯不到,尚非无正当理由,原县遽行函托上海地方法院拘提,自有未合。唯嗣后该抗告人业经该院交保开释,则属于拘提之事已属不生问题,至抗告意旨所称各点果属实情,亦应到案声辩,以此为抗告理由,尤非正当。合依刑事诉讼法第四百二十三条为裁定,如主文。

中华民国十九年四月十九日

江苏高等法院刑事第一庭

审判长推事

推事

推事

江苏吴县地方法院刑事裁定十九年抗字第二号

裁定

抗告人 陈履中 即陈礼中,男,年三十岁,靖江人,住西九图农送达处长春巷朱辅成律师

上列抗告人因鸦片案,不服靖江县政府于中华民国十九年二月二十四日所为裁定提起抗告,本院裁定如下:

主文

抗告驳回。

理由

本件抗告人陈履中因吸食鸦片案,经原县判处有期徒刑二月,并科罚金三百元。旋即提起上诉,原审以该抗告人业经当庭声明舍弃上诉权,认其上诉权已经丧失,依照刑事诉讼法第三百三十七条第一项予以驳回。该抗告人不服提起抗告到院。查该抗告人舍弃上诉权,业据当庭具结亲署花押在卷,且翌日即将罚金缴案,该抗告人虽谓系属保证金等语。然查其所递交状载明,计交罚金三百元,并据于状尾亲署花押,是其自愿舍弃

上诉权实无疑义。原审认其上诉权已经丧失,将其上诉予以驳回,当无不合。本件抗告显无理由,应予驳回,兹依刑事诉讼法第四百二十三条,裁定如主文。

中华民国十九年四月二十一日

江苏吴县地方法院刑庭
审判长推事
推事
推事

江苏上海地方法院刑事裁定二十年抗字第一六号

裁定

抗告人 金鹤鸣 男,年四十五岁,上海人,业南洋机器造船厂经理,住半淞园路三三〇号

上抗告人因自诉林士达赃物一案,不服本院民事简易庭中华民国十九年十二月十七日裁定,提起抗告,本院裁定如下:

主文

抗告驳回。

理由

抗告论旨略称,自诉人因林士达故买赃物一案,提起自诉在前,而检察官侦查终结在后,自不能妨害自诉之效力,原审为驳回之裁定,实难甘服云云。本院按刑事诉讼法第三百四十一条第一项载,同一案件经检察官侦查终结者,不得再向法院自诉。其第二项载,其在侦查终结前经自诉者,检察官应停止侦查之程序等语。查林士达因故买赃物嫌疑,经市公安局第二区于上午十二月十一日送由本院检察官侦查,即于是日侦查终结,未予起诉在案。该抗告人在原审提起自诉,虽系同年同月同日,而既于本案侦查终结前,并未经请求检察官停止侦查程序,本系该抗告人之过失,无可曲解。是则检察官之侦查终结,对于林士达部分未予起诉,自仍应以同一案件论。原审依刑事诉讼法第三百四十三条第一项第二款将其自诉驳回,并无不合。本件抗告殊难认为有理由,应予驳回,爰依刑事诉讼法第四百二十三条为裁定,如主文。

中华民国二十年一月三十一日

江苏上海地方法院刑庭
审判长推事
推事
推事

● 抗告有理由裁定

江苏高等法院刑事裁定十九年抗字第一四〇号

裁定

抗告人 何尧甫 男,年五十八岁,无锡县人,住大市桥街

上抗告人因被诉伤害案,不服无锡县政府中华民国十九年十一月二十二日批示,提起抗告,本院裁定如下:

主文

原批示撤销本案,应由无锡县政府依法核办。

理由

本件抗告人何尧甫因与丁杏初等租屋纠葛,致启口角继而互殴,即经该处岗警将抗告人等带案转送无锡县政府讯办。旋抗告人以互殴时曾被丁杏初及其子丁鹿生殴伤成病等情,具状向原县诉请究办,原县即批以尔等殴伤丁姓、反谓被丁姓殴伤,殊属非是,着传案讯办等语。抗告人遂对该批示不服,提起抗告。本院查抗告人曾经陶涵医院医生陆陶庵验明外伤性肋膜炎,出具诊断书附卷,此种病象是否因殴所致？如系殴伤,是否系丁杏初等所殴？尚不无研究余地。原县对于此点未经调查明晰,遽认抗告人只有殴伤丁姓,并无被丁姓殴伤情事。将抗告人之请求予以驳斥,自有未合。抗告意旨就此攻击原批示不当,尚难谓无理由。

依上论结,合依刑事诉讼法第四百二十四条将原批示撤销,本案应由原县依法核办,特为裁定如主文。

中华民国二十年一月十日

江苏高等法院刑事第三庭
审判长推事
推事
推事

江苏上海地方法院刑事裁定十九年抗字第七号

裁定

抗告人 何洪生 男,年四十一岁,松江人,住新桥乡

上抗告人因毁损案,不服松江县政府中华民国十九年七月五日批示,提起抗告,本院裁定如下:

主文

原批示撤销。

理由

按修正印纸规则第八条第一项规定，贴用司法印纸之额数，由司法衙门主管人员核算，并出具证明书。第二项规定，前项证明书交由请求核算之本人，自行持向印纸发售处购贴印纸。是当事人购贴司法印纸，必须先经司法衙门之审查，至为明显。查本件抗告人于原县宣判之日，缴纳保证金五元，请求折赎，于法虽有未合，然既以保证金名义缴纳，原县又因此准予交保，则依保证金之性质论，即不应令其购贴印纸，乃原县于收款时不加审查，竟予购贴，显有错误。抗告人于受第二审宣告无罪后，请求退还该项保证金，于法并无不合。原批示予以驳斥，自有未当，抗告人对之提起抗告，即不能谓为无理由。

据上论结，应依刑事诉讼法第四百二十四条，裁定如主文。

中华民国十九年八月十九日

　　　　　　　　　　　　　　　　　江苏上海地方法院刑庭
　　　　　　　　　　　　　　　　　　　　审判长推事
　　　　　　　　　　　　　　　　　　　　　　推事
　　　　　　　　　　　　　　　　　　　　　　推事

● 再抗告裁定

江苏高等法院刑事裁定十九年抗字第四一号

裁定

抗告人　江宁地方法院检察官

上抗告人因陈陈氏自诉陈发亭毁损窃盗案，不服江宁地方法院中华民国十九年三月二十一日所为驳回抗告之裁定，提起再抗告，本院裁定如下：

主文

再抗告驳回。

理由

按对于抗告法院之裁定，得以提起再抗告者，以刑事诉讼法第四百二十六条所列各款情形为限。本件抗告人因陈陈氏自诉陈发亭毁损窃盗案，于江宁地方法院简易庭将陈陈氏之自诉驳回后，提起抗告，当经该院合议庭于民国十九年三月二十一日以裁定将抗告驳回在案。乃抗告人对于该项裁定复行提起再抗告，核与上开规定不符合，依刑事诉讼法第四百二十二条、将本件再抗告予以驳回，特为裁定如主文。

中华民国十九年四月二十二日

江苏高等法院刑事第一庭
　　　审判长推事
　　　　　推事
　　　　　推事

刑事　再审

● 再审不合法驳回裁定

江苏高等法院刑事裁定十九年再字第一号

裁定

声请人　林德标　年四十一岁，淮阴县人，住苏州小花园二号

上声请人因鸦片案，于第二审判决确定后声请再审，本院裁定如下：

主文

声请驳回。

理由

查科刑之判决确定后，为受刑人利益起见，提起再审者，须有刑事诉讼法第四百四十一条下列各款之情形始得为之。本件声请人林德标因犯以馆舍供人吸食鸦片一罪，经本院第二审判决处以有期徒刑一年，并科罚金六十元确定在案。此次声请人提起再审，虽依据该条第一款、第五款以为理由，然查声请人所指告密人挟仇诬告及证物出于变造各情，不特与声请人犯罪之成立根本上不生动摇，且未经确定判决，亦核与该两款之规定不符。本件声请系属违背程序上规定，应依同法第四百五十二条为裁定，如主文。

中华民国十九年四月十八日

江苏高等法院刑事第一庭
审判长推事
推事
推事

● 再审无理由驳回裁定

江苏高等法院刑事裁定十九年再字第二号

裁定
声请人 许杏亭 男，年五十八岁，武进县人，住县城内西县巷
　　　　 贺善龄 男，年三十五岁，武进县人，住延政乡牛塘桥

上声请人因妨害公务及妨害秩序案，经最高法院中华民国十八年十二月十八日所为第三审判决确定后，声请再审，本院裁定如下：

主文

声请驳回。

理由

查受刑人为利益起见，依刑事诉讼法第四百四十一条第一、第二、第五各款提起再审之诉，须有确定判决足以证明，始能认为合法。至同条第四款所谓确实证据，须其证据足认该受刑人可受利益之判决，方有理由。本件声请人许杏亭、贺善龄因共同毁损公务员职务上掌管之文书物品案，经最高法院第三审判决确定后，该声请人以发现周鉴与冯嗣异等所立合股认保延政乡禁烟捐合同，足以证明周鉴并非公务员，且攻击原判采证未合，对于原确定判决提起再审。本院查刑法第十七条所称公务员，系指职官吏员及其他依法令从事于公务之议员及职员而言，周鉴既系武进县禁烟分局办事员，而其所设禁烟办事处又系从事公务，自不得谓非公务员。无论该声请人所发见之认捐合同是否真实，与原确定判决认声请人犯刑法第四十四条之罪均无影响，自难认为有开始再审之理由。至攻击证言证据不当各节，既无其他确定判决可以证明，更难认为合法。本件声请合依刑事诉讼法第四百五十三条予以驳回，特为裁定如主文。

中华民国十九年四月二十八日

　　　　　　　　　　　　　　　　　江苏高等法院刑事第一庭
　　　　　　　　　　　　　　　　　　　　审判长推事
　　　　　　　　　　　　　　　　　　　　　　推事
　　　　　　　　　　　　　　　　　　　　　　推事

● 再审有理由开始再审裁定

江苏吴县地方法院刑事裁定十九年再字第三号

裁定
声请人 褚林氏 女，年三十四岁，住吴县横塘镇
受刑人 褚阿小 男，年三十八岁，住同上

上列声请人因受刑人褚阿小窃盗案，经本院刑事简易庭判决确定，声

请再审,本院裁定如下:

主文

本件应开始再审。

理由

查刑事诉讼法第四百四十一条第四款载,因发见确实证据,足认受刑人应受无罪免诉,或轻于原审所认罪名之判决者,为受刑人利益起见,得提起再审。又同法第四百四十六条第三款载,受刑人之法定代理人、保佐人、或配偶得提起之云云。本件据声请人褚林氏以伊夫褚阿小因被诉窃菱,经本院刑事简易庭判处罪刑确定在案,兹发见伊夫于民国八年与李秋笙缔结采菱契约,声请再审,经本院察核与上开法条尚无不合,应认其声请为有理由。兹依刑事诉讼法第四百五十四条,特为裁定如主文。

中华民国十九年十月二十八日

江苏吴县地方法院刑事简易庭
推事

● 具备再审理由,撤销原确定判决,谕知无罪判决

江苏吴县地方法院刑事判决十九年再字第三号

判决

声请人 褚林氏 女,年三十四岁,住吴县横塘镇

受刑人 褚阿筱 男,年三十八岁,住同上

上声请人因受刑人褚阿筱窃盗一案,经本院刑事简易庭判决确定,声请再审,本院判决如下:

主文

原确定判决关于褚阿筱罪刑部分撤销。

褚阿小无罪。

事实

缘李秋笙有菱塘一个,坐落旧元境三十八都十图,褚阿筱曾于民国八年三月五日与李秋笙缔结采菱契约,自后即由褚阿筱自种自采,相安无事。本年七月间有程寿荃者,与李秋笙因水利纠葛发生诉讼,至九月二十七日褚阿筱以菱熟往采,为程寿荃所见,遂指为窃盗,报由该管第八公安分局解送本院检察官侦查起诉。当时该褚阿筱虽经陈述与李秋笙有订约情事,然以不能提出证明,认系空言抗辩不足采信,经本院审依刑法第三百三十七条第一项,判处褚阿筱有期刑二月确定在案。兹据褚阿筱之妻

以该项契约现已检得,足白冤抑,声请再审。经本院认为有理由,裁定开始再审。

理由

查刑法第三百三十七条第一项之窃盗罪,应以系意图自己或第三人不法之所有,而取他人所有物者方能成立。本件受刑人褚阿筱之采菱,于民国八年三月五日即与菱塘所有人李秋笙订有契约,十余年来均由褚阿筱自种自采,相安无事。业据再审声请人提出新发见之原契约,并据原中王阿宝到庭供证属实,讯据李秋笙亦称确有此事实,是褚阿筱之采菱系合法行为,自不负上开窃盗罪责。况查程寿荃与李秋笙为水利涉讼案,亦经本院民庭将程寿荃之诉驳斥,判决确定在案,尤足证褚阿筱实系无辜蒙冤。既据再审声请人提出新发见确实证据,足资证明,依照首开说明,应依刑事诉讼法第四百五十六条、第三百十六条,特为判决如主文。

本件经本院检察官王黻裳莅庭执行检察官之职务。

中华民国十九年十一月十日

江苏吴县地方法院刑事简易庭

推事

江苏高等法院刑事判决十九年再字第八号

判决

声请人即上诉人 陈驼子 男,年二十五岁,江宁人,住板桥,业农

指定辩护人 章世钧律师。

上声请人因伤人致死一案,经判决确定后,声请再审,本院判决如下:

主文

原判决关于陈驼子罪刑部分撤销。

陈驼子无罪。

理由

查声请人(即上诉人)陈驼子是否为伤害孙正发致死共犯,自应以证据为断。据证人吴胜贵在本院供,孙正发是个小毛贼,为偷菜的事,被陈小一子打死的。我看见陈小一子打一扁担,我问孙正发已不能开口了,陈五一子是陈小一子的父亲。又据证人徐发万亦供,孙正发认得的,被陈小一子打伤身死的,陈小一子并不是陈驼子各等语。依上述证言,是当时与李志如共同加害为陈小一子,而非陈驼子,已极明显。并经本院令江宁地方法院调查,陈驼子与陈小一子(即陈石林子)系属两人,业经路西村村长顾有源、板桥镇镇长龚亭洲到案证明,制成笔录,呈送在案。本院于再审时讯据陈驼子供,陈五一子不是我,陈小一子亦不是我,孙正发被打死,我

不在家，不知何人打死的。其对加害孙正发，亦复极端否认。原审遽认陈驼子为伤害人致死共同正犯，依刑法第二百九十六条处断，自属错误。陈驼子提起再审，难谓无理由，应由本院予以纠正。

综上论结，合依刑事诉讼法第四百五十六至第三百八十五条第一项，将原判决关于陈驼子罪刑部分撤销，更为判决。陈驼子犯罪嫌疑不能证明，应依刑事诉讼法第三百七十九条、第三百十六条，谕知无罪，特为判决如主文。

本件经本院检察官朱文焯莅庭执行检察官之职务。

中华民国二十年五月二十六日

江苏高等法院刑事第一庭
审判长推事
推事
推事

刑事　简易程序

● 处刑命令

江苏吴县地方法院处刑命令十九年令字第六六号

被　告　王山林　男,年五十六岁,吴县人,住小园上二十二号

　　　　吴菊林　男,年三十一岁,无锡人,住朱家园十三号

　　　　郭凤完　男,年二十五岁,镇江人,住文山寺前

　　　　朱连国　男,年二十七岁,泰兴人,住小园上

　　　　吕青山　男,年二十三岁,扬州人,住小园上

上列被告于本年六月四日在小园上二十二号赌博财物,经本院检察官声请处刑到院。核其所为,王山林供给场所,依刑法第四十四条、第二百七十八条第一项;吴菊林、郭凤完、朱连国、吕青山赌博财物,依刑法第四十二条、第二百七十八条第一项,应各处罚金五元。如不完纳时,依同法第五十五条第二项、第三项,以一元折算一日易科监禁。裁判确定前查未羁押,无庸折抵。所获扑克牌二副,系供犯罪所用之物,依第六十条第一款、第二款、第二百七十八条第二项没收。被告于接收本处刑命令之日起五日内,得向本院声请正式审判,特此命令。

中华民国十九年六月十一日

　　　　　　　　　　　　江苏吴县地方法院刑事简易庭

　　　　　　　　　　　　　　　　　　推事

江苏吴县地方法院处刑命令十九年令字第六九号

被　告　汪堃生　男,年二十一岁,吴县人,住叶家衖二十一号巡士。

上列被告系吴县公安局南区警署第二分驻所巡士,本年六月八日该被告在元和县前值岗,侵占袁天朝遗失物,被该所巡长查悉,解由县公安局转送到院。经本院检察官声请迳以命令处刑到院,核其所为,实犯刑法第三百五十八条之罪。唯查该被告系任公务员,应依国民政府天字第一六〇号训令、党员背誓罪条例第一条、特别刑事法令刑等、计算标准条例

第五条,加重本刑二分之一,处以罚金二十元。如不完纳时,依同法第五十五条第二项、第三项,以一元折算一日易科监禁。裁判确定羁押日数,依同法第六十四条以一日抵罚金一元。被告于接收本处刑命令之日起五日内,得向本院声请正式审判,特此命令。

中华民国十九年六月十九日

江苏吴县地方法院刑事简易庭

推事

刑事 附带民事诉讼

● 附带民事诉讼移送民庭审判裁定

江苏吴县地方法院刑事裁定十九年附字第二五号
裁定
附带民诉原告 吴增虎 男,年五十六岁,吴县人,住黄埭农
　　　　　　　　吴阿三 男,年二十八岁,同上
上 代 理 人 夏鼎瑞律师
附带民诉被告 郁阿金 男,年二十六岁,吴县人,住黄埭农
上被告因伤害一案,经原告提起附带民事诉讼,本院裁定如下:
主文
本件附带民事诉讼移送本院民庭审判。
理由
查法院认附带民事诉讼为繁难,应归民事法院受理者,不问诉讼程度如何,得移送该管民事法院审判,为刑事诉讼法第五百十条所明定。本件附带民事诉讼,虽经附带民事原告呈明总数须赔偿为五十元,但其医药等费三十元尚系预付,而其旅费多寡又无证明方法,殊属无从核算。按照上开法条,应认为繁难之件,移送民庭审判,特为裁定如主文。
中华民国十九年九月二十三日
　　　　　　　　　　　　　　江苏吴县地方法院刑庭
　　　　　　　　　　　　　　　　　　推事

江苏吴县地方法院刑事裁定十七年附字第一五号
裁定
附带民诉原告 陈阿根 年二十八岁,江宁县人,住吴县葑门内倪兰巷,业工
附带民诉被告 任明根 年四十一岁,男,句容县人,住吴县青门,业剃头

上列被告因和诱一案,经原告提起附带民事诉讼,本院裁定如下:
主文
本件附带民事诉讼移送本院民庭审判。
理由
查刑事诉讼法第五百十一条内载,刑事诉讼谕知无罪、免诉或不受理之判决者,得将附带民事诉讼,移送管辖民事法院审判等语。本件被告任明根所犯和诱罪,业经本院谕知免诉之判决,依照上开刑诉法规定,自应将原告提起之附带民事诉讼,移送本院民庭审判,特为裁定如主文。

中华民国十七年九月十四日

江苏吴县地方法院刑庭

推事

江苏高等法院刑事裁定十九年附字第一九号
裁定

| 原告 | 祁殿元 | 年五十三岁,萧县人,业商,住黄口区车站 |
| 祁殿陞 | 年五十岁,余均同上 |

委任代理人 宋铭勋律师

被告	朱玉环	年三十岁,萧县人,种田,住马庄
	马立贤	年二十七岁,萧县人,村长,住马庄
	冠开明	年三十岁,萧县人,种地,住朱平庄
	宋 更	年二十四岁,萧县人,种地,住马庄
	朱 桂	年二十三岁,萧县人,种地,住马庄
	杨 群	年三十岁,萧县人,种地,住马庄

上被告因杀人一案,经原告人于第二审审理中提起附带民事诉讼,本院裁定如下:
主文
本件附带民事诉讼移送本院民庭审判。
理由
本案被告等因犯杀人嫌疑,经原审分别判决后,由被告人朱玉环提起上诉。告诉人祁殿元之弟祁殿陞于上诉期限内,亦以原判未处被告马立贤等罪刑呈诉不服,至上诉期限经过以后,复同告诉人祁殿元补具上诉状,并附带提起民事诉讼。经本院审查结果,认定呈诉不服部分均属违背法律上程式,予以驳回在案。公诉部分既未经本院受理,则关于附带民事部分,其事实自亦未便调查。合依刑事诉讼法第五百十条,为裁定如主文。

中华民国十九年四月三日

江苏高等法院刑事第一庭
审判长推事
推事
推事

● 附带民诉有理由判决

江苏吴县地方法院附带民事判决十七年附字第四四号

判决

　　附带民诉原告　胡胡氏　年二十五岁,吴县人,住齐门东汇业,摇丝

　　附带民诉被告　张阿三　男,年六十一岁,吴县人,住东百花巷,业画

上列被告因妨害家庭一案,经原告附带提起民事诉讼,本院判决如下:

主文

张阿三应将胡根男寻回,送还胡胡氏收领。

事实

缘张阿三与张金宝、林春和等于本年十二月六日(即旧历十一月初六日)下午二时,将胡胡氏六岁幼子胡根男骗出带往上海,翌日即由林春和一人乘大达轮船将胡根男带往福建价卖。旋经胡胡氏查悉报警,在沪将张阿三拘获,解送本院检察官侦查完备,提起公诉。胡胡氏并附带提起民事诉讼,请求判令张阿三将其幼子胡根男寻回送还等情到院。

理由

查被告张阿三共同将胡胡氏幼子胡根男骗出,由苏赴沪带往福建价卖等情,业经本院讯明判处罪刑在案。原告胡胡氏请求判令该被告将其幼子胡根男寻回送还,自属正当,爰依刑事诉讼法第五百零九条,判决如主文。

中华民国十七年十二月三十一日

江苏吴县地方法院刑庭
推事

● 附带民诉一部有理由、一部无理由,分别准驳判决

江苏吴县地方法院附带民事判决十七年附字第三一号

判决

附带民诉原告　任金氏　年五十二岁,无锡县人,住培,业农
　　　　　　　　任聚宝　年五十三岁,同上
上诉讼代理人　许　式律师。
附带民诉被告　金玉馨　即金阿兰,年五十七岁,男,同上
　　　　　　　　金顺根　年三十二岁,同上
　　　　　　　　金盘根　年三十九岁,同上

上列原告因被告等伤害上诉一案,附带提起民事诉讼,本院判决如下:

主文

被告等应连带赔偿原告医药费洋九元二角。

原告其余之诉驳回。

事实

缘金玉馨(即金阿兰)、金顺根、金盘根等于本年七月十日(即旧历五月二十三日)同将任聚宝任金氏二人殴伤,任聚宝、任金氏二人以共用医药费洋二十五元二角又衣裤两身,计洋四元五角,附带提起民事诉讼到院。

理由

查被告金玉馨、金顺根、金盘根等共同殴伤原告任聚官、任金氏二人,业经本院判处罪刑在案,原告等以延请医生用去膏药诊金等费洋五元、汤药每人三剂共洋四元二角,并提出药方两纸为证。其请求判令被告等赔偿洋九元二角部分,尚不得谓为无理由。至谓复诊两次,每次各用膏药诊金五元,又因吐血服食人参洋六元云云。查复诊两次如果属实,则医生自必另开药方,何以药方仅只二纸,足见并无复诊之事。再人参六元,药店必有发单,既无发单提出,亦难认为真实。又衣裤两身并未损坏,本院业于刑事判决内说明,无论是否值洋四元五角,均不能责令被告等赔偿。该原告等请求判令被告等赔偿洋二十元零五角部分,显难认为有理由。

据上论结,被告等应连带赔偿原告医药费九元二角,原告其余之诉驳回,爰依刑事诉讼法第五百零九条,判决如主文。

中华民国十七年十一月二十六日

　　　　　　　　　　　　　　　　　　江苏吴县地方法院刑庭
　　　　　　　　　　　　　　　　　　　　审判长推事
　　　　　　　　　　　　　　　　　　　　　　推事
　　　　　　　　　　　　　　　　　　　　　　推事

● 附带民诉无理由驳回判决

江苏高等法院附带民事判决十九年附字第二五号
判决
原　　告　庞锦墀　男，年四十三岁，东台县人，住冯家庄，种田
上代理人　费廷璜律师
被　　告　黄竹堂　男，年五十四岁，东台县人，住冯家庄，靠产
上代理人　章世钧律师
上原告因被告诈财嫌疑案，于刑事第二审审理中提起附带民事诉讼，本院判决如下：
主文
原告之诉驳回。
事实
缘庞锦墀曾以侵税诈财等情，状诉黄竹堂于东台县政府。略称，民于民国九年九月间承买刘最龄田十一亩，正拟设法持契赴县投税。适时届斯年十月初旬，忽接黄竹堂遣来家丁焦宝富之召称，伊主人黄老爷因有要事，着伊唤民前往晤话。民随跟同宝富前往竹堂，对民声称，民买刘田之契尚未投税，刻伊到城有事，着将契纸税款交伊，趁便到城代税。若再延迟十朝半月，官必重罚，甚或将产充公，民信为真实，随回归四处设法，因时期迫促，当仅筹到三十三元，又照原契誊抄一纸，连同筹到税款三十三元一并交黄收。当时适有庄头庞锦璧在场目睹，迨后迭向竹堂追索印契，任追不睬。又民国十六年十月间县委该竹堂募办续发二五库券事，伊又将民唤去云，本庄库券事宜归伊承募，迫民立出捐洋五十元，民遵谕筹洋五十元交黄收去，向去（恐系问字之误）收条。黄云，县有正式库券发给为凭，彼时亦有庄头包殿熊，张声明在场见闻知情。迨后向伊追取此券，均不归给云云。经该县审理判决，庞锦墀不服，呈由本院检察官提起上诉，并提起附带民事诉讼到院。
理由
本件被告黄竹堂对于原告人庞锦墀所诉追之税契款项三十三元，及应募二五库券洋五十元，究竟应负返还之责与否，自应以庞锦墀有无将各款项交与黄竹堂之事实为断。检阅诉讼记录，据证人焦宝富在原审讯问时，问以你是何年到黄竹堂家做工的？答是民国十一年。问以从先有没有在黄竹堂家做过工吗？答没有。问以民国九年阴历十月初十日晚，黄

竹堂叫你庞锦墀家喊庞锦墀来说话的吗？答我没有这事，我九年还没有到黄家做工，何得去喊他，他是瞎说的。又据证人张声明供称，我承认库券洋二十五元是陈加旺经手劝募的，那时他（指黄竹堂）不当乡董了，他没有劝募过我的二十五元，是交与陈加旺手收去的。黄竹堂没有收我洋钱，庞锦墀是出了大洋五十元，听说是交与黄竹堂收去，我没有在场看见各等语。是原告所称、民国九年十月初十日黄竹堂遣其家丁焦宝富喊原告税契，及因黄竹堂于民国十六年经募二五库券，曾凭同张声明交洋五十元与黄竹堂之事实，根本上已不能成立。且该原告人庞锦墀既称，于民国九年十月间以洋三十三元及抄契一纸托黄竹堂代为投税，至今钱契均未退还。又称于民国十六年间因黄竹堂口称承募该庄二五库券，复以五十元交与黄竹堂，又不向其索取收据，其言亦不近情。纵令证人庞锦璧、包殿熊对于交钱交契之事证明属实，亦难凭信。准此论断，应将原告之诉予以驳回，特为判决如主文。

中华民国十九年四月二十四日

江苏高等法院刑事第一庭
审判长推事
推事
推事

● 附带民诉上诉发回更审判决

江苏高等法院附带民事判决十九年附字第二四号
判决
上　诉　人　吴连元　年二十一岁，吴县人，住西白塔子巷
委任代理人　朱辅成律师
　　　　　　陶见山律师
被 上 诉 人　吴潘氏　年四十四岁，吴县人，住东大园九号
上上诉人因妨害自由案，不服吴县地方法院中华民国十九年三月八日附带民事判决，提起上诉，本院判决如下：
主文
原判决撤销。
本件发回吴县地方法院更为审判。
理由
查附带民事诉讼，系对于刑事被告及依民法负赔偿责任之人，请求回

复损害之救济程序。本件上诉人吴连元经一、二两审认为构成妨害人行使权利一罪,既由本院以其认定事实及适用法律尚未尽妥洽之处,将原判决撤销发回更为审判,则关于附带民事诉讼部分,上诉人是否应负回复损害之责任事实,自亦无从明了,应予一并发回更审,以昭明慎。

综以上论结,合依刑事诉讼法第五百零七条第二项,准用第四百零九条第一项、第四百十三条,判决如主文。

中华民国十九年四月二十一日

江苏高等法院刑事第一庭
审判长推事
推事
推事

● 附带民诉上诉无理由驳回判决

江苏高等法院附带民事判决十九年附字第二〇号
判决

上 诉 人　张镇铭　男,年五十三岁,湖北黄岗人,住吴江同里泰来桥,种田

被上诉人　袁吴氏　女,年五十二岁,江都县人,住吴江蔡家浜

　　　　　吴筱泉　男,年四十一岁,江都县人,住吴江同里镇,在青浦水巡队当稽查

上上诉人因被上诉人略诱嫌疑案,不服吴江县政府中华民国十九年一月二十三日附带民事判决,提起上诉,本院判决如下:

主文

上诉驳回。

事实

缘张镇铭因张韦月贞于民国十八年十月二十日即阴历九月十八日逃走,遂以串诱其妻韦氏(即张韦月贞)卷逃等情,状诉袁吴氏、吴筱泉等于吴江县政府,并提起附带民诉。经该院依法审理,除谕知袁吴氏、吴筱泉无罪外,并将张镇铭附带民诉之请求驳回。张镇铭对于附带民诉不服,提起上诉到院。

理由

本件被上诉人袁吴氏、吴筱泉对于上诉人张镇铭所称、张韦月贞逃走时所携带之物件,究竟应负返还之责与否,自应以张韦月贞之逃走是否系

袁吴氏、吴筱泉串诱所致为断。查张韦月贞在本院讯问时,问以你此次在家是什么时候逃走的?答是去年阴历九月十八。问以你逃到何处呢?答一直逃到苏州妇女协会。问以你逃到袁吴氏家中没有?答没有。问以有人送你到苏州没有?答无人送我。问以据张镇铭说你是袁吴氏诱拐你出来的?答不是。问以是袁吴氏串通其弟吴筱泉送你到苏州来的吗?答没得此事,是我一人乘轮到苏州来的。问以你为什么事要逃走呢?答他(指张镇铭)时常虐待我,还有说不出的苦楚,说出来难以为情云云。是张韦月贞之出外,系因不堪张镇铭之虐待自行逃走,并无何种证据足以证明袁吴氏与吴筱泉有共同略诱情事。准此论断,无论张韦月贞逃走时带有物件与否,当然不能责令袁吴氏、吴筱泉负返还之责。原审将该上诉人附带民诉之请求予以驳回,于法并无不合。上诉人上诉意旨纯以空言攻击原判不当,不能谓为有理由。

依以上论结,本件上诉合依刑事诉讼法第五百零七条第二项准用同法第三百八十四条予以驳回,特为判决如主文。

中华民国十九年四月十二日

江苏高等法院刑事第一庭
审判长推事
推事
推事

江苏高等法院附带民事判决十九年附字第二一号

判决

上诉人　常丁氏　女,年四十六岁,东台县人,住川家岸,种田

被告人　张道远　男,年二十三岁,东台县人,住北弶,行医

上上诉人因被告人和诱案,不服东台县政府中华民国十九年一月二十二日附带民事诉讼判决,提起上诉,本院判决如下:

主文

上诉驳回。

事实

缘常丁氏以其女服女被张道远诱拐,报由一仓河公安分驻所,在张四高家将张道远、常服女查获,解送东台县政府审理。常丁氏并开具失单,对于张道远提起附带民事诉讼。经原县判决驳斥后,常丁氏不服,上诉到院。

理由

查附带民事诉讼,系因犯罪而受损害之人,请求回复损害之救济程

序,故所得据以请求回复者,以因犯罪所受之损害为限。本案上诉人常丁氏之女虽被被告人张道远和诱,然其被诱当时曾否携有衣物,无论常丁氏先后所开失单不符,尚难遽信。且常服女纵有带出衣物,亦不能按照附带民事诉讼程序对于被告人请求赔偿,原审驳斥上诉人之请求,按之法律尚无不合。上诉系无理由,合依刑事诉讼法第五百零七条第二项前半及第三百八十四条予以驳回,特为判决如主文。

中华民国十九年四月十六日

江苏高等法院刑事第一庭

审判长推事

推事

推事

刑事 其他

● 检察官声请延长被告羁押期间裁定

江苏吴县地方法院刑事裁定十九年声字第五〇号

裁定

声请人 本院检察官

被　告 陈正贵　在押

　　　　　钟步江　同上

　　　　　董屈氏　同上

　　　　　刘顺昌　同上

　　　　　吴荣海　同上

　　上列被告因盗匪案件，兹由本院检察官以被告羁押期间将满，尚有继续羁押之必要，声请延长羁押期间。本院核与刑事诉讼法第七十三条第一项规定相符，应依同条第二项准予延长羁押二月，特此裁定。

　　中华民国十九年九月八日

　　　　　　　　　　　　　　　　　　　江苏吴县地方法院刑庭

　　　　　　　　　　　　　　　　　　　　　　　　　　推事

● 声请推事回避裁定

江苏高等法院刑事裁定十九年声字第一二二号

裁定

声请人　宋忍生　年四十一岁，高邮县人，住镇江江边东亚旅馆

　　上声请人因被诉渎职及吸食鸦片一案，于武进县法院审理中声请推事回避，本院裁定如下：

主文

　　声请驳回。

理由

查当事人依刑事诉讼法第二十六条第二款声请推事回避，须有足认其执行职务有偏颇之虞始得为之。所谓偏颇之虞者，系指推事与被告本有旧恩夙怨之情形而言。本件声请人宋忍生被诉渎职及吸食鸦片等情，既经第十区区长李祖藩告发，由该法院依法审理在案。姑无论被诉是否属实，但该声请人与该法院推事平日并无旧恩夙怨，核与上开之规定不符，即难将声请予以照准，特为裁定如主文。

中华民国十九年四月三十日

江苏高等法院刑事第一庭

审判长推事

推事

推事

● 声请移转管辖无理由驳回裁定

江苏吴县地方法院刑事裁定十九年声字第五□号

裁定

声请人 姜 洪 男，三十六岁，江阴人，住泰南乡，救济院长

上列声请人因诈欺一案，声请移转管辖，本院裁定如下：

主文

声请驳回。

理由

本件声请意旨略称，声请人与季和华素识，和华受有共党嫌疑，经县拘案收押。其母季沙氏屡来声请人处托为设法，先后提出庄折现款五千元交与声请人代为保存，声请人曾禀明李县长，李县长亦有允意，唯称加以考虑。是李县长对于本案亦为重要人证，自难期审判之公平，实有移转管辖之必要云云等语。本院查当事人恐法院审判有不公平之虞者，固得依刑事诉讼法第二十一条之规定声请移转管辖，但须客观上确系认为有不公平之虞者而后可。本件声请人虽称收款时曾经禀明李县长，李县长亦有允意。但经查阅原卷，该声请人曾供称同县长亦谈过的，当时县长说，这事季和华如果有罪，依法要办，无罪无须捐款等语。是声请人于收受款项之先，既经县长拒绝收受款项，之后又未告知县长事，固灼然无疑。原审县长李泠对于本案自无难期审判公平之虞，本件声请显难认为有理由，爰依刑事诉讼法第二十三条，裁定如主文。

中华民国十九年十二月九日

江苏吴县地方法院刑庭
审判长推事
推事
推事

江苏高等法院刑事裁定十九年声字第一〇三号

裁定

声请人 陈荣发 年三十六岁,南汇县人,业商,住上海卞德路善昌里五九六号

上声请人因诉马喜生杀人一案,于南汇县政府判决后声请移转管辖,本院裁定如下:

主文

声请驳回。

理由

查声请移转管辖,依刑事诉讼法第二十二条规定,应以当事人为限。本件声请人具诉马喜生杀人等情,系居于告诉人地位,依照上开说明,自无声请移转管辖之权。况本件已经南汇县政府于本年二月二十一日判决在案,该声请人如有不服,自可依法呈诉,更不生移转管辖之问题。合依同法第二十三条,为裁定如主文。

中华民国十九年四月十日

江苏高等法院刑事第一庭
审判长推事
推事
推事

江苏高等法院刑事裁定十九年声字第一一四号

裁定

声请人 许焕之 年二十八岁,句容县人,住南二乡白阳村

上声请人因其父许云峰被诉通匪一案,声请移转管辖,本院裁定如下:

主文

声请驳回。

理由

查移转管辖系恐审判有不平之虞,本件声请人许焕之之父许云峰业已在押病故,诉讼主体消灭,无论被控通匪有无嫌疑,原县自应不为受理,

并无审判不公平之可言。至该声请人与原控案件既属无干，原县亦未发票拘传，更无所谓移转管辖，本件声请合依刑事诉讼法第二十三条予以驳回，特为裁定如主文。

中华民国十九年四月二十三日

江苏高等法院刑事第一庭

审判长推事

推事

推事

● 声请移转管辖有理由照准裁定

江苏高等法院刑事裁定十九年声字第四七四号

裁定

声请人 彭惠高 即庞维芳，男，年二十七岁，海门县人，现押南通县法院看守所，业商

上声请人因被诉杀人嫌疑案，对于海门县政府审理中声请移转管辖，本院裁定如下：

主文

本案移转南通县法院并案受理。

理由

查声请要旨谓，得钧院十九年声字第九一号刑事裁定内开本案移转南通县法院为第一审审判，满望早得昭雪脱离冤狱，讵南通县法院以钧院裁定只及被控盗案部分，而被控全部中尚有暗杀海门杨清华一案，认为不在移转管辖范围。声请人以海门县长曾经检举有利害关系，恐审判有不公平之虞，既系牵连案件，适合刑事诉讼法第十四条第一款情形，依同法第十七条第一项声请移转南通县法院并案受理云云。本院以南通县法院既属正式法院，且据声请人以被诉杀人部分，深虑海门县长将来审判难望公平，案既牵连，其声请由其中一法院并案受理，于法尚无不合，爰依同法第二十三条，裁定如主文。

中华民国二十年五月十九日

江苏高等法院刑事第一庭

审判长推事

推事

推事

江苏高等法院刑事裁定十九年声字第四八三号
裁定
声请人 黄秉英男年二十六岁江阴县人住南街
上声请人因被诉妨害名誉案,于江阴县政府受理中声请移转管辖,本院裁定如下:
主文
本件移转于无锡县法院为第一审审判。
理由
查法院因特别情形恐审判有不公平之虞者,直接上级法院应将该案件移转于其管辖内与原法院同级之他法院,刑事诉讼法第二十一条第一项业有明文规定。本件声请人因被诉妨害名誉一案,在江阴县政府票传中,兹既据该声请人以前因发现朋分烟土案件,曾向江苏省政府暨民政厅呈控江阴县县长有案,本件与之有连带关系,如由该县审理,恐有不公平之虞等语,声请移转管辖前来。按之上开规定,尚属相符,依刑事诉讼法第二十三条前段、修正县知事审理诉讼暂行章程第四十二条,应将该案移转无锡县法院为第一审审判,特为裁定如主文。
中华民国二十年五月二十九日
江苏高等法院刑事第一庭
审判长推事
推事
推事

刑事 复判

● 核准判决

江苏高等法院刑事判决十九年复字第一三六号

判决

被 告 薛得胜 男年,三十一岁,盐城县人,卖糖,住址未详

上被告因强盗案,经高邮县政府于中华民国十九年一月二十五日判决后呈送复判,本院判决如下:

主文

初判核准。

事实

缘薛得胜于民国十八年九月二十八日即阴历八月二十六日伙同在逃不知姓名之匪十余人,分持枪械乘船至高邮县属之北旺庄,上岸冲入钱淦所开之万丰陆陈行内,将客人徐小廷及其伙友贲宝章捆缚殴伤,劫去银洋、衣饰等件,携赃仍由原船逃走。适有水上警察队特务员陈义昌率队巡逻经过该处,闻知匪警即上岸兜拿,薛得胜等见警追捕,即弃船登岸逃走。当经水警开枪射击,将薛得胜腿部击伤拿获,连同匪船一只及赃物多件,一并解送高邮县政府,并由钱淦徐小廷以白日被匪抢劫受伤,请求验明法办等情,向县告诉。经该县派员履勘并验明徐小廷左、右手腕各有绳痕两道青色,左腿接连左膝各有木器伤一处青色,左臁肋有木器伤一处青色,右腿接连右膝各有木器伤一处青色,右臁肋有木器伤一处青色。贲宝章左手腕有绳痕两路损油皮,右手腕有绳痕两路损油皮,右膝有棍伤一处红肿,右脚踝有棍伤一处红肿,分别填单附卷。依法审理判处罪刑,于经过上诉期间后,呈送复判到院。

理由

查阅原卷,本案被告薛得胜共同抢劫钱淦所开之陆陈行内财物,并伤害徐小廷、贲宝章二人各情,既经水警当场拿获,并由被害人徐小廷到案

指证,而徐小廷与贲宝章所受之伤痕,又经原审验明填单在卷。且该被告身上所穿之白裤一条,系事主钱淦家之物,业经钱淦认明无误,其犯罪事实尚属明了,自不容任其狡卸。原审认被告共同行劫伤害二人以上之所为,实犯刑法第九条、第四十二条、惩治盗匪暂行条例第一条第十二款之罪,复以其系被匪胁迫情尚可悯,依同条例第二条第三款(原判误写为第四项)及特别刑事法令刑等计算标准条例第四条、刑法第七十九条第二项,于所犯本刑上减轻二分之一,处以有期徒刑十四年。并依刑法第三百五十五条、第五十六条、第五十七条第二项第四项,褫夺公权十五年。裁判确定前羁押日数,准依刑法第六十四条折抵。匪船一只依刑法第六十条第二款没收。论罪科刑尚无不合,合依复判暂行条例第四条第一项第一款予以核准,特为判决如主文。

中华民国十九年四月三日

江苏高等法院刑事第一庭
审判长推事
推事
推事

江苏高等法院刑事判决十九年复字第一五二号

判决

被　告　马志荣　男,年二十一岁,如皋县人,住掘港苴镇何家庄,帮工
　　　　张家福　男,年二十九岁,如皋县人,住掘港苴镇郭家桥,帮工
　　　　耿　大　男,年三十岁,如皋县人,住掘港苴镇夏家庄,帮工

上列被告因共同搬运私盐案,经南通县政府于中华民国十八年十二月二十四日判决后,由检察官函送复判,本院判决如下:

主文

初判关于马志荣、张家福、耿大部分核准。

事实

缘马志荣、张家福、耿大于民国十八年十月二十九日由在逃之任如海雇请,将私盐三千零五十斤分做六十一包用船装载,由如皋县属之苴镇运至李家桥,并由任如海托请缉私营舵工王松梧、头工卢钰福转请桨兵王世和护送行至十七总渡地方。被淮南盐务缉私水一营第三运查获,解由淮南盐务缉私水一营,营部并传王松梧等一并解送南通县政府。经该县依法审理,分别判处罪刑,除王松梧、卢钰福、王世和不服上诉,另案办理外,由检察官函送复判到院。

理由

查阅原卷,本案被告马志荣、张家福、耿大由在逃之任如海雇请,将私盐三千零五十斤分做六十一包用船装载,由苴镇运至李家桥,经缉私营拿获各情。既据各该被告在原审迭次供认不讳,并经缉私营当场拿获,其犯罪事实属明了。原审认被告马志荣、张家福、耿大共同搬运私盐之所为,均犯私盐治罪法第六条之罪,依刑法第九条前段、第四十二条及特别刑事法令刑等计算标准条例第二条第二款(原判漏引第二款)、第三款、第四条,于私盐治法第二条第一项第三款所定本刑上减轻二分之一,各处以有期徒刑一年六月。裁判确定前羁押日数,均准依法第六十四条折抵论罪科刑,尚无不合。虽原判援引特别刑事法令刑等计算标准条例第二条各款时,漏未引该条第二款,稍嫌不合,然于罪刑出入无关。合依复判暂行条例第四条第一项第一款予以核准,特为判决如下。

中华民国十九年四月十二日

江苏高等法院刑事第一庭

审判长推事

推事

推事

● 更正判决

江苏高等法院刑事判决十九年复字第九七一号

判决

被　告　戴瑞邦　男,年二十岁,吴江县人,住严墓,业农

上列被告因伤害致死一案,经吴江县政府于民国二十年二月十二日判决后呈送复判,本院判决如下:

主文

初判更正。

戴瑞邦共同伤害人致死一罪,处有期徒刑七年。裁判确定前羁押日数,以二日抵徒刑一日。

事实

缘戴瑞邦与已故之戴连生系属同族,民国十九年八月七日即废历六月十三日晚间戴连生在宅畔纳凉,适戴瑞邦偕同孙宝生、董林宝等路过该处,戴连生即向戴瑞邦索取会款,两相争吵,戴瑞邦随在身边摸出小刀,戳伤戴连生小腹、右臀、右腿等处,并踢伤其肾囊。孙宝生、董林宝亦在场帮

殴,致戴连生因受伤甚重越日身死。当经尸亲戴贵宝报请吴江县政府派员莅验后,审理判决。经过上诉期限,呈由本院检察官附具意见,转送复判到院。

理由

核阅原卷,本件已故之戴连生小腹左边及右臀、右腿等处均被刀尖戳伤,肾囊并被踢伤,委系生前因伤身死,业原县派员验明填具验断书附卷。被告戴瑞邦虽只承认因索会款两相争吵,不认有加害情事,然据在场目睹之贵宝、戴秀洪等到案指证明确,自难任其饰词狡脱。初判认该被告犯共同伤害人致死罪,依刑法第四十二条、第二百九十六条、第六十四条处断,适用法律虽尚无误。唯审核犯情并无可恕,初判滥引刑法第七十七条减处有期徒刑三年六月,量刑未免失当。

综上论结,合依复判暂行条例第四条第一项第二款、刑法第四十二条、第二百九十六条、第六十四条,将初判更正,另为判决如主文。

中华民国二十年五月二十六日

江苏高等法院刑事第一庭
审判长推事
推事
推事

● 发回复审裁定

江苏高等法院刑事裁定十九年复字第一四九号

裁定

被告人 陈少楼 男,年三十三岁,如皋县人,住六埠头,种田

上被告人因杀人案,经如皋县政府中华民国十八年十二月三十日判决后呈送复判,本院裁定如下:

主文

本件发回如皋县政府复审。

理由

查原验断书内载,已死无名男子额颅近右有伤一处,周围约三寸余,坚硬紫赤色。鼻准有伤一处,周围约八分余,紫赤色。左臂内侧有伤一处,周围约三分余,褐赤色,按捺坚硬。右膝有伤一处,周围约一寸余,深赤色。顶近上有伤一处,周围约二寸余,坚硬褐赤色。两手心、脚心均皱白,十指甲缝各有泥沙。肚腹膨胀,拍着响,委系生前受伤溺水身死。据

被告人陈少楼在公安第五支局述称,住居六埠头地方,种朱金元田。有连界田邻徐老侯年六十五岁,住居南通境之十总店,亦种朱金元田亩。该田系跑租田,徐老侯寄居民家,民欠徐老侯五十五元,于阴历九月二十八日晚徐老侯约民出外买粪,走至七管地方,民在徐老侯身后,民将徐老侯由岸上推倒,徐老侯因此气绝身死。民恐人知,故将徐老侯移送南边草场内,民即逃回等语。其在原县初供略同,是该被告人犯罪嫌疑甚为重大,唯该被告人十八年十月八日以后供词坚不认有致死徐老侯之事,并称与徐老侯并不认识,前供系由地保教伊混说云云。究竟前后供词孰为可信,已堪审究。且查检验书及勘单内载,无名男尸年约五十余岁,身穿元布破棉褡柳条单褂青布夹裤,腰拴白布裤带,核与该被告人在原县初供所称,徐老侯年六十五岁,身穿月白裤子,月白布小褂子一件,淡蓝布夹衲子一件,情状无一相符。则是该无名男尸究系徐老侯与否,根本上尤不无疑义。原县采取被告人陈少楼自白初供,为认定判决事实之基础,对于其自白是否与事实相符,并未注意调查,亦未审究其自白事实是否预谋杀人,显属尚有未合。合依复判暂行条例第四条第一项第一款及第七条第一款,发回原县政府复审,特为裁定如主文。

中华民国十九年四月十一日

江苏高等法院刑事第一庭

审判长推事

推事

推事

江苏高等法院刑事裁定十九年复字第一四二号

裁定

被告人 张士荣 年二十九岁,高县人

上被告人因诈欺取财案,经高邮县政府于中华民国十九年一月十五日判决后,由检察官移送复判,本院裁左:

主文

本件关于张士荣部分,发回高邮县政府复审。

理由

查核原卷被告人张士荣连续伪造高邮县政府批示,向诉讼当事人王德如诈财等情,业据证人龚奇勋、倪痴子到案供明,并经原县核对笔迹相符,则罪证自属明确。核其所为系触犯伪造公文书及诈欺取财二罪,应依刑法七十四条从一重处断,初判乃认为犯侵占公务上持有物之罪,未免不合。至该被告人以包办诉讼为名诈取程汉章洋三百余元,并令程汉章出

立四十元及一百五十元字据一纸，亦经程汉章供述明确，核与证人吴明亮及其被告人纪同春所供亦为吻合。是该被告人显系惯行犯罪，初判滥引刑法第七十七条减轻本刑处断，亦未适当依复判暂行条例第四条第一项第三款、第七条第一款，将本案关于张士荣部分发回原县政府复审，特为裁定主文。

中华民国十九年四月七日

　　　　　　　　　　　　　　　　　　江苏高等法院刑事第一庭
　　　　　　　　　　　　　　　　　　　　审判长推事
　　　　　　　　　　　　　　　　　　　　推事
　　　　　　　　　　　　　　　　　　　　推事

江苏高等法院刑事裁定十九年复字第一四八号
裁定
被告人　潘丁氏　女，年二十九岁，铜山县人，住上海新大沽路

上被告人因帮助掳赎案，经崑山县政府中华民国十八年二月二十八日判决后呈送复判，本院裁定如下：

主文

本件关于帮同看守唐福毛部分，发回崑山县政府复审。

理由

查同一审级对于同一案件，如未经一定程序，不能为两次之判决。本案被告人潘丁氏帮助掳赎朱斐文、朱巨良二人，业经崑山县政府于民国十七年一月九日判决。虽同案被告人潘锦章判处死刑，经省政府依惩治盗匪暂行条例第六条第一项两次发回再审，然该被告人潘丁氏不在盗案核转之列，自不得再行审判。乃原县对于潘丁氏帮助掳赎朱斐文、朱巨良部分重复为三次之判决，其第二、第三两次之判决自属不生效力，应由检察官查照十七年一月九日第一次判决，另行照章加具意见书，转送复判外。兹本院仅就十八年二月二十八日县判关于该被告帮同看守被绑人唐福毛部分予以复判。

又查县判认定被告人潘丁氏帮同看守唐福毛之证据，系以民国十八年二月二十五日唐福毛在原审指供潘丁氏系看守之人为根据，唯核阅全卷唐福毛即唐福鹤，十六年九月十四日在临时法院述称年十八岁，住宜兴高州乡下，吾由姓刘的领来，吾被抢来的。今年阴历四月二十七日被抢当在泰州一月大的小孩，与吾同一天来的，吾等了好久，他们嘱吾买小菜等物不可声响。并据朱斐文于同年九月二十六日在原县述称，我与一十八岁女人同睡楼上，西装人若来时，西装人与十八岁的同睡，我与兄弟就睡

到楼下去。潘丁氏住楼下,潘丁氏则指唐阿毛系刘荣华之妻,刘荣华系着西装各等语。似朱斐文所述十八岁之女人即系唐阿毛,唐阿毛既称由刘姓抢来在沪,又曾代买小菜,则其被抢是否即系被人略诱,并非掳绑,尚不无审究之余地。虽原县传讯唐福毛据称,四月二十三日在家被绑,十人要三千元因无钱去赎,被带至上海。然核与在临时法院原供既不相符,而唐福毛父母亦未具报有曾被掳架情事,原县未传讯唐福毛父母,遽认被告人帮同看守唐福毛,依惩治盗匪暂行条例第二条、刑法第四十四条第三项减处有期徒刑十二年,事实法律显有违误。合依复判暂行条例第四条第一项第三款及第七条第一款,将本件关于潘丁氏帮同看守唐福毛部分,发回原审昆山县政府复审,特为裁定如主文。

中华民国十九年四月十一日

江苏高等法院刑事第一庭
审判长推事
推事
推事

● 提审裁定

江苏高等法院刑事裁定十九年诉字第三〇八号

裁定

被　告　黄生宝　年二十七岁,住江阴徐家桥

　　　　　张相保　年二十七岁,住江阴张岐山

　　　　　顾和郎　年二十七岁,住江阴顾家桥

上列被告因强盗案,经江阴县政府于中华民国十九年三月六日判决后,由检察官移送复判,本院裁定如下:

主文

本案提审。

理由

查本案事实未臻明确,既据共犯周阿丙提起上诉前来,本院为便利诉讼进行起见,应依复判暂行条例第三条第一项、第四条第一项第三款、第七条第二款,将黄生宝、张相保、顾和郎复判部分提案,与周阿丙合并审理,特为裁定如主文。

中华民国十九年四月三十日

江苏高等法院刑事第一庭

审判长推事
推事
推事

● 提审判决

江苏高等法院刑事判决十九年复字第一六五号

判决

被　告　人　孙吴氏　女，年十九岁，金坛县人，住梓树巷

指定辩护人　李振霄律师

上被告人因帮助杀人案，经金坛县政府中华民国十八年七月二十一日判决后，由检察官移送复判，本院提审判决如下：

主文

孙吴氏无罪。

理由

本案被告人孙吴氏向与李敖其通奸，嗣李敖其因该被告人嫁与孙六金为要，起意将孙六金谋杀身死等情，业经金坛县政府判决后上诉本院，予以改判在案。该被告人于李敖其下手杀人之先回归娘家，追孙六金死后，始由同居陈解氏等前往通知，已据陈解氏、丁张氏、陈蔡氏、陈松年、方德兴等证明属实，则被告人并无共同杀人行为，自可断定。至陈蔡氏在金坛县政府虽有近厌孙六金吃烟避往娘家，与李敖其往来及被告人亦有李敖其当我干妈妈，前说这个人不死，死到好弄你家去了各等语。然查此项供词，只足以证明被告人不愿与其夫孙六金同居，而与李敖其感情素洽，实难即指有参预杀人之谋议。况据被告人所供，则李敖其亦不过有一种希望孙六金身死之心，并非以其杀人之事相告，均不足以为被告人有同谋或帮助杀人之证据。合依刑事诉讼法第三百十六条为判决，如主文。

本案经本院检察官孙希衍莅庭执行检察官之职务。

中华民国十九年四月二十三日

江苏高等法院刑事第一庭
审判长推事
推事
推事

江苏高等法院刑事判决十九年复字第一四四号

判决

被告 石月 即石来国，又即石月侯，男，年二十八岁，如皋县人，住大石家庄，业工

指定辩护人 李振霄律师

上被告因共同强盗案，经如皋县政府于中华民国十八年十二月八日判决后，由检察官函送复判裁定提审，本院审理，判决如下：

主文

石月共同结伙三人以上，携带凶器，于夜间侵入住宅强盗一罪，处有期徒刑三年六月，并褫夺公权五年。裁判确定前羁押日数，准以二日抵有期徒刑一日。

事实

缘石月与石征祥听从在逃共匪赵世杰等之纠约，携带枪械于民国十八年一月十一日即阴历民国十七年十二月初一日夜间至江安乡北园石俊卿之子石鼎成家，将其看家之盒子枪二支抢去，并声称要洋三千元。当由石俊卿允许筹款再交始行退出，而石俊卿等亦即以此出外躲避，旋由如皋县警察队先后将石征祥、石月拿获解送，如皋县政府依法审理，分别判处罪刑。除石征祥不服提起上诉另案办理外，由检察官函送复判，裁定提审。

理由

本案被告石月听从在逃共匪赵世杰等之纠约，伙同石征祥等至石俊卿家抢劫盒子枪二支，并索洋三千元各情，既据共同被告石征祥在原审迭次指供明确，事实自属明了。虽该被告坚不承认，亦不容任其狡卸，核其所为，实犯刑法第四十二条、第三百四十八条第一项、第三百三十八条第一项第一款、第三款、第四款之罪。唯查系被纠，其犯罪情状尚可悯恕，应依同法第七十七条于所犯本刑上减轻二分之一，处以有期徒刑三年六月。并依同法第三百五十五条、第五十六条、第五十七条第二项、第五项，褫夺公权五年。裁判确定前羁押日数，准依同法第六十四条折抵，特为判决如主文。

本案经本院检察官金鹤年莅庭执行检察官之职务。

本案上诉法院为最高法院，当事人对于本判决如有不服，应于送达判决书之翌日起十日内，以书状叙述不服理由，向本院提起上诉。

中华民国十九年四月七日

江苏高等法院刑事第一庭

审判长推事

推事

推事

江苏高等法院刑事判决十九年复字第一六○号

判决

被　　　告　房汉生　即小癞皮,男,年二十四岁,盐城县人,住溧阳东门,在茶馆内帮佣

指定辩护人　赵勋肃律师

上被告因盗匪案,经溧阳县政府于中华民国十九年二月二十日判决后,由检察官函送复判裁定提审,本院审理,判决如下:

主文

房汉生意图颠覆中国国民政府而起暴动,附和随行一罪,处有期徒刑四年。裁判确定前羁押日数,准以二日抵有期徒刑一日。

事实

缘房汉生与在逃内乱首魁蔡汉余素相认识,常受蔡汉余之金钱补助,供其驱使。迨民国十八年十一月二十日蔡汉余受反革命派之勾结,利用地方刀匪将溧阳县城攻陷,盘据之际,房汉生仍受蔡汉余之指挥。及至同月二十三日蔡汉余弃城逃走时,房汉生又随同蔡汉余等逃往庙西。旋由溧阳县政府饬警将房汉生及嫌疑犯彭寅生拿获到案,依法审理,分别判处罪刑。除彭寅生不服提起上诉另案办理外,由检察官函送复判,裁定提审。

理由

本案被告房汉生当在逃内乱首魁蔡汉余受反革命派之勾结,利用地方刀匪,将溧阳县城攻陷之际,受蔡汉余之指挥供其驱使,并随同蔡汉余逃走各情,业据该被告在原审供认不讳,事实自属明了。核其所为,实犯暂行反革命治罪法第二条第一项第三款之罪,案经提审,应由本院另为第一审审判。房汉生意图颠覆政府,附和随行暴动一罪,合依暂行反革命治罪法第二条第一项第三款、特别刑事法令刑等计算标准条例第二条第二款至第四款,于所犯本刑范围内处以有期徒刑四年。裁判确定前羁押日数,准依刑法第九条、第六十四条折抵,特为判决如主文。

本案经本院检察官朱文焊莅庭执行检察官之职务。

本案上诉法院为最高法院,当事人对于本判决如有不服,应于送达判决书之翌日起十日内,以书状叙述不服理由,向本院提起上诉。

中华民国十九年四月十九日

江苏高等法院刑事第一庭
审判长推事
推事
推事

刑事　特别法

● 适用惩治土豪劣绅条例判决

江苏吴县地方法院刑事判决十八年特字第一号
判决
被　　　告　　狄子怡　男,年六十岁,常熟县人,住南门外,业商
选任辩护人　　何宪章律师
上列被告因土豪劣绅案,经王钟麟诉经前江苏特种刑事临时地方法庭,转送本院,判决如下:
主文
狄子怡无罪。
理由
按本件系由告诉人王钟麟以被告有犯惩治土豪劣绅条例第二条第十一款之罪,诉经前江苏特种刑事临时法庭,未及审判即经裁撤,转送本院,依通常程序受理。而告诉人王钟麟对于被告犯罪嫌疑计分二部,一为窃盗民田,一为盗领官产,按之特种刑事临时法庭组织条例,其审判权限虽仅限于反革命及土豪劣绅之诉讼案件。但查告诉人向该法庭告诉,即等于检察官提起公诉,本院受理以后,既依通常程序审判,即可按照刑事诉讼法第三百二十条变更起诉法条。故无论被告之犯罪是否成立及所犯何种法律上之罪,只须本院有权受理均得审判,合先论定于此。
本案分甲、乙二部,判断于下:
（甲）窃盗民田部分　按意图为自己或第三人不法之所有,而取他人所有物者,为窃盗罪,此在刑法第三百三十七条著有明文。且为窃盗罪之特别要件,除此要件外,尚须具备普通要件,所谓故意是也,刑法第二十六条对此亦有明文规定。即犯人对于构成犯罪之事实明知或有意使其发生者,为故意犯人。对于构成犯罪之事实预见其发生,而其发生并不违背犯人本意者,以故意论。被告狄子怡之窃盗民田罪是否成立,即以其行为具

备此项普通要件及特别要件与否，以为断定标准。查告诉人王钟麟有田四十余亩，在常熟县属太平圩既经呈有印契，且于民国十五年后内有十亩收租无着，因于民国十七年十一月间探听被告狄子怡之账房邵云初前往收租，当将该邵云初及佃户缪万祥扭送当地公安局。讯据邵云初述称，民国十五年狄绍青经手领来的部照户，陈吉记租米寄在狄家收的。缪万祥述称，我种的田钱二经手补和向陈家领的，去年租米狄家账房邵先生来收米二斗，垦费洋一元九角。是告诉人之田亩，曾经狄家账房收租，已为不可掩之事实。而所谓陈吉记者，又经邵云初在常熟县述称，是庞麟记在官产处报领有四十九亩。质之被告，亦称是庞麟记领的，官荒托被告账房代收租米等语。唯庞麟记究为何人，亦应审究。据民国十七年十一月十日常熟明报所登庞裕芬堂、庞栋材率侄洁人紧要启事，虽曾声明庞麟记系伊等户名，于十五年九月在太平圩领有官荒四十九亩七厘一毫，有苏字第三万七千四百五十一号部照为证。然查同年同月十四日又以庞裕芬即庞褐笑名义，在江苏高等法院具状声请移转管辖，核与庞栋材所登启事又未尽相符，则告诉人主张庞麟记、庞栋材、庞褐笑均是被告之化名，自属不为无因。况自本案发生以后，所有东唐市及东一、东二场、四十都、四十二都各田、庞麟记等十三户计地八百余亩，均经常熟县政府扣押执行在案，除以庞褐笑名义声请移转管辖外，迄今年余并未据所有权人声明异议，是被告之有化名承领大批官产之嫌疑，亦属重大。除化名领地是否构成惩治土豪劣绅条例之犯罪，于第二部说明外，兹应审究者，即假定庞麟记即被告之化名，应否构成窃盗罪是已。卷查官产旧案（一百四十三号），庞麟记于民国十五年九月承领坐落丰二场四十二都二十九图（俗名太平圩）遐字地四十九亩七厘一毫，计价洋二百四十九元四角二分六厘，给有部照属实。而其租与缪万祥耕种者，仅止该地之一部计二十亩，有缪万祥承种字可据。现在既无他项证据，足证被告于照地四十九亩七厘一毫之外，复窃取告诉人之地十亩租与缪万祥承种，则所争执者纯系官荒与民田而已。虽庞麟记名义所领之地未经经书查复，遽填部照，手续不合，已经官产事务所证明。然既缴足价额，领有部照，则其租地行为即系行使物权法上之权利，尚难谓系意图为自亡不法之所有。纵官荒民地纠葛未清，亦系民事法上私权之争，要与刑法上窃盗之平空攫取他人所有物者有别，按之上开窃盗罪之特别要件即有未符。况其所领之地共有四十余亩，与告诉人发生争执者仅止十亩，即或领地之初调查未周容有过失，然并未发见何种证据，足证其为故意窃盗，核与普通犯罪要件亦不相合，此犹就不动产之能成立窃盗罪言之。据最新解释例，刑法第三百三十七条之窃盗罪，专指窃盗动产而言。某甲在某乙地上私自开垦耕种，收用庄息，不能成立该条之罪（十九年院字第二三四号解释）。则被告行为不能构成犯罪，尤属明确无疑。至告诉人之田两年未收租粒，私权不免受有损失，尽可依据民事法令诉请赔偿，或另提起回复占有之诉，以资救济，应并指明。

（乙）盗领官产部分复分三项说明之

（子）东唐市等官荒 查庞麟记一户被告有化名嫌疑，已于甲部说分。其余张锠记等十二户共领官荒八百余亩，业经常熟县扣押迄今年余，并无正式声明权利之人。而其领地之初，又未经过经书查复，且放领时期均在狄绍青助理任内，被告与狄绍青既属兄弟，并据述称曾帮助狄绍青办理官产，复经告诉人举出被告办理官产笔迹以为佑证，就此种种情节以为观察，被告之有化名承领多教官荒嫌疑自属重大。唯查化名领地法无处罚正条，按之刑法第一条已难论罪，乃告诉人以惩治土豪劣绅条例第二条第十一款后段，假借名义敛财肥己引为比附，自属误会。须知法文所谓假借名义敛财肥己者，系指假借某种名义以为敛财之方法，非谓承领荒地即敛财也。盖国家放领官荒原为奖励垦植，振兴产业，则承领之者，正仰体国家意思，以谋产业之发展，自难与敛财肥己者同科，即不得论以上开条文之犯罪。虽管理官产规则第五条定有管理官产之官吏，不得承买与职务有关之官产，然违反之者，应受如何处分，法无特别明文规定，自应受普通刑法第三百六十六条之拘束。而查三六六条所定犯罪要件：（1）为他人处理事务，（2）意图自己或第三人得不法利益，（3）或意图加不法损害于本人，而为违背其任务之行为，致生损害于本人之财产。被告帮助狄绍青处理官产，固与第一条件相合，违反管理官产规则第五条规定，亦与第三条件之中段相符。唯无何种证据足以证明，其有加不法损害于本人之故意，更未证明本人（国家）之财产，因而致生损害，是普通刑法上之犯罪亦难认为成立。充其极亦不过得诉请上级行政官署取消其领地权而已，此系行政法上之事，要与刑法无涉。

（丑）南坛余地 查被告以狄九思名义呈领南坛余地三分三厘二丝，计价洋六百六十元四角，经于民国八年陆前驻办发给部照，并据被告呈验在案。查该官产卷内虽无部照存根，然有八年六月陆前驻办呈报江苏官产处文稿及同年四月三十日江苏财政厅官产处指令，均经叙明如数收价给照执业属实。且同时承领南坛余地，经官厅发给部照者，尚有陈预公、陈协淦、沈姜铭等三户，卷内均无部照存根（见官产事务所七十八号卷），自难以官厅卷宗之不齐全，遽论被告以盗领罪名。至该地应否保存，系属另一问题，与犯罪要无何种关系。

(寅)旧县署基地　　查旧县署基地共三十亩七分二厘六毫,原值价每亩三百元,因邑绅邵松年等请予保留改建,官署未予放领。至民国十四年由道南建筑公司杨次安等呈请分别划留,并每亩缴价七百五十元,承领二十二亩,经吴常江昆官产事务所驻办赵征助理狄绍青转呈财政厅官产处省长公署财政部,认为分别划留无碍,连署有益市场准予缴价放领,发给部照在案(见官产事务所第八十三号卷)。无论其手续是否合法,均属行政上事项,非刑事法上所应审究。即有不合,其呈领者既为杨次安等,有卷可稽。而其呈领之时,又经分别开列缴款名单,并无被告姓名在内。虽有恒记韫记等户名,即告诉人亦不能指定系被告之化名,核与敛财肥己之法条尤不相关,告诉人以此攻击其为土劣,亦属误会。

据上论结,本件被告或犯罪嫌疑不能证明,或行为不成犯罪,应依刑事诉讼法第三百十六条,判决如主文。

本案经本院检察官赖淦苕庭执行检察官之职务。

中华民国十九年三月十四日

江苏吴县地方法院刑庭
推事

江苏吴县地方法院刑事判决特字第二号

判决

被　告　陈铨寿　男,年四十岁,武进人,住政成乡第二村前二十四
　　　　　　　　都一图图董

　　　　何秀昌　男,年三十八岁,同上图正

上列被告等因土豪劣绅案,经刘道明等诉经前江苏特种刑事临时地方法庭转送本院,判决如下:

主文

陈铨寿、何秀昌均无罪。

事实

缘陈铨寿前充政成乡二十四都一图图董,何秀昌前充政成乡二十四都一图图正。民国十七年九月间邑人刘道明等以陈铨寿、何秀昌与乡董孙其仁狼狈为奸,无恶不作,胪列罪状十一款,指为盘踞公共机关,盗卖侵占,向前江苏省特种刑事地方临时法庭具状告发。旋即声明误会,请求撤销,并由双方提出调解议据一纸到案为证。案未终结,特种刑事临时法庭因奉令取消,遂将本案移交到院。

理由

本案据原告发人刘道明等状载,被告等犯罪事实计有十一款之多,关

于三、六、七、八、九各款,据建设委员会函复本院检察处内称,当经转饬戚墅堰电厂详查具复。兹据复称,遵查接管卷内开于地亩清册所有陈公记、吴公记、刘合记三户田亩字少分亩契价核对来单,大致尚属相符。唯是项地亩均系前震华经手购买,其中有无原业主已卖及重行捏卖情事,时已久远,属厂无案可稽,殊难臆断等语。是告发人等所称假借名义欺骗震华公司云云,均系无稽之谈,不足凭信。且查告发人与被告共同出立之调解议据,亦明载震华厂得卖之陈公记、刘合记田亩另有人经手,杨世英之田现今被告杨兴培卖与震华、陈铨寿确有失察之过,及清大之为字二百三十四号平田二分一厘抵补,与震华公司按清大按年照章缴租与震华公司,陈铨寿即将取得田价洋六十元如数缴出,清大自愿将此款捐归本图办学之用各云云,亦不能证明被告确有伪造田单及捏名之情事。至第五款所称占种张永生之田一节,业经武进县政府侦查,结果认被告犯罪嫌疑不足,于中华民国十七年十二月二十七日不起诉处分在案。无论被告占种之田是否别有原因,而关于侵占部分既经原县依法办结,其不得再行诉追,自无待言。第五、第十一两款之荒场及庙产,均系各该被告正式报领,更无盗卖侵夺之可言。第四款所称之一宝庵田产,据调解议据内载,业经长法证明,并非陈铨寿经手。而第十款所称义塚公产,据赵灿琛在检察处供称,系陈铨寿到官产处领出,再卖出的,是其取后之原因极为正当,何能指为盗卖。告发人等于告发之后复行调解,姑无论其中是否别有情节,而其出于误会,要属明显之事,被告等辩称刘道明等借端发挥,任意污蔑,尚堪置信。

据上论述,合依刑事诉讼法第三百十六条,分别判决如主文。

本案经检察官王黻裳莅庭执行检察官之职务。

本案上诉法院为江苏高等法院,上诉期间自送达判决书后十日起算。

中华民国十九年七月七日

江苏吴县地方法院刑庭

推事

江苏吴县地方法院刑事判决十九年特字第六号

判决

被　　告	曹维翰　男,年四十三岁,江阴人,住西大街一百五十一号,业商
上选任辩护人	庄曾笏律师
	陈元素律师
	孟岱钟　男,年六十五岁,江阴人,住后梅乡,闲居

上列被告因土豪劣绅一案，经检察官提起公诉，本院判决如下：

主文

曹维翰、孟岱钟之公诉部分均免诉。

理由

查惩治土豪劣绅条例关于时之效力适用刑律，经最高法院明白解释在案。据起诉书关于曹维翰之公诉，系因该曹维翰于民国八年售卖积谷，至民国九年七月呈报时，未按照实际售出之担数价额呈报，并有伪造己未年之大有年粮食行售谷发票、私印文及使用情事。关于孟岱钟之公诉，则为民国五年孟岱钟将积谷交出时，未将未经购谷之款一并移交。认定曹维翰、孟岱钟均触犯惩治土豪劣绅条例第二条第十一款之罪，而曹维翰并犯刑法第二百二十四条、第二百三十四条第一项、第二百三十三条第一项之罪，应依刑法第九条、第七十四条处断。查刑律时效之计算，其提起公诉权之时效期限，依刑律第六十九条第二项，自犯罪行为完毕之日起算。该曹维翰售买积谷系民国八年之事，纵有侵蚀情形，至九年七月呈报时未按照实际售出之担数价额呈报，其犯罪行为即为完毕。虽据称后经大家讨论，将担数与价额均行增加，至民国十二年四月呈报备案时，仍未将增加之数列上。然查该项呈报系关于处理积谷以后之办法，并非为议决增加曹维翰所售担数与价额而呈报，是该项犯罪行为之完毕，并不能因此而延长。又该项售谷发票无论有无犯罪情节，于民国九年七月提出呈案时，其行为即为完毕。该孟岱钟未将未经购谷之款一并交出，查系民国五年之事，纵有侵蚀情形，其犯罪行为于当时未经与谷同时交出，即为完毕。又查侵蚀公款在刑律为触犯第三百九十二条之罪，该最重主刑为二等有期徒刑，依同律第六十九条第一项第三款，其时效为七年。伪造私文书与印文及行使，在刑律为触犯第二百四十三条、第二百四十六条之罪，其最重主刑为三等有期徒刑，依同律第六十九条第一项第四款，其时效为三年。是该曹维翰侵蚀公款之罪即使成立，其起诉时效自应从民国九年七月起算至十六年七月即为时效完成。其伪造行票并印文及使用之罪即使成立，其起诉时效自应从民国九年七月起算至十二年七月即为时效完成。该孟岱钟侵蚀公款之罪即使成立，其起诉时效自应从民国五年起算至十二年即为时效完成。又查惩治土豪劣绅条例系民国十六年八月十八日公布，据此则是本案之起诉权，于公布惩治土豪劣绅条例前，依刑律其时效已经期满。爰依刑事诉讼法第二百四十三条第一款、第三百十七条第一款，判决如主文。

中华民国二十年二月十一日

江苏吴县地方法院刑庭
推事

江苏高等法院刑事判决十九年特字第二六三号

判决

上诉人 聂景魁　男，年三十六岁，江都县人，住苏州戏馆衖，裁缝

　　　　陈宝林　即陈保林，男，年二十八岁，宿迁县人，住苏州戏馆衖，贩水果

　　　　许东臣　男，年三十七岁，铜山县人，住苏州戏馆衖，摆洋袜摊

上列上诉人因土劣及鸦片案，不服吴县地方法院中华民国十九年三月三日第一审判决，提起上诉，本院判决如下：

主文

原判决关于聂景魁、陈宝林、许东臣重利盘剥罪刑及执行刑部分撤销。

聂景魁、陈宝林、许东臣关于重利盘剥部分无罪。

其余之上诉驳回。

事实

缘聂景魁、陈宝林、许东臣均以贩卖鸦片为业，民国十九年二月十六日被苏州市政府公安局侦探队查获，解由苏州市政府公安局转解吴县地方法院。经检察官侦查终结，认定聂景魁、陈宝林、许东臣均犯贩卖鸦片及重利盘剥二罪，提起公诉。由该院依法审理，分别判处罪刑。聂景魁等不服，提起上诉到院。

理由

本案上诉人聂景魁、陈宝林、许东臣等贩卖鸦片各情，业经各该上诉人在公安局及侦查庭均供认不讳，其犯罪事实自属明了。原审认上诉人等均犯禁烟法第六条之罪，依该条规定各处有期徒刑一年，并科罚金一百二十元。如不完纳罚金，均准依刑法第九条、第五十五条第二项、第三项，以一元折算一日易科监禁。裁判确定前羁押日数，均准依刑法第六十四条折抵。论罪科刑尚无不合，上诉人等关于此部分之上诉意旨，不能谓为有理由。至于重利盘剥部分，虽据上诉人等均在侦查庭供认放印子钱属实，唯查犯惩治土豪劣绅条例第二条各款之罪，依最高法院第一六五号解释，其犯罪之主体必限于该条文所明定之土豪劣绅。若犯罪者平日并无凭借势力欺凌乡里，自不得以土豪劣绅论。本案上诉人等均系以小本营生，有何凭借势力欺凌乡里之能力。纵令其所称放印子钱之方法，据上诉

人聂景魁供,譬如借一块钱给黄包车,每日给我一百五十文,一个月还完。又陈宝林供,例如二元借给人,每天打五分钱,二个月打完。又许东臣供,我的印子钱是五千文,每天打十个铜板,两月打完各等语。其利息虽不免过重,但依据上开解释,实与惩治土豪劣绅条例第二条第四款之情形不符。乃原审竟认上诉人等均犯重利盘剥之罪,依该条第四款各处以有期徒刑六月,并依刑法第六十九条、第七十条第三款、第五款、第八款定其应执行之刑期与罚金,实有未合。上诉人等关于此部分之上诉意旨,应认为有理由。

依以上论结,合依刑事诉讼法第三百八十五条第一项,将原判决关于聂景魁、陈宝林、许东臣重利盘剥罪刑及执行刑之部分撤销。另依同法第三百十六条谕知聂景魁、陈宝林、许东臣关于重利盘剥部分无罪。其余之上诉,依同法第三百八十四条予以驳回,特为判决如主文。

本案经本院检察官钟尚斌莅庭执行检察官之职务。

本案上诉法院为最高法院,当事人对于本判决如有不服,应于送达判决书之翌日起十日内,以书状叙述不服理由,向本院提起上诉。

民国十九年四月十六日

江苏高等法院刑事第一庭

审判长推事

推事

推事

● 适用暂行特种刑事诬告治罪法判决

江苏吴县地方法院刑事判决十九年特字第七号

判决

被　　　告	王廷贻　男,年三十九岁,江阴县人,住常熟城内,业读书
选任辩护人	潘承锷律师 沙彦楷律师
被　　　告	王文治　即王文如,男,年五十岁,江阴县人,住江阴长泾,业商
选任辩护人	夏瑞鼎律师
被　　　告	李成民　男,年三十九岁,江阴县人,住长泾业,读书

上列被告因诬告案,经告诉人周仲甫诉由前江苏特种刑事地方临时

法庭,转送江苏高等法院,发交本院审理,判决如下：

主文

王廷贻、王文治、李成民均无罪。

理由

按本件系前江苏特种刑事地方临时法庭裁撤后,移送江苏高等法院发交本院,依通常程序审理之诬告案件。当告诉人周仲甫起诉之时,仅称陷害党员,并未指诉何种罪名,则本件究系暂行特种刑事诬告治罪法之诬告事件,抑系普通刑法上之诬告事件,自应依其性质以为论断。查暂行特种刑事诬告治罪法第一条第一项规定,意图他人受暂行反革命治罪法或惩治土豪劣绅条例之处罚,向党务军事行政或审判机关为虚伪之告诉、告发、报告者,按其所告罪应科之刑处断。是特种诬告罪之成立,以意图他人受暂行反革命治罪法、或惩治土豪劣绅条例之处罚为第一要件。本件被告等于民国十四年告发周水平宣传赤化,其是否诬告,固待证明。但当时既无此项处罚法律,则其所告者并非意图他人受暂行反革命治罪法或惩治土豪劣绅条例之处罚自可概见。故本件诬告罪无论是否成立,均应依普通刑法以为解决,合先论定。于此复查刑法第一百八十条所载诬告条件,(一)意图他人受刑事处分或惩戒处分。(二)向该管公务员诬告。或(三)意图他人受刑事处分而伪造、变造证据、使用伪造、变造证据。本件被告等诬告罪之是否成立,自以合此要件与否以为断定。据民国十四年十一月十八日被告王廷贻等三十三人在江阴县公署所递公呈内载,呈为宣传赤化,煽惑抗租,散放传单,非法集会,公叩密拏,首要严行究办等语,其有使人受刑事处分之故意,固与第一条件相合。且已呈递公署,亦与第二条件前半相符。唯是否诬告,则以其所列举之事实是否明知虚伪,而故意诬告为断。查赤化一语,究竟含义如何,固无一定界说。但质之被告王廷贻,则以周水平当日所发行之星光报内有敬祝世界无产阶级万岁之语,以为宣传赤化之证明。察核周水平生前供供词,承认系伊具名登载属实,是被告等所称宣传赤化,虽不无张皇夸大之处,然既有报为证,要与虚构事实者不同。至煽惑抗租散放传单一点,周水平生前虽不承认系伊所为,但经江阴县派员在其家中搜出演说底稿一纸,传单三张呈县有案。而传单上所记重要之记(如佃户私自还租要公固处罚),又经周水平承认系依照法国工党同盟罢工的办法,其散放传单是否成罪,图非本案所应审究之事项。然既搜有传单,足征被告等当时公呈所载非虚捏。又周水平当日组织佃户合作自救会,已据自承不讳。而该会未经呈报官厅核准有案为实,则被告等所称非法集会,亦难认为捏造。是呈文列举各点,均系记载事实,核与明知虚伪而故意诬告者即有未符。且被告等黏呈之星光报及传单所载关系重要之语,均经周水平生前承认,有如上述,其无伪造、变造情事,亦可断定。按之上开诬告罪之要件未能吻合,自难遽使被告等负刑事责任。至被告李成民虽称,公呈非伊亲自署名。被告王文治主张,伊系王文如,并非王文治,以为不应负责之抗辩。然依上开论断,本件犯罪既属不能成立,则无论王文治是另为一人,以及李成民是否亲笔署名,均无审究之必要,应并说明。

据上论结,应依刑事诉讼法第三百十六条,判决如主文。

本件经本院检察官王黻裳莅庭执行检察官之职务。

中华民国十九年三月三十一日

江苏吴县地方法院刑庭
推事

● 适用惩治盗匪暂行条例及特别刑事法令刑等计算标准条例判决

江苏吴县地方法院刑事判决十九年地字第三七九号

判决

被　　　告　　陈　锡　男,五十岁,盐城人,住太平桥,业拆旧房子

　　　　　　　潘立才　男,二十岁,盐城人,娄门,业割草

上指定辩护人　顾恩霈律师

上列被告等因盗匪一案,经本院检察官提起公诉,本院判决如下:

主文

陈锡共同行劫而伤害人致死,处有期徒刑二十年,褫夺公权十五年。裁判确定前羁押日数,以二日抵有期徒刑一日。潘立才共同行劫而伤害人致死,处有期徒刑十六年,褫夺公权十二年。裁判确定前羁押日数,以二日抵有期徒刑一日。

断桨一张及树棍一根均没收之。

事实

缘陈锡即陈三十子(变音陈来喜子),又名客人。潘立才即潘长山,与大来子、小来子、梁广和、潘广宏等素相认识,均因贫困起意偷窃。本年六月二十三日(即废历五月二十七日)夜间分持铁尺、船桨、木棍等件同往太平桥王家浜挖掘戴永兴家墙壁,入内行窃,由潘立才在外把风。戴永兴之妻戴吴氏闻声惊觉出外查看,见陈锡先进屋内,遂将柴物先打群盗。群盗

即以带来之木棍、铁尺还击戴吴氏,并顺手拿取戴吴氏家中所有之刀,将戴吴氏左臂戳伤一处。戴永兴赶出拒盗,复被被告等用刀棍、船桨将其击伤身死。旋即劫得米、麦各一石余,及衣服、耳圈、压发等物分头逸去。经戴吴氏报由公安局第七分局,函请本院检察官勘验,验得戴永兴身受刀棍伤痕多处,委系生前受伤身死。戴吴氏右额角有铁器伤口约长寸许,皮破处略有脓污。左臂有刀伤口约寸许,皮破处尚未结合。分别填具检验书单附卷。旋经水上公安队第三区及吴县公安局先后缉获被告陈锡及潘立才到案,经检察官侦查终结,提起公诉到院。

理由

本案分两部分说明之:

(一)关于陈锡部分

查被告陈锡等于本年六月二十三夜间分持刀棍、船桨等件同往戴永兴家行窃,挖墙而入,被其妻戴吴氏闻声惊觉外出查看,见陈锡先进屋内,共计强盗五人,余四人均不认识。戴吴氏追问缘由,被被告等殴戳受伤,其夫戴永兴闻声追出,复被被告等用船桨、刀棍殴戳,以致受伤身死等情。业经讯据戴吴氏指证明白(见侦查笔录),并经本院检察官事后勘验,分别填具伤单检验书附卷。戴吴氏与陈锡本系旧识,并无何等嫌怨,本案事发之后,戴吴氏身既受伤,其夫戴永兴又被盗殴戳受伤身死,家内洗劫一空,正值人亡家破悲痛欲绝之时,当无意栽害一素曾相识之陈锡,自可断言。况经本院讯据证人倪容江述称,戴永兴是打死了,丢在水沟内。据戴吴氏说,是江北人陈客人打死的,二十八日早上她叫人来叫我,她人有伤不能动,叫我到她家后,我去报局的。她说是陈客人(即陈锡)去抢的,打死她丈夫的等语。核与戴吴氏陈述相符。并据戴吴氏供称,抢去米、麦各一石余,及衣服、耳圈、压发等物,是陈锡等初虽行窃。既因拒伤事主致死,其应负强盗伤害人致死罪责,已属毫无疑义。证以共同被告潘立才供称,与陈来喜等六人在陆墓商议,我们现在都没有饭吃,起意偷窃,即于不记日期晚间到王家浜不知姓名人家挖洞入内,由陈来喜子先进去,(中略)共同劫得米、麦、衣服等语(供词全部见潘立才理由栏记戴)。与事主戴吴氏供词甚相吻合,则被告等之犯罪事实尤为明确。虽该被告始终自认为陈锡又名陈客人,不承认是陈来喜子。潘立才亦称,与陈来喜子等六人上盗,不认与陈客人共同前往,似陈客人与陈来喜子是否一人不无疑义。然据戴吴氏称,见陈客人先进去。潘立才亦谓,陈来喜子先进去。而本案犯罪事实仅只一个,二人供词既同,则先进去者确为一人,自可断定。纵而陈来喜子即陈客人,亦属毫无可疑。且陈来喜子又名陈三十子,是该被告之父于被告出生时适值三十岁,故有此名,业经讯据被告供述明白。而陈来喜子为陈三十予之讹音,不难想见。盖被告等平日呼朋引类,大都以小名相呼,如潘立才称陈锡为陈三十子,陈锡称潘立才为潘长山(潘立才小名见陈锡在公安队供词,及潘立才供称小名长山供词),潘立才称其余共犯为大来子、小来子之类(见潘立才在公安局供词),不一而足。故潘立才仅知陈三十子,而不知陈三十子,即陈锡又名陈客人也。执是以观,陈客人为本案共犯,尤为信而可凭。此外尚有足资证明者,本案发觉之后,陈锡逃去,曾经检察官扣留其船,交地保倪容江看管。船上木桨断去一根,而本案证物亦有木桨一片,系被告等持以行凶者。且系断桨,经倪容江、戴吴氏指证,该断桨即为陈锡船上之桨,则被告非本案共犯而何,此其一。陈锡对于犯罪事实虽狡不承认,然观其在水上公安队供词有云,五月初头我有事到苏州,遇见同乡人潘长山(即潘立才)、潘广和二人,约我到蠡泾上做案子。同月二十二日蠡泾上戴永兴家这起案子,闻有五人,其供词虽十分闪烁,但与上开戴吴氏、潘立才之述词参观互证,则此项供词显系避重就轻之托词,则其共犯罪责益属可解免,此其二。本案发生之夜、陈锡在侦查庭虽称,二十七日夜(阳历二十三日)宿刘玉昌家,但与先供二十七日早往常熟,二十八日回来,情形既极端矛盾。本院讯以被告二十七日在何处,被告虽答称在此地广济桥姓刘的家,然追问刘某名字,被告思索良久不得,是其情亏情形已可概见。兼之本案发生时适为二十七夜,被告虽过事遁饰,反已欲盖弥彰。且被告所供在刘玉昌家住宿情形,与刘玉昌及陈姜氏(被告之妻)所供绝不相符(供词见侦查笔录),则被告等此项遁词,不唯不足为反证,适足为本案犯罪之重要佐证,此其三。况潘立才之被逮,由于陈锡之妻陈姜氏之指引,可见陈锡与潘立才不独于未发生之前曾经商议犯罪(见陈锡在水公安队供词),事后犹时通声气。且据证人倪容江证明,陈锡素非善类,是陈锡为本案共犯,尤属无疑,此其四。综上所述,陈锡之犯罪责任虽无可透卸。然系因贫困而起意偷窃,因事主追赶而殴毙以致戴永兴受伤身死,结果虽甚悲惨,起意不无可原,应予依法减等处刑。

(二)关于潘立才部分

查潘立才犯罪业,据被告在公安局供称,阳历六月二十几不记日期,与潘广洪、大来子、小来子、梁光和、陈来喜等五人同到乡下偷偷人家东西。去船四只,一同到太平桥王家浜乡下不知姓名人家,挖洞入内,由陈来喜先进去,事(主)女人闻声出来,将柴斧先行打我们,我们即以木棍、铁尺还击,将事主女人打倒在地。后来事主男人亦来帮打,由我们将事主男人打死的。共计抢得白米一石,已由我们分吃了。小麦五、六斗卖去,夹衣、夏衣数件已当去。我在外面把风未曾入内等语。又在侦查庭供称,抢的是太平桥王家浜,是六人去的,一个大来子,一个小来子,一个潘广洪,一个梁广和,还有陈来喜,连我六个人等语。核与事主戴吴氏在本案供证(见陈锡犯罪理由栏内所载)确凿相符,且被告陈锡在水公安队曾供,潘长山(即潘立才小名)、潘广洪二人约我,约到蠡泾上做案子,而本案又在蠡泾上戴永兴家,是被告此项自白确与事实相符,其犯罪之成立自属毫无疑义。至潘立才所供同去六人,我在外面把风,没有进去,与戴吴氏所供强盗下半夜到我家里,共五个人,一语两相印证,恰切符合。则潘立才所供我在外把风之语,□非虚构。唯事主戴永兴追贼出外受伤身死,既为确定事实,而其身死地点又在屋外沟中,则拒伤行为被告亦曾参加要可概见。核以被告所述,事主男人亦来帮打,由我们将事主男人打死的,益为明确。否则事在黑夜,该被告如果把风,何以知事主男人亦来帮打,更何至申之以由我们将其打死之语。是该被告起初虽仅把风,后已加入拒伤,为其共同强盗罪责,亦属无可诿卸。唯始意仅在偷窃,衡情尚不无可原,准予依法减等论科。

据上论结,陈锡、潘立才应依刑法第三百四十七条、惩治盗匪暂行条例第一条第十二款、第二条第三款、特别刑事法令刑等计算标准条例第五条、刑法第九条第七十九条第二项后段、第三百五十五条、第五十六条、第五十七条第四项、第六十四条、第六十条第二款、刑事诉讼法第三百十五条,分别判决如主文。

本案经检察官吕文钦莅庭执行职务。

当事人如有不服,得于本案判决书送达后十日内,提起上诉江苏高等法院。

中华民国十九年十月十四日

江苏吴县地方法院刑庭
推事

江苏吴县地方法院刑事判决十九年地字第一二六号

判决

被　　　告　　孔祥发　又名孔祥生,即孔小和尚,男,年四十岁,安徽庐江县人,做小生意

指定辩护人　　沈兆九律师

上被告因盗匪及绑票案,经检察官提起公诉,本院判决如下:

主文

孔祥发结合大帮持械于无锡北望亭地方掠夺兵器、弹药、钱粮并掳人一罪，处死刑，褫夺公权无期。结合大帮持械于吴县金墅镇地方掠夺兵器肆行抢劫一罪，处死刑，褫夺公权无期。结合大帮持械于无锡甘露镇地方肆劫杀人一罪，处死刑，褫夺公权无期。聚众持械于常熟桐泾镇地方抢劫、放火烧毁城镇建筑物一罪，处死刑，褫夺公权无期。结合大帮持械于松江泗泾镇地方掠夺兵器、弹药、肆行抢劫并掳人一罪，处死刑，褫夺公权无期。在浙江盛泽地方抗拒官兵一罪，处死刑，褫夺公权无期。在浙江陈家兜、周冠英家掳人勒赎一罪，处死刑，褫夺公权无期。被捕后在黎里附近地方脱逃一罪，处有期徒刑一年。执行死刑，褫夺公权无期。

孔祥发抢劫铁路工头张姓部分无罪。

事实

缘孔祥发又名孔祥生，于十六年八月间在浙江吴溇地方由已正法之巨匪吴大金子纠邀入帮，同年九月二十日上午结合一百余人执持枪械至无锡县界北望亭，抢劫水警第三区六队三分队二号巡船枪炮弹药，并掳去巡杨雨逢、张船明两名。又劫该处税务分所税款。同日下午又至吴县金墅镇抢劫保和典等二十四家，并抢去商枪械十四根。翌日复至无锡县境甘露镇抢劫章子瞻等十四家，并枪毙民妇谈邵氏。是夜复窜往常熟县境桐泾抢劫潘志廉家，并纵火焚毁其住屋计大小十余家。随即前往松江县境。二十七日抢劫泗泾镇庆余典等七十九及公安第七分局苏属缉私第三营第五号巡船，枪械并掳去兵士缪月生一名。旋窜往浙江在盛泽与水警开火受损失即行散帮。十八年二月间赴上海住居劳勃生路顺德里，是年废历七月十四日复纠众至浙江陈家兜周英家绑去女人一口。被浙江内河水上警察局第三区探悉，派警至沪于九月二十五日将孔祥发捕获解赴南浔至黎里附近，该孔祥发乘人不备凫水脱逃，潜至院属东桥矫埭上地方，经侦探陈照华、孔宪麟等拿获。由松江县府提讯后解送来院，当函送检察处侦查，经检察官侦查终结，认孔祥发抢劫北望亭水警巡船、税务分所，犯两个治盗匪暂行条例第一条第四款、第九款、第十三款之罪。抢劫张姓家犯同条例第一条第九款、第十三款之罪，掳水警两名，犯两个刑法第三百十六条第一项之罪。抢劫金墅商团枪械，犯惩治盗匪暂行条例第一条第四款、第□款、第十三款之罪。抢劫保和典等二十四家，犯二十四个同条例第一条第九款、第十三款之罪。抢劫甘露镇章子瞻等十四家，并枪毙谈陆氏，犯十四个惩治盗匪暂行条例第一条第九款、第十三款及一个同条例第一条、第十二条之罪。抢劫潘志廉家，并放火烧毁房屋，犯惩治盗匪暂行条例第一条第九款、第十三款及第十六款第一目之罪。劫泗泾镇公安分局水警巡船枪械，并掳去缪月生一名，犯两个惩治盗匪暂行例条第一条第四款、第九款、第十款及一个刑法第三百十六条第一项之罪。枪劫庆余典等七十九家，犯七十九个同条例第一条第九款、第十三款之罪。在盛泽抵抗水警犯同条例第一条第五款之罪。绑架周冠英家女人犯惩治盗匪条例第二条之罪，被捕脱逃犯刑法第一百七十条第一项之罪，提起公诉。

理由

本案被告孔祥发结合大绑执持枪械肆行劫掠北望亭、金墅镇、甘露镇、桐泾镇、泗泾镇等处，及在盛泽抗拒官兵，绑去周家女人，又被捕脱逃各情事。经本院详讯该被告，不特对于抢劫各处及抵抗官兵与绑人之行为绝对不□，即对于被捕脱逃一节亦坚不供承，然就该被告在吴县公安局与江苏水上省公安队第三区所供及本院调查所得，关于该被告盗匪及绑匪与其他各行为均甚正确，兹将本案要点详细分析说明于下：

甲　被告孔祥发之供词

（一）在吴县公安局供□年四十岁，皖省庐江县人，向住浙江吴淞。民国十五年在浙江三区水警署充任侦探，本年正月初五下来，十六年八月在吴淞被吴大金子邀入帮中，充小老大，带船一只，共有九人。民国十六年八月二十几那天，大帮同到金墅先抢枪械，后动手抢劫。遂即到甘露吕舍，再往桐港泾，他们把董事房子烧了，在桐港泾并未抢劫。再到洋澄湖，经过崑山后，到浙江遂宁四安抢劫后，遇见浙江水警省防军开火，他们就散帮了。我分得赃洋三百元，赃是九份分的，我系九分之一。我现在上海住了，此次龙老窝子到上海先到我家住了数天，欲我代他租房子，我现住上海小菜场顺德里，门牌不知。被浙江徐区长知道，于上月二十四日在申将我及王老窝子捉住，解往浙江过栌墟。我在船中乘间跳入河中，慢慢的由常州一路走到矫埂上，遇见素识之陈照发，同我吃茶吃了两个钟头，东桥警察及保卫团得信到来将我捉住了，陈照发方去叫水警来了，所供是实。

（二）在水上省公安队第三区供□孔祥发即孔小和尚，化名张恒甫，年四十岁，安徽庐江县人，向以种田为业。民国十年到江苏溧阳县乡间放鸭，约有三年光景。又往常州赌场上烧饭十五年，投到浙江水警三区充当侦探。十六年八月在浙江吴淞与吴大金子碰头后邀入帮中，派我为小老大，带船一只，小老大共有九人，龙老窝子□子、万子祥、李三、其余姓名记不清楚,弟兄们约一百多人,长短枪七十多枝,大、小船十只,均由浦东方面开来。我们大家商议开船到金墅劫夺警察枪械,复到镇上分头搜劫,随又开到北望亭,先将炮船枪械劫夺后,抢卡□天连夜赶到甘露分头搜劫典当。商店抢过之后,我们船只一齐开到吕舍停泊烧饭吃,并未抢劫。我同金长□歪子等带了几个人走到桐港泾,向董事借钱,因未借到,遂将董事房屋烧了。随又同到泗泾各人假作当当□典当内分头搜劫后,逃到浙江泗泾织里遂宁交界地方,遇见浙军开火,打杀他们五个人。于是大家商议散帮时,我分赃洋三百元,仍回浙江南浔家里。今年二月间将家搬至上海小菜场顺德里,门牌记忆不清,六月间龙老窝子叫我租借房屋安顿肉票,未曾租着,不知如何被浙江水警三区徐区长知道,派人来上海将我及王老窝子二人捉住。这天船开垆墟落荒鱼断地方,我即乘人不备跳河脱逃,慢慢的由常州一路走到矫埂上,遇见素识之陈照发,轧我到小茶馆内吃茶,吃了二个钟头,被东桥警察及保卫团闻信赶来将我捉住。陈照发又去招水警将我解到东桥警察局内,所有光福案子是许小六子起意的,浙江绑架女人案件是龙老窝子为首的,去年□绑架邵姓等肉票亦是万子祥、许阿懋等纠约去做的,其余各案实不知情,所供是实。

乙　本院各种调查之所得

(一)被告孔祥发之混名　被告之混名甚伙,(一)孔祥生(二)孔小和尚(三)小毛字子(四)孔老窝子(五)恒甫,除孔祥生系被告在南浔水警署充当侦探之名,及小毛字子系其乳名,该被告直行供认外其余孔小和尚、孔老窝子、张恒甫等名坚不承认。查南浔水警第三区前区长常荣清曾于去年八月二十二日委托前充该□务员郑恩诏代表到庭指认,该被告为孔祥发,又叫孔祥生,绰号是叫孔小和尚。又查湖属剿匪指挥部于十□九月所判韩小宝、胡老窝子等绑劫周冠英家一案判词,其理由栏内于所载孔老窝子之下用括弧注明孔祥生三字,而张恒甫乃被告最末在矫埂地方被捕时之化名,据此则是混名。虽有五个实为孔祥发一人毫无疑义。

(二)本案发生时,该被告是否在南浔水警署供差　被告称在南浔水警第三区常区长处充当侦探,系民国五年废历七月去的,至十八年废历正月初五日才销差,以证明本案抢劫均未在场。经本院票传该区长质讯据呈明称,前在水警任内,因十六年冬防异常吃紧,雇购特殊性质之侦探,以期侦缉灵敏。故呈准内河水警局□用孔祥发为冬防临时侦探,迨办过冬防即行撤销,亦经呈报在案。查该孔祥发前在临时侦探差内,尚无不法,为自撤销后即已脱离水警关系。至其前后在外若何行为,不在管辖范围之内,不得而知等语。又于去年八月十二日委托郑恩诏代表到庭供称,临时侦探是十六年才成立的,有案可稽,并称孔祥发是阳历十一月底进的,是十二月二十几起饷的。据此则是该被告所称在南浔水警署充当侦探,系在所犯本案北望亭金墅镇甘露镇、桐泾镇、泗泾镇各案之后,确无所款。

(三)关于抢劫北望亭部分 经本院调取无锡县政府关于北望亭抢劫卷宗内附税务分所长王心如咨文称,本月二十四日上午十一句五分钟时突有大批土匪由太湖乘巢湖荡船十四艘约二百余人,由北望亭桥小港驶出停泊分所门前,有三十余匪手持快枪、盒子炮分向分所后面桑地驰出围劫,用刺刀撬开存放银钱,将所征得之税连同账捐等项大洋三百四十二元四角八分六厘尽行劫去,并抢劫各职员银洋、衣服等件,临时将护卡水警杨雨廷、张绍明一并掳去,并将护桥钢炮、步枪、子弹尽行劫走等语。核与该被告所供事实尚□,关于此部分,检察官尚提起有抢劫铁路工头张姓家六七百元之公诉。查此节该检察官系根据无锡县政府九年二月二十四日公函有,又至铁路工头张姓家劫去洋六七百元一语起诉,检查北望亭抢劫全卷,并无□事实。复经本院票传该张姓于去年六月十六日十月十七日十一月六日质讯均未到案,且据所缴最后传□证于备考栏,并注有张姓因无名字难以送达特注字样,是关于此一部分实属无从证明。

(四)关于抢劫金墅镇部分 经本院检察官曾派警至该处实地调查,据报告称民国十六年九月二十四日午三句钟时有一百多匪蜂拥至镇,将该镇商团枪械十四根强夺而去,并将团员王金祥头部击伤,又抢劫□保和典当及店铺二十四家云云,并经被害人王金祥、吴纪良、任振祥等到庭证明属实,核与被告所供事实□。

(五)关于抢劫甘露镇部分 经本院票传各被害之家多拒不到庭,据所调甘露抢劫卷宗内附商团公会□杨寿楣呈文略称,本月二十五日午前五时突有巢湖帮匪驾船十余艘,携带利器肆行开枪,掳劫被劫居户□除零星小数及沿途勒劫者不计外,约计五十余家损失财物约共十余万元,枪毙谈邵氏一名,重伤渔户二□,毁房屋三间,劫去民船二只,掳去商人周少泉、房寿庄及船户华迎祥等,并劫去团部村田枪五枝、老九响二□、筒枪一枝、意六响一枝、呢单军服各两套,各式子弹约三十余粒等语。核其所叙,虽所抢家数按照起诉书超过巨,并有焚烧伤害掳人及掠夺船只、兵器、子弹各情,迥不相符。然核之起诉行为,与被告所供已足证明属实,□毙谈陆氏一名,据附卷履勘表为谈邵氏,自应以该履勘表为断。

（六）关于抢劫焚烧桐泾镇部分　经票传被害人潘志廉到庭供称,房子是租得,姓朱的烧去了一百间,有□家人合住的,核与被告所供事实符合。

（七）关于抢劫泗泾镇部分　据调取松江县原卷内附该县长戴忠骏勘单略称,本年九月二十七日下午□突有大帮股匪一百数十人,由该镇西市河而来,约有盗船十三艘,匪首黑老班船上有小钢炮一架,群盗手□枪手枪、盒子炮及手提机关枪等械,分搜各商铺及各住户并公安局等处被劫,约有七十余家。公安局内劫□枪十一枝、子弹一百二十粒,商铺中有祥和、庆余两典当损失尤巨云云。又附有苏属缉私统领许汉琛咨文略称,本月二十七日下午一点钟时突有大帮悍匪,乘坐大板船十四只、鸟沙船一只到镇,约共二百余人,各持枪弹,船内原存之九响毛瑟枪两杆、毛瑟子弹四十八颗、七九五响枪一杆、五响子弹四十二颗全行劫去,并掳去兵士缪月生一名云云。又查已正法之巨匪吴大金子曾明供抢泗泾镇,我是总老班,副老班是孔小和尚之语(□附卷),核与被告人所供事实符合。

（八）关于盛泽抗拒部分　查已正法之吴大金子曾供有,我又到盛泽与龚区长开火,此一番受创过巨,枪械损失不少,我们一班人统统就散帮了之语(抄供附卷)。又经检察处函请江苏水上公安队第一区查明,据覆称,六年十月曾呈报浙沪卫戍司令参谋处,有在吴江县盛泽镇左近与股匪相遇,即行痛击等语,核与被告所供事实符合。

（九）关于绑周冠英家女人部分　查该案业经杭县地方法院将同案之共犯韩小宝、胡老窝子、王老窝子等事别判决,据各该犯供被告实行在场,唯所绑者除女人一口外、尚有一个八、九岁之小孩,与起诉书不符,然于□之事,已足证明属实。

（十）关于黎里脱逃部分　该被告对于此节,至本院大行翻供,坚不承认有脱逃之事。经本院函请浙江内河上警察局第三区派人来院验认,旋据该区长徐模诚函覆略称,孔祥发初由敝区在沪缉获,解浔讵舟至黎里附近,该犯乘间跃河凫水脱逃,复经江苏水上省公安队第三区第十一队在浒墅关桥埂上捕获,转解苏州水上公安第三区区部。敝区长得讯,当即亲赴苏州该区部认看,确系绑劫敝辖陈家兜、周冠英家案内之要犯孔祥发即孔祥生,又名孔小和尚。是该犯已经敝区长认明,岂能任其狡赖,似无再行派人指认之必要云云。是该被告对于被捕后复行脱逃，亦属实在。

据上所述各节以观，该被告对于所犯本案各节实属证据确凿，虽该犯所供先抢金墅，后抢北望，与调查所得先后不符，然事实既属真确，自无何种关系。又据上述所调查犯罪事实，尚有超越起诉书之处，查该犯所至各处，均系洗劫各被害者，先后呈报，当然不能一致，日久月深，自难得真确调查。且审判以起诉之行为为准，关于起诉各点业有相当之证明，则其余自毋庸予以研究。又查关于所掳水巡及兵士之行为，并无勒赎目的，自应依刑法论罪。但于此有一问题，即关于所劫北望亭、金墅镇、甘露镇、桐泾镇、泗泾镇之各行为，系逐日联接，是否连续是也。关于此点，本院曾当庭质问，该被告既坚不供认有犯罪情事，自无何种答对。检阅该被告在公安队第三区之供词，虽有与他们大队商议之语，然被抢劫之区甚伙，牵动数县，自不能认其犯意当初为一致，而认为连续。又本案应以抢劫之行为个数计算，罪数不应以被劫家数计算，罪数起诉书关于罪之计算稍有未合。

依上论结，本案被告孔祥发即孔祥生，又名孔小和尚，除关于抢劫铁路工头张姓家部分，因犯罪不能证明，应予宣告无罪外。其结合大帮执持枪械掠夺无锡北望亭巡船上之枪炮、子弹及劫去税务分所税款，并掳水巡二名一罪，应依惩治盗匪暂行条例第一条第四款、第九款、第十三款、同条例第十条、刑法第九条、第三百十六条第一项、第七十四条，处以死刑。并依刑法第五十七条第三项，褫夺公权无期。又结合大帮执持枪械掠夺吴县金墅镇商团枪械及肆行抢劫保和典当等二十四家一罪，应依惩治盗匪暂行条例第一条第四款、第九款、第十三款、同条例第十条刑法第九条、第七十四条，处以死刑。并依刑法第五十七条第三项，褫夺公权无期。又结合大帮执持枪械抢劫无锡甘露镇章子瞻等二十四家，并枪毙谈邵氏一罪，应依惩治盗匪暂行条例第一条第九款、第十二款、第十三款、同条例第十条、刑法第九条、第七十四条，处以死刑。并依刑法第五十七条第三项，褫夺公权无期。又聚众持械抢劫常熟桐泾镇潘志廉家，并焚毁其住屋计大小十余家一罪，应依惩治盗匪暂行条例第一条第九款、第十三款、第十六款第一目、同条例第十条、刑法第九条、第七十四条，处以死刑。并依刑法第五十七条第三项，褫夺公权无期。又结合大帮执持枪械掠夺松江泗泾镇缉私巡船之兵器、子弹，并掳去兵士一名及公安第七分局兵器、子弹、肆行抢劫庆余典等七十九家一罪，依惩治盗匪暂行条例第一条第四款、第九款、第十三款、同条例第十条、刑法第九条、第三百十六条第一项、第七十四条，处以死刑。并依刑法第五十七条第三项，褫夺公权无期。在盛泽啸聚抗拒官兵一罪，依惩治盗匪暂行条例第一条第五款，处以死刑。并依同条例第十条刑法第九条、第五十七条第三项,褫夺公权无期。在浙江陈家兜掳周冠英家女人一口勒赎一罪,依惩治绑匪条例第二条处以死刑,并依惩治盗匪暂行条例第十条、刑法第九条、第五十七条第三项,褫夺公权无期。被捕在黎里附近脱逃一罪,依刑法第一百七十条第一项,处以有期徒刑一年。此种穷凶极恶之犯,所有裁判确定前羁押日数不准折抵,并合论罪应依刑法第九条、第六十九条、第七十条第一款、第六款,定应执行死刑。褫夺公权无期。爰依刑事诉讼法第三百十五条、第三百十六条,判决如主文。

本件经本院检察官吕文钦莅庭执行检察官之职务。

中华民国二十年二月九日

江苏吴县地方法院刑庭
推事

江苏高等法院刑事判决十九年诉字第一六三六号

判决

上　诉　人	吴小裕	即王小弟,男,年三十九岁,崑山县人,住新石村,做小生意
	吴志林	男,年二十八岁,高邮县人,住上海北淞园路,业皮匠
	康藩东	男,年二十九岁,安徽合肥县人,住沙河,业农
	金德富	男,年三十六岁,安徽合肥县人,住沙河,业撑船
	武少卿	男,年三十三岁,安徽庐江县人,住三河,业木匠
上指定辩护人	夏鼎瑞律师	
上　诉　人	陈良材	男,年三十四岁,安徽合肥县人,住石浦寺,业卖盐
上选任辩护人	夏鼎瑞律师	

上上诉人等因盗匪一案,不服青浦县政府民国二十年三月二十六日第一审判决,提起上诉,本院判决如下:

主文

原判决撤销。

吴子裕、吴志林结合大帮肆行抢劫各处,有期徒刑十二年。褫夺公权十二年。裁判确定前羁押日数,均准以二日折抵徒刑一日。

康藩东、金德富、武少卿、陈良材均无罪。

事实

缘吴子裕（即王小弟）、吴志林随同业已法办之董大来、孙家章、夏贤能、陶阿四、张云章、周文明、丁三毛子、王四贵、尹春才、宣恒树、刘万安等及不知姓名匪犯约百余人，携带枪械分乘船只于民国十九年四月二十三日先至青浦县属重固镇肆劫张鸿牲等商店、住户四十余家，财物所受损失甚巨。复劫该镇保卫团快枪十二枝、盒子炮二枝、公安第五分局快枪六枝，击毙团丁张振海一名，枪伤杨公安分局长及盛福兴店主盛炳初等多人。并当场将富户朱继周及恒兴祥洋货店伙友胡姓一并掳去。同日复至赵家屯桥镇行劫公安第四分局快枪五枝、手枪一枝，随即携赃逃逸俵分各散。嗣在黄渡镇和睦桥崧泽村经该处保卫团公安分局先后缉获董大来、吴子裕等十七名，连同搜寻赃物（即金饰等件、群载第十区长呈报清单），解由青浦县政府审理。除董大来、孙家章、夏贤能、陶阿四、张云章、周文明、丁三毛子、王四贵、尹春才、宣恒树、刘万安等十一名呈请省政府核准依法枪决外，案经再审结果，认吴子裕、吴志林及嫌疑犯康藩东、金德富、武少卿、陈良材各犯共同聚众强盗罪，吴子裕等六人均不服原判，提起上诉到院。

理由

本件上诉人吴子裕（即王小弟）、吴志林在本院各供，对于随同董大来、孙家章等及不知姓名匪犯多人，结合大帮分持枪械先劫重固镇各商店、住宅财物及保卫团公安分局枪枝，当场枪杀团丁，击伤公安分局长等多人，复掳架富户朱继周等二人，旋又劫赵家屯桥公局枪枝各情，虽均饰词否认。但据吴子裕在原县供，我在吴淞江撑船，被强盗拖去的，抢了以后，他们分给我四块洋钱。又据吴志林亦供，我是由高昌庙到平湖做贩柴生意，船经辛庄时，遇着盗船，拖我去摇船的，连我五只船，我是小船，他们四只是大船，容人较多，大约有百人。抢了重固赵屯桥之后，他们分给我五块洋钱，一只金戒子。则其肆行抢劫重固及赵屯桥两镇事实，固已不啻自白，均属共犯，何能任其事后翻异。复查原县履勘表所载重固各商店等被劫财物及赵屯桥公安分局枪枝，均同在一日，实系发动于一个意思之行为，自应以一罪论。其为结合大帮肆行抢劫已属无疑，而杀人及伤害二人以上，并掳人勒赎又系一行为，而触犯数项罪名。原审认上诉人吴子裕、吴志林犯共同聚众强盗，不知聚众二字须多众集合，有随时可以增加之状况，业经最高法院解释在案。本案结伙虽有百余人，而无随时增加情形，究与聚众要件不合，原判各依惩治盗匪暂行条例第一条第十三款处断，显有未合。复于杀人伤害掳人均未论及，亦嫌疏漏。又于获案金饰等物系属各事主所有，并非属于犯人之物，原审依刑法第六十条第三款（误为项）没收，尤为错误。吴子裕、吴志林之上诉虽无理由，而原判既属不当，应由本院予以纠正。至上诉人康藩东对于伙劫在原县讯供不承，仅供认四人贩卖私盐，二人已回去，现在就是陈良材同我两人。至共犯陶阿四虽供称与伊（指康藩东）认识，而参加肆劫，尚无明确指证。又上诉人金德富在原县供，二十九日到黄渡系寻找母舅孔怀云，乡下人疑我土匪，叫捉住的。上诉人武少卿亦供，到纪王庙警局找我哥哥，适捕盗时即被捕。上诉人陈良材亦供、王德胜、吴君意、康藩东与我四人贩私盐的，抄去一百零三元六角，系贩私盐钱，并不认肆劫共犯，在本院均仍极端否认。此外所获原赃金饰多件，据证人张景华在本院供充和睦乡长东西，是地下及河沿等处搜寻到的、并不是九个人（指上诉人康藩东等）身上搜到的、身上并没有搜到赃物。依此供词，则康藩东、金德富、武少卿、陈良材均难谓为人赃并获之犯，复无其他佐证足资证明，不能遽予论罪。原审均认犯共同聚众强盗，尤乏根据，康藩东等之上诉，应认为有理由。

综以上论结，合依刑事诉讼法第三百八十五条第一项，将原判撤销更为判决。吴子裕、吴志林结合大帮肆行抢劫，又于行劫时故意杀人，并伤害二人以上及掳人勒赎，均犯惩治盗匪暂行条例第一条第九款、第十二款、绑匪条例第二条之罪。唯杀人及伤害二人以上掳人勒赎，均为结帮肆劫之结果，系一行为而犯数项罪名，依惩治盗匪暂行条例第十条、刑法第七十四条，从一重处断。复查吴子裕、吴志林均属听纠伙劫，究非起意首犯，其情不无可原，依惩治盗匪暂行条例第二条第三款、特别刑事法令刑等计算标准条例第四条、刑法第四十二条、第七十九条第二项，均于惩治盗匪暂行条例第一条第九款本刑上减二分之一（即二等），各处有期徒刑十二年。并依刑法第三百五十五条、第五十七条第四项、第五十六条，均褫夺公权十二年。裁判确定前羁押日数，依刑法第六十四条均准折抵。康藩东、金德富、武少卿、陈良材盗匪嫌疑尚属不能证明，均依刑事诉讼法第三百七十九条、第三百十六条，谕知无罪。至康藩东、陈良材贩卖私盐部分，未经第一审裁判，除另发原县侦讯外，特为判决如主文。

本件经本院检察官朱俊苡庭执行检察官之职务。

本件上诉法院为最高法院，当事人对于本判决如有不服，应于送达判决书之翌日起十日内，以书状叙述不服理由，向本院提起上诉。

中华民国二十年五月二十三日

江苏高等法院刑事第一庭

审判长推事
推事
推事

● 适用惩治绑匪条例判决

江苏吴县地方法院刑事判决十九年地字第一九四号
判决
被　　　　告　朱玉波　即朱月波，男，年三十三岁，海州人，住南乡后照村，种田
上指定辩护人　胡士楷律师
上被告因强盗杀人、掳人勒赎一案，经本院判决后，报由江苏高等法院院长，转报江苏省政府发回再审，本院判决如下：
主文
朱玉波即朱月波聚众在启东县地方抗拒官兵、掠夺兵器，并杀人一罪，处死刑，褫夺公权无期。结合大帮持械在吴县洋灯湖浜地方抢劫，并掳人勒赎一罪，处死刑，褫夺公权无期。结合大帮持械于间村地方抢劫并杀人一罪，处死刑，褫夺公权无期。结合大帮持械在东台县小海镇地方肆劫掳人勒赎并杀伤人一罪，处死刑，褫夺公权无期。结合大帮持械在东台县大丰镇新丰集地方肆劫焚烧掳人勒赎并伤人致死一罪，处死刑，褫夺公权无期。执行死刑，褫夺公权无期。
事实
缘朱玉波即朱月波，为著名海盗桑海珊、潘开渠之党羽。民国十七年四月十七日在启东县与桑海珊聚众抗敌剿匪军警，将该县公安局长朱镇庚击毙，掠夺官警枪械不少。十八年四月间与桑海珊、朱立山率众盘踞浒浦（即彭家桥），六月十一日率伙持械乘船四只，由浒浦出发至吴县洋灯湖浜拦劫永亨小轮，绑去肉票四人。同月十六日该朱玉波命其党徒在浒浦三里许之间村行劫，并将事主沈祥生及其母沈褚氏先后枪击毙命。迨至七月该朱玉波与桑海珊发生龃龉，遂偕同其伙张可兰、周大麻子、周老五、小三子等携械离浒窜入海门，和巨盗李四结识。复由李四介绍与著名盗匪彭海泉结伙，九月一日夜该朱玉波率众一百余人，内有海盗毛西宾、张从一等为小老大携带枪械至东台县小海镇，洗劫袁如刚等四十六家，伤八人，并将民妇刘吕氏击毙，又掳去男女四十二名。事后并以朱月波之名投函恐吓。同月九日上午该朱玉波复率众持械至东台县大丰镇新丰集洗劫

胡伯卿等五十一家，焚毁闸房两座，黄渔庄、杨五、宋蔡氏三名口因流弹受伤致死，并绑去男女二十四人。九月中官军剿办彭海泉，该朱玉波遂结合十二名乘船到陈家口，受缚私营收抚，得银缴械潜逃沪上。十一月十二日被江苏水上省公安队第一区第五队在上海成都路缉获，解由吴县县政府移送本院检察处侦查起诉，经本院判结后，报由江苏高等法院院长，转报江苏省政府经该府委员会议决，发回本院再审。

理由

本案被告朱玉波即朱月波，对于结合大帮，执持枪械抗拒官警，掠夺兵器，肆行枪劫，焚烧、杀伤、掳人勒赎各情节，经本院详讯该被告始则坚不吐实，继则拒绝陈述。然该被告自承认朱月波也是我，是月亮的月字（二十年一月十七日及六月二十六日供），该被告对于前审之供虽称，公安队有个姓陈的，同我有仇，他用香烟烧我鼻子，又把我坐板凳，要我这么说的，以为辩解。然询据该被告，称姓陈的名陈开胜，伊有舅爹叫潘五，在离高资七里路徐家条毛家庄地方李文佛家中弄石头，有一次伊乘清江轮船到镇江，陈开胜也同乘这船到镇江，船上碰头交谈认得的。后来就同到伊舅爹家里，他偷了伊舅爹的，被伊打了，他有仇的，这是去年正月十六日的事。又称伊是在李文佛家帮伊舅爹弄石头，是正月二十四去的，九月二十八日出来的各等语。经本院嘱托镇江地方法院票传李文佛之妻李朱氏到庭供称，去年正月十九日朱玉波同陈开胜到伊家，及陈开胜偷被虽有其事，然供称朱玉波在伊家仅住了三天。经该院覆询朱玉波，就是住三天么？则又答称，朱玉波在我家里打白石，做了年把工，到去年正月二十四早上回他去的。核阅前后供词甚相矛盾，显有回护情节。且该被告称陈开胜偷被是正月十六日的事，而李朱氏称偷被是二十二早上的事，该被告称正月二十四至李文佛家中，而李朱氏则称正月二十四回他去的，无论所称不符，且该被告所称偷被之日，尚未抵李文佛家中，更属不近情理。又经本院票传江苏水上省公安队第一区第五队巡官胡万青到庭供称，伊队里并无陈开胜其人（十九年六月五日七月八日及镇江地方法院讯问笔录），据此则是该被告此种辩解显不真实。查该被告在江苏水上省公安队第一区第五队供称，先在白宝山处当兵，前年到上海来的，今年八月间在江北抢过东台县大丰、小海二镇，当时我们共去一百多人，小老大是毛西宾、张从一等，我自己有三十几人，十五根枪，计九架盒子、四根长枪、二支手枪。当抢的时候，曾与该镇公安局开过火，因我们人多，就在大丰抢了二百余家，架了男女肉票二十四人，后来全都放了，并不是赎去的。至在苏州抢荡口轮船案子是五月初五日去做的，共有四条船，三十多人，三十几根枪,由浒浦开去约一天就到的,停湖边一个庙旁,共绑来四人,后都放了。抢彭家桥案子也是我起的意等语。又查本院检察处前函请常熟县政府调查据覆称,即经训令公安局长切实调查去后,兹据该局长呈称,遵经令饬公安第十五分局长邵庚生查明去后,兹据复称,奉令遵经详密调查,多方侦询,征诸各界传述,佥谓朱玉波实系江北积年著名股匪,江淮各地早已备受蹂躏。前年率领徒众与海盗,潘开渠合伙窃据海滨,迭在海洋行劫商船,素称强悍为潘匪先锋,动辄抗拒官警。前在启东与海匪桑海珊抗敌剿匪军警,胆敢将该县朱公安局长击毙,又夺获官警枪械不少,势益猖獗。滨海之区滋扰迨遍,其后潘匪受抚,该朱玉波遂与匪首桑海珊、宋立山等率众渡江南窜,于本年四月间盘踞浒浦(即彭家桥),于是江面之抢劫频闻,人民之恐怖万状。六月十六日晚,该朱玉波命其党徒在离浒三里许之间村行劫抢掠之不足,又将事主沈祥生及其母沈褚氏先后枪击毙命云云。复经本院向各方调查关于启东县一节,曾函请启东县调查据覆称,查敝县前公安局长朱镇庚在民国十七年四月十七日确因剿除海匪桑海珊案案阵亡等语。虽夺取兵器多少未经声明,然既有此种事实,该朱玉波又曾供认与桑海珊同党,虽系称五月里到彭家桥入伙(十八年十一月十六日侦查笔录),与启东案件之发生先后不符,然匪口之所供自不如舆论之真实,据此则前述常熟县政府之函覆情节,自不得不认为实在。关于洋灯湖一节,经本院票传该被绑永亨轮船账房李仲康到庭供称,绑去五个人,我也被绑的,又打死我们船上一个舵工。复经指示该朱玉波令伊细认,则答称有这个人的,并称他是在里面指挥一切的等语(十九年八月八日笔录)。虽所供尚有打死舵工之事,又绑去者为五人,与起诉书不符,然对于起诉之事实已足证明系属实。在关于间村一节(即彭家桥案子),据该朱玉波前在水上公安队供,抢彭家桥案子也是我起的意。又前审于十九年二月二十一日开庭时间问该被告,你究竟抢过多少次?该被告答称,就只彭家桥,桑海珊叫我去,我没有去。而前述常熟县之函覆,又确有将事主沈祥生及其母沈褚氏先后枪击毙命之事,是关于此点罪证亦甚确凿。关于东台县小海镇及新丰集一节,经调取东台县卷宗,其小海市案盗案履勘表,于被害人栏□填载有袁如刚等四十余家,受伤人数八名,唯另外被掳去市民四十余名,现仅放回数名,已死人数刘吕氏一口字样。其大丰、新丰集案盗案履勘表、于被害人栏填载有商民户居胡伯卿等家,已死人数宋蔡氏、黄渔、庄杨五字样。又勘单载有,查明被抢之家计五十余户,损失甚巨,其有因受枪伤毙命者三名口,业经尸属棺殓抬埋等语。而大丰盐垦公司维持会经理赵漠生亦呈称,有事后查勘,除商肆被劫一空外,流弹击毙三人，计两男一女。又绑去二十余人，焚毁闸房两座等语。又语小海市卷内并附有朱月波所致小海行政局，并通遂公司商会，又通遂公司并被掳人家属等之恐吓函二纸，是关于此二点之罪证，亦甚真确。唯查该被告朱玉波所供与卷宗所载被抢之家多寡不同，而各卷宗所称焚烧情节与起诉书亦不一致，然此种洗劫之案，匪口所供固难认为真实，而当时先后呈报详略当然不同，日久月深，自难得真确调查。且审判以起诉之行为为准，既关于起诉各点业有相当之证明，则其余自毋庸予以研究。又查本案应以抢劫之行为个数计算，罪数不应以被劫之家数及杀伤之人数计算罪，起诉书关于罪之计算尚有未合。又查本案被告所投之恐吓信，在掳人之后系属勒赎之手段，尚不能单纯论罪。又洋灯湖原为内河之一，亦不能视同海洋，应予变更起诉法条。

依上论结，本案被告朱玉波即朱月波，聚众在启东县地方抗拒官兵，掠夺兵器，并击毙公安局长一罪，应依惩治盗匪条例第一条第四款、第五款、第十二款、同条例第十条、刑法第九条、第七十四条，处以死刑。并依刑法第五十七条第三项，褫夺公权无期。又结合大帮持械在吴县洋灯湖地方抢劫永亨小轮，绑去李仲康等四人一罪，应依刑事诉讼法第三百二十条、惩治盗匪暂行条例第一条第九款、第十条、惩治绑匪条例第一条、第二条、刑法第九条、第七十四条，处以死刑。并依刑法第五十七条第三项，褫夺公权无期。又结合大帮持械间村地方抢劫沈祥生家，并将事主沈祥生及其母沈褚氏枪毙一罪，应依惩治盗匪暂行条例第一条第九款、第十二款、第十条、刑法第九条、第七十四条，处以死刑。并依刑法第五十七条第三项，褫夺公权无期。又结合大帮持械在东台县小海镇地方洗劫袁如刚等四十六家，伤八人，并将民妇刘吕氏击毙，掳去男女四十二人一罪，应依惩治盗匪暂行条例第一条第九款、第十二款、第十条、惩治绑匪条例第一条、第二条、刑法第九条、第七十四条，处以死刑。并依刑法第五十七条第三款，褫夺公权无期。又结合大帮持械在东台县大丰镇、新丰集地方洗劫胡伯卿等五十一家，焚毁闸房两座，黄渔庄、杨五、宋蔡氏三名口，因流弹受伤致死，并绑去男女二十四人一罪，应依惩治盗匪暂行条例第一条第九款、第十二款、第十六款第一目、第十条、惩治绑匪条例第一条、第二条、刑法第九条、第七十四条，处以死刑。并依刑法第五十七条第三项，褫夺公权无期。并合论罪，应依刑法第九条、第六十九条、第七十条第一款、第六款，执行死刑。褫夺公权无期。爰依刑事诉讼法第三百十五条，判决如主文。

本件经本院检察官孟洲苴庭执行职务。

中华民国二十年六月三十日

江苏吴县地方法院刑庭

推事

江苏吴县地方法院刑事判决十八年地字第一一〇号

判决

被　　　告　　胡炳元　男,年四十二岁,湖南人,住吴江南库,业农

指定辩护人　　叶正甲律师

上被告因被诉绑匪案,经本院检察官起诉,本院判决如下:

主文

胡炳元无罪。

事实

缘胡炳元与余德初系属姑表兄弟,余德初之子有毛现年九岁,又为胡炳元干儿子。民国十七年十二月十一日(即阴历十月三十日)夜九时,余德初家突来盗匪多人,拥入卧室将余德初之子傻子(现年十三岁)、有毛二人掳去,留函勒赎,并指定接洽地点。余德初即于同月十二日(即阴历十一月初一日)前往胡炳元家中央恳胡炳元代为向赎,胡炳元以与余德初有亲戚关系,情不可却,当即应允。旋与余德初之侄学良,依照匪函指示,同往太湖接洽,匪索二千六百元,一再求减,始允以七百元取赎。同月十九日胡炳元又为余德初携款七百元至匪交清,并将傻子、有毛带回。嗣经江苏水上公安队第三区第十四队查悉,将胡炳元拘案,解由前江南剿匪司令部,转送吴县县政府函送本院检察官侦查起诉。

理由

按被告胡炳元受其亲戚余德初央托,代向绑匪接洽,将余德初之子傻子、有毛二人以七百元赎回,不但胡炳元供述历历,传讯余德初亦无异词。查惩治绑匪条例第三条载,凡代绑匪向被绑之户通讯关说或过付金钱、取赎者,以绑匪论。法文之首既标明代绑匪向被绑之户云云,则凡代被绑之户为通讯关说及过付金钱、取赎各行为,并无帮助绑匪意思者,不得科以该条之罚,至为明显。本案被告向绑匪过付金钱,将余德初之子赎出,纯出于余德初央托,毫无帮助绑匪之意思。换言之,乃代被绑之户为之,非代绑匪为之,核与惩治绑匪条例第三条规定情形截然不符,其不足构成该条之罪,毫无疑义。且被绑者之户主或负责任人报官后,仍行秘密取赎,若将其取赎经过情形报明官署,即不能科以刑罚,征诸惩治绑匪条例第九条规定亦极明白。被绑者之户主或负责任人自己取赎,既不处罚,其代被绑者之户主或负责任人向匪取赎,自亦无科罚理由。是被告代为取赎之

行为不成犯罪,尤堪断定,爰依刑法第一条、第九条、刑事诉讼法第三百十六条,判决如主文。

本件经本院检察官王黻裳莅庭执行检察官之职务、

中华民国十八年六月二十一日

江苏吴县地方法院刑庭

推事

江苏高等法院刑事判决十九年诉字第一六〇九号

判决

上　诉　人　本院检察官

上　诉　人　阎步昇　男,年三十八岁,砀山县人,住阎楼,业农

被　告　人　阎刘氏　女,年三十九岁,砀山县人,住阎楼,业农

沈　莪　男,年二十八岁,砀山县人,住沈庄,业农

杨玉崑　男,年四十五岁,砀山县人,住杨庄,业农

张信芳　男,年三十二岁,砀山县人,住纸坊寨

上指定辩护人　叶正甲律师

上上诉人阎步昇因绑匪一案,不服砀山县政府民国二十年二月二十七日第一审判决,声明上诉,检察官以原告诉人呈诉不服,亦提起上诉,本院判决如下:

主文

原判决关于阎步昇罪刑部分撤销。

阎步昇无罪。

其余之上诉驳回。

理由

本院查上诉人阎步昇在县供称,族弟阎景昇之地为业,他家凡事皆民代为照管。三月初间景升的小孩被匪架去,民跑多次才转托人将小孩赎回。至于是谁架的,何人下底,民不知道。又供,民知景昇小孩被匪架后,即投亲寻友各处查访,又到纸房找内弟刘扇代为访觅,刘扇又托狄得胜在纸房西北角才查着小孩下落,匪叫与他上面子景昇拿出大洋四十元买烟土,同连昇去与匪上面子,匪嫌面子少,叫速给他办枪,民与连昇就回来了。向景昇说,景昇未办,嗣后民托人说了几回,均未说好,最后七百元说好,将小孩赎回的。民因景昇待我很好,民不能不问此事,并无作底情事。复在本院所供,对于勾匪一节亦极端否认。而原告诉人阎景昇在县供,民听步昇说二妮已经刘扇查有下落,须先上面子,方能再说,民当给步昇大洋四十元,往匪处上面子各等语。是上诉人阎步昇代事主阎景昇选

次向匪说票备价赎回，纯系基于善意，尚难谓勾匪掳票。至呈案匪信二封内称阎步昇来说票一次，亦仅能证明受事主嘱托前去，说票要非出于匪方指定关说之人，已属明显。复据砀山县警察队长汪忠立呈覆原县文内亦有，派员前往严密调查，阎步昇素无为匪情事，阎景昇之子（即二妮）被架托，步升代找是实，尤难认为有通匪事实。原审遽认阎步昇帮助绑匪，依绑匪条例第二条、惩治盗匪暂行条例第二条第三款处断，殊有未当，阎步昇之上诉应认为有理由。至被告人阎刘氏在县供，阎景昇小孩被抱放枪时，氏正在家内，不认伙同伊夫阎步昇勾匪架票等情。又据被告人沈茇在县供，张玉清系二月十九日借去民之盒枪，二十四日送还的。又在本院供，我的盒子炮是张玉清借去用的，张玉清家有七、八十顷地，岂能将枪借给匪人我，枪有枪照可验（枪照当庭阅后发还）。质之证人张耀庭亦供，沈茇是好人，不是沈茇借枪架阎景昇小孩的。又据被告杨玉崑在县供，民家种地为业，实没代匪窝票的事。并经砀山警察队汪忠立查明，询诸邻佑亦云，素无窝票。依上述供证互为观察，则阎刘氏、沈茇、杨玉崑均属犯罪嫌疑不能证明，原审均依刑事诉讼法第三百十六条谕知无罪，尚非不合。检察官据原告诉人阎景昇呈诉不服，提起上诉，显无理由。

综以上论结，合依刑事诉讼法第三百八十五条第一项，将原判关于阎步昇罪刑部分撤销，更为判决。阎步昇犯罪嫌疑不能证明，依刑事诉讼法第三百十六条谕知无罪。又阎刘氏、张玉昆经本院传唤，借故而不出庭，依刑事诉讼法第三百八十二条，不待其陈述迳行判决。除张信芳未经第一审裁判，其上诉显系违背法律上程式，依刑事诉讼法第三百八十三条、第三百八十四条，将其余上诉部分驳回，特为判决如主文。

本件经本院检察官孙希衍莅庭执行检察官之职务。

本件上诉法院为最高法院，当事人对于本院判决如有不服，应于送达判决书之翌日起十日内，以书状叙述不服理由，提起上诉。

中华民国二十年五月十六日

江苏高等法院刑事第一庭

审判长推事

推事

推事

江苏高等法院刑事判决十九年诉字第一六八三号

判决

上　诉　人　李金龙　男，年三十二岁，吴县人，住横泾木履村，业木匠

指定辩护人　姚元桂律师

上列上诉人因绑匪一案,不服吴县地方法院民国二十年三月九日第一审判决,提起上诉,本院判决如下:

主文

上诉驳回。

事实

缘李金龙与李和尚同村居住,李和尚之子李葆生及媳李张氏于民国十九年八月十七日(即废历闰六月二十三日)夜间同在叶家坟石湖边看守鱼簖,被匪绑去,杳无音信。同月二十六日(即废历七月初三日)李和尚方接到匪方由无锡发来匿名信一封,李金龙忽至李和尚家探听消息,并称伊可同往无锡寻访。遂由李金龙偕同李和尚及张阿祥等赴锡查询,及抵锡后,李金龙行踪甚为诡秘,旋因接洽未成,相偕返苏。至九月一日(即废历七月初九日)李金龙又赴李和尚家,自愿担任赎票,讲定票价洋一千二百元,即由李金龙陆续经手过付。至同月四日付清,李葆生夫妇亦即于是日出险回家,旋经水上公安队缉获李金龙,解送吴县地方法院,由检察官侦查起诉。

理由

查上诉人李金龙虽不认有代匪通讯关说及经手过付金钱情事,但李和尚之子与媳被绑后,方接到匪方匿名信,该上诉人即至李和尚家探听消息,并称伊可同往无锡寻访。及抵锡后,行踪又甚诡秘,旋因接洽未成相偕返苏。未几又赴李和尚家自愿担任赎票,讲定票价洋一千二百元,即由上诉人陆续经手过付。迨款付清后,而李和尚之子若媳亦即脱险回家。此等情节,已据李和尚及在场参与之人证张阿祥、李仁经、李金生等,一致供明无异。而李和尚赎票之银洋尚系由卖田而来,亦经买主陆星兰、庄世林到案证明。该上诉人当获案之初,在水上公安队中亦曾述称,"李葆生夫妻二人在叶家坟被匪绑去,我曾为其接洽赎票,是葆生的父亲和尚和阿舅阿祥来请我与他设法。因为从无锡来的信,他们晓得我在无锡、上海等处熟悉,故来请我设法。我同葆生的父亲和阿祥于阴历七月初三同到无锡,没有头绪,初四日回横泾,初五日又到苏州,预备到上海去。在苏州福安茶馆遇见曹阿寿,他说这件事你们碰不到头,我来与你们设法。初七日又到苏州与曹阿寿碰头,他说已经接好头,要两千元赎票,后来让到一千二百元。于七月十一日在苏州交款,是交与曹阿寿的,曹阿寿与我二十元说做谢仪,以外的事我不晓得"等语。是已将如何接洽论价,如何经手过付之情形历历供明,不过诿称系受事主方面之请托。然质诸李和尚及张阿祥等则坚称,上诉人乃自行前来探听消息,并作毛遂自荐,初无请托之事。且据上诉人供明,曾受匪方谢仪二十元,果系由于事主方面之请托,何致遽受匪方之谢仪。就其前后经过之情形以观,其为通匪毫无疑义。原判认定上诉人系代绑匪通讯关说及过付金钱取赎,并以其贪图微利致罹法网,情有可悯,爰依惩治绑匪条例第三条、第二条、惩治盗匪暂行条例第二条第三款、第十条(漏引修正盗匪案件适用法律暂行细则第一条第二项)、特别刑事法令刑等计算标准条例第四条(原判误写作第五条应予纠正)、刑法第九条第七十九条第二项后段、第三百七十五条、第五十六条、第五十七条第四项(漏引第二项)、第六十四条,减处有期徒刑十二年。褫夺公权十二年。羁押日数并准折抵徒刑。论罪科刑均尚允当,上诉意旨空言饰辩,不能认为有理由。

综上论结,本件上诉应依刑事诉讼法第三百八十四条予以驳回,特为判决如主文。

本件经本院检察官孙希衍莅庭执行检察官之职务。

本件上诉法院为最高法院,当事人对于本判决如有不服,应于送达判决书之翌日起十日内,以书状叙述不服理由,向本院提起上诉。

中华民国二十年五月三十日

江苏高等法院刑事第一庭
审判长推事
推事
推事

● 适用禁烟法判决

江苏吴县地方法院刑事判决十九年地字第一六七号
判决

被　　　　告	邵伟成　男,年二十九岁,浙江慈谿人,住山塘街,前虎邱保卫团第一派出所排长
	浦汉章　男,年二十六岁,吴县人,住半塘桥子塘,前虎邱保卫团第一派出所班长
上选任辩护人	周毓镛律师
被　　　　告	冯汝勋　即马汝勋,男,年三十九岁,无锡人住小都衖二十六号
右选任辩护人	李振霄律师

被　　　　告　汪天仁　男，年三十一岁，镇江人，住小都衖二十六号

须省吾所在不明

袁根生所在不明

上列被告因渎职侵占及鸦片等罪并合一案，经检察官起诉，本院判决如下：

主文

冯汝勋即马汝勋贩卖鸦片一罪，处有期徒刑一年五月，并科罚金三百元。意图营利以馆舍供人吸食鸦片一罪，处有期徒刑一年，并科罚金一百元。执行有期徒刑二年，并科罚金四百元。罚金如不完纳，以一元折算一日易科监禁。裁判确定前羁押日数，以二日抵有期徒刑一日，或以一日抵罚金一元。

汪天仁吸食鸦片一罪，处有期徒刑三月，并科罚金五十元。罚金如不完纳，以一元折算一日。易科监禁裁判确定前羁押日数，以二日抵有期徒刑一日，或以一日抵罚金一元。其余部分无罪。

烟土、烟膏、烟灰、烟泡、红丸及烟具等件均没收焚毁。

邵伟成、浦汉章均无罪。

须省吾、袁根生均停止审判。

事实

缘邵伟成、浦汉章、须省吾、袁根生均服务于虎邱保卫团第一派出所，本年三月十三日早晨保卫团分团长季福保因闻悉该派出所附近于同月十二日下午曾发生夺土情事，当与公安第八分局探员张斌前往查询，并亲至该派出所盘问一切，未得确据。翌日复令邵伟成等负责调查，邵伟成等复称并无其事。旋见报载武装夺土之骇闻一则，季福保以出事地点传闻系在该派出所附近，邵伟成等实负相当责任，遂于同月二十四日据情向本院检察处具状告发，并于侦查中举出朱三男、浦寿生、俞招生等为证，证明在逃之袁根生得有赃洋十元之事，同时本院检察处亦已依法检举，并据密函举发土藏小都衖二十六号冯姓机关中等语。当经本院检察官率警前往搜索，当场查获烟土、烟膏、烟具及卖土码单、账单等件，予以扣押，并拿获冯汝勋及在铺上吸烟之汪天仁二名一并带案侦查。认邵伟成、浦汉章、须省吾依刑法第四十二条、禁烟法第六款，均犯同法第一百三十三条第一项第二款下半段、第三百五十七条第一项及禁烟法第六条、第十五条之罪。袁根生犯刑法第三百七十六条第三项之罪。冯汝勋、汪天仁依刑法第九条、第四十二条，犯禁烟法第六条之罪。汪天仁并犯第十一条之罪。冯汝勋依刑法第九条、第四十二条，并犯禁烟法第十一条之罪，起诉到院。

理由

查本案发生之日时,据季福保、张斌、莫锦甫、任炳荣、季福生等之陈述,虽足以证明确在本年三月十二日下午。但其发生之处所,有谓即在派出所附近者;季福保之告发是有谓靠砻糠桥者;张斌之陈述是任炳荣供称系在石人石马处;季福生供称系在铁路上;法警两次调查,据其报告初称系在虎邱白洋湾,复称系在石人石马地方。几至言人人殊,莫衷一是,此项烟土是否由土贩在石人石马处丢下,携至砻糠桥被获,均无相当之证明。而季福保之告发、张斌、任炳荣、季福生之陈述及法警之报告,纯系拾自传闻,本难谓为具有完全之证据力。即退一步言,上项陈述果系事实,然其所传闻者亦仅抢土而已,虽据季福保供称,烟土闻在分防所门口查获,但与初供及书状均不相符,当不足信。且查法警两次报告均称抢土,核与阊区第一分驻所巡官任炳荣之陈述尚属一致,该派出所之枪弹业经验明,并未缺少,其无抢土情事固甚明显。而该派出所有无盘获烟土及被告邵伟成、浦汉章有无侵占不报情事,亦难确切证明。况查邵伟成、浦汉章于十二日夜间并不在所,已据团丁费根生、章水根、马兴元等到案供述明确,谓为查获烟土已嫌无主,其不得谓有侵占不报情事,更可无疑。虽据朱三男、浦寿生、俞招生等证称,袁根生在得春园及山景园茶馆内吃茶时,曾言及邵伟成分给伊洋十元云云,但被告邵伟成绝不认有此事。如果袁根生确有得赃情事,决无逐日在多众集合处所自露隐情之理(据俞招生供、袁根生在十八、九里早上说的,朱三男供袁根生于二十日下午二、三点来吃茶说的)。况查季福保于三月二十八日在侦查中供称,今天我睡在床上,袁根生来同我说,我晓得的事,不敢说说了。他们要恨我,后来我一再问他,他吞吞吐吐地说,我叫他一同到案来说。他说去换一件衣裳,就走了。那时我女人和我的兄弟看见的云云。果系事实,则季福保于夺土案发生后已一再查询,并将该派出所办理结束,终将经过情形具状告发矣。袁根生既知其事,在季福保为判白计理,应详为追问方属正办,乃竟任其吞吐其词,不为扭案,此中疑窦未免不情。无论季福保之告发是否意在卸除自己责任,及朱三男等之证言是否由于季福保之勾串,而依上开说明,要难仅以片面之陈述,据为被告邵伟成、浦汉章等犯罪之证据。至被告冯汝勋贩卖鸦片,不特有搜获之卖土账码单及烟土、烟灰、烟膏、烟泡、红丸等堪以作证,讯据汪天仁供称,我在他家和他谈些话,像我问他做点什么生意,他说朋友弄点香来买卖。我问他卖什么香,他说你做丝线店不懂的,现在香已经卖了等语。虽不能直接证明确系贩土,但与冯汝勋自称做杂货水果生意均不相符,显系饰词不足凭信,且查扣押之烟具不在少数,其为供人吸食鸦片证据已属确凿。更参以汪天仁所供,姓马的(即冯汝勋)鸦片烟是不卖的,有朋友去吃吃的,我从墙后半门进去的,马汝勋叫我这样走进去的。及法警前往搜索之时,被告冯汝勋坚不开门之情形观之,其犯罪情节尤为明显。乃犹辩称烟具仅系自己吸食,并不开设烟馆,显系避重就轻,不足采信。被告汪天仁对于吸食鸦片虽已自白不讳,但其寄寓冯汝勋家为日无多,是否共同贩卖鸦片,尚无确据足以证明,自难令负贩卖刑责。

据上论述,除被告须省吾、袁根生所在不明,应依刑事诉讼法第三百零七条停止审判。被告邵伟成、浦汉章犯罪嫌疑不能证明,应各依同法第三百十六条谕知无罪外,被告冯汝勋贩卖鸦片一罪,依禁烟法第六条处有期徒刑一年五月、并科罚金三百元、意图营利以馆舍供人吸食鸦片一罪,依同法第十条处有期徒刑一年,并科罚金一百元。并合论罪,依同法第二条、刑法第六十九条、第七十条第三款、第五款,执行徒刑二年,并科罚金四百元。罚金如不完纳,依刑法第五十五条第二项、第三项、第四项,以一元折算一日易科监禁,但监禁期限不得逾一年。裁判确定前羁押日数,依刑法第六十四条以二日抵徒刑一日,或以一日抵罚金一元。被告汪天仁吸食鸦片一罪,依禁烟法第十一条,处有期徒刑三月,并科罚金五十元。罚金如不完纳,依同法第二条、刑法第五十五条二、三两项,以一元折算一日易科监禁。裁判确定前羁押日数,依刑法第六十四条,以二日抵徒刑一日,或以一日抵罚金一元。其余部分犯罪嫌疑不能证明,依刑事诉讼法第三百十六条谕知无罪。烟土、烟膏、烟灰、烟泡、红丸、烟具等件,依禁烟法第十四条没收焚毁。其余卖土账簿及码单等件,依同法第二条、刑法第六十条第二款没收。特为判决如主文。

本案经检察官吕文钦莅庭执行职务。
本案上诉法院为江苏高等法院,上诉期间自判决送达后十日。
中华民国十九年六月十一日

江苏吴县地方法院刑庭
推事

江苏吴县地方法院刑事判决十九年地字第四一五号

判决

被　告　倪云龙　男,五十岁,江宁人,住姚花弄,做扇骨子
　　　　陈宏元　男,三十三岁,镇江人,住韩家庄,做扇子
　　　　徐金生　男,四十岁,江阴人,住蔡家桥,做扇子

上列被告等因鸦片等罪并合一案,经检察官提起公诉,本院判决如

下：

主文

倪云龙吸食鸦片处有期徒刑四月,并科罚金三十元。罚金如不完纳,以一元折算一日易科监禁。裁判确定前羁押日数,以二日抵有期徒刑一日,或以一日抵罚金一元。

烟具等件照单没收焚毁。

倪云龙其余部分及陈宏文、徐金生均无罪。

事实

缘倪云龙吸食鸦片,经公安局第一分局派警拿获,连同烟具等件及戥子二把一并解由吴县公安局,转解本院检察官侦查起诉。

理由

查被告倪云龙吸食鸦片系被警拿获解案,并在其家内搜出烟具多件,叠经公安局侦查庭、公判庭再三研讯,该被告均供称吸食鸦片不讳。且系多年老瘾,供证十分明确,自应依禁烟法第十一条、第二条、刑法第七十五条、第五十五条第二、三两项、第六十四条、禁烟法第十四条处断。唯倪云龙是否于吸食鸦片之外,另犯意图营利以馆舍供人吸食鸦片之罪,陈宏元、徐金生是否各犯吸食鸦片罪,应以有无证据以为断定标准。本院核阅全案卷宗,被告等虽属同在倪云龙家被逮,然据倪云龙供称,除自己吸食鸦片外,并不售卖。陈宏元是要钱的,徐金生是帮房东做扇骨子的。陈宏元供称,我不吸食烟,我到倪云龙家是要钱的。徐金生供称,我不吸烟,我是帮姓顾的(即倪云龙房东)做扇的各等语。不独各该被告之供词,无论在公安局、侦查庭及审判庭前后一律,毫无异致,即以各被告之供词互于参阅,亦属全无出入。则各该被告之供词,即难谓为无采取之余地。现在并无确切证据,足证倪云龙有开设烟馆及陈宏元、徐金生各有吸食鸦片之行为,自不应使免刑事上责任。虽在倪云龙家搜出烟具两套,依此情形观察,依该被告不无开设烟馆之嫌,但关于此,然据倪云龙述称,一套是我的,一套是姓施的。本院检查证物单内,不独各种烟具俱为两套,即戥子亦有两把。如果开设烟馆,在烟具一项纵有多置之必要,而戥子即无备置两把之需用。则被告所称该物是两人所有,自亦近情合理,要无疑义。唯烟具虽非一人所有,然依禁烟法第十四条乃以并予没收。

据上论结,倪云龙吸食鸦片部分,应依刑事诉讼法第三百十五条。其意图营利以馆舍供人吸食鸦片部分及陈宏元、徐金生,均应依刑事诉讼法第三百十六条,分别判决如下。

本案经检察官钟清茞庭执行职务。

本案得于判决正本送达后十日内，提起上诉于江苏高等法院。

中华民国十九年九月二十六日

　　　　　　　　　　　　　　　　　　江苏吴县地方法院刑庭

　　　　　　　　　　　　　　　　　　　　　　　推事

江苏高等法院刑事判决十九年诉字第二八二号

判决

  上 诉 人 李福三 男，年二十七岁，湖南湘乡县人，住苏州铁瓶巷二十四号，卖夏布

  选任辩护人 彭锡范律师

  　　　　　　赵勋肃律师

  上 诉 人 孙候芝 男，年三十六岁，江都县人，住吴江，前充吴江保卫团团丁

  　　　　　　吴凤生 男，年三十七岁，吴江县人，住垆圫，木匠

上列上诉人因鸦片案，不服吴县地方法院中华民国十九年二月二十八日第一审判决，提起上诉，本院判决如下：

主文

原判决关于李福三贩卖鸦片罪刑及执行刑部分，并吴凤生罪刑部分均撤销。

李福三关于贩卖鸦片部分无罪。

吴凤生无罪。

其余之上诉驳回。

事实

缘孙候芝于民国十八年间曾在李福三之叔父李桂堂手贩买鸦片，尚欠李桂堂光洋四十三元。本年二月十日孙候芝由吴江来苏，再至李桂堂家意图贩卖鸦片，因李桂堂业已出外谋事不做鸦片生意，遂将所欠李桂堂之鸦片洋四十三元交由李福三代收，即与同来之吴凤生寓居观前安平旅馆。经苏州市政府公安局侦探队查获，随即至李桂堂家搜查，搜出烟枪一支、烟扦两根，随将李福三及孙候芝、吴凤生连同烟具并发票一纸，一并解由苏州市政府公安局，转解吴县地方法院。检察官侦查起诉，经该院依法审理，分别判处罪刑，孙候芝、吴凤生、李福三不服，提起上诉到院。

理由

本案上诉人孙候芝在本院讯问时，对于贩卖鸦片一节虽坚不肯承认。然检阅笔录，据孙候芝在公安局供称，昨日由吴江盛泽班到苏州（中略），顺便到铁瓶巷，还付去年的土账光洋四十三元交于李桂堂的侄子李福三

的,这张发票是旧年的陈账,系李桂堂去年给我的。又在侦查庭供称,我以前贩烟土的,此刻不卖了等语。是该上诉人之贩卖鸦片业已供认不讳,自不容任其翻异。原审认上诉人犯禁烟法第六条之罪,依该条规定处以有期徒刑一年,并科罚金六十元罚金。如经强制执行而未完纳,准依刑法第九条、第五十五条第二项、第三项,以一元折算一日易科监禁。裁判确定前羁押日数,并准依刑法第六十四条,以二日抵有期徒刑一日,或以一日抵罚金一元。发票一纸依刑法第六十条第二款没收。论罪科刑并无不合。虽原判误认上诉人孙候芝之贩卖鸦片为意图贩卖鸦片,稍有未合,然与判决主旨无关,上诉人孙候芝之上诉意旨不能谓为有理由。又上诉人李福三对于所搜获之烟具,既供认系其父遗下之物,而当侦探队去检查之时,上诉人将该烟枪抛在河里,又经该上诉人在公安局供认属实,是其意图供犯禁烟法各罪之用,而持有专供吸食鸦片之器具,事甚明了。原审认上诉人收藏烟具之所为,系犯禁烟法第十三条之罪,依该条规定处以罚金三十元。罚金如经强制执行而未完纳准,依刑法第九条、第五十五条第二项、第三项,以一元折算一日易科监禁。裁判确定前羁押日数,并准依刑法第六十四条以一日抵罚金一元。烟枪一支、烟扦二根,依禁烟法第十四条没收。于法亦无不合。上诉人李福三关于此部分之上诉意旨,亦难谓为有理由。至于上诉人李福三贩卖鸦片部分,既仅据李福三在公安局供称,李桂堂是我叔叔,去年因在家无事,曾经贩过烟土,我叔李桂堂于今年正月初五日往南京谋事去了(中略)。昨下午七点钟孙候芝来至我家,还给土账洋四十三元,是我代收的云云。而上诉人孙候芝亦称,这张发票系李桂堂所给属实,已如前段所述。准此论断,是贩卖鸦片者为在逃之李桂堂,而非上诉人李福三,已甚明了,不能以上诉人李福三此次为李桂堂代收烟账之故,而遂令其负刑事上之罪责。又上诉人吴凤生据其在公安局供词观察,亦只称我同孙候芝来苏,因他到铁瓶巷李家去买烟土,他们说今年不做了等语。并未承认自己有贩卖鸦片之事实,自应均认为犯罪嫌疑不能证明,分别谕知无罪,方为合法。乃原审竟认上诉人李福三又犯禁烟法第六条之罪,依该条规定处以有期徒刑一年,并科罚金六十元。并依刑法第六十九条、第七十条第三、第五、第八各款,定其应执行之刑期与罚金。认上诉人吴凤生亦犯禁烟法第六条之罪,减处有期徒刑六月,并科罚金三十元,实属违误。上诉人李福三关于此部分之上诉意旨及上诉人吴凤生之上诉意旨,均难谓为无理由。

依以上论结,合依刑事诉讼法第三百八十五条第一项,将原判决关于李福三贩卖鸦片罪刑及执行刑部分并吴凤生罪刑部分均撤销。另依同法

第三百十六条,谕知李福三关于贩卖鸦片部分无罪,吴凤生无罪。其余之上诉,依同法第三百八十四条,予以驳回,特为判决如主文。

本件经本院检察官孙希衍莅庭执行检察官之职务。

本件上诉法院为最高法院,当事人对于本判决如有不服,应于送达判决书之翌日起十日内,以书状叙述不服理由,向本院提起上诉。

中华民国十九年四月二十一日

江苏高等法院刑事第一庭
审判长推事
推事
推事

● 适用私盐治罪法判决

江苏吴县地方法院刑事判决十九年地字第一一〇号

判决

被　告　周志道　男,年三十九岁,舒城县人,住渡村,业茶馆

上被告因帮助贩卖私盐案,经检察官提起公诉,本院判决如下:

主文

周志道帮助贩卖私盐三百斤以上一罪,处有期徒刑六月。裁判确定前羁押日数,以二日抵徒刑一日。

事实

缘去年十二月间有在逃之陈宝根,由浙江平湖运来私盐二十余石,在长港地方托周志道、潘阿三等领路售卖,旋经长港盐警将共犯潘阿三等查获,送经本院判处徒刑执行在案。周志道当即逃逸,至本年三月十日被缉私队缉获,解送本院检察官侦查起诉。

理由

查被告周志道帮助领路运售私盐等情,业据自白不讳,且有潘阿三等确定判决足资印证,其犯罪之成立自属毫无疑义。核其所为,应依刑法第九条、第四十四条第一项、第三项前段,私盐治罪法第一条、第二条第二款、特别刑事法令刑等计算标准条例第二条第三款、第四款,减轻本刑二分之一,处有期徒刑六月。裁判确定前羁押日数,依刑法第九条、第六十四条折抵,特为判决如主文。

本件经检察官吕文钦莅庭执行检察官之职务。

上诉法院　江苏高等法院

上诉期限　十日自送达判决后起算

中华民国十九年四月一日

江苏吴县地方法院刑庭

推事

江苏高等法院刑事判决十九年诉字第二八五号

判决

上诉人　王松梧　男,年三十六岁,安徽巢县人,住如皋西门,前在淮南盐务缉私水一营当舵工

卢钰福　男,年三十三岁,北平宛平县人,住南通四安市,前在淮南盐务缉私水一营当头工

王世和　男,年三十八岁,安徽寿县人,住南通四安市,前在淮南盐务缉私水一营当桨兵

上列上诉人因同谋贩运私盐案,不服南通县政府中华民国十八年十二月二十四日所为第一审判决,提起上诉,本院审理,判决如下:

主文

上诉驳回。

事实

缘王松梧原在淮南盐务缉私水一营充当舵工,卢钰福则在该营充当头工,王世和则在该营充当桨兵。民国十八年十月二十九日有在逃之任如海将私盐三千零十五斤分做六十一包,用船装载,雇请马志荣、张家福、耿大等由如皋县属之苴镇运至李家桥,并由任如海商请王松梧、卢钰福转令王世和坐在该船上护送,行至十七总渡地方,被淮南盐务缉私水一营第三连查获,解由该营营部,并传同王松梧、卢钰福、王世和等一并解送南通县政府。经该县依法审理,分别判处罪刑,王松梧、卢钰福、王世和不服,提起上诉到院。

理由

本案上诉人王松梧、卢钰福受在逃任如海之托,代任如海将所贩运之私盐三千零五十斤转令上诉人王世和护送各情,业经各该上诉人在缉私水一营及原审迭次供认不讳,并经上诉人王世和在本院讯问时,将上诉人王松梧、卢钰福如何叫其护送情形历历述明,其犯罪事实尚属明了,自不容任其狡卸。原审认上诉人王松梧、卢钰福、王世和均犯私盐治罪法第七条后段之罪,依刑法第九条前段、第四十二条及特别刑事法令刑等计算标准条例第二条第二款(原判漏引第二款)、第三款、第三条、私盐治罪法第二条第一项第三款,加重本刑三分之一,各处有期徒刑四年。裁判确定前

羁押日数,均准依刑法第六十四条折抵。论罪科刑尚无不合。虽原判援引特别刑事法令刑等计算标准条例第二条各款时,漏未引明该条第二款,稍嫌不合,然于罪刑出入无关。上诉人等之上诉意旨,纯以空言攻击原判不当,不能认为有理由。

依以上论断,本案上诉合依刑事诉讼法第三百八十四条予以驳回,特为判决如主文。

本案经本院检察官朱文焯莅庭执行检察官之职务。

本案上诉法院为最高法院,当事人对于本判决如有不服,应于送达判决书之翌日起十日内,以书状叙述不服理由,向本院提起上诉。

中华民国十九年四月二十二日

江苏高等法院刑事第一庭
审判长推事
推事
推事

● 适用党员背誓罪条例判决

江苏吴县地方法院刑事判决十八年地字第一〇七号

判决

被　　告　　徐金根　男,年二十九岁,无锡县人,住廖家巷,业帮伙

　　　　　　王定信　男,年三十二岁,江宁县人,住新学前充巡士

　　　　　　张福生　男,年三十三岁,吴江县人,住四分所充巡士

上列被告因诈财渎职案,经本院检察官起诉,本院判决如下:

主文

徐金根共同以诈术使人交付所有物未遂一罪,处有期徒刑三月。裁判确定前羁押日数,以二日抵徒刑一日。

张福生共同受贿而为违背职务之行为一罪,处有期徒刑二年六月,褫夺公权三年。裁判确定前羁押日数,以二日抵徒刑一日。

王定信共同受贿而为违背职务之行为一罪,处有期徒刑二年六月,褫夺公权三年。裁判确定前羁押日数,以二日抵徒刑一日。

事实

缘徐金根与陆阿荣于本年五月十六日同赴新学前,不知姓名船上冒称公安局稽查,借检查名义实施敲诈,正在争吵,适被公安局巡士张福生撞见,即将徐金根擒住,陆阿荣逃逸,以致未遂。旋张福生将徐金根带所,

经巡官吴人俊加派巡士王定信偕同张福生,带领徐金根共往,观前不知姓名烟馆寻获陆阿荣。行抵护龙街,不知姓名茶馆吃茶王定信、张福生向徐金根、陆阿荣索贿七元,谓可释放。陆阿荣当交四元,即行释放,徐金根无款交付,暂令回家筹措。而张福生、王定信遂以徐金根、陆阿荣中途脱逃到所报告,复经巡官吴人俊令其侦缉,张福生、王定信乃于次日同至徐金根家,将徐金根带所。由局转送本院,检察官侦查起诉。

理由

查被告徐金根与在逃陆阿荣同往不知姓名船上,冒称公安局稽查,敲诈未遂,既经公安局第四分所巡士即被告张福生当场撞获,而被告徐金根又在公安局供认前情不讳,自属不生疑问。至张福生、王定信奉令带同徐金根寻获陆阿荣回至中途,竟将徐金根、陆阿荣得贿释放,亦据徐金根供述明白。而传讯巡官吴人俊供称,伊派王定信、张福生带同徐金根往拘陆阿荣,去后王定信、张福生打一电话到所,谓在阊门外打的,陆阿荣还没有拘到。伊即嘱令将徐金根带回,彼等返所又称徐金根、陆阿荣均在中途脱逃。后伊在外调查,王定信、张福生所称由阊门打来电话,实则在护龙街祥泰酱园内打的,是四人同去打的。张福生供称抓住陆阿荣后,四人同到护龙街茶馆吃茶后,又同到祥泰酱园。徐金根供称,王定信、张福生、陆阿荣同我四人先到茶馆,后到祥泰酱园,张福生在门口,王定信进去打电话给所的,诈称陆阿荣还没有抓到等语。则王定信、张福生将徐金根、陆阿荣得贿释放,因图掩饰,复捏陆阿荣尚未拘获,电知该所,又极明显。果如王定信等辩称,徐金根、陆阿荣条属中途脱逃,则徐金根岂肯匿居家中坐待拘捕,其为饰词图卸更无疑义。且王定信等如无贿放情事,陆阿荣既经抓获,理应迳解回所,何必于茶馆各处逗留不归,是王定信等犯罪事实,尤臻确凿。

据上论结,徐金根共同以诈术使人交付所有物未遂,依刑法第四十二条、第三百六十三条第一项、第三项,处有期徒刑三月。张福生、王定信共同受贿而为便利脱逃之行为,系一行为而犯刑法第四十二条、第一百二十九条第二项、第一百七十二条第一项之罪,依同法第七十五条,应从同法第一百二十九条第二项较重罪条文处断。王定信、张福生均在警务机关服务,依党员背誓罪条例第一条第一项、第二次国府天字第一六〇号训令、特别刑事法令刑等计算标准条例第五条,加重本刑三分之一。查王定信等得贿不过数元,为数均属微细,情状尚可悯恕,依刑法第七十七条酌减本刑二分之一,各处有期徒刑二年六月,并依同法第一百四十一条、第五十六条、第五十七条第四项,各褫夺公权三年。裁判确定前羁押日数,依同法第六十四条均予折抵。特依刑事诉讼法第三百十五条,判决如主文。

本案经本院检察官吕一侯莅庭执行其职务。

本案上诉法院为江苏高等法院,如有不服,得于判决送达后十日内,以书状叙述不服理由,向本院提起上诉。

中华民国十八年六月十九日

江苏吴县地方法院刑庭

推事

● 适用军用枪炮取缔条例判决

江苏吴县地方法院刑事判决十八年地字第九四号

判决

被　　告　倪训　即伯钧,男,年二十七岁,吴县人,住古市巷五十七号,前在银行营业部服务

选任辩护人　徐均羲律师

上被告因妨害自由,公共危险案,经本院检察官起诉,本院判决如下:

主文

倪训未受允准持有军用子弹一罪,处罚金五十元。恐吓一罪,处罚金六十元。执行罚金八十元。如无力完纳,以二元折算一日易科监禁。裁判确定前羁押日数,以一日抵罚金二元。

子弹二颗、恐吓信一封均没收。

事实

缘倪训即伯钧前在银行服务,现无事,与周剑虹素不相识。倪训之岳母潘王氏因常听周剑虹说书,彼此认识。嗣后周剑虹改在大世界演剧,潘王氏常携幼女到该处与周剑虹交谈,曾被倪训目睹,置之未问。本年四月八日即阴历三月二十九日下午二时,倪训偕同其妻潘氏往大世界游玩,周剑虹又与潘氏攀谈,为倪训瞥见,极为愤懑,乃回家缮就恐吓信一封,连同旧日所拾之子弹二枚,亲自送至周家,交由周剑虹之妻周汪氏收下,意图喝阻周剑虹再有前项之行为。周汪氏接到该函及子弹,即送封门商团报告,一面至大世界告知剑虹。适倪训复返大世界,周汪氏当指倪训向周剑虹声称此人即系送信之人,经周剑虹报告北区警署,饬传倪训到案,解由本院检察官侦查起诉。

理由

查上事实已据被告倪训供认不讳,并经周剑虹、周汪氏指诉凿凿,核其所为,系犯刑法第三百十九条及军用枪炮取缔条例第二条第一项之罪。关于恐吓处罚金六十元,关于持有子弹处罚金五十元,并合论罪依刑法第七十条第五款执行罚金八十元。如无力完纳,依刑法第五十五条第二项、第三项,以二元折算一日易科监禁。裁判确定前羁押日数,依刑法第六十四条折抵。子弹二颗、恐吓信一封,依刑法第六十条第一款、第二款没收。爰依刑事诉讼法第三百十五条、第三百二十条,判决如主文。

本案经本院检察官吕一侯莅庭执行检察官之职务。

如有不服,得自本判决送达后翌日起十日内,向本院提出书状,叙述不服理由,上诉江苏高等法院。

中华民国十八年五月二十九日

江苏吴县地方法院刑庭
推事

附录一

民事裁判书用语注意事项

十四年六月二十日

甲 关于当事人者

一 当事人或代理人通常仅记明其姓名、住址，若仅姓名、住址尚不足以示区别者，并应记明其身份、职业等。此等事项固以原裁判书所载为据，但应查明其有无错误。若有错误，或于上诉状、抗告状有更正者，应纠正记载之。

二 当事人为法人、合伙或其他团体者，记明其名称、并事务所在某处字样。其于书状或其他卷宗未记明事务所者，则仅记开设某处字样。

三 当事人之住址或事务所，卷内无可考或已废止者，应记明住址或事务所未详或已废止字样。

四 当事人若有变更或追加者，得不另为裁决，即于原件判决当事人栏记明该变更或追加之当事人，于理由栏叙明其事实，并于主文或理由栏加以裁判。

五 上诉人、被上诉人（其他当事人准此）如系多数，缮写较为烦难，而在原判决或上诉状已经记载者，仅记为首一人，于次行记明其余上诉人或被上诉人详卷字样。

六 诉讼系用合伙名义（如某商号），而该合伙当事人卷内均有可考者，应仍记载该当事人姓名或名称，并于其下添注其合伙资格。如某号东字样其无可考者，则仅记明合伙名义（仅书某号不书某号东）。

七 合伙系由其法定之委任代理人（例如商业经理人参照民诉条例九三）出名起诉或应诉，而原判决即记载该代理人为当事人者，本院应予纠正改载该合伙当事人或该合伙名义为当事人，而以该代理人为诉讼代理人（其本意原系代理不能认当事人有变更）。法定代理人出名为本人起诉或应诉者，亦同。

八 虽系用自己名义起诉，或应诉而实系代表某团体、某群众、某名义(如族村寺庙会馆等)者,虽该团体等非法人性质,仍应以之为当事人,而以其代表为诉讼代理人(此时亦不能认当事人有变更)。

九　出名上诉人(其他声明声请人准此)如系无诉讼能力,应限期命其补正,即命应由其法定代理人追认,参照民诉条例六一、五四九、五〇八、五八。如不遵限补正,则仅记明该当事人,而依法为驳斥之判决。其在第二审或第一审有此情形者,亦同。

十　被上诉人(其他之他造当事人准此)如系无诉讼能力,而原有法定代理人者,上诉状缮本应向该代理人送达。无论其曾否提出答辩状,仍应于当事人栏记明该代理人。如实系本人为诉讼行为,而有无法定代理人,依原判决或原卷宗又无可考者,应限期命其补正(即命应由其代理人追认,参照民诉条例六一、五四九、五〇八、五八)。如不遵限补正,即仅记明该被上诉人,而将原判决废弃。若在第一审亦系由该当事人自为诉讼行为,并将第一审判决废弃。

十一　在第一审或第二审并未居于敌对地位,而于其间发生诉讼关系者,虽在一、二审判决或在本院提出之上诉状列为他造当事人,仍应予以纠正不列为当事人。且于必要时,将纠正之理由说明。

十二　当事人若为主参加人或为主参加人之他造者(参照民诉条例三一、六五、),应迳记明其为上诉人或被上诉人。

十三　共同诉讼人中如有未上诉或未被上诉者,除有民事诉讼条例第六十七条之情形外,其未上诉或未被上诉之人,不列为上诉人或被上诉人。

十四　通常共同诉讼人(即无民诉条例六七条情形者)内一人或数人虽在第二审,亦以他共同诉讼人为被上诉人,而苟无民事诉讼条例第五百十三条之情形,即生诉之变更或追加,亦不列该共同诉讼人为被上诉人。纵原判决书误行列记应予纠正,又此时上诉人真意通常仅系一种之抗辩,除有特别必要情形外,毋庸就其上诉为驳斥之裁判(例如甲以乙、丙为被告,请求共同履行保证债务,经判决胜诉后,由乙提起上诉,主张该债务应归丙一人负担,遂亦将丙列为被上诉人之类是)。

十五　原判决对于诉外人裁判,由该诉外人提起上诉者,仍应列为上诉人,并为废弃原判决之裁判。若原判决并非实以该诉外人为当事人,而仅认诉内人一造之抗辩为有理由,而将原告之诉驳斥者,应为驳斥上诉之裁判。

十六　第三人于本院上诉始行参加或再行参加者(参照民诉条例六九条以下),应于当事人栏该被辅助之当事人右侧记明右参加人,并其姓名、住址或名称、事务所,关于上诉理由及证据方法之陈述。与其所辅助之当事人所为不同,而又无抵触者,通常亦应记明。

十七　参加人将参加与上诉或抗告合并为之者(参照民诉条例七〇之二),仍应列其所辅助之当事人为上诉人或抗告人,其经该当事人将上诉权、抗告权舍弃或就其上诉或抗告表示反对时,亦同。唯辅助之当事人或参加人将上诉或抗告撤回,则诉讼因之终结,毋庸更为裁判。

十八　为某当事人之某种代理人者,应于某当事人右侧记明右某种代理人字样。其系代理数人者,即于最后所代理之当事人右侧记明。若一造当事人有数人,而非代理全体者,则将其被代理之人列记于前,再记明该代理人,然后列记其他当事人。

十九　律师为诉讼代理人,而其委任状或原卷宗记有住址者,应记明其住址。如无可考者,则仅记明律师字样。

二十　代理人如系法定委任代理人之性质(例如商号经理人参照民诉条例九三),应记明为诉讼代理人,而不记为法定代理人或法定委任代理人。

二十一　审判长选任之特别代理人或诉讼代理人(参照民诉条例六二、六七〇之二),应分别记明为特别代理人或诉讼代理人。

乙　关于诉讼标的者

民事诉讼条例所谓诉讼标的,亦称诉讼之标的(如二九七是案由、事由、事件标目等名称及旧称之诉讼物、讼争物概以指此),即当事人以诉或反诉所主张,并求法院加以利己判决之法律关系。通常为私法上之权义关系,如在给付之诉,即为原告对于被告之请求权;确认之诉为原告求确认其存在或不存在之权利义务,或其他法律关系;形成之诉为原告所主张之形成权。此为诉之要素,于区别诉之已否发生诉讼拘束(参照民诉条例二九五),有无诉之变更、追加(参照民诉条例二九八、五一三),及是否经过确定终局判决(参照民诉条例四七一)等至为重要。凡遇下级法院记载混括或有错误时,应予纠正,兹特就其最为显著重要者列举于次:

一　诉讼标的为债权者,应分别债权种类及其请求之目的简明记载。如系请求债权之给付,则记明因请求某项给付涉讼,例如因请求偿还借款,请求赔偿损害涉讼等是。其系请求债权之确认者,则记明因确认某项债权成立或不成立涉讼。

二　诉讼标的为物权者,应分别物权种类及其客体简明记载。如记明因确认地亩所有权、回复地亩所有权、请求交还所有物、确认地亩典权或质权、或某处通行、过水权涉讼等是。

三 诉讼标的为形成权者，应记明其请求形成之法律状态。如记明因请求离婚、请求撤销或解除某项法律行为涉讼等是。

四 诉讼标的为亲属或继承法上之法律关系者，应分别其请求及法律关系简明记载。如记明因请求同居、确认婚姻无效、婚姻成立或不成立、请求废继、确认立嗣无效、立嗣成立或不成立涉讼等是。

丙　关于民事诉讼条例第五百三十七条第一项第二款至第四款各事项者

依民事诉讼条例第二百六十六条作制判决书，本应将事实与理由并为记明。本院对于民事诉讼虽专为法律审（参照民诉条例五三三），而关于民事诉讼条例第五百三十七条第一项第二至第四各款及第五百四十二条事项，固亦可另分事实一栏。但第二百六十六条所应记载者，原不在形式而在实质，故本院判决书仍仅设理由一栏，即将上举二条事项记明于其内，且可斟酌情形于判断中简明夹叙。

丁　关于其他用语

一 本案二字，在民事诉讼条例系指较为主要之事项，通常即指诉讼标的而言（参照民诉条例四〇之二、八〇、一一〇、一二五、二二五、二四一之一、三〇六、三〇八、五七八等）。如用语在称本事件之时，应称为本件或此件，不用本案字样。

二 民事诉讼条例所称请求，通常系指请求权。唯在为实体法上或诉讼上之请求时，则称请求亦可。又旧例认诉为不合法，则称驳斥其诉。认诉为无理由，则称驳斥其请求。以后应不问其为不合法或无理由，均称驳斥其诉，以期与驳斥上诉时一律（参照民诉条例五一七）。

三 诉讼行为指发生诉讼法上效果之行为而言，无论为意思表示或其他行为，通常皆系法院当事人、代理人、辅佐人或从参加人之所为。若第三人之行为，除能直接发生诉讼法上之效果者外，不称为诉讼行为。若证人、鉴定人之陈述，因其仅为调查证据行为之客体，不称为诉讼行为。

四 攻击方法、防御方法、答辩、抗辩、再抗辩等语，在法律上有一定之意义。若系表明上诉人指摘原判应用不服或指摘字样，不称为攻击。

于应用抗辩、再抗辩或答辩之时,因行文便宜,用辩称、辩解等字样亦可。

五　陈述除间有向诉讼关系人为之者外,通常均系向法院为之,不问其以书状或言词,或依言词辩论程式或不依言词辩论程式,而概为当事人之观念表示(与为意思表示之声明或声请有别)。若在证人或鉴定人之陈述,应称为证言或鉴定。

六　言词辩论(亦简称曰辩论如民诉条例二四一、二四三、二四五等)因亦有泛称法院、当事人及第三人于辩论日期所为之一切行为,且有仅除去宣告裁判而言者(参照民诉条例二四七至二五〇,二五三、二五四、二五二、二六三等)。但通常均专指当事人或其代理人、辅佐人、参加人,依言词辩论程式所为之言词陈述而言。本院裁判书用语对于当事人等此种陈述,虽亦可因行文便宜简称曰供称、供述或到场陈述、或在原审供称等字样,但以明称言词辩论为宜。

七　旧称之声叙即现称之释明,旧称之释明即现称之阐明(参照民诉条例二四六),如遇下级法院仍行混用,应予纠正。

八　民事诉讼条例所称期限,系指诉讼关系人单独为诉讼行为之时期,适用同条例第百九十四条以下之规定。若所称期间,则单纯表示时间(参照民诉条例一九七、二九一、四七五、五八六等)。性质迥异,仅有时准用第百九十六条以为计算而已。此外在民诉条例虽未定有期间字样,而仍系期间之性质者,亦应同论。旧称本无期限与期间之别,如有混用者,应为纠正。

附录二

强制执行公文程式

令承发吏执行训令
令债务人照判履行命令（附送达证书）
执行传票（附送达证书）
执行讯问笔录
嘱托执行公函
处债务人过怠金裁决
令承发吏通知债权人垫缴查封费训令
停止执行裁决
令书记官率吏查封债务人财产训令
查封债务人财产布告
查封动产笔录
查封物品估价清单
查封不动产笔录
鉴定人鉴定不动产价格鉴定书
鉴定人结文
鉴定人收鉴定费收据
书记官查封旅费支出计算书
拍卖动产布告
拍卖不动产布告
令知债务人拍卖日期及鉴定价格并着赶交款项命令（附送达证书）
减价拍卖不动产布告
请报馆登载拍卖公告函
令知债务人减价拍卖日期及价格命令（附送达证书）
拍卖不动产笔录
允许拍定裁决
会计科收款回证
令承发吏将不动产移转承买人收管训令

令承发吏将不动产移转债权人收管训令
通知登记处登记通知书
移转承买人权利移转证书
移转债务人权利移转证书
民事执行分配表
抗议裁断书
异议裁断书
抗告理由书
令承发吏将不动产启封点交债务人训令
债务人已将债务理楚停止拍卖布告
令债务人照缴讼费裁决
发款笔录
领收证
给领命令
通知收发处发给证物通知书
债务人无力履行发给债权人证书

江苏吴县地方法院训令第　号

令承发吏

案查　　与　　为　　涉讼一案业经本院判决确定在案合行令仰该承发吏按照后开各节前往切实执行如遇有反抗情事得请求就近警察官吏协助限　日内执行完案具报毋得玩延干咎切切此令

计开判决主文

执行名义	
债务人姓名	
执行处所	
执行方法	

食宿川资银洋　　向债务人征收不得额外需索

中华民国　年　月　日

院　　长

江苏吴县地方法院执行命令　　年执字第　号

债务人　　住吴县

为命令事案查本院受理　　与　　为　涉讼一案业经判决确定查照判决主文该债务人应在案迄未履行殊属不合合亟命令该债务人于日内迅即照判履行并将执行费　一并缴院慎毋稽延致干未便特此命令

中华民国　　年　　月　　日

院　　长

诉讼用纸第一九号　　　　　　　　江苏吴县地方法院会计科制

送达证书 第 号		送达日期 年 月 日 午 时	
书状目录	民国 年( )字第号为 一案送达左列各件执行命令一件	受送达人盖章署名若不能盖章署名或拒绝者应记明事实	
		送达住所	
		送达方法	
受送达人		非交付受送达人之送达应记明其事实	
中华民国　　年　　月　　日			
江苏吴县地方法院送达吏			

送达证书(附卷)

吴县地方法院传票	与　　　为　涉讼执行一案			
	被传人	姓名		住址
	被传事由		应到时间	年 月 日 午 时
			应到处所	本院民事执行　　庭
	附　记			
	执行推事		书记官	
	中华民国　年　月　日		送达人	

(此票由被传人到庭缴销)

江苏吴县地方法院用纸第七六号

江苏吴县地方法院邮务送达证书			
受送达人	案由及文件	交邮日期	备　考
	与　为　涉讼一案送达下列各件　传票一件		
	中华民国　年　月　日　书记官		

江苏吴县地方法院会计科制

执行笔录
债权人
债务人
上列当事人间因
涉讼执行案件于中华民国　年　月　日
午　时在本院民事执行庭当庭讯问出席职
员如下
推　事
书记官
江苏吴县地方法院　　　执行笔录
到庭当事人如下
债权人
代理人
债务人
代理人
证　人

江苏吴县地方法院稿

来文字第 号		文别	送达机关	类别	附件
事由	嘱托　地方法院执行　　与　　为　　涉讼一案由				

院长	书记官长 推事 书记官	中华民国　年	月　日　时交办
			月　日　时拟稿
			月　日　时核签
			月　日　时判行
			月　日　时缮写
			月　日　时校对
			月　日　时盖印
			月　日　时封发
		去文	字第　号
		档案	字第　号

江苏吴县地方法院公函第　号

迳启者案查　　与　　为　　涉讼一案业

经敝院判决确定其判决主文

在案兹据　　以　　家居

　　　应　　迄未履行状请嘱托执

行前来除批示外相应函托

贵院查照派吏代为依法执行并希见复至纫公谊

此致

　　地方法院

江苏吴县地方法院民事裁决十七年杂字第九号

裁决

债务人　徐马氏　住吴县陆墓

　　　　　潘徐氏　住址同上

上列债务人与王巧生因交人涉讼执行一案，本院裁决如下：

主文

徐马氏、潘徐氏违抗执行命令,不将王徐氏寻回交还王巧生,应各处过怠金壹百圆,仍限于十五日内将王徐氏寻交王巧生。

理由

查民事诉讼执行规则第八十八条载,确定判决系命债务人为一定行为,而非他人所能代行者,债务人若不履行时,执行处得处债务人以一千元以下之过怠金,以强执其履行。本件债权人王巧生以债务人等和诱王徐氏提起附带民诉,业经本院判令该债务人将王徐氏寻回交还王巧生,判决早已确定,迭经执行该债务人抗不遵办,殊属不合。兹依上开规则,裁决如主文。

中华民国十七年七月七日

          江苏吴县地方法院执行处
              推事

江苏吴县地方法院训令第　号

令承发吏

查　　与　　涉讼一案债务人　　迄未遵照本院执行命令履行殊属延玩合行令仰该吏前往通知债权人　　即日垫缴查封及鉴定费洋　元角到案以便前往查封债务人　　备抵前项费用如有余剩并行发还限日具复勿延此令

中华民国　年　月　日

院　　长

江苏吴县地方法院民事裁决

裁决

声请人　顾云荪住苏州皮市街

本院按当事人提起再审之诉时,审判衙门因必要情形,得依声请命当事人提出相当确实保证,而为停止强制执行之裁决,此观民事诉讼执行规则第五条第一项规定其义自明。本件声请人与鲍燮卿等为股款涉讼一案,提起再审之诉,声请停止强制执行,本院查核情形,再审原告之诉虽难认为有理由,唯再审原告仍不无其他程序以资解决,尚有停止强制执行之必要。兹依上开条文,命该声请人于接收本件裁决后七日内,提供担保洋二百元,即予停止强制执行,特此裁决。

          江苏吴县地方法院民庭
              推事

中华民国十九年四月二日

江苏吴县地方法院训令第　号

令书记官

　　为令行事案据　　与　　涉讼一案业经饬吏执行债务人迄未履行债务殊属不合合行令仰该员率吏　　前往会同该管警保到场将　　所有实施查封交该图地保看管取具看管切结一面协同鉴定人核实估价取具鉴定书结一并带院呈报核办此令

　　计发布告　　纸　　印封　　条

　　中华民国　　年　　月　　日

　　院　　长

江苏吴县地方法院布告第　号

　　为布告事照得本院执行

　　一案业将债务人　　所有坐落　　实施　　在案嗣后债务人对于该项　　如有与第三人为买卖行为或设定其他权利者一律认为无效特此布告

　　中华民国十八年　　月　　日

　　院　　长

诉讼用纸第一一六号　　　　　　　江苏吴县地方法院会计科制

查封动产笔录	
	债权人 代理人 债务人 代理人 证　人
债权金额	
前记金额依　　年　字第　　号	
应由债务人向债权人清偿该债务人迄未履行	
兹据债权人声请将另纸所开债务人动产查封	

备抵其查封程序于本月　　日　　午
江苏吴县地方法院　　　　查封动产笔录
时开始　　月　　日　　午
时告竣所有已封之动产另列清单
本笔录及查封清单于查封所在地当时　　到场
人　　得其承诺署名签押如下
中华民国　　年　　月　　日
书记官
承发吏

诉讼用纸第二〇二号　　　　　江苏吴县地方法院会计科制

查封物品清单					
号数	物件类别	件数长度重量	估价	查封方法	备考

江苏吴县地方法院				查封物品清单	
号数	物件类别	件数长度重量	估价	查封方法	备考

诉讼用纸第一一七号　　　　　　江苏吴县地方法院会计科制

查封不动产笔录	
	债权人
	代理人
	债务人
	代理人
	证　人
债权金额	
前记金额依　年　字第　号 应由债务人向债权人清偿该债务人迄未履行 兹据债权人声请将债务人后开不动产实施查 封备抵所有被查封之不动产如下	
江苏吴县地方法院　　　　　　　　　查封不动产笔录	
（一）种类及处所	
（二）界址	
（三）数	
（四）附属物	
（五）追缴契据	
（六）其他事项	
查封程序于本月　日　午　时　开始 月　日　午　时告竣所有已封之不动产 右笔录于查封所在地当时左列到场人 得其承诺署名签押如下	
江苏吴县地方法院会计科制	
中华民国　年　月　日	
书记官	

附录二　强制执行公文程式

民刑事裁判大全

	承发吏	
江苏吴县地方法院		诉讼通用纸

说明：写鉴定书时得分别为下列各项

（一）鉴定物

（二）鉴定价值

（三）鉴定地点

（四）鉴定情状

本纸不敷用时应接以诉讼通用纸

诉讼用纸第六三号　　　　　　江苏吴县地方法院会计科制

鉴定人鉴定书	
为鉴定事今因民国　年（　）字第　　号	
等为　　一案蒙命	
为鉴定人鉴定　事实谨将	
鉴定意见列下	
江苏吴县地方法院	鉴定人鉴定书

部定诉讼纸用第六二号　　　江苏吴县地方审判厅会计科制

结　文
今蒙选为鉴定人谨当本其所知为公正之鉴定此结
鉴　定　人
中华民国　　年　　月　　日

（附卷）　　　　　　　　　　　　　　　　　鉴定人结文

部定诉讼用纸第二七号　　　江苏吴县地方审判厅会计科制

收据	今收受
	江苏吴县地方审判厅书记官在厅交付　　　　与
	涉讼一案鉴定费　　　元正此证
	中华民国　　年　　月　　日受收人

　　　　　　　　　　　　　　　　　　　　　　诉讼人收据

旅费支出计算书
出差事由
前领旅费共银圆　　　元

说　　明		
款　　别	银　圆　数　目	备　　考
舟　车　费		
膳　宿　费		
电　报　费		
杂　　费		
总　　计		
除 前领数 外尚应 补领 银圆　　元　　角　　分　　厘 　开支　　缴还		
附日记簿　　本证凭单据　　件		
中华民国　　年　　月　　日		

江苏吴县地方法院布告第　号

为布告拍卖事照得本院执行

一案业将债务人　　所有动产实施查封并鉴定最低价格在案兹定于　月　日上午八时起至下午五时止在　　当众拍卖凡商民等欲买是项物件者应即携洋遵期前来承买如承买人有二人以上时以价额最高者为适法承买人当场缴足价洋承买物件立予具领仰商民人等一体知照特此布告

　　　　计开

(一)动产

(二)最低价额

(三)执行书记官　　　承发吏

中华民国　　　年　　　月　　　日

院　　长

吴县地方法院稿		
字第　　　号　　承办一件		清稿 缮签 校对
院长		年　月　日　刻文到
		年　月　日　刻送稿
		年　月　日　刻判行
		年　月　日　刻用印
		年　月　日　刻发行
推事	书　记　官 书　记　官 书记官长 书　记　官 书　记　官	

江苏吴县地方法院布告第　　　号
为布告拍卖事照得本院执行
涉讼一案业将债务人　　　　所有后开不动
产实施查封鉴定最低价格在案兹特定于　　月
日在本院门首投标甄第　　　号内投标至
月　　日　　午　　时开标凡商民人等欲买是项
产业者应即如期开具姓名年龄籍贯职业住址并
声明价额书具密函来院投标同时须向本院缴纳
最低价额二十分之一之保证金(如不缴纳保证金
概作无效)届期依法开甄以所投标价最高者为得
标人其次高价以下之拍买人得向本院将保证金
领还该得标人应将余款限七日内一次缴足由本
院制给权利移转证书交执管业倘逾期不缴足价
金即以投标人中价格次高者递补仍照前开程序
办理仰商民人等一体知照特此布告
计开
(一)不动产

附录二　强制执行公文程式

(二)最低价额
(三)执行书记官　　承发吏
(四)阅看笔录处所本院承发吏办公室
(五)对该不动产有权利者应于布告后七日内来院声明
(六)利害关系人应于开标日期到场
中华民国　　年　　月　　日
院长
发　　实贴

　　　　　　　　　　江苏吴县地方法院会计科制

江苏吴县地方法院命令
债务人　　住
为命令事案查　　与该债务人为　　执行
一案业将该债务人所有　　查封在案兹已鉴
定价格洋　　元　　角　　分定于　　月　　日拍卖
合行命令该债务人于接受本件命令后对于本案
应行给付款项赶于　　日内迅即如数交案慎勿
延误切切此令
江苏吴县地方法院　　　　　　　　　　　　　命令
中华民国　　年　　月　　日

院长

诉讼用纸第一九号　　　　　江苏吴县地方法院会计科制

送达证书第　号	送达日期	年　月　日　午　时
书状目录	民国　年（）字第号为　一案送达左列各件 拍卖命令一件	受送达人盖章署名若不能盖章署名或拒绝者应记明事实	
		送达住所	
		达送方法	
受送达人		非交付受送达人之送达应记明其事实	

中华民国　　年　　月　　日
　　江苏吴县地方法院送达吏

送达证书（附卷）

吴县地方法院稿			
字第　　号	承办一件	清稿 缮签 校对	
院长		年　月　日　刻文到	
		年　月　日　刻送稿	
		年　月　日　刻判行	
		年　月　日　刻用印	
		年　月　日　刻发行	

推事	书 记 官 书记官长 书 记 官

江苏吴县地方法院布告第　号

　　为布告拍卖事照得本院执行　　一案业将债务人　　所有后开不动产实施查封拍卖在案兹因开瓯并无合格投标合再减价拍卖更定于　　月　　日仍在本院门首标瓯第　　号投标　　年　　月　　日午时开标凡商民人等欲买是项产业者应即如期开具姓名年龄籍贯职业住址并声明价额书具密函来院投标同时经向本院缴纳最纸价额二十分之保证金（如不缴纳保证金概作无效）届期依法开瓯以所投标价最高者为得标人其次高价以下之拍卖人得向本院将保证金领还应将余款限七日内一次缴足由本院制给权利移转证书交执管业倘逾期不缴足价金将该不动产再行拍卖仰商民人等一体知照特此布告

　　　　计开

（一）不动产

（二）最低价额

（三）民事执行书记官　　承发吏

（四）阅看笔录处在本院承发吏办公室

（五）对该不动产有权利者应予布告后七日内来院声明

（六）利害关系人应予开标日期到场

中华民国　　年　　月　　日

　　　　院长

　　　　　　　　　　　　发　　实贴

江苏吴县地方法院信笺

启者本院执行　　一案现已第　　次
公告拍卖依照民事诉讼执行规则应将拍卖
公告登载报纸用特检寄拍卖公告一纸希即
登入公布栏内俾众周知为盼专此顺请
撰安
计送

拍卖布告一纸
江苏吴县地方法院启月日

　　　　　　　　　　江苏吴县地方法院会计科制

江苏吴县地方法院命令
债务人　　　　住
为命令事案查　　与该债务人为　　执行
一案业将该债务人所有　　查封在案兹已鉴
定价格洋　　元　　角　　分定于　　月　　日拍卖合
行命令该债务人于接受本件命令后对于本案应
行给付款项赶于　　日内迅即如数交案慎勿延误
切切此令
中　华　民　国　年　　　月　　　日
院　长

诉讼用纸第一九号　　　　　　江苏吴县地方法院会计科制

送达证书第　　号	送达日期	年　月　日　午　时
书状目录	民国　年( )字第　号 为　　　一案送达 左列各件 拍卖命令一件	受送达人 盖章署名 若不能盖 章署名或 拒绝者应 记明事实	
		送达住所	
		送达方法	
受送达人		非交付受 送达人之 送达应记 明其事实	
中　华　民　国　　　年　　　月　　　日			
江苏吴县地方法院送达吏			

送达证书(附卷)

部定诉讼用纸第一九八号　　　　　　吴县地方审判厅会计科制

拍卖不动产笔录
请求金额列下
吴县地方审判厅　　　　　　　　　　　拍卖不动产笔录甲
前项金额依　　确定判决业经查封债务人
左列不动产以备抵偿其拍卖日期并经遵照部定
民事诉讼执行规则第六十三第六十七各条先期

公告兹于　月　日在　实行拍卖如下	
一不动产之种类处所及其余事项	
一种类及处所	
二界址	
三间亩数	
四附属物	
五其他事项	
二拍卖程序	

部定诉讼用纸第一九九号　　　　　吴县地方审判厅会计科制

一关于该不动产之一切笔录业经各拍买人阅览
二催告声明拍买价额系在　　日　午　时
三各拍买人所声明之价额并其姓名住址另单附后
四拍买人　　声明最高价额计　　元
五前项拍买人业照所声明价额二十分之一交保证金计　　元
六前项拍买所声明最高价额经三次高呼后无声明更高价额者始于同日午　时宣告拍买终结
七到场之利害关系人为
此笔录于拍卖所在地当时 向/使 左列各人 朗读/阅览 得其
吴县地方审判厅　　　　　　　　拍卖不动产笔录乙
承诺署名签押
最高价拍买人
债权人
债务人
其他利害关系人
中华民国　年　月　日
江苏吴县地方法院
书记官
承发吏

江苏吴县地方法院允许拍定裁决二十年执字第三〇号

裁决

拍买人 沈永庆 住苏州阊门外乐安坊二号

上拍买人承买福大庄与叶祥林为债涉讼，执行案内坐落吴县阊门外普安桥浜第三十二号房屋一所并连基地，声明该财产价银洋四百零二元为最高价额，应即允许其拍定所有买价。仰于裁决后十日内将该价银全数缴楚，以便移转发给权利管业证书，特为裁决如上。

中华民国二十年九月二十四日

江苏吴县地方法院民事执行处
推事

江苏吴县地方法院允许拍定裁决

裁决

拍买人 贾儒本 住苏州阊门外大马路万源桥塊卫生粥店

上拍买人承买福大庄等与叶祥林为债务涉讼，执行案内坐落吴县阊门外普安桥浜第十六号房屋一所并连基地，声明该财产价银洋二千七百七十一元为最高价额，并据将该价银全数缴楚，应即允许其拍定，特为裁决如上。

中华民国二十年九月二十四日

江苏吴县地方法院民事执行处
推事

江苏吴县地方法院收款回证						
案　由						
费　别		交款人姓名		住　所		
交纳数目	国币计		圆	角	分	厘
右款已如数收讫此致 执行处查照 　　　　会计科经收书记官 中　华　民　国　　　年　　　月　　　日						

此联由交款人连同交状投递收发文件处黏贴状内附卷

江苏吴县地方法院训令

令承发吏

为令行事案查本院执行　　与　为　　　涉讼一案前将债务人
　　所有坐落　　　拍卖在案兹据承买人　　　缴纳保证金投标
承买业经本院认为合格裁决允许拍定复据将买价洋
　　如数缴院应将前项不动产移转承买人管业合行令仰该吏即行前往将
该债务人所有上开不动产启封敕令债务人即日迁移交与承买人收管取具
收管切结带院并协同本院丈量员　　将前项不动产丈明绘具图说一面
令承买人将登记费洋　　即日交案以便送交登记后发给权利移转证书
而凭管业限　　日报告毋延切切此令
　　中　华　民　国　　　　年　　　月　　　日
　　院　　长

诉讼用纸第七七号　　　　　　　　　江苏吴县地方法院会计科制

江苏吴县地方法院训令
令承发吏
为令行事案查本院执行　　与　　为
涉讼一案前将债务人　　所有坐落
拍卖在案兹因三次低减价额仍无人承买
合依执行规则第七十三条将该项不动产移转债
权人管业合行令仰该吏即行前往将该债务人
所有上开　　启封勒令债务人　　即
日迁移交与债权人　　收管取具收管切结带
院并协同本院丈量员　　将前项不动产丈明
绘具图说一面令债权人将登记费洋　　元　　角
分即日交案以便送交登记后发给权利移转证
书而凭管业限　　日具报毋延切切此令
中华民国　　　年　　　月　　　日

附录二　强制执行公文程式

院　　长

江苏吴县地方法院执行处通知

案查　　与　为　　涉讼一案业将债务人所有坐落
封卖由　　于　　年　月　　日出价洋
承买合格在案应将该产坐落四址开列于后连同图式并粘贴登记费印纸一并送请
　　□收依法登记此致
　　□院登记处
　　　　计　开
　　坐　落
　　　　房屋　共间
　　　　基地
　　　　田亩
　　四　址
　　　　东至　西至
　　　　南至　北至
　　右　列　本为所有由　承买
　　中　华　民　国　　年　　月　　日

不动产移转证书存根
江苏吴县地方法院执行　　　一案业将债务人　　　所有坐落 依法拍卖今据　　　县人　　声明承买经决定允许拍定除嘱托登记处 登记不动产登记簿第　　册第　　号并将该不动产四至弓口间亩数 暨应缴价值分款开列并缮制不动产移转证书给承买人　　管业外留 此附卷备查 　　　计开 　　　　东至　　西至 　　四至　　　　　　　　　面积东西　　弓　　分南北　　弓 　　　　南至　　北至 　分共　　　间　　披 　　　　亩　　分　　厘　　附旧有契据　　价银 　　中华民国　　年　　月　　日　　字第　　号

字　　第　　号

不动产移转证书
江苏吴县地方法院　　　　　　　为 发给不动产移转证书事照得本厅执行　　　一案业将债务人 　　　所有坐落　　　依法拍卖今据　　　县人　　声明承买 经决定允许拍定除嘱托登记处登记不动产登记簿第　　册第 　　号并将该不动产四至弓口　　数暨应缴价值分款开列外合依民 事诉讼执行规则第七十二条缮制不动产移转证书给承买人管业此证 计开 　　　东至　　西至 　　四至　　　　　　　面积东西　　弓　　分南北　　弓　　分共 　　　南至　　北至 　　　间　　披 　　　　　分　　厘　　附旧有契据价银 　　　　　　右给承买人　　　准此 　中　华　民　国　　年　　月　　日　　字第　　号

不动产移转证书存根

江苏吴县地方法院执行　　　　一案业将债务人　　　　所有坐落　　　　依法拍卖经三次低减价格无人合格声明承买应依民事诉讼执行规则第七十三条交债权人收受除嘱托登记处登记不动产登记簿第　　册第　　号并将该不动产四至弓口间亩数暨最低价格分别开列并给发不动产移转证书载明自给发证书之日起一年以内如有第三人增价购买时许原债务人备价向债权人赎回字样交债权人收执外留此附卷备查

计开

四至　东至　　西至　　面积东西　　弓　　分南北　　弓　　分共
　　　南至　　北至

间亩　　披分　　厘　　附旧有契据　　价银

中　华　民　国　　年　　月　　日　　　字第　　号

字　第　　号

不动产移转证书

江苏吴县地方法院　　　　　　为给发不动产移转证书事照得本厅执行　　一案业将债务人　　　所有坐落　　　依法拍卖经三次低减价格无人合格声明承买应依民事诉讼执行规则第七十三条交债权人收受除嘱托登记处登记不动产登记簿第　　册第　　号并将该不动产四至弓口间亩数暨最低价格分别开列外合行给发不动产移转证书交债权人　　执管自给发证书之日起一年以内如有第三人增价购买时许原债务人备价向债权人赎回此证

计开

四至　东至　　西至　　面积东西　　弓　　分南北　　弓　　分共
　　　南至　　北至

间亩　　披分　　厘　　附旧有契据　　价银

　　　右给债权人　　收执

中　华　民　国　　年　　月　　日　　　字第　　号

江苏吴县地方法院民事执行分配表二十年执字第二三六号

债权人　陆荫先　住吴县泗井巷二〇号
　　　　　杨云龙　住上海北成都路一七六二号

上债权人等与马国桢为债务涉讼执行一案,经本院将债务人马国桢所有坐落葑门外大源造纸厂全部房屋、基地查封,鉴定价额布告拍卖。业据拍买人严庆祥投票承买,经本院认为合格,裁决允许拍定,已据将买价缴案,应予依法分配如后:

（一）债权本利之总数　查陆荫先抵款一万三千元,月息一分二厘五毫,内一万元自民国十四年十二月二十五日起至执行终了(十七年十一月七日第三次减价拍卖)日止,计三十四个月息,金洋四千二百五十元三千元、自民国十五年正月十三日起至执行终了(十七年十一月七日第三次减价拍卖)日止,计三十个半月,息金洋一千二百五十六元二角五分。又讼费洋一百十八元五角,封鉴费十二元,合共本利及诉讼费用洋一万八千六百三十六元七角五分。杨云龙包工价规银一万二千两,折合洋一万六千二百元、月息一分五厘,自民国十五年八月十四日起至执行终了(十七年十一月七日第三次减价拍卖)日止,计二十六个半月息金,洋六千四百三十九元五角。又讼费一百九十五元之十分之六,洋一百一十七元,合共本利及诉讼费用洋二万二千七百五十六元五角。总共洋四万一千三百九十三元二角五分。

（二）卖得金之分配　查严庆祥拍买债务人所有大源造纸厂全部房屋、基地,系经第十一次减价计卖得金一万一千五百元,债权人等对债务人均自愿负担减价损失,仍照第三次减价时之价额计算。查第三次减价最低价额为二万一千二百零一元六角四分九厘,核与债权额尚不敷洋二万零一百九十一元六角零一厘,此不敷之数,债权人仍得另行调查债务人财产声请执行。此项卖得金一万一千五百元,除应扣执行费二十七元七角五分外,余款一万一千四百七十二元二角五分。依杨云龙异议案和解内容,除四分之一,计洋二千八百六十八元零六分二厘五毫作为地价全数归陆荫先外,其余四分之三,洋八千六百零四元一角八分七厘五毫,作为房价。杨云龙得十分之六,计洋五千一百六十二元五角一分二厘五毫。陆荫先得十分之四,计洋三千四百四十一元六角七分五厘,总计陆荫先应得洋六千三百零九元七角三分七厘五毫,杨云龙应得洋五千一百六十二元五角一分二厘五毫。再查杨云龙工价案,应缴讼费洋一百九十五元,异议案第一审应缴讼费洋一百十八元五角,第二审应缴讼费洋一百六十六元九角,共计讼费洋四百八十元零四角,均系声请诉讼救助,自应就杨云龙分得款内扣出,计实领洋四千六百八十二元一角一分二厘五毫。

（三）实行分配之日期　定九月三日为分配日期。

对于本分配表如不同意,得于分配日期以前,向本院声明异议,届时如不声明,即照表分配。

中华民国二十年八月十八日

江苏吴县地方法院民事执行处

推事

江苏吴县地方法院民事执行分配表二十年执字第三四七号

债 权 人 福大庄等三十六人　送达处周律师代收
上代理人 周毓镛律师
债 权 人 秦增德　送达处同
上代理人 周毓镛律师
债 权 人 刘英等三人　送达处朱律师代收
上代理人 朱　润律师

上债权人等与叶祥林为债务涉讼执行一案，经本院将债务人所有动产及不动产查封鉴定，价额布告拍卖。除不动产因无人投标，已减价拍卖外，据拍买人程宪章自愿承买米栖货物，吴仁山自愿承买米机，全部黑油等。经本院认为合格，将买价缴案，应于依法分配列表如下：

债权人	债权额	分配额
福大庄等三十六人	本洋二万五千四百二十一元九角四分七厘 利息洋一千二百七十五元四角四分五厘 讼费洋一百八十一元五角 送达钞录费洋一百七十三元二角查鉴费洋六元 合计洋二万七千零五十八元零九分二厘	应得洋一千三百八十六元七角九分一厘
秦增德	本洋一千元 利息洋一百三十元 讼费洋三十七元五角 送达钞录费洋一元零五分 合计洋一千一百六十八元五角五分	应得洋五十九元八角八分四厘

刘英等三人	本洋一千九百五十元 息洋三百十二元 讼费洋三十七元五角 查鉴费洋四元 送达抄录费洋四元四角五分 合计洋二千三百零七元九角五分	应得洋一百十八元一角

说明

（一）债权本利之总数

查福大庄等三十六人本利及讼费、送达、钞录费、查鉴费，共计洋二万七千零五十八元零九分二厘。秦增德本利及讼费送达钞录费，共计洋一千一百六十八元五角五分。刘英等三人本利及讼费、查鉴费、送达、钞录费，共计洋二千三百零七元九角五分。总共洋三万零五百三十四元五角九分二厘。

（二）卖得金之分配

查拍卖叶祥麟动产，程宪章承买米粞货物，计洋六百三十八元二角七分五厘。吴仁山承买米机、全部黑油等，计洋九百三十四元。共计卖得金一千五百七十二元二角七分五厘，除扣执行费洋七元五角外，实存洋一千五百六十四元七角七分五厘。平均分配福大庄等三十六人，应领得洋一千三百八十六元七角九分一厘、秦增德应得洋五十九元八角八分四厘、刘英等三人应领得洋一百十八元一角。

（三）实行分配之日期

定本月三十一日为分配日期。

对于本分配表有不同意者，应于分配日期前，向本院声明异议，如不声明，届时即照表发给。

中华民国二十年八月十七日

江苏吴县地方法院民事执行处

推事

江苏吴县地方审判厅执行抗议裁断书

裁断

抗议人 龚越千 住吴县城内

上抗议人为执行袁宽夫房屋一案，对于本厅民国十五年十二月十五

日所为执行批示,提起抗议,本厅裁断如下:

主文

抗议驳斥。

理由

查袁宽夫所有坐落萧家巷房屋一所,于上年四月鉴定价格时,即因窗隔等件残缺不全,致仅估值一万四千元。而此项装折之残缺不全,乃因袁宽夫欠有作匠工资无款应付,致被拆抵,又经本厅饬吏调查报告在卷。该抗议人如谓装折系袁宽夫盗卖,原非不可另案诉追,何得转以牵掣本案之执行。现在该房屋业经拍卖终结,于抗议人利益并无何等侵害,乃抗议人因和解之结果,债权额不足受偿,遽即提起抗议,殊难认为正当。本件抗议为无理由,应予驳斥,特为裁断如上。

江苏吴县地方审判厅执行处
厅长
代行裁断职务推事

中华民国十六年一月八日

江苏吴县地方法院裁断书

声明异议人　苏子鸿　住苏州城内西美巷

　　　　　　　苏子万　住址同上

上异议人因与沈锡福债务涉讼,对于本院执行方法及鉴定程序声明异议,本院裁断如上:

主文

本件异议驳斥。

理由

本案异议人对于本案执行方法声明异议之理由略称,异议人所有西美巷六号房屋及屋内动产,系本案之抵押物封卖之后已足清偿,本案债权额殊无封卖东府卫衖十一号房屋之必要。且债权人声请执行,应先就担保物实施封卖,今将未经抵押东府卫衖十一号房屋一并封卖,自非合法云云。查西美巷六号房屋所估价值虽足清偿本案债权额,唯该屋系属自造寺庙,较难售出。本院据债权人之声请,为便利进行起见,同时将该自造寺及东府卫衖十一号房屋一并封卖。如果两所房屋均有承买之人,本院自可依据执行规则第七十四条,将东府卫衖十一号房屋停止拍定。倘仅十一号房屋有人承买,则将该屋卖出得价备抵以资结束,亦无不可。异议人所称应先就抵押物执行云云,殊嫌无据。至异议人对估价程序声明异议略称,鉴定不动产例应通知债务人到场参与,异议人虽远在皖北,而代理人程明山则有一定住所,何以并未通知异议人,对于鉴定价额更属不能无疑云云。查选派鉴定人估定不动产价额系属法院之职权,原无通知债务人到场之规定,倘债务人认为估价过低,固可声明异议。唯异议对于所估价额既无过低之声明,且本院依照估定价额公告拍卖经两次减价,尚无承买之人,可见估价并不过低,异议人更无异议之余地。

基上论断,本件异议为无理由,应予驳斥,特为裁断如上。

江苏吴县地方法院执行处
院　长
代行裁断职务推事

中华民国十七年三月一日

江苏吴县地方法院裁断书

声明异议人　蒋周氏　住址未详

上异议人因与卫达三为分配价金,不服本院执行处所为之价金分配表,声明异议,本院裁断如下:

主文

本件价金暂缓实施分配蒋周氏,应于二十日内对于债权人正式起诉。

理由

本件异议人与卫达三同系蒯大权之债权人,兹因本院拍卖蒯大权之房屋,执行处作成价金分配表,以卫达三有抵押权予以优先受偿,异议人以卫达三之抵押权并未登记,应行平均分配,声明异议。查此项问题非另行起诉无从解决,又按民事诉讼执行规则第五十一条载,异议未终结者,声明异议人非自分配之日起二十日内,对于他债权人正式起诉,执行处得依前定分配表实行分配云云。爰特指示该异议人依法另行起诉,如逾期仍不起诉,执行处即依前定分配表实施分配。慎毋自误,特为裁断如上。

江苏吴县地方法院执行处
院　长
代行裁断职务推事

中华民国十九年十一月十一日

江苏吴县地方法院裁断书

声明异议人　马国桢　住苏州阊门外杨安弄二十三号

上异议人与陆荫先等为债务涉讼执行一案,不服本院民事执行处所

为驳斥停发移转证书之声请,声明异议,本院裁断如下:

主文

本件异议驳斥。

理由

本院按,拍卖期日无合格声明拍卖价额者,执行衙门应酌减最低拍卖价,更新拍卖期日。经过三次抵减拍卖价格程序,仍无合格声明之人,虽得依最低价格以职权发给权利之书据交债权人收受,但债权人如果实有窒碍,自应更为减价拍卖,使执行程序迅速终结,此系民事诉讼强制执行至当之法理。又查民事诉讼执行规则第七十三条但书之规定,系指权利移转之书据交由债权人收受者而言,若已由第三人依法拍定,自不在该条但书所得赎回之列。纵权利移转书据尚未填发,在执行法院亦应受拍定之拘束,此时原债务人或其利害关系人请求赎回,除得拍定人同意外,不得遽尔照准,亦经司法院解释有案(参照院字第五二四号解释)。本件异议人声明异议,请求停发权利移转书据,其所持理由不外:(一)拍卖之大源造纸厂基地房屋,其建筑成本计四万九千余元,现仅拍卖一万一千五百元。若不依执行规则第七十三条之规定,于三次减价后将产权移转债权人,于相当期内许债务人备价赎回,则损失无从救济。(二)厂内尚有价值七万余元之机器,系与房屋有不可分离之关系,何能因债权人一万余元之利益起见,置债务人十万余元之损失于不顾。若不停发权利移转书据,任拍定人任意毁坏,债务人损失益无救济。(三)大源厂股东对债务愿负清偿之责,债权方面当无执行厂屋基地之必要,执行程序应即中止,拍定人处理拍定物,毁损其他财产,依法应负赔偿责任,应请停发移转书据,以资结束等语。查本院拍卖异议人所有大源造纸厂房屋基地,其价值曾经三次遴选鉴定人前往鉴定,结果依第三次鉴定较高之价额布告拍卖,当时异议人虽经提起抗告,亦经高等法院认为无理由予以驳斥,是无论其建筑成本若干,本院依照原鉴定价额依法递减拍卖,该异议人要难再有借口。况查本院于三次减价后无人声明拍卖价额承买,未予移转债权人收管,系因债权人等声明窒碍,自愿负担三次以后减价损失,请求继续减价拍卖。兹经第十一次减价拍卖,始据拍买人严庆祥以一万一千五百元之最高价额投标承买,经本院认为合格,裁决允许拍定。将买价缴案依照债权人陆荫先、杨云龙应得本利及诉讼费用总额四万一千三百九十三元二角五分予以分配,并释明照第三次减价最低价额计算,异议人尚欠债权人等二万零一百九十一元六角零一厘,债权人等仍得向异议人请求执行(详见本院本年八月十八日民事执行分配表)各在案。乃该异议人于裁决拍定依法分配以后，声明异议，请求停发权利移转书据，希冀赎回，按诸前开说明及司法院解释，自难认为正当。至异议人所称厂内尚有价值七万余元之机器，被拍买人任意损坏，依法应负赔偿损失责任。查机器与房屋并非不能脱离之物，异议人尽可觅屋迁移，纵拍买人果有毁坏机器情事，亦应另行诉求赔偿，要与执行无关。再查本件自民国十六年十一月开始执行迄今已将四年，该异议人迄无愿照判履行之表示，乃于拍卖房屋、基地拍定以后，借称股东对债务愿负清偿之责，希图中止执行，显无理由。

基上论结，本件异议为无理由，应予驳斥，特为裁断如主文。

江苏吴县地方法院

院长

中华民国二十年九月十日

对于马少荃与谢云卿债务涉讼，不服本院裁断，提起抗告理由书

本案抗告人马少荃对于本院执行处估定不动产价额，以评价过低为理由，请求重估。唯查该项不动产经公告拍卖之后，并无合格声明拍买价额之人。依据执行规则，尚须减价拍卖，如果所估价额较之时价低廉，何至无人承买。足见抗告人纯系托词延宕，毫无理由，兹依民事诉讼条例第五百五十九条第三项，添具理由如上。

中华民国十七年三月一日

江苏吴县地方法院执行处

推事

江苏吴县地方法院训令第　号

令承发吏

案查　　与　　　涉讼一案业将债务人　　所有坐落　　封卖在案兹据

合行令仰该吏前往将上项　　启封点交债务人　　收管取具收管结带院　　日内具报毋稍违延切切此令

中　华　民　国　　年　　月　　日

院　长

江苏吴县地方法院布告第　号

为布告事案查本院　　与　　涉讼一案业经将债务人所有查封公告拍卖在案兹据债权人状称债务人已将债务理楚请予停止拍

卖等情到院除批示照准外合亟布告仰商民人等一体知照此布

中 华 民 国　　　年　　　月　　　日

院　　长

　　　　　　　　　　　　　　　　　　发　　　　实贴

江苏吴县地方法院民事裁决十八年杂字第三号

裁决

受救助人　丁江氏住苏州护龙街六十三号

案查该受救助人丁江氏与丁王氏遗产涉讼，前因该氏无力支出诉讼费用，准予诉讼救助在案。兹据丁王氏将应行给付该氏洋七千元交案待领，该氏应负担审判费共洋二千五百九十六元四角七分，此时显系力能支出，应着该氏来院如数购贴印纸，毋得延宕。兹依民事诉讼条例第一百三十八条，裁决如上。

　　　　　　　　　　　　　　　江苏吴县地方法院民庭
　　　　　　　　　　　　　　　　　　推事

中华民国十八年一月二十四日

　　　　　　　　　　　　　　江苏吴县地方法院会计科制

发款笔录		
	债权人 代收人	
上列债权人因与　　为　　涉讼执行案件于中华民国　　年　　月　　日　　午时在本院民事执行庭当庭发款出席职员如下		
	推　事 书记官	
到庭当事人如下		
	债权人 代理人 债务人 代理人 证　人	
推事谕将 承发吏	应领洋 到庭证明无误	之给领命令一纸交与　　收讫并由

书记官
推事

证物领收证				
案由		请领人		此证如领收人或代收人识字应亲自填写签名盖章否则发件员代填代签由本人于名下加捺指摹
领收物件				^
上列物件已经点收此上江苏吴县地方法院 　　　附缴回证　　纸 　　　　　　　　　领收人 　　　　　　　　　代收人 中华民国　　年　　月　　日具				^

江苏吴县地方法院给领报告书			
领款人姓名		年　龄	
^	^	住　所		事由
金额			
上列金额已于　　年　　月　　日如数发交该领款人领讫特此报告 执行处查照 　　　　　　　会计科书记官 中　华　民　国　　年　　月　　日			

此书由会计科于发讫后送执行处附卷
　　发字第　号

江苏吴县地方法院给领命令			
领款人姓名		年　龄		事由
^	^	住　所		^
金额			
上列金额仰即发交该领款人领收并仰于发讫后具书报告切切此令 　　　　　　　　右令会计科发款处准此 中　华　民　国　　年　　月　　日 　　　　　院长 　　　　　　推事			

此联由执行处核准给领后连同空白报告给领款人持赴会计科领款

发字第　　　号				
给　领　命　令				
领款人姓名		年　龄		事由
		住　所		
金额				
上列金额已命令会计科照数给领 中　华　民　国　　　年　　月　　日 　　　院长 　　　推事				

此联存执行处备查

江苏吴县地方法院通知书　　　年　　字第　　号
迳启者兹据　　　状领　　案内证物到处相应检齐送请
查收转发该具领人收受并希盖章送还此致
收发处
　　计送
中　华　民　国　　　年　　月　　日
　　　书记官

江苏吴县地方法院　　　　　　　　　　　为
发给凭证事查债权人　　　与债务人　　　为
涉讼一案业经　　　债务人应向债权人
调查该债务人实无财产可供强制执行应依修正民事诉讼执行规则第
七条由院发给凭证交债权人收执以后如发现有私有财产时仍得声请
强制执行除发给证书外特留此存根备查
　　　　　　　　　　　　　　　上给债权人　　　收执
中　华　民　国　　　年　　月　　日
　　　推事
　　　书记官

执字第　　　号

> 江苏吴县地方法院　　　　　　　　　　为
> 发给凭证事查债权人　　　与债务人　　　为
> 涉讼一案业经　　　债务人应向债权人
> 调查该债务人实无财产可供强制执行应依修正民事诉讼执行规则第
> 七条由院发给凭证交债权人收执以后如发现有私有财产时仍得声请
> 强制执行此证
> 　　　　　　　　　　　　　　上给债权人　　收执
> 中　华　民　国　　　年　　月　　日
> 　　　推　事
> 　　　书记官